※ 南京长江第四大桥是国务院批准的南京市城市总体规划中“五桥一隧”过江通道之一；是南京绕越高速公路的过江通道和重要组成部分。它是南京市建设的第一座大型悬索桥，也是国内目前跨径最大的三跨悬索桥，在同类桥型中居世界第三。

※ 项目起始于宁通高速公路横梁互通，在龙袍以西，经石埠桥（距南京二桥下游 10km 处）跨越长江，止于江宁区麒麟镇麒麟互通，接沪宁高速公路和绕越高速公路东南段。

※ 全长约 28.996km，其中：跨江大桥长约 5.437km，主跨 1418m，塔顶设计高程 +230.6m，主通航孔净高 50m，通航净宽为孔双向通航净宽 890m；北接线长 13.083km，路基为主，设横梁、龙袍 2 处互通立交，滁河特大桥一座；南接线长 10.465km，全线高架为主，设栖霞、麒麟 2 处互通立交。双向六车道高速公路标准设计。

※ 项目总投资为 68.57 亿元。批准建设工期 5 年。

中交二航局

NANJING CHANGJIANG DISIDAQIAO JIANSHE

# 南京长江第四大桥建设

# 安全生产管理与实践

ANQUAN SHENGCHAN GUANLI YU SHIJIAN

## 管理篇

● 南京重大路桥建设指挥部　主编

人民交通出版社
China Communications Press

**图书在版编目(CIP)数据**

南京长江第四大桥建设安全生产管理与实践. 管理篇/南京重大路桥建设指挥部主编. —北京 ：人民交通出版社，2012.11

ISBN 978-7-114-10221-9

Ⅰ. ①南… Ⅱ. ①南… Ⅲ. ①公路桥—桥梁工程—安全管理—南京市 Ⅳ. ①U448.14

中国版本图书馆 CIP 数据核字(2012)第 283328 号

**书　　名**:南京长江第四大桥建设安全生产管理与实践——管理篇
**著 作 者**:南京重大路桥建设指挥部
**责任编辑**:张征宇　赵瑞琴
**出版发行**:人民交通出版社
**地　　址**:(100011)北京市朝阳区安定门外外馆斜街 3 号
**网　　址**:http://www.ccpress.com.cn
**销售电话**:(010)59757973
**总 经 销**:人民交通出版社发行部
**经　　销**:各地新华书店
**印　　刷**:北京市密东印刷有限公司
**开　　本**:787×1092　1/16
**印　　张**:24
**字　　数**:600 千
**插　　页**:2
**版　　次**:2012 年 12 月　第 1 版
**印　　次**:2012 年 12 月　第 1 次印刷
**书　　号**:ISBN 978-7-114-10221-9
**定　　价**:78.00 元

# 《南京长江第四大桥建设安全生产管理与实践》

## 参加编写的单位

南京重大路桥建设指挥部

理工大学工程兵工程学院南京工程建设监理部

中铁武汉大桥工程咨询监理有限公司

南京交通建设项目管理公司

中交第二航务工程局有限公司

中铁大桥局集团第四工程有限公司

江苏省交通工程集团有限公司

中交二公局第三工程有限公司

山东省路桥集团有限公司

中铁宝桥(扬州)有限公司

# 《南京长江第四大桥建设安全生产管理与实践》

## 编审委员会

**主　任　委　员：**陆　冰　娄学全　陈　雷　武焕陵
**副 主 任 委 员：**彭更生　卜红旗　章登精　王承江
**编审委员会委员：**（按姓氏笔画排序）
马欣生　王隽超　王　超　方龙芝　冯　斌
严永强　杜亚江　沈　伟　沈　斌　张庆玉
张　进　郁　犁　罗明秋　金志强　郑　峰
郑　敏　胡文续　钟　瑶　费国新　钱飞飞
郭志明　黄淞文　戚兆臣　葛宝翔　曾才民
潘晓琼　濮　卫

## 编　写　组

**主　　编：**武焕陵
**副 主 编：**郁　犁　郑　峰
**编写人员：**（按姓氏笔画排序）
马海彬　王尹园　田　欣　刘　敏　刘卫军　刘亚文
江克斌　阮嘉鹏　吴小兵　吴永利　宋建旭　张　进
张龙成　张庆玉　李宝健　李贵宗　杨　琳　杨奉举
狄　鹏　陆　威　陈　君　陈一飞　陈　旭　季袁民
罗明秋　姚　军　查荷生　柳东继　贺湘华　赵国明
徐　亮　黄亮华　游庆华　葛宝翔　韩　冰　穆金禄
魏　星

# Qianyan 前言

南京长江第四大桥(以下简称“南京四桥”)是国务院批准的南京市城市总体规划中“五桥一隧”过江通道之一。主桥为主跨 1418m 双塔三跨悬索桥,全长 28.996km。在同类型桥梁中国内第一,世界第三。南京四桥主桥结构新颖、建设项目规模大、施工环境复杂、时间节点紧、技术难度大、质量要求高,安全风险大,给南京四桥的安全生产管理工作提出了更高的要求。南京四桥全体参建者,在国务院交通运输部、江苏省交通运输厅的大力指导下,进行了大量细致的周密部署和艰苦的施工安全管理工作,努力在组织、人员、制度、措施和资源等方面下工夫,始终坚持质量与安全双轨驱动,创新安全管理思路和模式,从意识上防范安全隐患,从行为上规范安全管理,从技术上保证安全施工,从过程上控制安全事故,牢牢把握住了安全工作的主动权,各单位取得了一系列卓有成效的“平安工地”建设成果。2010 年南京四桥全线四个标段获得部级“平安工地”示范单位,占全省总量的 50%;2011 年又有十一个标段获得省级“平安工地”示范单位,南京四桥建设项目获得部级“平安工程”示范单位,实现了安全生产零责任事故工作的目标。

通过南京四桥安全生产管理的实践,为更好地总结安全生产管理工作经验,南京四桥指挥部组织了参建的监理单位和施工单位编写了《南京长江第四大桥建设安全生产管理与实践》系列丛书,系统阐述南京四桥安全生产法制化、规范化、制度化的建设,特大型桥梁施工的安全控制技术,以及安全生产管理过程中的体会和主要做法。该系列丛书分为安全生产管理篇、施工安全技术篇和施工安全专项方案篇三册共计十八章。

本册为《南京长江第四大桥建设安全生产管理与实践》管理篇。主要包括南京四桥的安全生产法规体系、管理体系、制度;管理的方法、内容、手段、安全生产的教育培训与安全技术交底;安全生产检查与隐患排查治理、重大危险源的监控、特种设备及劳动防护用品的管理;安全事故应急救援、调查处理以及施工环境的防控以及南京四桥的安全文化建设,“平安工地”建设、“百日安全生产无事故”活动、安全生产标准化建设等。

本册由武焕陵主编，郁犁、郑峰副主编并统稿。编写分工及参加编写的人员如下：郁犁、葛宝翔、罗明秋编写第一章、第二章；张庆玉、张进、杨奉举、李宝健、姚军编写第三章；查荷生、杨琳、王尹园编写第四章、第五章；刘敏、韩冰、李贵宗编写第六章；陈君、游庆华编写第七章；郑峰、刘亚文、江克斌、陈一飞编写第八章；魏星、刘卫军编写第九章；黄亮华、季袁民编写第十章。

本书以现行标准和规范为依据，通过南京四桥安全生产管理工作的实践，系统地总结了南京四桥安全生产管理工作经验与体会，具有较强的实践性和操作性，可供公路工程施工建设单位、监理单位、施工企业现场安全管理人员使用，或作为现场安全人员、作业人员的培训、教育用书，也可供大专院校教学参考用书。由于编者水平和成书时间限制，本书中一定存在很多不足和缺点，请各单位在使用过程中提出宝贵意见。

编　者

2012年10月

Mulu

# 目录

# 第一章 绪论

南京长江第四大桥位于长江江苏南京区段内，在南京长江第二大桥下游约 10km 处，距长江入海口约 320km。

南京是全国重要的交通枢纽，国家高速公路网规划中南京至洛阳、上海至西安、上海至成都和长春至深圳等多条高速公路交汇于此。根据南京城市总体规划，南京市过境和对外高速公路规划为“两环十二线”，本项目为二环线（绕城高速公路）重要组成部分，主要承担国道主干线和国家高速公路网过境功能，是国道主干线和国家高速公路网的重要组成部分。本项目也是江苏省规划的“五纵九横五联”高速公路网和交通部组织编制的《长江三角洲地区现代化公路水路交通规划纲要》中重要的过江通道工程，并已列入《长江干流桥梁（隧道）建设规划》，在国家和区域高速公路网中具有重要地位。南京长江第四大桥的实施对于完善国家、长江三角洲和江苏省高速公路网，加快南京绕城高速公路的建设和贯通，合理布设过江通道，改善区域交通条件，增强长江两岸经济社会联系，促进区域经济社会协调发展，实现江苏省“加快沿江开发，实现两个率先”发展战略和南京市跨江发展战略等均具有重要意义。

南京长江第四大桥全长约 28.996km，其中：跨江大桥长约 5.437km，主跨 1418m，塔顶设计高程＋230.6m，通航净宽为孔双向通航净宽 890m，南北连接线 23.559km。

跨江大桥主桥为双塔三跨悬索桥，其中桥塔方案为混合式混凝土桥塔；北锚碇方案为整体式沉井基础方案，南锚碇方案为地下连续墙基础方案，锚固系统为改进的后锚梁式锚固系统；加劲梁采用扁平流线型钢箱梁；主缆采用预制平行钢丝索股法（PPWS）制作，标准强度为 1770MPa；吊索采用平行钢丝索股（PWS）外套双层 PE 防护吊索，标准强度为 1670MPa；主索鞍为纵横肋传力式索鞍；北锚碇锚室内设置摆轴式散索鞍，南锚碇锚室内设置滚轴式散索鞍。

跨江大桥引桥上部结构推荐采用预制拼装预应力混凝土连续梁，一联长度不大于 406m，梁高 2.9m，为等截面形式；下部结构推荐采用 6.6m×6.6m×3m 承台配 4 根 1.6m 的钻孔灌注桩的群桩基础。划子河以北引桥上部构造推荐采用 7m×30m 一联，梁高 1.8m 的等截面预应力混凝土连续小箱梁；下部结构推荐采用 2.8m×5.2m×2m 分离式承台，每个承台配 2 根 1.2m 的钻孔灌注桩。

设计主要技术指标：

**1. 主要技术标准**

公路等级:平原微丘区高速公路;

行车道数:双向六车道;

设计行车速度:跨江大桥设计行车速度采用100km/h,两岸接线计算行车速度采用120km/h;

大桥桥面宽度:大桥标准横断面宽度为33.0m,其各部分组成为:右侧护栏2×0.5m,紧急停车带2×3.00m,行车道2×(3×3.75)m,左侧路缘带2×0.75m,中央分隔带2.0m;

桥面最大纵坡:<3%;

桥面横坡:2%;

设计洪水频率:1/300;

通航净空标准:按交通部交水发〔2006〕164号文《关于南京长江第四大桥通航净空尺度和技术要求的批复》执行;

通航水位:设计最高通航水位7.98m(采用年最高洪水位频率5%分析水位),设计最低通航水位0.44m(按保证率99%,重现期为10年的保证率频率法进行计算)。

**2. 荷载标准**

车辆荷载:公路Ⅰ级;

设计基本风速:31.2m/s;

地震基本烈度:Ⅶ度。按实测地震动参数进行结构抗震分析,按规范规定进行抗震设防;

船舶撞击荷载:南塔——平行于航道方向取105.1MN,垂直于航道方向取52.6 MN;北塔——平行于航道方向取35.7MN,垂直于航道方向取18MN。

其余技术指标按交通部《公路工程技术标准》(JTG B01—2004)有关规定执行。

**3. 通航净空尺度技术要求**

(1)设计最高通航水位。桥梁最高通航水位按照《内河通航标准(GB 50139—2004)》或《通航海轮桥梁通航标准》(JTJ311—97)规定,采用年最高洪水位频率5%分析水位,经推算本工程20年一遇最高通航水位为7.98m。

(2)通航净高。拟建的南京长江第四大桥处于南京—镇江段,目前长江干流南京至浏河口段现已建成的桥梁主要有南京长江二桥、南京长江三桥、润扬长江大桥、苏通长江大桥和江阴长江大桥等,其中南京长江二桥和三桥在拟建桥址上游,润扬长江大桥、江阴长江大桥和苏通长江大桥等在拟建桥址下游。江阴长江大桥主通航孔净高50m;苏通长江大桥主通航孔净高62m。目前,拟建桥址上游有南京港新生圩作业区众多深水海轮码头,进江海轮需穿过桥区直接停泊港区海轮码头,船舶航行密度大。依据《南京港口总体布局规划》,“重点在八卦洲尾以下,发展5万t级海轮。”,另据《长江干线航道发展规划》船舶船型和营运组织规划“浏河口至南京河段江海运输以2.5万t级海船和5万t级海船直达南京及以下港口。代表船型为5万t散货(煤)轮、5万t油船及2.5万t杂货船。”因此,南京长江第四大桥主通航孔净高为50m。

项目总投资为68.57亿元,批准建设工期5年;其中:跨江大桥主桥建安费17.65亿元,施工工期 54 个月；跨江大桥引桥建安费 4.03 亿元。

项目由中交公路规划设计院勘察设计，建设期间，南京长江第四大桥建设协调指挥部将建设任务划分为：主桥、南引桥接线、北引桥接线、钢结构制造加工、桥面铺装、交通工程、机电工程、南北接线工程等标段进行公开招标，其中主桥监理单位为中铁武汉大桥工程咨询监理有限公司、南引桥接线标监理单位为南京交通建设项目管理公司、北引桥接线监理单位为理工大学工程兵工程学院南京工程建设监理部。主要建设单位有中交第二航务工程局有限公司、中铁大桥局集团第四工程有限公司、江苏省交通工程集团有限公司、中交二公局第一、第三工程有限公司、山东路桥工程有限公司、中国建筑第八工程局、中铁宝桥(扬州)有限公司等单位。

南京长江第四大桥结构新颖、建设项目规模大、建设环境复杂、时间节点紧、技术要求高、风险难度大。建设期间的安全生产工作以“平安工地”建设活动为主线，以科学发展观和构建和谐社会为统领，以“科学管理、安全生产、文明施工”为主要内容，以“建标准、强基础、抓关键、严管理”为主要抓手，着力推进交通建设工程的安全管理标准化、工程建设精细化、施工现场文明化建设，取得了良好的安全生产形势，实现了安全生产目标。

## 一、业主重视一措施到位

南京四桥指挥部把生产安全和工程质量同等地放在工程控制工作的首要地位，坚持质量与安全双轨驱动，创新安全管理思路和模式，从意识上防范安全隐患，从行为上规范安全管理，从技术上保证安全施工，从过程上控制安全事故，始终保持安全生产工作的高压态势，稳步推进安全生产建设活动。

(1)注重标准程序、落实安全责任。南京四桥指挥部对安全生产工作的重视，体现在遵循标准、落实程序方面，南京四桥开建伊始，在全桥推行安全管理内业资料标准化和现场控制规范化工作。组织人员开展调研，全面掌握各单位现有资料和现场操作基本情况。与省交通运输厅质量监督局、南京工业大学、省交通工程总公司联合开展了“公路工程施工安全生产规范化管理”研究工作，并已取得阶段成果。按照省厅质量监督局制定的“平安工程”标准，对南京四桥内、外业工作进行梳理，于 2011 年 6 月制定了《南京长江第四大桥建设项目安全生产指导手册》用于规范和指导全线的安全工作。作为创新安全生产管理理念的一项重要举措，还投入了专项资金，激励主桥上部等相关单位学习上海安全生产和文明施工先进工作经验，努力在安全生产施工设施“工具化、定型化、标准化”方面进行大胆尝试，创造条件提升南京四桥安全防护和安全操作的环境水平。上述举措有力地促进了现场防护、安全操作和文明施工工作。

指挥部充分认识到安全生产责任制的重要性，努力从三个方面落实好安全生产责任制：一是落实指挥部内部各处室和现场标段负责人的安全管理责任。指挥部明确规定，指挥部标段负责人对所在标段的安全生产负有监督、检查的责任，要像对待质量、进度一样，认真抓好总监办、项目部安全生产工作。二是落实施工单位安全生产主体责任。指挥部在与施工单位签订生产合同的同时，签订安全合同，明确施工单位及其主要负责人的安全责任。通过实施“安全风险抵押金”制度加强对施工单位的安全奖惩力度，提高其安全管理人员的收入、责任心和积极性，在此基础上，狠抓劳务协作队伍的安全管理，要求项目部与劳务协作队伍签订安全生产合同，将劳务协作队伍纳入项目部安全管理中来。三是落实监理单位的安全责任。通过推广实施“安全风险抵押金”制度增加对监理单位的投入，要求监理单位配备满足工程需要的安全监理工程师，成立安全监理小组，编制安全监理细则，明确安全监理职责。指挥部、施工、监理单位安全责任落实到位，生产安全得到保障。

(2)用好计量手段、坚持一票否决制。用好1%安全专项资金对促进安全工作意义很大，但该费用是个笼统指标，要做到施工单位投标单价中，安全支出不减且1%安全费用用足，才不违背设置此项费用的初衷。指挥部规定安全生产费用只能使用在完善、改造和维护安全防护设备、设施，配备必要的应急救援器材、设备和现场作业人员安全防护物品，安全生产检查与评价，危险源、安全隐患的评估、整改、监控，安全技能培训，应急救援演练等方面，并要求监理单位加强对该费用申报和使用情况的审核，确保安全生产费用规范使用。同时，该费用的申报还提供了重要的计量手段。指挥部要求首先审查安全费用，工程计量须在安全费用审查通过的前提下才能审查支付。如此，1%的小费用不仅提高了安全装备水平，还起到杠杆作用，发挥了计量支付的否决权。此外，指挥部对安全违规和安全事故零容忍，坚持各项建设工作表彰评比安全生产一票否决制，促进了生产安全。

(3)创新管理手段，增加安全投入。指挥部充分认识当前安全生产工作的形势和安全生产管理工作的专业性、科学性、人文性、复杂性和综合性要求，亟须把有专业、懂工程、善沟通、能管理的高素质人员充实到专职安全生产管理队伍中，并创造条件提高其收入、地位和影响，让其有认同感、荣誉感和成就感，进而充分发挥施工单位专职安全管理人员在现场管理工作中的作用。在保证1%安全经费和标准化建设专项资金投入的同时，指挥部还拿出1660万元(到工程全部完成将超过2000万元)作为配盘资金，在南京四桥实施“安全风险抵押金”制度，要求项目部领导和安全管理人员按合同金额的一定比例上缴风险抵押金，每季度进行考评，考核结果与单位、个人效益直接挂钩，每半年结合“百日生产无事故”活动考评结果进行奖惩(目前指挥部已累计奖励近1000万元)，有效地调动了各施工单位及其安全管理人员的积极性。实施风险抵押金制度以来，各施工单位安全专职管理人员的素质和工作成效明显提高。

指挥部还认识到监理单位安全监管工作的重要性，社会监理担任总监后，安全监理工程师比施工单位专职安全员有更高的层次和更大的空间进行标准程序和现场安全监管工作，但由于安全监理人员缺少和安全监理工作薄弱，严重影响到上述安全监理职能的发挥。为此，指挥部推广实施了“安全风险抵押金制度”，对监理单位实行以奖代补的倾斜政策，划拨专款让其增加高素质的专职安全监理工程师，确保南京四桥每个小标段都配备一名专职安全监理并由一名专职副总监牵头成立安全监理组，做到对每个重点工序、危险性较大工序的全程旁站。该举措实施以来，安全监理职能得到了空前发挥，各监理单位已经能像质量控制一样开展安全监理工作。

## 二、过程控制—规范管理

(1)质量与安全统一，实现源头预控。随着社会进步、经济发展、百姓需求的逐步提高，安全、质量、工期、环保、效益成为现代大型工程项目的五项重要指标，而安全和质量是其中两项最重要的指标，是一个项目的核心，是工程的主旋律。安全和质量相辅相成、相互依存、相互提高，具有共性和相关性，两者都是第一，好比是两条铁轨，同时承载着品牌和效益。打造南京四桥精品工程，质量铸就尊严；建设南京四桥“平安工程”，安全奠定基础。指挥部始终把安全放在和工程质量同等重要的地位，时刻紧绷安全这根弦，所有工程都必须围绕安全去组织，必须在有安全保证的前提下方可施工。

(2)管理与执行统一，实现过程严控。指挥部充分认识到，要做好各项安全管理工作，保证各项安全管理要求，在现场执行不走样，一线工人的安全意识和操作技能培训是关键。我们坚持劳动用工登记和安全培训教育、班前教育及安全技术交底制度，坚决杜绝一线工人的习惯性违规操作。在做好三级安全生产教育工作的同时，坚持执行“班前安全交底会和交接班会”制度，努力营造“我要安全”的生产安全氛围并切实做好施工现场安全防护工作。监理和施工单位安全管理人员坚持面向一线，及时发现和不断纠正违规操作，坚持缩小习惯和规范的差距，努力让习惯符合规范、使规范成为习惯。

(3)内业与外业统一，实现科学管控。指挥部坚持安全工作内、外业并重，并提倡内业指导外业工作。针对跨长江大桥施工重点、难点、特点，多次组织国内专家进行研究论证，分期实施风险评估与分析，寻找和确定工程主要风险源、风险点，积极研究风险控制和应对措施，为安全风险管理奠定扎实基础。特别是主塔液压爬模、引桥跨金陵石化管廊等重点施工部位，指挥部牵头进行了大量细致的方案编制、审查、论证工作。由于各参建单位重视且现场控制到位，上述施工作业的安全生产始终处于良好的受控状态。同时，我们还加强安全专项方案编制管理，提高方案的针对性。安全专项方案是分部、分项工程施工安全的重要保证，根据施工方案常常存在针对性不强、安全防护缺少具体要求等不足，我们指定有关项目部组织其公司和项目部专业人员编写了相关分部、分项工程的安全专项施工方案，并邀请专家对方案进行反复论证，形成了安全专项施工方案编制范例，并在全桥推广。对主桥液压爬模施工、引桥架梁施工、接线跨线作业等危险性较大的重点作业环节，我们都事前组织施工单位编制安全专项方案，要求监理单位组织专家审查。在此基础上，我们组织召开方案审查会议，邀请权威专家论证把关；事中通过要求施工单位强化内部管理，严格按照方案执行，同时做好安全技术交底工作；要求监理单位全程旁站把关，检查督促方案落实，及时发现并整改安全隐患；指挥部工程处、安全处齐抓共管、加强巡查，对存在的问题和隐患及时做好协调、督促整改等过程管理工作，确保了重点施工项目的生产安全。

(4)日常与应急统一，实现有机联控。应急管理是法律法规的客观要求。在对施工过程进行严控的同时，加强应急管理，实现有机联控，切实提高应急保障能力，确保在应急事件处理过程中统一意志、统一纪律、统一指挥、联合行动、快速反应，协同救援。一是加强危险源管理。指挥部要求施工单位在施工组织设计时，就对项目危险源进行辨识、分析和风险评价，分级落实安全隐患整改责任部门和责任人，并针对重大危险源制定有针对性的安全防范措施；二是加强应急预案管理。指挥部制定了《南京四桥生产安全事故应急预案》，规范南京四桥应急管理。各参建单位根据危险源辨识结果和指挥部应急预案，建立本单位应急预案，并每年进行修改完善。目前，南京四桥已形成了指挥部、海事、施工、监理四位一体的应急预案体系；三是落实应急保障资源。指挥部要求施工单位加强应急队伍建设，落实应急保障物资，并多次开展专项检查，确保资源落实到位；四是适时开展应急演练。指挥部要求施工单位制定年度应急演练计划，并分级定期组织演练。截至目前，指挥部共组织水上搜救等大型演练 3 次；各施工单位每年都举行了 2 到 3 次，具有一定规模、不同主题的安全演练，取得了良好效果。

## 三、突出重点—严把关口

(1)一把思想认识关。意识决定行为,提高思想认识是做好安全生产工作的首要环节和先决条件。指挥部要求各单位参建人员尤其是项目负责人员,从讲政治的高度,进一步提高对安全生产工作极端重要性的认识,充分认清南京四桥安全生产工作面临的形势和任务,切实强化和落实企业安全生产主体责任,以敬畏之心来对待安全生产工作,把每一位职工的生命,看得与项目负责人自己的生命同样珍贵,把安全责任看得比泰山还重,把职工的安全权益和安全生产工作时刻铭记在心,以不安之心对待安全工作。正确处理安全、质量、进度三者之间的关系,任何时候都不能头脑发热,盲目超越安全保障能力和客观现实条件,片面追求工程进度和经济效益;严格执行安全生产规章规程和标准,坚决杜绝违规违章以及各种违背安全生产客观规律和客观要求的现象,把安全生产纳入规范化、制度化和科学化的轨道。

(2)二把安全形象关。指挥部要求不断加强项目现场安全生产标准化、规范化建设,以安全技术改造、安全基础设施建设、先进适用技术装备、先进施工技术为保障,淘汰落后或安全可靠性不高的设备,改善施工工艺,合理组织现场施工,加强对安全生产计划实施情况的动态检查,做到安全生产与工程建设各项工作同时部署、同步推进。指挥部还设立专项资金,通过增加投入鼓励条件成熟的施工单位开展文明施工和安全生产工具化工作,现场安全生产环境和文明施工形象不断改善。

(3)三把设备管理关。大型施工设备的安全管理是安全工作的一个重要组成部分。因此应根据设备及其使用特点,严把6道关:一是严把进场关,选用信誉优良、质量可靠的设备。施工单位还要就租赁设备,与租赁单位签订安全合同,明确安全责任。二是把好方案编制关,对液压爬模、架桥机、施工电梯等关键性设备,要求施工单位委托有资质的安装单位,编写设备安装专项方案,经专家评审后方可安装。三是把好检验登记关,指挥部要求所有特种设备,必须取得技术质量监督部门核发的检验检测合格证,并及时办理登记。对于一些特殊设备,如液压爬模、架桥机等,要求项目部组织安装单位、生产厂家和有关专家联合检查验收,合格后方可投入使用。四是把好交底关,项目部要对所有作业人员进行安全技术交底,并保留交底记录。同时,要求特种作业人员持证上岗,确保设备使用安全。五是把好设备应力监控和日常检查、使用、维护关,指挥部要求施工单位建立健全设备日常检查、使用、维护台账,明确设备使用人员安全职责。对施工电梯、液压爬模、架桥机等关键设备,进行现场应力测试和监控,还要求设备厂家派员进驻现场,共同做好设备检查、维护工作。目前,南京四桥特种设备管理已全部做到"一机一档"和"一证两牌",即:一台特种设备一份档案,并在特种设备醒目位置张贴安全检测检验合格证、设备标识铭牌、操作规程牌。六是把好设备制造关,对液压爬模、架桥机、缆载吊机、紧缆机、缠丝机等关键设备,指挥部会同设计和施工单位超前研究并全过程跟踪设备设计、复核、制造、检验等各个环节,保障了关键设备的安全性和适用性。

(4)四把水上交通关。南京四桥主桥位处船舶通航密度大,船舶交通流复杂,桥墩水域为小型船舶习惯航路,通航船舶吨位小、技术状况差,违章航行事件多,桩基施工期间,通航宽度严重受限,汛期流速急,水上交通安全管理难度大。因此主要从3个方面,严格管理:一是加强施工船舶安全管理,要求涉水工程施工单位与施工船舶签订安全生产责任状,同时加强施工码头靠泊秩序管理,防止施工船舶乱停乱靠和超码头等级靠泊。二是加强防船撞工作,并落实一艘大马力拖轮作为应急拖轮，进一步提高水上应急能力。水上设施设置了警示灯、警示标牌和声响设备，施工水域设置了航标和警戒船，形成了远近相连、动静结合的立体防撞体系。三是加强施工水域通航秩序管理，与海事部门签订水上交通维护协议，请海事部门在现场设置了两处水上执法基地，选派多艘护航船，维护通航秩序，为大桥水上施工创造良好的外部环境。

(5)五把隐患整改关。督察隐患检查和整改工作，确保各项规定落到实处。各参建单位按安全检查制度要求，定期、不定期开展现场安全检查，并将日常检查情况与安全风险抵押金考核和季度工作质量考核紧密结合，严格考核标准，确保各项规定落到实处。对检查过程中发现的安全隐患作现场记录、查后部署，要求及时整改、复查。多次进行了特种设备专项检查工作，长期坚持隐患排查和整改工作，并在 2011 年 7 月、8 月和 11 月按省、市要求开展了两次隐患排查、整改工作，确保各项安全要求落到了实处。

“安全无小事，责任大于天”，安全生产工作责任任重而道远，大家已形成共识，凝聚合力，以“平安工地”创建活动为契机，紧紧围绕交通工程安全管理工作重点，求真务实，埋头苦干，为南京四桥的建设，又好又快地建成作出更大贡献。

# 第二章 安全生产法规与管理体系

## 第一节 安全生产法律法规体系

### 一、工程建设安全法律法规体系框架

我国的工程建设安全生产法律法规体系，是指我国全部现行的、不同的安全生产法律规范形成的有机联系的统一整体，是一个由多个位阶法律规范性文件所组成的集合法群形态。具有中国特色的安全生产法律体系正在构建之中，这个体系具有 3 个特点：一是法律规范的调整对象和阶级意志具有统一性；二是法律规范的内容和形式具有多样性；三是法律规范的相互关系具有系统性。其基本框架内容包括：宪法的相关条文、法律、行政法规、部门规章、国家和行业标准、地方性法规、政府规章及地方技术标准。我国工程建设安全生产法规体系框架见图 2-1-1 所示。

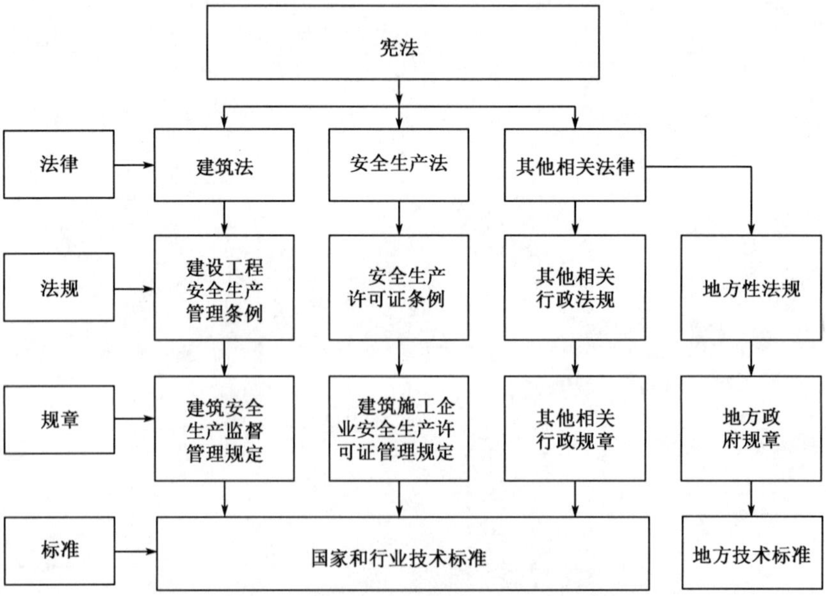


图 2-1-1 我国工程建设安全生产法规体系

具体而言，我国工程建设安全生产法规体系是以宪法为立法根据，以《中华人民共和国建筑法》、《中华人民共和国安全生产法》等法律为母法，以《建设工程安全生产管理条例》、《安全生产许可证条例》等行政法规为主导，以《建筑安全生产监督管理规定》、《建筑施工企业安全生产许可证管理规定》等部门规章为配套，以大量的技术标准为技术性延伸，以有关法律法规相关规定为补充，包括工程建设安全生产地方性法规、规章、标准和我国加入的有关国际公约在内的一个多层级、多类型的法律规范性文件体系，全面地解决了我国规范生产经营单位安全生产和强化监督管理的有法可依问题。

## 二、工程建设安全法律法规体系构成

### 1. 安全生产法律

为了加强对建设施工行业的安全生产管理，2002 年 6 月 29 日第九届全国人民代表大会常务委员会第二十八次会议通过《中华人民共和国安全生产法》，在其第二章"生产经营单位的安全生产保障"对安全生产经营单位的职责及义务进行了总体规定。

### 2. 安全生产行政性法规

从 2004 年开始实施的《建设工程安全生产管理条例》明确了建设工程安全责任主体由原来的施工单位向多个责任主体转变。在其第二章至第四章内容里，进一步对包括建设单位、勘察单位、设计单位、施工单位、监理单位，以及其他与安全生产相关单位的安全职责内容进行了细化。这些安全责任主体职责明确、互相关联、共同履行建设工程的安全管理职责。

### 3. 建设工程安全生产部门规章

就公路交通建设行业而言，2007 年交通部发布了《公路水运工程安全生产监督管理办法》（交通部 1 号令），在总则中对公路水运工程安全生产监督管理部门的职责进行总体规定，而其第三章各参建单位的安全职责的规定则与《建设工程安全生产管理条例》中规定相吻合。

2008 年交通运输部还出台了《公路水运工程质量安全督查办法》，对督查方式、内容、要求和结果处理进行规定，以规范公路水运工程质量与安全监督抽查工作，提高督查的科学性，促进质量与安全管理水平的提升。

### 4. 安全生产地方性行政法规

江苏省交通运输厅及有关单位也陆续出台了一些法规和制度，如《江苏省交通建设工程安全监督管理（暂行）规定》、《江苏省交通建设工程安全责任制度》等。这些规章制度在上级法律法规基础上，对参建单位职责及安全生产监督部门职责进行一定的细化。

## 三、工程建设安全法律法规体系特征和作用

我国的工程建设安全生产法规体系特征为：具有一般法规体系所具有的规范性、强制性的特征；调整的关系是建筑工程产品生产过程中有关安全生产的各种关系；是由一系列不同位阶的法律规范性文件所构成的有机整体。这些法律规范性文件可能分属不同的部门，但都是围

绕着工程建设安全生产而设定的有关主体的权利义务；从法律规范性文件的外在形式上来看，既有通常意义上的法律、行政法规、规章等，也有被赋予法律效力的技术标准规范；保护的对象是建筑活动的从业人员的生命安全和身心健康，以及生产资料和国家财产；调整的内容涉及自然科学和社会科学两个领域。因此，我国工程建设安全法律法规体系既具有政策性特点，又具有科学技术性特点。

我国工程建设安全生产法规体系在实现国家意志方面的作用主要体现在：

(1)为保护建筑从业者的安全与健康提供法律保障。我国的工程建设安全生产法规是以维护和保障建筑从业者，尤其是一线操作人员的生命安全和身心健康为目的的。它既强制性地规定了工程建设从业者的安全生产行为规范，也同时从工人的基本权利、施工环境、作业条件等方面规定了保障安全生产的精神和物质条件。安全生产工作实践表明，切实维护劳动者安全与健康的合法权益，仅凭教育手段和行政手段是远远不够的，必须要制订出各种保证安全生产的措施，而且要强制人人都必须遵守规章，要用国家强制力来迫使人们按照科学办事，尊重自然规律、经济规律和生产规律，保证劳动者得到符合安全与卫生要求的劳动条件。

(2)为工程建设活动的各方责任主体的安全生产行为提供法律规范。建筑产品的生产，涉及多个责任主体，如建设单位、勘察单位、设计单位、施工单位、监理单位、设备生产、租赁单位等。哪个责任主体的安全生产行为不规范或出现问题，都会直接影响施工过程的安全生产，造成重大事故隐患，甚至最终酿成重大事故。通过立法，科学地、合理地规范各方责任主体的安全生产权利义务，使得各方责任主体切实履行安全责任，是实现安全生产的基本途径。对于安全生产的最重要责任主体施工单位而言，工程建设安全生产法规体系还为它们提供了如何强化安全生产管理的科学模式，这对于企业改善安全生产条件、建立安全生产责任体系、加大安全生产投入具有至关重要的意义。

(3)为政府主管部门依法加强安全生产监管提供法律依据。尽管安全生产的主体责任担负者是企业，但是政府依然肩负着安全生产监管的职责。在各类生产事故多发、实行官员问责制的今天，有无认真依法履行监管职责，成了裁量官员应该被问责到什么程度的重要因素。工程建设安全生产法规体系为各级主管部门加强安全生产监管提供了法律依据，从范围、职责、权利、义务等各个方面明示了行为规范，这是政府主管部门加大对安全生产违法违规行为，惩戒处罚力度的重要武器，当然同时也是规范、约束政府主管部门安全生产监管行为的法律轨道。

## 第二节　法律法规赋予参建单位安全生产职责

### 一、法律法规赋予建设单位的安全职责

建设单位的安全职责主要在《建设工程安全生产管理条例》、《公路水运工程安全生产监督管理办法》(交通部1号令)，以及江苏省交通运输厅出台的《江苏省交通建设工程安全监督管理(暂行)规定》、《江苏省交通建设工程安全责任制度》中进行了规定，其具体安全职责如表2-2-1所示。

法律、法规规定的建设单位安全生产职责　　表 2-2-1

| 职　责 | 职责内容 | 来　源 |
| --- | --- | --- |
| 资料提供 | 建设单位应当向施工单位提供施工现场及毗邻区域内供水、排水、供电、供气、供热、通信、广播电视等地下管线资料，气象和水文观测资料，相邻建筑物和构筑物、地下工程的有关资料，并保证资料的真实、准确、完整 | 《建设工程安全生产管理条例》(国务院第393号令)、《江苏省交通建设工程安全责任制度》 |
| 约束 | 建设单位不得对勘察、设计、施工、工程监理等单位提出不符合建设工程安全生产法律、法规和强制性标准规定的要求，不得压缩合同约定的工期 | 《建设工程安全生产管理条例》(国务院第393号令)、《公路水运工程安全生产监督管理办法》、《江苏省交通建设工程安全责任制度》 |
| | 建设单位不得明示或者暗示施工单位购买、租赁、使用不符合安全施工要求的安全防护用具、机械设备、施工机具及配件、消防设施和器材 | 《建设工程安全生产管理条例》(国务院第393号令)、《江苏省交通建设工程安全责任制度》 |
| 制度建立 | 建设单位应根据所管项目的特点建立健全自身的安全生产监管体系 | 《江苏省交通建设工程安全责任制度》 |
| | 建设单位应督促负责工程项目的从业单位建立健全安全保障体系和安全生产责任制 | 《江苏省交通建设工程安全责任制度》 |
| 监督考核 | 对从业单位的制度建立及运行情况进行定期检查 | 《江苏省交通建设工程安全责任制度》 |
| | 依法对公路水运工程从业单位安全生产条件实施监督管理，组织施工单位的主要负责人、项目负责人、专职安全生产管理人员的考核管理工作 | 《公路水运工程安全生产监督管理办法》 |
| 审批应急预案 | 有较大安全风险的施工以及国家有关法规规定的其他危险性较大的工程，建设单位应对施工单位的施工组织设计中的安全保障措施及应急预案严格审查，必要时可委托具有相应资质的咨询机构进行安全评价并制定出安全应对措施，消除安全隐患 | 《公路水运工程安全生产监督管理办法》、《江苏省交通建设工程安全责任制度》 |
| 人员培训、教育宣传 | 组织公路水运工程安全生产技术研究和先进技术推广应用 | 《公路水运工程安全生产监督管理办法》 |
| | 开展公路水运工程安全生产经验交流，普及安全生产知识 | 《公路水运工程安全生产监督管理办法》 |
| | 宣传、贯彻、执行有关安全生产的法律、法规 | 《公路水运工程安全生产监督管理办法》、《江苏省交通建设工程安全监督管理(暂行)规定》 |
| 信息传达 | 项目交工验收前，建设单位应将参建的各从业单位安全生产及管理的综合情况和对其初步考核评价意见报交通建设工程安全监督机构 | 《江苏省交通建设工程安全责任制度》 |

续上表

| 职　　责 | 职 责 内 容 | 来　　源 |
| --- | --- | --- |
| 建立信用体系 | 建立公路水运工程从业单位安全生产信用体系，作为交通行业信用体系建设的一部分，对从业单位和人员实施安全生产动态管理 | 《公路水运工程安全生产监督管理办法》 |
| 受理举报 | 受理公路水运工程安全生产方面的举报和投诉，依法对公路水运工程安全生产实施监督检查和相应的行政处罚 | 《公路水运工程安全生产监督管理办法》 |
| 事故调查、发布信息 | 依法组织或者参与调查处理生产安全事故，按照职责权限对公路水运工程生产安全事故进行统计分析，发布公路水运工程安全生产动态信息，并向上级部门上报情况 | 《公路水运工程安全生产监督管理办法》 |

## 二、法律法规赋予勘察、设计单位的安全职责

勘察、设计单位的安全职责主要在《建设工程安全生产管理条例》、《公路水运工程安全生产监督管理办法》(交通部1号令)，以及江苏省交通运输厅出台的《江苏省交通建设工程安全责任制度》中进行了规定，其具体安全职责如表2-2-2所示。

**法律、法规规定的勘察、设计单位的安全生产职责**　　表2-2-2

| 职　　责 | 职 责 内 容 | 来　　源 |
| --- | --- | --- |
| 法律、法规的执行 | 勘察单位应当按照法律、法规和工程建设强制性标准进行勘察，提供的勘察文件应当真实、准确，满足建设工程安全生产的需要 | 《建设工程安全生产管理条例》、《公路水运工程安全生产监督管理办法》、《江苏省交通建设工程安全责任制度》 |
| | 勘察单位在勘察作业时，应当严格执行操作规程，采取措施保证各类管线、设施和周边建筑物、构筑物的安全。在工程所在区域地质灾害严重或工程建设活动可能引发地质灾害时，勘察单位还应对地质灾害防治方案提出建议 | 《建设工程安全生产管理条例》、《公路水运工程安全生产监督管理办法》、《江苏省交通建设工程安全责任制度》 |
| | 设计单位应当按照法律、法规和工程建设强制性标准进行设计，防止因设计不合理导致生产安全事故的发生 | 《建设工程安全生产管理条例》、《公路水运工程安全生产监督管理办法》、《江苏省交通建设工程安全责任制度》 |
| 风险分析与评估 | 在工程可行性研究阶段，设计单位要对工程实施过程和投入运营后的安全风险进行评估。若项目具有较大安全风险，应对项目的安全生产条件及安全设施进行专门论证，提出相应的安全应对方案；若项目安全风险较小，则应在对项目的安全生产条件及安全设施进行综合分析的基础上，编制安全专篇 | 《建设工程安全生产管理条例》、《公路水运工程安全生产监督管理办法》、《江苏省交通建设工程安全责任制度》 |
| | 设计单位应当考虑施工安全操作和防护的需要，对涉及施工安全的重点部位和环节在设计文件中注明，并对防范生产安全事故提出指导意见。采用新结构、新材料、新工艺的建设工程和特殊结构的建设工程，设计单位应当在设计中提出保障施工作业人员安全和预防生产安全事故的措施建议 | 《建设工程安全生产管理条例》、《公路水运工程安全生产监督管理办法》、《江苏省交通建设工程安全责任制度》 |

续上表

| 职 责 | 职责内容 | 来 源 |
| --- | --- | --- |
| 方案审查与交底 | 设计单位应根据工程可行性研究中安全应对方案或安全专篇的要求，落实各项安全措施，具有较大安全风险的建设项目，安全设施设计文件还须报相应安全生产监督管理部门审查 | 《建设工程安全生产管理条例》、《公路水运工程安全生产监督管理办法》、《江苏省交通建设工程安全责任制度》 |
| | 设计单位应当就审查通过的设计文件向建设、施工、工程监理单位做出详细说明 | 《建设工程安全生产管理条例》、《公路水运工程安全生产监督管理办法》、《江苏省交通建设工程安全责任制度》 |

## 三、法律法规赋予监理单位的安全职责

随着《中华人民共和国安全生产法》、《建设工程安全生产管理条例》的出台，监理单位的安全管理职责进一步得到了强化和明确。

《建设工程安全生产管理条例》第十四条明确指出“工程监理单位应当审查施工组织设计中的安全技术措施或者安全专项施工方案是否符合工程建设强制性标准。工程监理单位在实施监理过程中，发现存在安全事故隐患的，应当要求施工单位整改；情况严重的，应当要求施工单位暂时停止施工，并及时报告建设单位。施工单位拒不整改或者不停止施工的，工程监理单位应当及时向有关主管部门报告。工程监理单位和监理工程师应当按照法律、法规和工程建设强制性标准实施监理，并对建设工程安全生产承担监理责任”。

依据《中华人民共和国安全生产法》、《建设工程安全生产管理条例》，国家及江苏省也出台了《建设工程安全监理规程》(DB 11/382—2006)、《公路水运工程安全生产监督管理办法》、《江苏省交通建设工程安全责任制度》等，其中有关文件作为补充和细化。归纳出监理单位的安全生产监管职责如表 2-2-3 所示。

**法律、法规规定的监理单位安全生产监管职责** 表 2-2-3

| 职 责 | 职责内容 | 来 源 |
| --- | --- | --- |
| 组建机构与建立各项制度 | 应当编制安全生产监理计划，明确监理人员的岗位职责、监理内容和方法，制定各项安全生产制度等 | 《公路水运工程安全生产监督管理办法》(交通部 1 号令) |
| 审查安全专项施工方案 | 工程监理单位应当审查施工组织设计中的安全技术措施或者安全专项施工方案是否符合工程建设强制性标准 | 《建设工程安全生产管理条例》(国务院第 393 号令)、《公路水运工程安全生产监督管理办法》(交通部 1 号令) |
| | 监理单位应当按照工程监理规范的要求，对施工组织设计中的安全保障措施及应急预案进行审查 | 《江苏省交通建设工程安全责任制度》 |
| 安全检查和旁站监督 | 工程监理单位和监理工程师应当按照法律、法规和工程建设强制性标准实施监理，并对建设工程安全生产承担监理责任 | 《建设工程安全生产管理条例》(国务院第 393 号令)、《公路水运工程安全生产监督管理办法》(交通部 1 号令)、《江苏省交通建设工程安全责任制度》 |

续上表

| 职　　责 | 职责内容 | 来　　源 |
|---|---|---|
| 安全检查和旁站监督 | 工程监理单位在实施监理过程中，发现存在安全事故隐患的，应当要求施工单位整改；情况严重的，应当要求施工单位暂时停止施工，并及时报告建设单位。施工单位拒不整改或者不停止施工的，工程监理单位应当及时向有关主管部门报告 | 《建设工程安全生产管理条例》（国务院第393号令）、《公路水运工程安全生产监督管理办法》（交通部1号令）、《江苏省交通建设工程安全责任制度》 |
| | 采取旁站、巡视和平行检验等形式，对施工单位执行安全生产的法律、法规和标准、规范及落实安全生产责任制、施工安全措施等情况进行监理 | 《公路水运工程安全生产监督管理办法》（交通部1号令）、《江苏省交通建设工程安全责任制度》 |
| 安全监理档案 | 监理单位应当填报安全监理日志和监理月报 | 《公路水运工程安全生产监督管理办法》（交通部1号令） |

## 四、法律法规赋予施工单位的安全职责

施工单位是建设项目安全管理最重要的责任主体，其安全生产管理职责比较复杂，同时也是法律法规文件上规定最详细的。依据《中华人民共和国安全生产法》、《建设工程安全生产管理条例》、《公路水运工程安全生产监督管理办法》、《江苏省交通建设工程安全责任制度》，并参考《江苏省交通建设工程施工安全技术标准》（征求意见稿）等有关施工单位安全管理职责的有关条文，项目部的安全生产职责如表2-2-4所示。

**法律、法规规定的施工单位安全生产职责**　　　　表2-2-4

| 职　　责 | 职责内容 | 来　　源 |
|---|---|---|
| 建立安全生产责任制 | 施工单位的法定代表人是本单位安全生产的第一责任人，对本单位的安全生产负全面责任；直接分管安全生产工作的负责人对本单位的安全生产负具体的领导责任；项目经理是项目安全生产的第一责任人，对本项目的安全生产负全面责任 | 《建设工程安全生产管理条例》、《公路水运工程安全生产监督管理办法》、《江苏省交通建设工程安全责任制度》 |
| | 工程施工实行总承包的，总承包单位应当对全部工程施工现场的安全生产管理负责；总承包单位依法将工程分包给其他单位的，分包单位应当按照分包合同的约定对其分包工程施工现场的安全生产管理向总承包单位负责，总承包单位对分包工程施工现场的安全生产管理承担连带责任 | |
| 组织机构及人员 | 施工单位应当设置安全生产管理机构，并按照国家有关规定配备与施工规模相适应、专业齐全的安全管理专职技术人员，并向各施工现场派驻安全生产专职管理人员 | 《公路水运工程安全生产监督管理办法》、《建筑施工企业安全生产管理机构设置及专职安全生产管理人员配备办法》 |
| | 施工现场应当按照每5000万元施工合同额配备一名的比例配备专职安全生产管理人员，不足5000万元的至少配备一名 | |
| | 专职安全生产管理人员负责对安全生产进行现场监督检查，并做好检查记录，发现生产安全事故隐患，应当及时向项目负责人和安全生产管理机构报告；对违章指挥、违章操作和违反劳动纪律的，应当立即制止 | |

续上表

| 职　　责 | 职 责 内 容 | 来　　源 |
| --- | --- | --- |
| 安全生产经费及保险办理 | 施工单位应在投标时明确安全生产费用，施工中按规定使用安全费用，用于施工安全防护用具及设施的采购和更新、安全施工措施的落实、安全生产条件的改善，不得挪作他用 | 《建设工程安全生产管理条例》、《高危行业企业安全生产费用财务管理暂行办法》、《工伤保险条例》、《江苏省交通建设工程安全责任制度》 |
| | 项目部应当为施工现场的人员办理意外伤害保险，意外伤害保险费应由施工单位支付。意外伤害保险期自建设工程开工之日起至竣工验收合格止 | |
| 安全专项施工方案及技术交底 | 项目部应当按照有关法律、法规和标准、规范组织施工，根据工程项目特点制定各项安全生产管理制度和有针对性的安全技术措施或方案，施工单位安全和技术部门应认真审核有关安全技术措施和方案 | 《危险性较大的分部分项工程安全管理办法》、《建设工程安全生产管理条例》 |
| | 项目部在整个工程开工和分部分项工程开工前，应制订相应安全保障措施，危险性较大的分部分项工程应当编制专项保障施工安全方案，安全保障措施应当列出危险因素清单、主要控制点和实施要点并独立成篇报监理单位审批 | |
| 安全检查 | 项目部应当建立健全安全检查制度，加强对施工现场的安全巡查，并对违反施工安全技术标准、规范和操作规程的行为及时制止或者纠正；对发现的安全事故隐患，及时采取措施予以消除 | 《建设工程安全生产管理条例》、《公路水运工程安全生产监督管理办法》、《江苏省交通建设工程安全责任制度》 |
| | 项目部应当接受指挥部、监理单位及政府安全监督机构对其安全生产的监督检查。对于检查单位下达的整改意见通知，施工单位要立即予以整改 | |
| 施工环境及现场作业 | 项目部的作业现场和生活区平面布置应符合国家相关安全标准，要有安全可靠的围栏，有醒目的安全警告标志牌、安全标语，主要的规章制度、安全操作规程、安全生产管理网络图、安全生产管理目标牌、安全生产保证体系等要悬挂在醒目处 | 《建筑施工安全检查标准》、《建设工程安全生产管理条例》 |
| | 项目部应当根据不同施工阶段和周围环境及季节、气候的变化，在施工现场采取相应的安全施工措施。施工现场暂时停止施工的，施工单位应做好现场的安全防护 | |
| | 对于从事高空作业的项目部，应严格遵守《建筑施工高处作业安全技术规范》的规定进行施工，防止高处坠落事故发生 | 《建筑施工高处作业安全技术规范》 |
| | 从事水上作业的项目部，应严格遵守《中华人民共和国内河交通安全管理条例》、《中华人民共和国水上水下施工作业通航安全管理规定》有关规定 | 《中华人民共和国内河交通安全管理条例》、《中华人民共和国水上水下施工作业通航安全管理规定》 |
| | 项目部必须严格遵守《建筑工程施工现场供用电安全规范》、《施工现场临时用电安全技术规范》中的有关要求，编制临时用电方案，保证施工现场临时用电安全 | 《建筑工程施工现场供用电安全规范》、《施工现场临时用电安全技术规范》 |
| | 项目部在使用施工起重机械和整体提升脚手架、模板等自升式架设设施前，应当组织有关单位进行验收，也可以委托具有相应资质的检验检测机构进行验收；使用承租的机械设备和施工机具及配件的，由施工总承包单位、分包单位、出租单位和安装单位共同进行验收，验收合格的方可使用 | 《起重机械安全监察规定》、《特种设备安全监察条例》、《江苏省交通建设工程安全责任制度》 |

续上表

| 职　　责 | 职 责 内 容 | 来　　源 |
| --- | --- | --- |
| 应急救援及事故报告、处理 | 项目部应当制定本单位生产安全事故应急救援预案，建立应急救援组织或者配备应急救援人员，配备必要的应急救援器材、设备，并定期组织演练。应急救援组织体系、通讯联络方式应在现场醒目位置公布 | 《建设工程安全生产管理条例》、《江苏省安全生产条例》、《江苏省高危行业重特大事故应急救援体系建设基本要求及条件导则》 |
| | 施工现场发生安全事故时，施工单位要采取有效措施抢救人员和财产，保护事故现场，防止事故进一步扩大，并按照有关规定，向相关部门报告，并积极配合事故的调查工作 | 《生产安全事故报告和调查处理条例》、《江苏省交通建设工程安全责任制度》 |
| | 因抢救人员、疏导交通等原因需要移动现场物件的，应当做出标志，绘制现场简图并做出书面记录，妥善保护现场重要痕迹、物证，有条件的应拍照或录像 | |
| 安全考核及培训 | 项目部应当对管理人员和作业人员进行每年不少于两次的安全生产教育培训，其教育培训情况记入个人工作档案 | 《建设工程安全生产管理条例》、《公路水运工程安全生产监督管理办法》、《江苏省交通建设工程安全责任制度》、《特种设备作业人员监督管理办法》 |
| | 在采用新技术、新工艺、新设备、新材料时，项目部应当对作业人员进行相应的安全生产教育培训。新进人员和作业人员进入新的施工现场或者转入新的岗位前，项目部应当对其进行安全生产培训考核 | |
| | 从事垂直运输机械作业、起重设备安装、爆破与拆除、登高架设作业、电焊及国家规定的其他特种作业施工的，应当取得相应的专业资质；未取得相应专业资质的，不得施工 | |
| 安全资料建立及归档 | 项目部应对施工现场的安全技术资料建立档案，并确定专人管理；安全技术资料应当真实、完整、齐全。档案包括：详细的施工机械、设备管理台账，作业人员上岗证件记录，作业人员安全操作记录，奖惩台账等 | 《江苏省交通建设工程安全责任制度》 |

# 第三节　安全生产管理组织体系

## 一、安全生产管理体制

我国的安全生产工作，由全国安全生产委员会统一领导全国的安全生产工作，承担研究提出安全生产重大方针政策和重要措施的建议；监督检查、指导协调国务院有关部门和各省、自治区、直辖市人民政府的安全生产工作；组织国务院安全生产大检查和专项督查；参与研究有关部门在产业政策、资金投入、科技发展等工作中涉及安全生产的相关工作；负责组织国务院特别重大事故调查处理和办理结案工作；组织协调特别重大事故应急救援工作；指导协调全国安全生产行政执法工作等。

1993 年国务院国发(1993)50 号文《关于加强安全生产工作的通知》中指出："在发展社会主义市场经济中，各部有关部门和单位要强化搞好安全生产的职责，实行企业负责、行业管理、国家监察和群众监督的安全生产管理体制。应互相支持配合，共同努力做好安全生产工作，坚决防止发生重大、特大事故，尽量减少一般事故和减轻职业危害。”随后，在实践中又增加了劳动者遵章守纪的内容，形成了“企业负责、行业管理、国家监察、群众监督、劳动者遵章守纪”的安全管理体制。它体现了“安全第一，预防为主，综合治理”的安全生产方针，强调了“管生产必须管安全”的原则，明确了生产经营单位和企业在安全生产管理中的职责。“企业负责”说明搞好企业安全管理的重要性。

**1. 企业负责**

生产经营单位和企业法人代表为企业安全生产的第一责任人，企业的经营管理者必须为从业人员和职工的生产经营活动提供全面的安全保障，对从业人员和职工在劳动过程中的安全、健康负有领导责任。依照国家法规、标准管好生产经营单位和企业的劳动安全工作，生产经营单位和企业职工必须遵守一切符合国家法规的企业规章制度，否则，一旦发生事故，生产经营单位和企业应当承担法律责任、行政责任或经济责任，事故责任者必须接受法律的制裁，或行政的、经济的惩处。

企业负责，要求生产经营单位和企业安全管理应做到：在一切生产经营管理活动中坚持“安全第一，预防为主，综合治理”的方针及国家有关安全生产的政策；建立健全企业的职业安全卫生管理体系；坚持安全生产工作的“五同时”原则，即指生产经营单位和企业的生产组织领导者必须在计划、布置、检查、总结和评比生产工作的同时进行计划、布置、检查、总结和评比安全工作的原则。坚持“管生产必须管安全”的原则；给劳动者提供符合国家安全生产要求的工作场所、生产设施，加强对有毒有害、易燃易爆等危险品和特种设备的管理；建立、健全安全生产责任制和其他各项安全生产制度；进行职工的三级教育（公司、项目部、施工班组）、特殊工种安全教育及全员安全教育；制定和执行完善的安全操作规程；按照国家规定，合理配备安全技术和管理干部，负责企业日常安全检查、教育、管理工作；加强隐患整改，对新、改、扩建项目，按照“三同时”（即同时设计、同时施工、同时投入使用）原则，进行设计、施工和竣工投产验收；对企业发生的事故，坚持按“四不放过（事故原因不查清不放过，防范措施不落实不放过，职工群众未受到教育不放过，事故责任者未受处理不放过）”原则进行处理等。

**2. 行业管理**

行业管理部门按照“管生产必须管安全”的原则，在组织本行业生产经营工作中加强所属企业的安全管理，根据国家安全生产方针政策、法规、标准，对生产经营单位和企业的安全生产工作进行组织、协调、指导、监督检查，加强对行业所属企业以及归口管理的生产经营单位和企业管理，促使生产经营单位和企业努力改善劳动条件，消除不安全因素，采取有效的预防措施，实现安全生产，保障职工的安全和健康。

**3. 国家监察**

国家监察是指国家法规授权设立的监察机构，以国家名义并运用国家权力，对生产经营单位和企业、事业和有关机关，履行劳动安全健康职责和执行安全生产法规、政策的情况，依法进行监督检查，对不遵守国家安全生产法律、法规、标准的企业进行纠正和处罚，如下达监察意见通知书、行政处罚意见书，作出限期整改和停产整顿的决定，必要时，可提请当地人民政府或行业主管部门关闭企业。国家监察是一种带有国家强制性的监督，具有相对的独立性、公正性和权威性。

**4. 群众监督**

它包括各级工会、社会团体、民主党派、新闻单位等对安全生产工作的监督。其中工会监督是最基本的监督形式，是指工会组织代表职工群众依法对劳动安全法律、法规的贯彻实施情况进行监督，维护职工劳动安全方面的合法权益。针对政府和生产经营单位和企业行政方面存在的忽视劳动安全的问题，提出批评和建议。对严重损害职工利益的违法行为，向司法机关提出控告。群众监督是安全生产工作不可缺少的重要环节，尤其在社会主义市场经济体制建立过程中，要加大群众监督检查的力度，全心全意依靠职工群众搞好安全生产工作。

**5. 劳动者遵章守纪**

对劳动者遵章守纪提出了具体要求。

## 二、安全生产管理网络

为强化我国安全生产工作的综合管理，国务院设立的国务院安全生产委员会，其办公室设在国家安全生产监督管理局。由此形成的国家安全生产监督、监察的格局是：国家安全生产监督管理局是国务院主管安全生产综合监督管理的直属机构；国家质检总局负责特种设备的安全监督检查；卫生部负责职业病防治工作；劳动和社会保障部负责劳动保护和工伤保险管理的职能。建设部、公安部、交通部、铁道部、民航总局等负责本行业和领域的安全监督管理。各省、自治区、直辖市人民政府均设置了安全生产监督管理局监督、监察本地区的安全生产工作，各行业也设有相应的安全生产监督管理部门具体负责本行业的安全监督管理。在交通工程项目建设中，工程项目建设的建设单位是组织者和指挥者，监理单位是管理者，在项目建设的过程中起主导作用。很多工程建设项目都设立了安全主管部门，作为本项目的安全生产管理的领导机构。南京长江第四大桥建设项目按照这一指导思想，设立了相应的安全管理部门，对工程建设安全生产监管进行指导，同时督促和检查监理单位、项目部的安全生产组织机构设置和工作。图 2-3-1 所示是南京长江第四大桥安全生产组织网络框图。

## 三、施工企业安全管理组织机构

生产经营单位的安全生产管理必须有组织上的保障，否则安全生产管理工作就无从谈起。所谓组织保障，主要包括两方面：一是安全生产管理机构的保障；二是安全生产管理人员的保障。

安全生产管理机构是指生产经营单位中专门负责安全生产监督管理的内设机构。安全生产管理人员是指在生产经营单位从事安全生产管理工作的专职或兼职人员。在生产经营单位专门从事安全生产管理工作的人员则是专职安全生产管理人员。在生产经营单位既承担其他工作职责，同时又承担安全生产管理职责的人员则为兼职安全生产管理人员。安全生产管理机构和安全生产管理人员的作用是落实国家有关安全生产的法律法规，组织生产经营单位内部各种安全检查活动，督促各种事故隐患及时整改，监督安全生产责任制的落实等。

施工企业的法定代表人是本单位安全生产的第一责任人，对本单位的安全生产负全面责任；直接分管安全生产工作的负责人对本单位的安全生产负具体的领导责任；在任期内，应建立健全以法定代表人为首的分级负责安全管理保证体系，同时建立和健全专管成线，群管成网的安全管理组织机构。

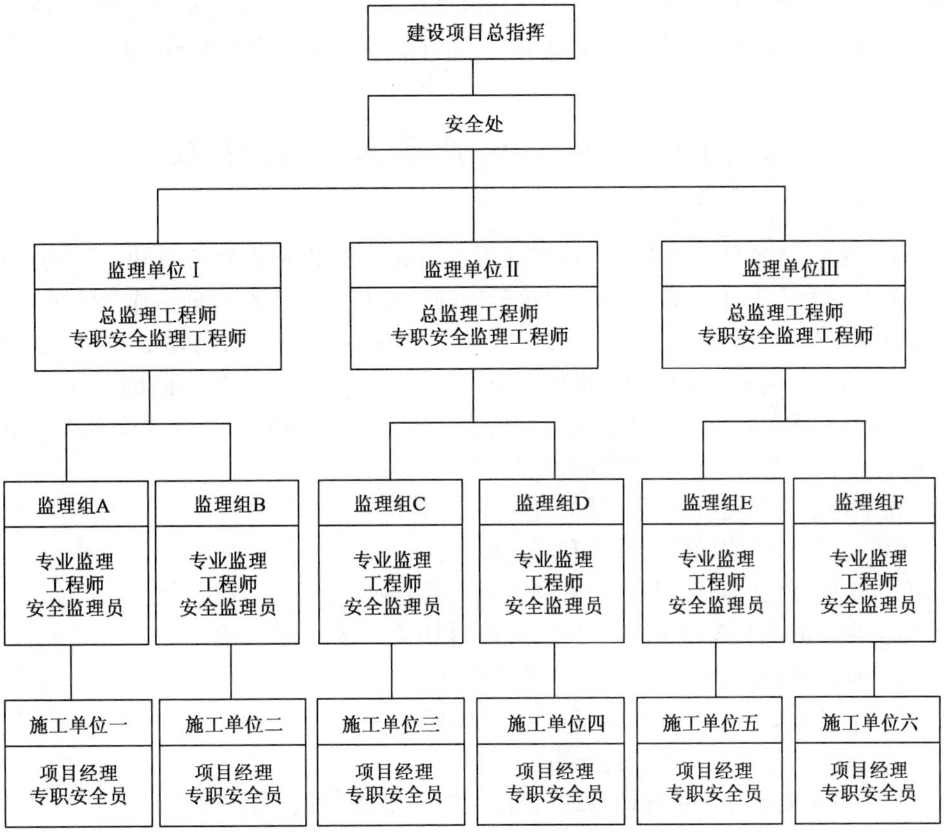


图 2-3-1 南京长江第四大桥安全生产组织网络框图

**1. 施工企业安全管理机构**

公路工程施工企业要设专职安全管理部门，配备专职管理人员。企业安全管理部门是企业的一个重要的生产管理部门，是企业负责人贯彻执行安全生产方针、政策和法规，并实行安全目标管理的具体工作部门，是领导的参谋和助手。企业的专职安全员，必须持有岗位合格证书。安全生产管理工作技术性、政策性、群众性很强，因此，安全管理人员应挑选责任心强，有一定的经验和文化程度的技术人员担任，以利于促进安全科技活动，进行目标管理。

**2. 项目部安全管理机构**

工程项目部是具体组织和指挥生产的单位，对管生产、管安全有极为重要的影响。项目经理作为项目安全生产的第一责任人，对本项目的安全生产负全面责任。项目经理部要根据本项目的施工规模设置专职安全管理机构或配备专职安全员，建立项目领导安全生产制度，解决和处理施工生产中的安全问题和进行巡回安全监督检查。

**3. 班组安全管理组织**

班组是企业的细胞，是搞好安全生产的前沿阵地。加强班组安全建设是企业加强安全生产管理的基础。各生产班组要设不脱产安全员，协助班组长搞好班组安全管理。各班组要坚持岗位安全检查、安全值日和安全日活动制度，同时要坚持做好班组安全记录。

## 第四节　安全生产管理责任体系

安全生产责任体系是安全生产管理保证体系中的重要组成部分，起着决定性的作用。施工现场安全生产责任不落实，就难以有效地开展施工现场安全生产管理工作。它的建立能够有效地防止将安全生产责任制只是"写在纸上、挂在墙上，难以落实在行动上"的形式主义。具体来说，施工现场安全生产责任制是指根据施工现场生产组织活动的实际，确定全员的安全生产责任，并通过责任交底、利益挂钩、监督考核等具体环节和措施，促使各项安全生产责任，既相互联系又相互作用，形成一个动态的管理机制。

建立施工现场安全生产责任体系的基本要求为：

(1)体系建立前，应明确组织形式和岗位设置。

(2)安全生产责任应明确职权、职责和考核3部分内容。

(3)施工现场的所有部门及岗位必须具有其相应的安全生产责任。

(4)生产责任划分清晰，不漏项，责任追究明确。

(5)安全生产责任应由责任人签字认可，并保留签字的文件记录。

(6)安全生产责任考核应纳入经济责任考核中。

(7)建立、健全安全生产责任体系的检查、反馈和调整3个保证机制。

(8)安全生产责任应在部门及岗位工作实施前予以确立。

(9)安全事故的调查处理坚持"四不放过"的原则。

### 一、工程建设参建各方安全职责

**1. 建设单位安全职责**

建设单位是工程建设项目的组织者和指挥者，在项目建设的过程中起主导作用。应该偏重于整体性或方向性的宏观把握。

(1)组建机构。建设单位作为工程建设安全生产的监管部门，需建立一个强有力的内部机构来领导和推进安全生产监管工作的平稳运行。很多工程建设项目都建立了安全生产委员会，作为安全生产监管的领导机构，取得了较好的成果，而江苏省交通运输厅内部也设立了安全生产管理委员会，对工程建设的建设工程安全生产监管进行指导。因此建设单位也需设立相应的部门，以增加宏观领导力度。同时，督促和检查监理单位、项目部的安全生产组织机构设置和工作。

(2)建立相关制度。在既定的组织机构和安全生产监管模式之下，需建立和完善相关制度，使各部门、各参建单位全体人员安全生产监管工作的开展有章可循、有法可依，保障整体安全生产监管形式平稳。建设单位作为特大跨径桥梁工程建设的监管机构，有责任建立各参建单位的安全管理办法和各项制度。各项制度是保障安全生产最基础的工作，其核心是建立各级安全生产责任制，进行安全生产责任制交底，确保安全生产责任落实到位。这是执行国家、省相关法律法规和部门规章的要求，也是特大跨径桥梁工程建设工程安全管理的需要。

(3)组织安全教育培训。相关法律法规中多处规定了建设单位应组织进行安全生产方面的教育培训，建设单位需要有针对性的组织安全生产方面的培训，其主要对象是建设单位的内部人员。通过培训提高管理队伍的整体素质，进而提升特大跨径桥梁工程建设整体安全管理质量。同时，还包括对监理单位和项目经理部的有关安全责任人的培训，提高相关人员的安全管理效率和安全管理水平，督促和检查监理单位、项目部的安全生产培训工作。

(4)监管安全专项施工方案的审查。国家法律、法规要求施工单位应在施工组织设计中对危险性较大的工程或部位制定专门的安全保障措施，同时也对建设单位的责任作了相应的规定。建设单位应组织重大安全专项施工方案的审查。应对工程危险源进行分级管理，可进行三级管理:建设单位牵头进行建设项目特别重大危险源的管理，应承担组织施工、组织设计中的安全技术管理保证措施的审查职责，必要时，可委托具有相应资质的咨询机构进行安全评价并制定出安全应对措施，消除安全隐患；承担监督监理单位对施工单位编制的危险性较大的分部分项工程安全专项施工方案的组织审查职责。监理单位牵头进行标段内重大危险源的管理。施工单位负责标段内各级危险源的管理。

(5)组织安全生产监管检查。监督检查是建设单位进行安全生产监督管理的主要手段，也是其主要安全职责。建设单位的监督检查对象主要是其内部各部门和监理单位、施工单位项目部，以此督促各部门、各单位安全生产管理工作的认真开展，保障安全生产管理工作质量。不定期的巡查施工现场，严格要求相关人员和设备按规定取得相关证书，督促施工单位加强施工现场安全管理，落实安全措施，确保安全生产满足国家相关安全生产法律、法规、标准的要求。

(6)事故调查处理与信息报告发布。建设单位依法组织或者参与生产安全事故的调查处理，按照职责权限对特大跨径桥梁工程建设工程生产安全事故进行统计分析，接受安全生产投诉，发布工程建设安全生产动态信息，并向上级部门上报情况。

(7)传达信息。为了保证各参建单位与外界信息沟通顺畅，建设单位需建立信息交流机制，可依托信息技术建立信息沟通、传达机制，保障信息渠道的实时性和便捷性。建设单位应及时向监理单位和项目部传达建设单位的安全生产工作要求，以及上级部门关于安全生产工作的文件、会议、批示精神等，并结合本项目的具体情况制定相应的对策措施，督促相关单位落实到位。建设单位还应定期将安全生产管理情况进行总结，并及时上报行业和行政管理部门。同时，制定安全生产工作会议制度并适时召开相关安全生产工作会议和专题会议。

(8)应急响应。为提高工程建设重大生产安全事故应急的快速反应和处置能力，确保科学地、及时有效地应对工程建设重大生产安全事故，最大限度减少人员伤亡和财产损失，维护稳定，保证建设工程顺利进行，需制定特大跨径桥梁工程的重大安全生产事故应急综合预案。

(9)安全生产费用使用监管。建设单位负责安全生产费用的列支、审批、支付和使用检查等方面的工作，工程招标工作中，要保证安全生产费用列支，符合法规要求；施工过程管理中，要督促监理单位严格审核，并检查施工单位按规定使用安全费用。

(10)资料管理。建设单位应及时收集安全生产管理资料，并整理和归档，建立安全管理资料台账，保证安全管理资料的完整性和规范性。同时，应督促并检查其他参建单位的安全生产资料管理工作。

(11)建立沟通和协调机制。建设单位应在其内部和各参建单位之间建立良好的沟通和协调机制，同时应保障与行业和行政管理部门、与安全生产有关的部门和地方的沟通及时、联系畅通。

(12)其他。建设单位应在项目前期工作阶段、勘测设计阶段、招投标管理、工程交竣工评价等方面结合项目建设管理要求和法规要求组织开展相关安全生产工作。

建设单位可根据工程建设危险等级和安全生产管理工作的具体要求，采取有利于促进安全生产工作的其他举措和办法，加大对安全生产工作的监管力度。

根据工程建设需要，建设单位应组织开展相关安全生产课题研究，并将研究成果在工程建设管理中进行应用检验。

建设单位要在安全生产文化建设、安全生产氛围营造、安全生产人员培养和管理、安全生产工作地位和方法提升等方面承担起牵头作用，努力提高安全生产工作的掌控能力和工作效率。

**2. 勘察、设计单位安全职责**

分析国家法律、法规中有关勘察、设计单位的安全职责，可以看出，国家法律、法规和技术标准是勘察、设计单位工作的依据；为工程建设单位提供真实、准确，满足建设工程安全生产需要的勘察文件和落实各项安全措施的设计文件，是勘察、设计单位的责任；同时勘察、设计单位还要承担勘察、设计文件的交底职责。

(1)法律、法规的执行。《建设工程安全生产管理条例》中明确规定："勘察单位应当按照法律、法规和工程建设强制性标准进行勘察，提供的勘察文件应当真实、准确，满足建设工程安全生产的需要。"、"设计单位应当按照法律、法规和工程建设强制性标准进行设计，防止因设计不合理导致生产安全事故的发生"。

(2)风险分析与评估。相关法律、法规规定：在工程所在区域地质灾害严重或工程建设活动可能引发地质灾害时，勘察单位还应对地质灾害防治方案提出建议。设计单位应根据工程可行性研究中安全应对方案或安全专篇的要求，落实各项安全措施，具有较大安全风险的建设项目安全设施设计文件，还须报相应安全生产监督管理部门审查。

(3)安全技术交底。《建设工程安全生产管理条例》中明确规定："设计单位应当就审查通过的设计文件向建设、施工、工程监理单位做出详细说明"。

**3. 监理单位安全职责**

监理单位对所监理的工程安全承担监理责任。监理单位受建设单位的委托作为工程管理单位，是建设单位工程建设管理的一部分，可以说是建设单位管理的扩展和延伸。在特大跨径桥梁工程建设的工程安全管理过程中，应履行《建设工程安全生产管理条例》等规定的相应职责。

(1)组建安全生产监理机构。安全生产监理机构是监理单位开展工程建设安全监理的保障。在特大跨径桥梁工程建设刚开始,监理单位就必须组建安全生产组织机构,编制安全生产监理计划,明确监理人员的岗位职责、监理内容和方法等。同时,督促和检查项目部的安全生产组织机构设置和工作。

(2)制定各项安全监理制度。《公路水运工程安全生产监督管理办法》第十八条规定"监理单位应当按照法律、法规和工程建设强制性标准进行监理,对工程安全生产承担监理责任"。为了能按照监理计划开展工作,各负其责,监理单位应当制定安全生产监理责任制,把安全监理责任落实到具体的责任人,并需要制定一系列的配套制度来保证监理工作的顺利进行。同时,督促和检查项目部的安全生产制度的建立、健全和执行。

(3)审查审批安全专项施工方案。法律法规规定,监理单位应当审查审批施工组织设计中的安全技术措施或者安全专项施工方案是否符合工程建设强制性标准,同时监理单位应对达到一定规模且危险性较大的分部分项工程的安全专项施工方案组织审查。

(4)安全检查和旁站监理。监理单位是特大跨径桥梁工程建设过程中安全生产管理最直接的监督者,国家相关法律法规对工程监理的安全监理内容也有明确的规定。监理单位在实施监理过程中,发现存在安全事故隐患的,应当要求施工单位整改;情况严重的,应当要求施工单位暂时停止施工,并及时报告建设单位。施工单位拒不整改或者不停止施工的,监理单位应当及时向有关主管部门报告。

采取旁站、巡视和跟踪检验等形式,对施工单位执行安全生产的法律、法规和标准、规范及落实安全生产责任制、施工安全措施等情况进行监理,对危险性较大的工程作业应当加强巡视检查等是法律法规规定的监理职责。

要按一岗双责要求,明确各专业监理人员的安全生产监理责任。

(5)审核安全生产费用。《公路水运工程安全生产监督管理办法》第十四条规定"安全生产费用由建设单位根据监理工程师对工程安全生产情况的签字确认进行支付",这就要求监理单位应对项目部的安全生产费用承担审核的责任。

(6)组织安全教育培训。特大跨径桥梁工程的建设涉及多个相关专业,也大量地使用新工艺、新设备和新材料。这就要求监理工程师只有不断地更新自己的知识,熟悉工程建设的施工工艺,才能适应监理工作的需要。因而,监理单位应建立定期培训制度,制定相关监理人员的培训计划,面向监理人员定期举办安全生产知识培训,并对培训结果进行考核。同时,督促和检查项目部的安全生产培训工作和培训效果,组织对标段内具有共性的安全生产专题的培训工作。

(7)审查事故应急预案,协助事故调查处理。项目部编制事故应急预案是为了在发生安全生产事故时能够做到规范、有序地开展救援工作,使事故的损失减到最小。但事故预案是否符合具体特大跨径桥梁工程建设实际情况,需要监理单位审查,并提出审查意见。

监理单位是特大跨径桥梁工程的工程建设现场的直接监管者,掌握着施工现场的第一手资料,对事故的调查处理起着主要的作用。协助相关部门的事故调查处理是监理单位的责任和义务。

(8)建立安全监理档案。安全监理资料是特大跨径桥梁工程施工过程的反映,是工程安全施工监理的第一手资料,也是监理单位安全生产监理工作的体现。监理单位应当填报安全监理日志和监理月报。同时,督促和检查项目部的安全生产资料和归档工作。

**4. 施工单位(项目部)安全职责**

施工单位的安全生产管理,在三方责任主体中是最关键、最直接的环节,是特大跨径桥梁工程建设项目安全管理好坏的直接体现,施工单位做好安全生产管理工作,是消除安全事故隐患的根本。分析法律、法规规定的施工单位安全生产职责,可以归纳出项目部的安全生产职责一般包括9个方面:

(1)建立组织机构。项目部应当设置安全生产管理机构,按照国家有关规定配备与施工规模相适应、专业齐全的安全管理专职技术人员,并向各施工现场派驻安全生产专职管理人员。明确组织机构各级人员的安全职责,建立安全生产网络。

(2)建立相关制度。项目部是施工现场的安全生产管理的第一责任人,《中华人民共和国安全生产法》中规定的生产经营单位的主要负责人职责的第一条就是建立、健全本单位安全生产责任制。制度建立后还要落实各部门及安全岗位人员的安全生产责任,并进行安全生产责任制交底。

(3)管理安全生产费用。项目部应当保证本项目安全生产条件所需资金的投入,建立安全生产费用管理制度,在合理范围使用安全生产费用,确保施工现场的安全技术措施满足施工要求。

(4)编制安全专项施工方案和安全技术交底。项目部应针对危险性较大的分部分项工程制定安全专项施工方案。安全专项施工方案的编制应满足针对性和可操作性的要求,针对性是指方案应符合工程的实际情况,可操作性是指方案应切实可行,且满足安全生产要求。

工程施工前,项目部应组织安全技术交底,负责项目管理的技术人员应当对有关安全施工的技术要求向施工作业班组、作业人员作出详细说明,并由双方签字确认。

(5)管理施工现场安全。做好施工现场的安全管理,文明施工,是确保施工现场安全的基本保障。

(6)组织安全生产检查。项目部应当建立健全安全检查制度,对施工现场的安全进行巡查,对违反施工安全技术标准、规范和操作规程的行为及时制止或者纠正,对发现的安全事故隐患及时采取措施予以消除。项目部应坚持施工现场巡查制度,定期组织安全检查,及时发现现场存在的事故隐患,并及时纠正、整改到位。

(7)制定应急救援预案,制定事故报告及调查处理制度。项目部应当按照相关规定制定本单位生产安全事故应急救援预案,建立应急救援组织或者配备应急救援人员,配备必要的应急救援器材、设备,并定期组织演练。应急救援组织体系、通信联络方式应在现场醒目位置公布。

项目部应根据建设单位的预案,制定本标段的应急救援综合预案,并制定各专项预案。项目部应将应急预案提交监理单位审核,并报建设单位进行备案。

项目部还应制定事故处理与报告制度,规范事故处理和报告程序,杜绝事故谎报、瞒报的现象,以便追究事故有关责任人的安全责任和汲取教训。

(8)组织安全教育培训。安全教育培训是保证安全生产的基础,是提高职工安全技术素质、搞好安全生产的前提，也是营造良好安全生产文化氛围的主要措施。国家多项法律法规规定，作业人员必须接受安全生产教育培训，未经安全生产教育培训或教育培训考核不合格的人员不得上岗作业。

(9)建立安全管理档案。项目部应当对施工现场安全技术资料建立档案，并确定专人管理，安全技术资料应当真实、完整、齐全。

## 二、工程建设各参建单位职责细化

根据法律、法规相关要求，前面已对各参建单位的安全生产工作职责进行了分析、归纳，为了保证安全工作符合法律、法规要求，需对各参建单位职责进行细化，将职责分解为具体的、可操作的工作行为要求。

### (一)建设单位基本职责

#### 1. 组建机构

建设单位需设立其内部的安全生产领导小组，对工程建设安全生产监管工作进行指导。领导小组成员包括建设单位主要领导、各处室负责人，是建设单位安全生产监管的最高领导机构。组建机构内容包括：

(1)组建安全生产领导小组；

(2)明确小组成员为：建设单位主要领导、各处室负责人；

(3)建立安全生产监督网络。

建议该工作由综合处牵头，各处室特别是工程处、安全处配合。对于后续安全生产委员会运作中的各项组织工作由安全处主要负责，工程处、综合处配合。

#### 2. 建立相关制度

安全生产监管制度的建立为整体安全生产监管工作提供了框架性指导，利于安全生产监管工作的规范化推进。建设单位各项安全生产监管制度包括：

(1)各部门安全生产监管责任制；

(2)工程建设安全生产监管考核办法；

(3)工程建设安全经费管理办法；

(4)工程建设安全生产教育培训制度；

(5)工程建设安全生产资料归档制度。

根据建设单位内部各处室职能分工，安全生产监管制度的建立工作主要涉及安全处和工程处，安全处牵头建立安全生产监管相关制度，工程处负责配合。而对于监管制度的推行工作则由安全(工程)处负责监督该工作的推进状况。

#### 3. 组织安全教育培训

通过安全培训教育提高建设单位安全生产管理队伍的整体素质，进而提升特大跨径桥梁工程建设整体安全管理质量。培训内容包括：

(1)学习安全生产法律、法规、规章和国家标准、行业标准；

(2)学习上级有关安全生产方面的文件和指示精神；

(3)新工艺、新技术、新设备的安全生产知识；

(4)安全生产事故的防范意识和应急措施知识；

(5)安全生产事故典型案例分析；

(6)当相关工程发生安全事故时，向项目办公室、相关参建单位下达安全警示。

培训要求为每年1次。

根据建设单位内部各处室职能分工，安全教育培训工作由安全处组织实施，其他各处室配合开展工作。

**4. 组织安全监督检查与考核**

根据对建设单位安全生产监管模式的分析，建设单位的监督检查对象主要是监理单位和施工单位项目部，以此督促各部门的安全生产管理工作的认真开展，保障安全管理工作质量。监督检查是建设单位进行安全生产监督管理的主要手段。检查考核内容包括：

(1)监理单位、施工单位项目部内业资料情况。

①安全生产管理组织机构建立及人员配备情况；

②各项制度的建立、落实情况；

③安全专项施工方案的编制、措施的落实情况；

④日常安全生产工作检查情况；

⑤安全生产专项费用使用情况；

⑥应急预案的编制和演练情况；

⑦事故处理与报告程序的执行情况；

⑧安全生产资料的归档情况。

(2)施工现场安全管理情况。

①作业人员持证情况；

②大型及特种设备管理情况；

③安全防护设施情况；

④临时用电情况；

⑤安全宣传及警示标语情况。

检查考核频率为每季度至少一次，可结合安全专项检查活动一起开展。检查考核形式为定期和不定期检查监理单位、施工单位项目部。根据建设单位内部各处室职能分工，安全监督检查应该由安全处牵头，其他处室积极配合。

**5. 监督安全专项施工方案的审查工作**

建设单位应承担组织重大安全施工方案审查，监督监理单位应承担对施工组织设计中具有重大危险性的分部分项工程安全专项施工方案进行审查的职责。

建设单位应监督含有下述分部分项工程安全专项施工方案的工程项目：

(1)隧道长度超过5km或隧道群工程的施工；

(2)采用新技术、新工艺、新材料,可能影响建设工程安全,涉及经费超过 5000 万的施工工程。

建议由工程处牵头组织,安全处协助。

**6. 事故及投诉的调查处理**

建设单位作为特大跨径桥梁工程建设工程的监管者,有责任对特大跨径桥梁工程的工程建设过程中发生的事故,组织进行调查和处理,向上级主管部门汇报,并向社会发布相关信息。

建设单位处理事故时,建设单位应配合上级主管部门或组织相关部门处理安全生产事故。

建设单位处理投诉时,建设单位对于直接投诉至建设单位的或有较大影响的安全生产投诉组织调查,并组织相关单位进行处理并将情况进行相关通报。

建议由安全处与工程处组织或参与、协助相关部门事故调查处理。

**7. 安全信息传达**

建设单位需建立特大跨径桥梁工程建设信息交流、发布机制。信息发布的内容包括:

(1)建设单位对监理单位、项目部发布信息。发布的主要内容是:

①国家最新发布的有关安全生产方面的法律法规、规章制度及文件;

②全国范围内最新发生的重大安全生产事故通报;

③安全生产检查结果通报;

④建设单位处理的安全投诉结果通报;

⑤建设单位制定的安全生产规章制度。

(2)建设单位对上级主管部门传递信息。传递的主要信息为:

①重大安全生产事故的报告和协助调查、处理;

②特大跨径桥梁工程建设总体安全形势。

建设单位特大跨径桥梁工程工程建设的安全信息发布应当统一归口,以保证建设单位信息发布的一致性。由安全处负责归口,综合处负责审核,工程处负责现场数据的获取,其他处室提供工程相关信息。

**8. 制定应急预案**

为提高特大跨径桥梁工程建设的重大生产安全事故应急的快速反应和处置能力,确保科学、及时有效地应对建设工程重大生产安全事故,最大限度减少人员伤亡和财产损失,维护稳定,保证建设工程顺利进行,需根据建设单位组织机构和安全生产监管模式,制定特大跨径桥梁工程建设重大安全生产事故综合应急预案。

建设单位综合应急预案应该由安全处牵头组织工程处、综合处、计划处等处室共同编制、完善,应急预案的演练、评审由安全处负责进行。

**9. 资料归档**

特大跨径桥梁工程建设相关资料的归档工作是工程建设工作的重要部分。它深刻地揭示了工程实施中每一个环节的实际状况,详实地反映了工程项目建设的全过程。它是工程实体有力的凭证，它能真实有效地反映工程的实际情况，建筑工程施工资料归档之前必须应做到真实性、及时性、完整性、准确性、科学性。所需要建立的档案包括：

(1)建设单位安全生产管理各项制度文件；

(2)上级有关发文和转发文件；

(3)特大跨径桥梁工程建设项目安全生产事故调查处理及统计资料；

(4)建设单位重大安全生产事故综合应急预案；

(5)建设单位安全教育资料；

(6)建设单位组织的安全生产检查、考核资料；

(7)建设单位安全生产会议资料；

(8)其他特大跨径桥梁工程建设项目相关的安全生产资料。

根据建设单位内部各处室职能分工，建议安全处负责特大跨径桥梁建设工程的安全资料归档工作，综合处负责对档案的完整性、规范性进行检查、验收，其他各处室及时提供真实、完整、准确的工程建设相关的归档资料。

### (二)指挥长基本职责

#### 1. 指挥长的具体职责

指挥长对省建设单位安全生产监督管理工作负总责，其具体职责为：

(1)贯彻执行国家、省有关交通工程建设安全生产的法律、法规及方针政策；

(2)批准组建建设单位安全生产委员会；

(3)批准建设单位安全生产监管责任制。

#### 2. 副指挥长(分管工程)的具体职责

分管工程副指挥长对所分管工程的安全生产监督管理工作负直接责任，其具体职责为：

(1)贯彻执行国家、省有关交通工程建设安全生产的法律、法规及方针政策；

(2)检查各参建单位的安全生产管理部门的组建工作；

(3)督促重大安全事故及投诉的处理工作；

(4)负责检查、指导各参建单位安全生产管理制度的建立、安全生产管理机构的建立和人员的落实；

(5)督促、检查安全生产专项经费的使用。

#### 3. 副指挥长(分管安全、计划)的具体职责

分管安全工作的副指挥长对建设单位安全生产监督管理的综合管理工作负责，其具体职责为：

(1)贯彻执行国家、省有关交通工程建设安全生产的法律、法规及方针政策；

(2)批准建设单位年度安全生产监督工作计划；

(3)负责安全生产相关制度的建立；

(4)指导各参建单位安全生产管理部门的组建工作；

(5)协调特大跨径桥梁工程建设中的生产安全事故的调查和处理；

(6)组织召开建设单位安全生产例会或安全生产工作会议。

### (三)各部门基本职责

#### 1. 安全(工程)处的具体职责

安全(工程)处负责对所辖工程的安全生产管理工作，实施现场监督管理，具体职责为：

(1)宣传贯彻执行国家、交通部及省有关交通建设工程安全生产的法律、法规、方针、政策及技术标准，部署所辖特大跨径桥梁工程的安全生产监督管理工作；

(2)负责建立所辖特大跨径桥梁工程安全生产监管体系，督促各参建单位建立安全生产管理机构、建立安全生产管理制度和落实相关人员。负责办理相关安全监督申请；

(3)负责向施工单位提供施工图设计文件及与工程有关的供水、排水、供电、供气、供热和邮电通信等地下管线资料；

(4)组织对施工现场安全生产管理工作进行检查、考核；

(5)组织施工图设计阶段安全专项施工方案的审查及风险评估，监督国家有关法规规定的危险性较大的工程安全专项施工方案及应急预案的审查；

(6)监督监理单位对高陡边坡、深挖路堑、墩台高度大于 10m 的桥梁、隧道等特殊结构方案组织的审查，确保结构的安全性；

(7)在施工图设计阶段，组织对工程项目的沿线安全设施的安全性进行审查；

(8)参与或组织调查有较大影响的安全生产投诉，参与一般施工安全事故的调查和处理；

按照安全生产事故处理的有关规定，及时上报安全生产事故发生及处理情况。统计归档特大跨径桥梁工程安全生产事故资料，定期拟写分析报告，并及时发布安全责任事故信息和处理情况等工程建设信息；

(9)负责制订和推行安全生产监管制度，组织制订建立监督检查、考核制度、学习各项安全生产监管制度。落实各项安全生产责任制；

(10)编制特大跨径桥梁工程建设综合应急预案；

(11)负责特大跨径桥梁工程建设资料的归档。

#### 2. 招标(计划)处的具体职责

招标(计划)处负责对所辖特大跨径桥梁工程项目招标工作所涉及的与安全生产有关的工作进行管理，具体职责为：

(1)宣传贯彻执行国家、交通部及省有关交通建设工程安全生产的法律、法规、方针、政策及技术标准；

(2)负责在招标文件中明确工程项目的环境保护、水土保持、地质灾害危险性评价意见中的工程处治措施；

(3)在招标文件中明确安全生产条件、安全生产信用、安全生产保障措施等要求，并对投标文件进行审核；

(4)负责对投标企业的《安全生产许可证》和相关人员的《安全生产考核合格证》进行审核。

**3. 综合处的具体职责**

(1)负责提出安全生产领导小组机构方案；
(2)协助安全生产领导小组例会召开的组织工作；
(3)负责安全生产领导小组例会的记录及传达工作；
(4)建设单位内部安全和车辆安全管理；
(5)负责指导和检查各参建单位的内部安全管理工作；
(6)负责对工程项目安全生产档案的完整性和规范性进行检查、验收。

**4. 总工办的具体职责**

总工办负责对所辖特大跨径桥梁工程项目初步设计阶段所涉及与安全生产有关的工作进行管理，具体职责为：

(1)宣传贯彻执行国家、交通部及省有关交通建设工程安全生产的法律、法规、方针、政策及技术标准；

(2)组织审查初步设计中工程安全专项施工方案和保证措施。负责对具有较大安全风险的建设项目的安全生产条件及安全设施进行专门论证，并委托具有相应资质的安全评价中间机构进行安全生产评价；

(3)组织对工程项目的环境保护、水土保持、地质灾害危险性的评价工作。

**5. 财务处的具体职责**

(1)财物处负责及时提供工程建设资金和工程专项安全经费；
(2)负责对工程专项安全经费使用情况进行审计。

**6. 纪检处的具体职责**

(1)参与、监督安全生产事故的处理；
(2)监督特大跨径桥梁工程建设安全生产合同的签订。

**(四)勘察设计单位具体职责**

对照《法律、法规规定的勘察、设计单位安全职责表》，归纳出勘察设计单位的安全职责：

**1. 遵守国家法律、法规和技术标准**

(1)勘察单位应当按照法律、法规和工程建设强制性标准进行勘察，提供的勘察文件应当真实、准确，满足建设工程安全生产的需要；

(2)勘察单位在勘察作业时，应当严格执行操作规程，采取措施保证各类管线、设施和周边建筑物、构筑物的安全；

(3)勘察单位应当按照工程建设标准、规范进行勘察，加强对现场踏勘、勘察纲要编制、原始资料收集和成果资料审核等环节的管理；

(4)设计单位应当按照法律、法规和工程建设强制性标准进行设计，防止因设计不合理导致生产安全事故的发生。

**2. 风险评估与方案审查**

(1)勘察单位应当向建设单位提供全面、准确的地质勘察报告和相关资料。在工程所在区域,由于地质灾害严重或工程建设活动可能引发地质灾害时,勘察单位还应对地质灾害防治方案提出建议;

(2)在工程可行性研究阶段,咨询或设计单位要对工程实施过程和投入运营后的安全风险进行评估。若项目具有较大安全风险,应对项目的安全生产条件及安全设施进行专门论证,提出相应的安全应对方案。若项目安全风险较小,则应在对项目的安全生产条件及安全设施进行综合分析的基础上,编制安全专篇;

(3)设计单位应根据勘察单位的建议、工程可行性研究中安全应对方案或安全专篇的要求,落实各项安全措施,详细编制地质灾害防治方案。具有较大安全风险的建设项目安全设施设计文件还须报相应安全生产监督管理部门审查;

(4)对重要项目或结构要进行专项安全风险评估。具体内容包括:

①隧道群工程的施工;

②单孔跨径超过 200m 的或特殊结构的桥梁工程施工;

③15m 以上的边坡施工、深挖路堑;

④15m 以上水中深基坑支护施工;

⑤常水面宽度超过 150m 的大河的导流、截流施工。

(5)参与重大安全生产方案讨论。

**3. 建立技术交底制度**

(1)设计单位应当考虑施工安全操作和防护的需要,对涉及施工安全的重点部位和环节在设计文件中注明,并对防范生产安全事故提出指导意见;

(2)采用新结构、新材料、新工艺的建设工程和特殊结构的建设工程,设计单位应当在设计中提出保障施工作业人员安全和预防生产安全事故的措施建议;

(3)施工过程中,项目部发现工程设计不能满足施工作业安全条件的,应当及时向建设单位提出,建设单位应当按照程序向设计单位提出,设计单位对工程设计应当及时予以修改,并出具修改方案或变更设计图纸;

(4)设计单位应当就审查通过的设计文件向施工、监理单位做出详细说明。在施工过程中,发现工程设计不能满足施工作业安全条件的,设计单位应对工程设计及时予以修改,并出具修改方案或变更设计图纸。

### (五)监理单位具体职责

监理单位对工程安全生产承担监理责任。对照《法律、法规规定监理单位的安全生产监管职责表》,结合课题组职责体系调研分析,给出监理单位的基本职责包括:

**1. 建立安全生产组织机构**

监理单位应成立安全监理工作领导小组，落实专职安全监理人员，并根据所监理工程的规模配备满足安全监理工作需要的具备相应资格的专职安全监理工程师。具体内容包括：

(1)组建安全生产监理领导小组；

(2)配置专职安全监理人员；

(3)建立安全生产监理网络。

**2. 建立各项安全监理制度**

监理单位应根据工程的特点编制安全生产监理细则，建立各项安全监理制度，作为安全监理工作的指导文件。部分主要制度：

(1)建立安全生产监理责任制；

(2)建立安全监理的旁站监督、检查制度；

(3)建立安全施工方案审查制度；

(4)建立安全生产考核制度；

(5)建立安全生产事故调查处理、报告制度；

(6)建立安全生产监理资料归档制度；

(7)建立安全监理会议制度。

**3. 审查审批安全专项施工方案**

在工程开工前，监理单位应审查审批施工组织设计中的安全技术措施或者安全专项施工方案是否符合工程建设强制性标准，提出意见，上报建设单位备案，其所需组织的安全专项施工方案包括：

(1)高大模板工程，水泥混凝土构件模板支撑系统高度超过 8m，或跨度超过 18m，施工总荷载大于 $10kN/m^2$，或集中线荷载大于 $15kN/m^2$ 的模板支撑系统；

(2)30m 以上高空作业的工程；

(3)5～10m 以上的边坡施工、深挖路堑、基坑支护施工；

(4)跨径在 100～1000m 之间或单孔跨径在 40～150m 之间的大型桥梁工程施工；

(5)宽度在 40～150m 的大江、大河的导流、截流施工；

(6)一般性的房屋拆除爆破和其他土石爆破工程；

(7)大型的脚手架工程、模板工程、起重吊装工程；

(8)水上大型构件物(如钢箱梁)的运输工程；

(9)航道区域内施工；

(10)跨越省道的施工，边通车边施工以及与地方路交叉需要部分道路封闭施工；

(11)现浇结构物施工、箱梁预制施工，预应力施工等；

(12)支架搭设、拆除施工，起重设备、大型机具安装与拆除施工；

(13)其他的采用新技术、新工艺、新材料，但对工程质量安全影响相对较小的施工。

监理单位组织的安全专项施工方案应接受建设单位的监督。

**4. 安全检查和旁站督促**

检查和旁站是监理单位监督施工现场安全的主要手段。监理单位应坚持对施工现场进行日常巡查，定期或不定期组织安全检查，及时发现现场存在的事故隐患，并督促项目部及时纠正、整改到位。

监理单位检查内容包括内业资料和施工现场安全管理情况。

(1)施工单位项目部内业资料情况。

①安全生产管理组织机构建立及人员配备情况；

②各项制度的建立、落实情况；

③安全专项施工方案的编制、措施的落实情况；

④日常安全生产工作检查情况；

⑤安全生产专项费用使用情况；

⑥应急预案的编制和演练情况；

⑦事故处理与报告程序的执行情况；

⑧安全生产资料的归档情况。

(2)施工现场安全管理情况。

①作业人员持证情况；

②大型及特种设备管理情况；

③安全防护设施情况；

④临时用电情况；

⑤安全宣传及警示标语情况。

定期或不定期检查的有：

①月度安全检查；

②专项安全检查；

③季节性安全检查；

④重大节前安全检查；

⑤考核检查；

⑥日常检查(旁站监督)。

专项检查有：监理单位对危险性较大的工程施工安全检查。

隐患排查有：组织施工单位开展安全隐患排查，对于发现的安全隐患问题，监理单位应签发指令通知施工单位予以整改。对问题严重或者拒不整改的，责令其立即停工整改并及时向建设单位报告。

**5. 审核安全生产费用**

依据《高危行业企业安全生产费用财务管理暂行办法》和《江苏省安全生产费用使用管理办法》的规定，监理单位应对项目部安全生产经费使用情况进行审核。审核的内容包括：

(1)费用是否在规定的范围内使用；

(2)实物与台账是否相符；

(3)发票凭证是否有效；

(4)费用的提取和使用程序是否规范。

**6. 审查事故应急救援预案，协助事故调查处理**

监理单位应督促项目部认真编制事故应急救援预案，并监督项目部定期组织演练和评审，不断改进和完善应急救援预案。发生安全生产事故时，监理单位应协助事故调查组和调查人员进行调查和处理。具体内容包括：

(1)督促项目部编制事故应急救援预案，并提出审查意见；

(2)监督项目部定期组织演练和评审；

(3)协助事故调查组和调查人员进行调查和处理。

**7. 安全教育培训**

监理单位应建立定期培训制度，面向监理人员定期举办安全生产知识培训，并对培训结果进行考核。培训对象全体工程监理人员。培训的内容包括：

(1)安全生产法律、法规、规章和有关国家标准、行业标准；

(2)安全生产规章制度；

(3)岗位安全操作技能和操作规程；

(4)安全设备、设施、工具、劳动防护用品的使用、维修和保管知识；

(5)新工艺、新技术、新设备的安全生产知识；

(6)安全生产事故的防范意识和应急措施、自救互救知识；

(7)安全生产事故典型案例等。

教育培训次数要求：

(1)监理单位负责人、专职安全监理人员，每年4次；

(2)其他监理人员，每年2次。

**8. 建立安全监理档案**

监理单位应建立所监理项目的安全监理资料，并及时进行整理和归档。安全监理归档内容：

(1)安全监理制度；

(2)安全检查；

(3)安全旁站；

(4)安全会议；

(5)安全教育培训；

(6)安全专项方案审查；

(7)安全生产费用审查；

(8)应急救援预案审查；

(9)分标段资料；

(10)安全监理日志；
(11)上级单位有关安全来文。

### (六)施工单位具体职责

对照表 2-2-4 法律、法规规定的施工单位安全生产职责，结合课题组对权责体系的调研，项目部的基本职责包括：

#### 1. 建立安全生产组织机构

项目部应当设置安全生产管理机构，按照国家有关规定配备与施工规模相适应、专业齐全的安全管理专职技术人员，并向各施工现场派驻专职安全生产管理人员。
(1)组建施工单位项目部的安全生产管理机构；
(2)按国家相关规定配备足量专职安全生产管理人员；
(3)建立安全生产管理网络。

#### 2. 建立各项安全生产制度

项目部应建立各项安全管理制度，特别是落实安全生产责任制。各项制度包括：
(1)安全生产责任制；
(2)安全教育培训制度；
(3)安全技术交底制度；
(4)安全检查和隐患整改制度；
(5)施工工艺操作安全管理制度；
(6)安全生产费用管理制度；
(7)安全生产例会制度；
(8)防护器材安全管理制度；
(9)劳保用品管理制度；
(10)安全装置管理制度；
(11)仓储安全管理制度；
(12)检修安全管理制度；
(13)动火安全管理制度；
(14)施工现场消防安全生产责任制度；
(15)高处作业安全管理制度；
(16)防尘防毒管理制度；
(17)重大危险源安全管理制度；
(18)特殊工种安全作业制度；
(19)重大事故应急安全管理制度；
(20)事故处理与报告管理制度；
(21)安全档案管理制度。

**3. 合理使用安全生产费用,为全体员工办理意外伤害保险**

项目部应建立安全生产费用管理制度,在合理范围使用安全生产费用,确保施工现场的安全技术措施满足施工要求。安全生产费用应专款专用,不得挪作他用。安全生产费用应在6个方面使用:

(1)完善、改造和维护安全防护设备、设施支出;

(2)配备必要的应急救援器材、设备和现场作业人员安全防护物品支出;

(3)安全生产检查与评价支出;

(4)重大危险源、重大事故隐患的评估、整改、监控支出;

(5)安全技能培训及进行应急救援演练支出;

(6)其他与安全生产直接相关的支出。

项目部应当为全体施工现场的人员办理意外伤害保险,支付意外伤害保险费。意外伤害保险费不得在安全生产费用中列支。

**4. 编制安全专项施工方案,组织安全技术交底**

项目部应针对危险性较大的分部分项工程,制定安全专项施工方案,安全专项施工方案的编制应满足针对性和可操作性的要求,针对性是指方案应符合工程的实际情况,可操作性是指方案应切实可行,且满足安全要求。同时项目部应接受建设单位、监理单位对安全专项施工方案审查工作的监督。除需由建设单位组织审查的安全专项方案外,其他危险性较大的分部分项工程的安全专项方案,由项目部自行组织编制审查,并报监理单位批准后实施。其内容包括:

(1)施工组织设计中安全技术措施方案;

(2)基坑支护与降水工程施工安全方案;

(3)土方开挖工程施工安全方案;

(4)模板工程施工安全方案;

(5)脚手架工程施工安全方案;

(6)起重吊装工程施工安全方案;

(7)拆除、爆破工程施工安全方案;

(8)隧道工程施工安全方案;

(9)桥梁工程施工(含架桥)安全方案;

(10)特种设备施工安全方案;

(11)其他危险性较大的工程施工安全方案。

工程施工前,项目部应组织安全技术交底,负责项目管理的技术人员应当对有关安全施工的技术要求向施工作业班组、作业人员作出详细说明,并由双方签字确认。

**5. 保障施工现场安全,进行文明施工**

做好施工现场的安全管理及文明施工,是确保施工现场安全的基本保障。同时,施工单位应当根据不同施工阶段和周围环境及季节、气候的变化,在施工现场采取相应安全施工措施。

施工现场安全包括：

(1)临时用电安全；

(2)施工机械安全，尤其大型设备和特种设备，大型临时设施等；

(3)从事现场作业的人员应当取得相应的专业资质，这类人员包括：

①垂直运输机械作业；

②起重设备安装、爆破与拆除；

③登高架设作业；

④电焊；

⑤国家规定的其他特种作业施工。

(4)现场作业人员应合理佩戴劳动防护用品；

(5)保持施工现场整洁、通道畅通，做到文明施工；

(6)安全警示标志及宣传标语的设置。

**6. 组织安全生产检查**

项目部应当建立健全安全检查制度，对施工现场的安全巡查，对违反施工安全技术标准、规范和操作规程的行为及时制止或者纠正，对发现的安全事故隐患及时采取措施予以消除。检查形式包括：

(1)月度安全检查；

(2)专项安全检查；

(3)季节性安全检查；

(4)重大节前安全检查；

(5)安全专项施工方案的施工安全检查等。

除上述 5 项安全检查外，项目经理部还应不定期进行安全生产检查，及时发现现场存在的事故隐患，及时纠正、整改到位。

同时，施工单位应当接受建设单位、监理单位及政府安全监督机构对其安全生产的监督检查。对于检查单位下达的整改意见通知，施工单位要立即予以整改。

**7. 制定事故应急救援预案和事故报告及调查处理制度**

项目部应当根据相关规定，制定本单位生产安全事故应急救援预案，建立应急救援组织或者配备应急救援人员，配备必要的应急救援器材、设备，并定期组织演练。应急救援组织体系、通信联络方式应在现场醒目位置公布。

项目部应根据建设单位的总体预案制定本标段的应急救援预案，并应制定分项预案。主要是火灾、坍塌、高处坠落、溺水、中暑、职业危害事故等应急预案。

项目部应将应急预案提交监理单位审核，建设单位进行备案。

项目部还应制定事故处理与报告制度，规范事故处理和报告程序，杜绝事故谎报、瞒报的现象，追究事故有关责任人的安全责任。

**8. 安全生产人员培训及考核**

施工单位应当建立健全安全生产教育培训制度，对相关人员进行定期培训，教育培训情况应当记入个人培训档案。安全生产教育培训或者考核不合格者，不得上岗作业。施工单位的项目负责人、专职安全生产管理人员应经有关部门考核合格，并持证上岗。

培训对象为全体项目部人员、新进员工、进入新的施工现场或者转入新的岗位的作业人员、特殊工种作业人员等。

培训的内容包括：

(1)安全生产法律、法规、规章和有关国家标准、行业标准；

(2)安全生产规章制度；

(3)岗位安全操作技能和操作规程；

(4)安全设备、设施、工具、劳动防护用品的使用、维修和保管知识；

(5)新工艺、新技术、新设备的安全生产知识；

(6)安全生产事故的防范意识和应急措施、自救互救知识；

(7)安全管理基本知识、安全技术知识；

(8)重大危险源管理、重大事故防范、应急管理及调查处理的有关规定；

(9)职业危害及其预防措施；

(10)国内外先进安全生产管理经验；

(11)典型事故和应急救援案例分析；

(12)伤亡事故统计、报告及职业危害的调查处理方法；

(13)应急管理、应急预案编制以及应急处置的内容和要求。

教育培训次数要求：

(1)管理人员和作业人员进行每年不少于 4 次的安全生产教育培训；

(2)新进员工和转岗员工，每年不少于 6 次；

(3)特殊工种作业人员，按照国家规定进行培训取得资格证书，并接受规定的继续教育学时。

**9. 建立安全管理档案**

项目部应当对施工现场安全技术资料建立档案，并确定专人管理，安全技术资料应当真实、完整、齐全。项目部档案包括的内容：

(1)安全生产保证体系；

(2)人员配备与持证情况；

(3)安全管理目标及考核；

(4)安全专项方案；

(5)安全技术交底；

(6)安全教育培训；

(7)安全检查；

(8)安全管理活动；

(9)安全生产费用及保险办理；
(10)应急管理；
(11)临时用电；
(12)机械设备；
(13)其他。

## 第五节　安全生产管理监督机制

有效的施工安全生产保证体系离不开监督管理机制的建立。施工现场安全生产监督机制既有企业内部的监督，又有企业内部监督以外的监督，即企业外部监督。企业外部监督是指以建设工程安全生产监督管理机构为主的安全生产监管和工程监理单位的安全生产监管。

### 一、企业内部监督

**1. 专职安全生产管理人员负责对安全生产进行现场监督检查**

企业内部的监督首先是设立专职安全生产管理人员的制度。专职安全生产管理人员是指专门从事安全生产管理的人员，不得兼任其他与安全生产无关的工作职责。施工现场的专职安全生产管理人员代表企业对施工现场安全生产进行监督管理，依照有关法律和规章行使职权。

**2. 工会依法组织职工参加本单位安全生产工作的民主管理和民主监督，维护职工在安全生产方面的合法权益**

施工企业应建立有效的工会组织。工会组织根据自己的性质和特点，为确保劳动者在生产过程中的健康和安全，发动劳动者积极参与各项劳动保护监督检查活动。工会劳动保护工作的任务可归纳为三个方面：一是组织广大职工开展群众性的劳动保护监督检查活动；二是广泛深入开展劳动保护的宣传教育活动，提高广大劳动者的法律意识和自我保护能力；三是组织和发动劳动者开展事故和职业病发生的预测预防活动。工会劳动保护工作方针是“安全第一，预防为主，群防群治，防治结合”。因此，依靠工会组织开展事故宣传的安全生产监督管理是一个非常有效的管理手段。

**3. 施工作业人员对施工现场安全生产的监督**

《建设工程安全生产管理规定》明确规定：作业人员有权对施工现场的作业条件、作业程序和作业方式中存在的安全问题提出批评、检举和控告，有权拒绝违章指挥和强令冒险作业。在施工中发生危及人身安全的紧急情况时，作业人员有权立即停止作业或者在采取必要的应急措施后撤离危险区域。

施工现场应通过开展安全教育培训等形式，明确告知作业人员有行使对施工现场的安全生产监督管理的权利。

## 二、企业外部监督

### 1. 政府统一领导、部门依法监管的机制

"政府统一领导、部门依法监管的机制"是目前我国安全生产管理体制的组成部分。各级人民政府负责对本行政区域内建设工程安全生产工作实施综合监督管理；各级人民建设行政主管部门对本行政区域内建设工程安全生产实施监督管理；建设行政主管部门或者其他有关部门可以将施工现场的监督检查委托给建设工程安全监督机构具体实施。

目前，我国绝大多数地区均由各地建设工程安全监督机构，如当地的建设工程安全监督站，具体实施施工现场的安全生产监督管理。

### 2. 实施社会广泛监督机制

《中华人民共和国安全生产法》规定：任何单位或者个人对事故隐患或者安全生产违法行为，均有权向负有安全生产监督管理职责的部门报告或者举报；居民委员会、村民委员会发现其所在区域内的生产经营单位存在事故隐患或者安全生产违法行为时，应向当地人民政府或者有关部门报告；对于施工现场安全生产管理活动，县级以上人民政府建设行政主管部门和其他有关部门应当及时受理对建设工程生产安全事故及安全事故隐患的检举、控告和投诉。

### 3. 工程监理单位应对施工现场实施安全生产监督管理

《建设工程安全生产管理规定》明确规定：工程监理单位应当审查施工组织设计中的安全技术措施或者专项施工方案，是否符合工程建设强制性标准；工程监理单位在实施监理过程中，发现存在安全事故隐患时，应当要求施工单位整改，情况严重的，应当要求施工单位暂时停止施工，并及时报告建设单位。施工单位拒不整改或者不停止施工的，工程监理单位应当及时向有关主管部门报告；工程监理单位和监理工程师应当按照法律、法规和工程建设强制性标准实施监理，并对建设工程安全生产承担监理责任。

工程监理单位对施工现场实施的安全生产监督管理，不仅是监理工程管理的延伸，也是落实社会监管、履行安全生产法律责任的必须。

# 第三章 安全生产管理制度

## 第一节 安全生产规章制度要求

安全生产规章制度是生产经营单位贯彻国家有关安全生产法律法规、国家和行业标准，贯彻国家安全生产方针政策的行动指南，是生产经营单位有效防范生产、经营过程安全风险，保障从业人员安全健康、财产安全、公共安全，加强安全生产管理的重要措施。

安全生产规章制度是指生产经营单位依据国家有关法律法规、国家和行业标准，结合生产经营的安全生产实际，以生产经营单位名义颁发的有关安全生产的规范性文件。一般包括：规程、标准、规定、措施、办法、制度、指导意见等。

### 一、建立安全生产规章制度的必要性

建立健全安全生产规章制度是生产经营单位的法定责任。生产经营单位是安全生产的责任主体，《中华人民共和国安全生产法》第四条规定“生产经营单位必须遵守本法和其他有关安全生产的法律、法规，加强安全生产管理，建立健全安全生产责任制度。完善安全生产条件，确保安全生产”；《劳动法》第五十二条规定“用人单位必须建立健全劳动安全卫生制度，严格执行国家劳动安全卫生规程和标准。对劳动者进行劳动安全卫生教育，防止劳动过程中的事故，减少职业危害”；《突发事件应对法》第二十二条规定“所有单位应当建立健全安全管理制度，定期检查本单位各项安全防范措施的落实情况，及时消除事故隐患”。所以，建立健全安全生产规章制度是国家有关安全生产法律法规明确的生产经营单位的法定责任。

建立健全安全生产规章制度是生产经营单位安全生产的重要保障。安全风险来自于生产、经营过程之中，只要生产、经营活动在进行，安全风险就客观存在。客观上需要企业对生产工艺过程、机械设备、人员操作进行系统分析、评价，制定出一系列的操作规程和安全控制措施，以保障生产经营单位的生产、经营工作合法、有序、安全地运行，将安全风险降到最低。在长期的生产经营活动过程中积累了大量的风险辨识、评价、控制技术，以及生产安全事故教训的大量积累，是探索和驾驭安全生产客观规律的重要基础，只有形成生产经营单位的规章制度，才能够使得安全生产规章制度不断完善，有效继承和发扬。

建立健全安全生产规章制度，是生产经营单位保护从业人员安全与健康的重要手段。国

家有关保护从业人员安全与健康的法律法规、国家和行业标准在一个生产经营单位的具体实施，只有通过企业的安全生产规章制度体现出来，才能使从业人员明确自己的权利和义务。同时，也为从业人员遵章守纪提供标准和依据。建立健全安全生产规章制度可以防止生产经营单位管理的随意性，有效地保障从业人员的合法权益。

## 二、安全生产规章制度建设的依据

安全生产规章制度是以安全生产法律法规、国家和行业标准、地方政府的法规和标准为依据。生产经营单位安全生产规章制度首先必须符合国家法律法规、国家和行业标准的要求，以及生产经营单位所在地地方政府的相关法规、标准的要求。生产经营单位安全生产规章制度是一系列法律法规在生产经营单位生产、经营过程具体贯彻落实的体现。

安全生产规章制度的建设，其核心就是危险有害因素的辨识和控制。通过对危险有害因素的辨识，才能提高规章制度建设的目的性和针对性，保障安全生产。同时，生产经营单位要积极借鉴相关事故教训，及时修订和完善规章制度，防范类似事故的重复发生。

以国际、国内先进的安全管理方法为依据。随着安全科学、技术的迅猛发展，安全生产风险防范的方法和手段不断完善。尤其是安全系统工程理论研究的不断深化，安全管理的方法和手段也日益丰富，如职业安全健康管理体系、风险评估和安全评价体系的建立，也为生产经营单位安全生产规章制度的建设提供了重要依据。

## 三、安全生产规章制度建设的原则

安全生产规章制度建设必须坚持“安全第一，预防为主，综合治理”的原则。“安全第一，预防为主，综合治理”是我国的安全生产方针，是我国经济社会发展现阶段安全生产客观规律的具体要求。安全第一，就是要求必须把安全生产放在各项工作的首位，正确处理好安全生产与工程进度、经济效益的关系；预防为主，就是要求生产经营单位的安全生产管理工作，要以危险有害因素的辨识、评价和控制为基础，建立安全生产规章制度。通过制度的实施达到规范人员行为，消除物的不安全状态，实现安全生产的目标；综合治理，就是要求在管理上综合采取组织措施、技术措施，落实生产经营单位的各级主要负责人、专业技术人员、管理人员、从业人员等各级人员，以及党政工团有关管理部门的责任，各负其责，齐抓共管。

主要负责人负责的原则。我国安全生产法律法规对生产经营单位安全生产规章制度建设有明确的规定，如《中华人民共和国安全生产法》规定“建立、健全本单位安全生产责任制，组织制定本单位安全生产规章制度和操作规程，是生产经营单位的主要负责人的职责”。安全生产规章制度的建设和实施.涉及生产经营单位的各个环节和全体人员，只有主要负责人负责，才能有效调动和使用生产经营单位的所有资源，才能协调好各方面的关系，规章制度的落实才能够得到保证。

系统性原则。安全风险来自于生产、经营活动过程之中。因此，生产经营单位安全生产规章制度的建设，应按照安全系统工程的原理，涵盖生产经营的全过程、全员、全方位。主要包括规划设计、建设安装、生产调试、生产运行、技术改造的全过程；生产经营活动的每个环节、每个岗位、每个人；事故预防、应急处置、调查处理全过程。

规范化和标准化原则。生产经营单位安全生产规章制度的建设应实现规范化和标准化管理，以确保安全生产规章制度建设的严密、完整、有序。即按照系统性原则的要求，建立完整的安全生产规章制度体系；建立安全生产规章制度起草、审核、发布、教育培训、执行、反馈、持续改进的组织管理程序；每一个安全生产规章制度的编制，都要做到目的明确，流程清晰，标准准确，具有可操作性。

## 四、安全生产规章制度体系的建立

目前我国还没有明确的安全生产规章制度分类标准。从广义上讲，安全生产规章制度应包括安全管理和安全技术两个方面的内容。在长期的安全生产实践过程中，生产经营单位按照自身的习惯和传统，形成了各具特色的安全生产规章制度体系。按照安全系统工程和人机工程原理建立的安全生产规章制度体系，一般把安全生产规章制度分为四类，即综合管理、人员管理、设备设施管理、环境管理；按照标准化工作体系建立的安全生产规章制度体系，一般把安全规章制度分为技术标准、工作标准和管理标准，通常称为“三大标准体系”；按职业安全健康管理体系建立的安全生产规章制度，一般包括手册、程序文件、作业指导书。

一般生产经营单位安全生产规章制度体系应主要包括综合安全管理制度，人员安全管理制度，设备设施安全管理制度，环境主要管理制度，安全生产规章制度的管理，高危行业的生产经营单位还应根据相关法律法规进行补充和完善。

### （一）综合安全管理制度

#### 1. 安全生产管理目标、指标和总体原则

应包括：生产经营单位安全生产的具体目标、指标，明确安全生产的管理原则、责任，明确安全生产管理的体制、机制、组织机构，安全生产风险防范和控制的主要措施，日常安全生产监督管理的重点工作等内容。

#### 2. 安全生产责任制

应明确：生产经营单位各级领导、各职能部门、管理人员及各生产岗位的安全生产责任、权利和义务等内容。

安全生产责任制属于安全生产规章制度范畴。通常把“安全生产责任制”与“安全生产规章制度”并列来提，主要是为了突出安全生产责任制的重要性。安全生产责任制的核心是清晰安全管理的责任界面，解决“谁来管，管什么，怎么管，承担什么责任”的问题，安全生产责任制是生产经营单位安全生产规章制度建立的基础。其他的安全生产规章制度，重点是解决“干什么，怎么干”的问题。

建立安全生产责任制，一是增强生产经营单位各级主要负责人、各管理部门管理人员及各岗人员对安全生产的责任感；二是明确责任。充分调动各级人员和各管理部门安全生产的积极性和主观能动性，加强自主管理，落实责任；三是责任追究的依据。

建立安全生产责任制，应体现安全生产法律法规和政策、方针的要求；应与生产经营单位安全生产管理体制、机制协调一致；应做到与岗位工作性质、管理职责协调一致，做到明确、具体、有可操作性；应有明确的监督、检查标准或指标，确保责任制切实落实到位；应根据生产经

营单位管理体制变化及安全生产新的法规、政策及安全生产形势的变化及时修订完善。

**3. 安全管理定期例行工作制度**

应包括:生产经营单位定期举行安全分析会议,定期召开安全学习会议,定期举办安全活动,定期进行安全检查等内容。

**4. 承包与发包工程安全管理制度**

应明确:生产经营单位承包与发包工程的条件、相关资质审查、各方的安全责任、安全生产管理协议、施工安全的组织措施和技术措施、现场的安全检查与协调等内容。

**5. 安全设施和费用管理制度**

应明确:生产经营单位安全设施的日常维护、管理;安全生产费用保障;根据国家、行业新的安全生产管理要求或季节特点,以及生产、经营情况等发生变化后,生产经营单位临时采取的安全措施及费用来源等。

**6. 重大危险源管理制度**

应明确:重大危险源登记建档,定期检测、评估、监控,相应的应急预案管理;上报有关地方人民政府负责安全生产监督管理的部门和有关部门备案内容及管理。

**7. 危险物品使用管理制度**

应明确:生产经营单位存在的危险物品名称、种类、危险性;使用和管理的程序、手续;安全操作注意事项;存放的条件及日常监督检查;针对各类危险物品的性质,在相应的区域设置人员紧急救护、处置的设施等。

**8. 消防安全管理制度**

应明确:生产经营单位消防安全管理的原则、组织机构、日常管理、现场应急处置原则和程序;消防设施、器材的配置、维护保养、定期试验;定期防火检查、防火演练等。

**9. 隐患排查和治理制度**

应明确:应排查的设备、设施、场所的名称,排查周期、排查人员、排查标准;发现问题的处置程序、跟踪管理等。

**10. 交通安全管理制度**

应明确:车辆调度、检查维护保养、检验标准,驾驶员学习、培训、考核的相关内容。

**11. 防灾减灾管理制度**

应明确:生产经营单位根据地区的地理环境、气候特点以及生产经营性质,针对在防范台风、洪水、泥石流、地质滑坡、地震等自然灾害相关工作的组织管理,技术措施、日常工作等内容和标准。

**12. 事故调查报告处理制度**

应明确:生产经营单位内部事故标准,报告程序、现场应急处置、现场保护、资料收集、相关当事人调查、技术分析、调查报告编制等。还应明确向上级主管部门报告事故的流程、内容等。

**13. 应急管理制度**

应明确:生产经营单位的应急管理部门,预案的制定、发布、演练,修订和培训等;总体预案、专项预案、现场处置方案等。

制定应急管理制度及应急预案过程中,除考虑生产经营单位自身可能对环境和公众的影响外,还应重点考虑生产经营单位周边环境的特点,针对周边环境可能给生产、经营过程中的安全所带来的影响。如生产经营单位附近存在化工厂,就应调查了解可能会发生何种有毒、有害物质泄漏,可能泄漏物质的特性、防范方法,以便与生产经营单位自身的应急预案相衔接。

**14. 安全奖惩制度**

应明确:生产经营单位安全奖惩的原则;奖励或处分的种类、额度等。

### (二) 人员安全管理制度

**1. 安全教育培训制度**

应明确:生产经营单位各级管理人员安全管理知识培训、新员工三级教育培训、转岗培训;新材料、新工艺、新设备的使用培训;特种作业人员培训;岗位安全操作规程培训;应急培训等。还应明确各项培训的对象、内容、时间及考核标准等。

**2. 劳动防护用品发放使用和管理制度**

应明确:生产经营单位劳动防护用品的种类、适用范围、领取程序、使用前检查标准和用品寿命周期等内容。

**3. 安全工器具的使用管理制度**

应明确:生产经营单位安全工器具的种类、使用前检测标准、定期检验和器具寿命周期等内容。

**4. 特种作业及特殊危险作业管理制度**

应明确:生产经营单位特种作业的岗位、人员,作业的一般安全措施要求等。特殊危险作业是指危险性较大的作业,应明确作业的组织程序,保障安全的组织措施、技术措施的制定及执行等内容。

**5. 岗位安全规范**

应明确:生产经营单位除特种作业岗位外,其他作业岗位保障人身安全、健康,预防火灾、爆炸等事故的一般安全要求。

**6. 职业健康检查制度**

应明确：生产经营单位职业禁忌的岗位名称、职业禁忌证、定期健康检查的内容和标准、女工保护，以及按照《职业病防治法》要求的相关内容等。

**7. 现场作业安全管理制度**

应明确：现场作业的组织管理制度，如工作联系单、工作票、操作票制度，以及作业现场的风险分析与控制制度、反违章管理制度等内容。

### （三）设备设施安全管理制度

**1. "三同时"制度**

应明确：生产经营单位新建、改建、扩建工程"三同时"的组织审查、验收、上报、备案的执行程序等。

**2. 定期巡视检查制度**

应明确：生产经营单位日常检查的责任人员，检查的周期、标准、线路，发现问题的处置等内容。

**3. 定期维护检修制度**

应明确：生产经营单位所有设备、设施的维护周期、维护范围、维护标准等内容。

**4. 定期检测、检验制度**

应明确：生产经营单位须进行定期检测的设备种类、名称、数量；有权进行检测的部门或人员；检测的标准及检测结果管理；安全使用证、检验合格证或者安全标志的管理等。

**5. 安全操作规程**

应明确：为保证国家、企业、员工的生命财产安全，根据物料性质，工艺流程、设备使用要求而制定的符合安全生产法律法规的操作程序。对涉及人身安全健康、生产工艺流程及周围环境有较大影响的设备、装置，如电气、起重设备、锅炉压力容器、内部机动车辆，建筑施工维护、机加工等，生产经营单位应制定安全操作规程。

### （四）环境安全管理制度

**1. 安全标志管理制度**

应明确：生产经营单位现场安全标志的种类、名称、数量、地点和位置；安全标志的定期检查、维护等。

**2. 作业环境管理制度**

应明确：生产经营单位生产经营场所的通道、照明、通风等管理标准；人员紧急疏散方向、标志的管理等。

**3. 职业卫生管理制度**

应明确：生产经营单位尘、毒、噪声、高低温、辐射等涉及职业健康有害因素的种类、场所；定期检查、检测及控制等管理内容。

## 五、安全生产规章制度的管理

**1. 起草**

根据生产经营单位安全生产责任制，由负责安全生产管理部门或相关职能部门负责起草。起草前应对目的、适用范围、主管部门、解释部门及实施日期等给予明确，同时还应做好相关资料的准备和收集工作。

规章制度的编制，应做到目的明确、条理清楚、结构严谨、用词准确、文字简明、标点符号正确。

**2. 会签或公开征求意见**

起草的规章制度，应通过正式渠道征得相关职能部门或员工的意见和建议，以利于规章制度颁布后的贯彻落实。当意见不能取得一致时。应由分管领导组织讨论，统一认识，达成一致。

**3. 审核**

制度签发前，应进行审核。一是由生产经营单位负责法律事务的部门进行合规性审查；二是专业技术性较强的规章制度应邀请相关专家进行审核；三是安全奖惩等涉及全员性的制度，应经过职工代表大会或职工代表进行审核。

**4. 签发**

技术规程、安全操作规程等技术性较强的安全生产规章制度，一般由生产经营单位主管生产的领导或总工程师签发，涉及全局性的综合管理制度应由生产经营单位的主要负责人签发。

**5. 发布**

生产经营单位的规章制度，应采用固定的方式进行发布，如红头文件形式、内部办公网络等。发布的范围应涵盖应执行的部门、人员。有些特殊的制度还正式送达相关人员，并由接收人员签字。

**6. 培训**

新颁布的安全生产规章制度、修订的安全生产规章制度，应组织进行培训，安全操作规程类规章制度还应组织相关人员进行考试。

**7. 反馈**

应定期检查安全生产规章制度执行中存在的问题，或建立信息反馈渠道，及时掌握安全生产规章制度的执行效果。

**8. 持续改进**

生产经营单位应每年制定规章制度的制定、修订计划，并应公布现行有效的安全生产规章制度清单。对安全操作规程类规章制度，除每年进行审查和修订外，每3～5年应进行一次全面修订，并重新发布，确保规章制度的建设和管理有序进行。

为了有效实施安全管理南京长江第四大桥建设协调指挥部依据国家安全法律、法规的有关规定，紧密联系本单位工程建设实际，建立了用以规范、指导、协调各部门和各岗位人员和工作行为的规章体系，它是保证安全管理工作正常、有效实行和运转的依据和方法，是南京长江第四大桥管理制度的重要组成部分，达到了有效控制本单位安全生产状况的目的。

## 第二节　建设单位安全生产管理制度

### 一、南京长江第四大桥工程建设安全管理实施细则

**实例1**

#### 南京长江第四大桥工程建设安全管理实施细则

**(一)总则**

**第一条**　为加强南京长江第四大桥(下称“南京四桥”)工程安全生产的监督与管理，保障人身及财产安全，根据《中华人民共和国安全生产法》、国务院《建设工程安全生产管理条例》、交通部《公路建设监督管理办法》、《公路水运工程安全生产监督管理办法》、《江苏省安全生产条例》等法律、法规、规章等有关规定，结合本工程实际，制定本细则。

**第二条**　本办法适用于南京四桥工程的各参建单位(建设、勘察、设计、施工、监理、设备供应等单位)和个人。

**第三条**　各参建单位必须遵守有关工程安全的法律、法规，在各自的管理职责范围内对南京四桥工程的安全生产负责，施工单位对安全生产负直接责任。

**第四条**　南京四桥工程安全生产管理坚持安全第一、预防为主、综合治理的方针，各参建

单位应建立健全安全生产保障体系和安全生产责任制。

**第五条**　南京四桥各参建单位应推动安全科技创新和管理创新，促进安全技术升级，保障工程建设安全。

**第六条**　南京四桥工程建设接受相关安全生产监督管理机构对安全生产的监督。

### （二）组织机构

**第七条**　本工程建设单位为南京长江第四大桥建设协调指挥部（以下简称"指挥部"）。工程建设期间成立以指挥长为组长，现场副总指挥为副组长，指挥部各部门负责人、各从业单位负责人为成员的安全生产领导小组（以下简称"领导小组"）。领导小组下设安全生产办公室（以下简称"安全办"），安全办日常工作由指挥部工程处负责。

**第八条**　领导小组应履行下列职责：

1.及时传达上级关于安全生产工作的文件、会议、批示精神；

2.督促指导各参建单位建立健全安全监督管理的网络和保障体系；

3.制定安全生产工作目标；

4.推广施工安全管理先进经验；

5.做好安全生产的宣传工作；

6.协调并监督各参建单位的安全生产工作；

7.配合事故的调查、处理；

8.组织对全桥工程建设安全生产情况的综合检查；

9.负责向上级和有关方面报告全桥安全生产情况，领导小组的日常工作由安全办负责。

**第九条**　监理机构应配备专职安全生产监理人员，负责日常安全生产的监理工作。

**第十条**　施工单位各项目部应成立安全生产领导小组，领导本标段安全生产工作。各项目部应设置专门机构和专职安全人员，处理安全生产日常事务。

### （三）建设单位的安全生产管理

**第十一条**　建设单位对南京四桥工程建设总体安全的监督管理负责。

**第十二条**　建设单位应建立各参建单位安全责任人档案。

**第十三条**　建设单位在招标时应把施工单位以往的安全生产业绩作为其资格预审能否通过的重要条件和评标时衡量其企业管理水平高低的重要因素。同时招标文件中应明确要求施工单位在报价时列支安全生产专项费用。施工单位中标后，建设单位应与其签订安全生产合同。

**第十四条**　建设单位应根据本项目的特点，建立健全安全生产管理体系，按照国家和省有关规定以及与从业单位签订合同的要求，对从业单位的安全行为加强管理。

**第十五条**　建设单位在项目实施过程中，应使工程安全设施与主体工程实行"三同时"，即同时设计、同时施工、同时投入使用。

**第十六条**　建设单位应监督指导各从业单位建立健全安全保障体系和安全生产责任制，并定期和不定期组织检查。

**第十七条**　建设单位应当向施工单位提供与工程相关的供水、排水、供电、供气、供热和邮电通讯等地下管线资料。

**第十八条** 建设单位不得以任何理由要求设计、施工和监理单位违反有关建设工程安全生产的法律、法规、标准和规范、操作规程的规定进行设计、施工及监理。

**第十九条** 建设单位应监督施工单位使用符合安全施工要求的建筑材料、建筑构配件、安全防护用具、机械设备、施工机具及配件、消防设施和器材。

**第二十条** 涉及构造物承重结构变更的工程,建设单位应当在施工前委托原设计单位或有相应资质条件的设计单位提供变更设计图纸。按照有关规定需要报批的,应当办理审批手续。

工程所在区域地质灾害严重或工程建设活动可能引发地质灾害的,建设单位应当组织勘察、设计单位编制地质灾害防治方案,并按有关规定报相关部门备案。

**第二十一条** 建设单位应督促施工单位制订针对项目特点的安全保障措施及应急救援预案。

**第二十二条** 建设单位应制定应急预案,建立紧急情况下相邻标段相互支援制度,配备单个标段没有而整个项目需要的应急救援设备,配合施工单位的事故救援工作。

**第二十三条** 建设单位应对施工单位进行定期或不定期的安全生产检查,定期召开安全生产例会。

**第二十四条** 建设单位应对本单位职工和各从业单位有关人员进行日常安全生产教育。

**第二十五条** 建设单位应根据《江苏省交通建设工程安全监督管理(暂行)规定》的要求,接受江苏省及南京市建设工程安全生产监督管理机构对安全生产工作的监督。

**第二十六条** 建设单位应研究制定安全风险抵押金制度和安全考核评比细则,并根据考评细则进行考评的奖惩。

**第二十七条** 建设单位应加强安全生产工作的宣传力度,推动全桥安全文化的建设。

### (四)勘察、设计单位的安全生产管理

**第二十八条** 勘察单位应当按照工程建设标准、规范进行勘察,加强对现场踏勘、勘察纲要编制、原始资料收集和成果资料审核等环节的管理。

**第二十九条** 勘察单位应当向建设单位提供全面、准确的地质勘察报告和相关资料。工程所在区域地质灾害严重或工程建设活动可能引发地质灾害的,勘察单位应对地质灾害防治方案提出建议。

**第三十条** 设计单位应当按照有关法律、法规和标准、规范和勘察成果进行设计,保证工程结构的安全。

设计单位应当考虑施工安全操作和防护的需要,设置必要的安全设施。对涉及施工安全的重点部位和环节,应当在设计文件中注明。工程所在区域地质灾害严重或工程建设活动可能引发地质灾害的,设计单位应按建设单位的要求、勘察单位的建议,详细编制地质灾害防治方案。

**第三十一条** 设计单位应根据工程可行性研究中安全应对方案和安全预评价报告书的对策措施的要求,落实各项安全措施,编写安全专篇,具有较大安全风险的建设项目安全设施设

计文件还须组织专家审查。

**第三十二条**　设计单位应当就审查通过的设计文件向建设、施工、工程监理单位做出详细说明。

在施工过程中，施工单位发现工程设计不能满足施工作业安全条件的，应及时向建设单位提出，建设单位应当按照程序通知设计单位，设计单位应当及时进行研究，并出具相应修改方案或变更的设计图纸。

### (五)施工单位的安全生产管理

**第三十三条**　施工单位对其标段安全生产负主体责任，施工单位的法定代表人是本单位安全生产的第一责任人，对本单位的安全生产负全面责任；直接分管安全生产工作的负责人对本单位的安全生产负具体的领导责任；项目经理是项目安全生产的第一责任人，对本项目的安全生产负全面责任。

**第三十四条**　施工企业应具有省级以上建设行政主管部门颁发的安全生产许可证，项目经理、项目副经理、项目总工应具备省级以上土木行政主管部门核发的安全生产管理人员B类证件，专职安全生产管理人员应具备省级以上土木行政主管部门核发的安全生产管理人员C类证件。从事垂直运输机械作业人员、施工船舶作业人员、爆破从业人员、安装拆卸工、起重信号工、电工、焊工等国家规定的特种作业人员，必须按照国家规定经过专门的安全作业培训，并取得特种作业操作资格证书后，方可上岗作业。

**第三十五条**　施工单位应建立健全安全生产责任制，安全生产责任制的制定应覆盖项目部各职能部门和从项目经理到一线工人的各级人员。

**第三十六条**　施工单位及其项目部应设置安全专职管理部门，赋予安全部门足够的管理权限，并应按照南京四桥工程安全风险评估的需要，配备规定的专职安全员，不涉及工程安全评估的标段，按照至少每5000万合同额配备一名的比例，配备专职安全员，同时每个班组应配备1～2名兼职安全员。

**第三十七条**　施工单位应按财政部、国家安监总局颁发的《高危行业企业安全生产费用财务管理暂行办法》的要求，在投标时明确安全生产费用，施工中按规定使用安全费用，为施工人员提供符合国家相关安全、卫生标准的生产环境、生活设施、作业条件、机械设备和安全防护用具，并接受建设单位和相关部门的监督检查。

**第三十八条**　施工单位应当为施工现场从事危险作业的人员办理意外伤害保险，支付意外伤害保险费。意外伤害保险期自建设工程开工之日起至竣工验收合格止。

**第三十九条**　施工单位应遵守建设单位的安全生产考核制度，并配合建设单位根据安全考核评比细则进行的考核评比工作。

**第四十条**　施工单位应当对施工现场的安全技术资料建立档案，并确定专人管理，安全技术资料应当真实、完整、齐全。

**第四十一条**　各标段施工现场的安全生产管理由本标段的施工单位负责。

工程施工实行总承包的，总承包单位应当对全部工程施工现场的安全生产管理负责；总承包单位依法将工程分包给其他单位的，总承包单位须单独与分包单位签订安全生产合同，分包单位应当按照合同的约定对其分包工程施工现场的安全生产管理向总承包单位负责，总承包单位对分包工程施工现场的安全生产管理承担监督和连带责任。

施工单位应与为其提供劳务协作单位人员签订安全生产合同，双方应按照合同履行各自权利及义务。

**第四十二条** 施工单位应当建立健全安全生产教育培训制度，安全教育对象应包括：新员工、转场工人、变换工种工人、从事特殊作业工人、各级管理人员和外协单位管理人员等。施工单位应当对管理人员和作业人员至少每半年进行安全生产教育培训，并留有专门的培训记录，教育培训情况应当记入个人业绩档案，安全生产教育培训或者考核不合格的，不得上岗作业。

**第四十三条** 施工单位应建立健全安全交底制度，项目管理人员或专职安全管理人员应在工程开工前或工序转换前向一线作业班组、作业人员进行安全技术措施和操作规范交底，并书面告知危险岗位的操作规程和违章操作的危害，被交底人要签字确认。

**第四十四条** 施工单位应建立健全安全生产检查制度和相应的检查标准，加强对施工现场的安全巡查，并对违反施工安全技术标准、规范和操作规程的行为，及时制止或者纠正；对发现的安全事故隐患，及时采取措施予以消除。

**第四十五条** 施工单位应制订安全生产奖惩制度，建立奖惩台账，促进施工人员遵章守纪进行施工。

**第四十六条** 在项目开工前，施工单位应根据有关规定做好保障安全生产的准备工作，并按要求将本项目安全生产的有关材料上报建设单位。

项目交工前，施工单位应将施工现场安全状况的综合分析报告和管理资料报送建设单位。

**第四十七条** 施工单位应当按照有关法律、法规和标准、规范组织施工，根据工程项目特点，制定各项安全生产管理制度和有针对性的安全技术措施或方案，施工单位安全和技术部门应认真审核有关安全技术措施和方案。

施工单位在整个工程开工和分部分项工程开工前，应制定相应安全保障措施，危险性较大的分部分项工程，应当编制专项保障施工安全方案，安全保障措施或方案应列出危险源清单、主要控制点和实施要点并独立成篇报监理机构审批。

**第四十八条** 施工单位应根据江苏省交通运输厅《全省公路航道建设工程施工安全事故应急救援编制内容指导意见》的要求，编制安全生产事故应急预案，建立应急救援组织，配备必要的应急救援器材及设备，并定期进行演练。应急救援组织体系、通讯联络方式应在现场醒目位置公布。

**第四十九条** 施工单位的作业现场和生活区平面布置，应符合国家相关安全标准，要有安全可靠的围栏，有醒目的安全警告标志牌、安全标语，主要的规章制度、安全操作规程、安全生产管理网络图、安全生产管理目标牌、安全生产保证体系等要悬挂在醒目处。

**第五十条** 施工单位应当根据不同施工阶段和周围环境及季节、气候的变化，在施工现场采取相应的安全施工措施。施工现场暂时停止施工的，施工单位应做好现场的安全防护。

**第五十一条** 施工单位对与工程相关的供水、排水、供电、供气、供热和邮电通讯等地下管线，应当采取措施加以保护。

**第五十二条** 施工单位应建立施工现场消防安全生产责任制，按照国家有关规定设置消防设施；在容易发生火灾的部位进行施工或者储存、使用易燃、易爆器材的，应当采取特殊的消防安全措施。

**第五十三条** 对于从事高空作业的施工单位，应严格遵守《建筑施工高处作业安全技术规范》的规定进行施工，防止高处坠落事故的发生。

**第五十四条** 对于从事水上作业的施工单位，应严格遵守《中华人民共和国内河交通安全管理条例》、《中华人民共和国水上水下施工作业通航安全管理规定》中的有关规定。

**第五十五条** 施工单位必须严格遵守《建筑工程施工现场供用电安全规范》、《施工现场临时用电安全技术规范》中的有关要求，编制临时用电方案，保证施工现场临时用电安全。

**第五十六条** 对用于施工的机械设备及安全防护用具，施工单位应当在进入施工现场前对其生产许可证、产品合格证和有关法定单位的检验检测合格证明进行查验，将有关证书上报监理机构审查，并在设备的醒目处明示。

**第五十七条** 施工单位应加强施工设备的安全管理，严格遵守《特种设备安全监察条例》、《建筑机械施工安全技术规程》中的有关要求。施工单位应定期对机械设备及安全防护用具等进行维修保养，保障其完好、有效并建立相应的资料档案；同时，施工单位还应在使用中对各类机械设备及安全防护用具进行定期自检或委托有关法定单位进行检验检测；检查不合格的或按照国家有关规定应当进行报废的，不得使用。

**第五十八条** 施工单位应建立详细的施工机械、设备管理台账，对其合法使用证明、施工用途及时段、维护保养记录及相配套的作业人员上岗证件进行详细记录。

**第五十九条** 施工单位在使用施工起重机械、垂直运输机械、架桥机以及整体提升脚手架、模板等设施前，应当组织有关单位进行验收，也可以委托具有相应资质的检验检测机构进行验收。

**第六十条** 施工单位对其大型临时工程和专用特种机械的设计应委托由建设单位认可的具备相应资质的独立第三方进行审核，并派驻专门人员对部分定制设备进行全程监造。

**第六十一条** 施工单位应当接受政府安全监督机构、建设单位、监理单位的监督检查。对于检查单位下达的整改意见通知，施工单位要立即予以整改。

对于因施工单位严重违章操作、被责令停工的，施工单位必须在规定的期限内完成整改工作，发生的损失自负。对于因此而造成工期延误的，施工单位还要按照合同规定向建设单位支付违约金。

**第六十二条** 施工现场发生安全事故时，施工单位要采取有效措施抢救人员和财产，保护事故现场，防止事故进一步扩大，并按照《江苏省公路航道建设工程施工安全生产事故快报制度(暂行)》的要求和有关规定，向相关部门报告，并积极配合事故的调查工作。

因抢救人员、疏导交通等原因需要移动现场物件的，应当做出标志，绘制现场简图并做出书面记录，妥善保护现场重要痕迹、物证，有条件的应当拍照或录像。

### (六)监理机构的安全生产管理

**第六十三条** 监理单位受建设单位委托，对所监理标段范围的安全生产负全面全过程的检查、监督、监控的责任。

**第六十四条** 监理单位应根据所监理工程的规模配备满足安全监理工作需要的具备相应资格的专职安全监理工程师。

**第六十五条** 监理机构应落实建设单位和有关部门的安全管理规定、要求，及时传递安全生产信息，督促承包人建立并落实各项安全管理规章制度、保护措施和防险抢险预案。

**第六十六条** 监理机构应根据所监理工程的特点，编制安全监理实施细则。

**第六十七条** 监理机构应对施工单位上报的施工组织设计安全生产技术措施、临时工程方案进行审核，对施工单位提供的计算书进行复核。

**第六十八条** 监理机构应通过安全技术旁站、日常巡查、不定期的安全检查及时发现和纠正不安全现象和隐患。对施工单位未及时整改的，监理机构有权责令承包人停工整顿，并向建设单位和安全生产监督部门报告。

**第六十九条** 监理机构应对施工单位执行安全生产的法律、法规和标准、规范及落实安全生产责任制、施工安全措施等情况进行监理。

**第七十条** 监理机构应加强对大型临时设施的质量和安全监理力度，质量安全监理应覆盖临时设施的材料采购、加工、安装、调试、使用、拆除等各阶段，确保临时设施的运行安全。

**第七十一条** 监理机构应当对施工单位的设备安全性能进行监控，做好设备进场、安装、验收、使用、拆除等各阶段的安全监理工作。

**第七十二条** 监理机构应督促施工单位认真编制事故应急救援预案，检查预案中的组织措施到位情况，并积极配合施工单位的事故救援处理工作。

**第七十三条** 监理机构应根据安全监理细则，对所监理项目的安全生产实行全面、全过程的动态管理，由安全监理填写《安全监理日志》。

### (七)附则

**第七十四条** 本办法由南京长江第四大桥建设协调指挥部负责解释和补充修订，自印发之日起施行。

## 二、南京长江第四大桥安全监理细则编制要求

### (一)目的

为加强南京长江第四大桥(南京四桥)建设过程中的安全监理工作，规范各监理机构的安全监理行为和安全监理过程，从而对施工过程进行安全、有效控制，特制定本规定。

### (二)监理机构在编制安全监理细则时的依据

(1)《职业健康安全管理体系—规范》(GB/T 28001)；
(2)《公路工程施工监理规范》(JTJ G10—2006)；
(3)南京长江第四大桥工程建设安全实施细则。

### (三)审批程序

各监理标段按安全监理细则格式要求(见附①)编制安全监理细则,报指挥部审批。

### (四)基本要求

为保障南京第四桥安全监理细则编制的统一性,各监理单位应参考南京四桥指挥部设定的格式进行编制,安全监理细则要有针对性和可操作性。

### (五)重点要求

各监理标段在编制安全监理细则时重点做好"安全监理工作内容"、"安全监理控制措施"和"生产安全事故报告、调查、处理"等章节的编制工作。

**附1:安全监理细则格式参考要求**

目　录

1. 安全监理工作依据
2. 监理工程概况
3. 安全监理工作方针、目标
3.1　安全监理方针
3.2　安全监理目标
4. 组织机构与职责权限
4.1　监理安全组织
4.2　职责与权限划分
5. 安全监理工作安排及要求
6. 安全监理工作内容
6.1　施工准备阶段
6.2　施工阶段
6.3　交工验收与缺陷责任期阶段
7. 安全监理控制措施
7.1　分项工程安全监理要点及控制措施
7.2　专项安全技术方案审查要点
8. 生产安全事故报告、调查、处理
8.1　事故报告
8.2　事故调查
8.3　事故处理
9. 安全监理资料管理
10. 附件
10.1　安全监理用表
10.2　施工单位安全生产用表

## 三、南京长江第四大桥安全教育培训制度

**实例2**

# 南京长江第四大桥安全教育培训制度

### (一)总则

**第一条** 为增强南京长江第四大桥(以下简称南京四桥)全体员工的安全意识和安全技能,避免和减少伤亡事故的发生,保障南京四桥的施工安全,依据《中华人民共和国安全生产法》、国务院《建设工程安全生产管理条例》、交通部《公路建设监督管理办法》、江苏省《江苏省安全生产条例》等要求,制定本制度。

**第二条** 南京四桥建设协调指挥部(以下简称南京四桥指挥部)、施工单位、监理单位等应根据本单位的具体情况,针对项目工程特点和员工素质,制定安全教育培训规章制度,并编制具体、详尽的教育培训计划。

**第三条** 安全教育培训可采取集中培训、发放学习资料、办宣传栏、安全知识竞赛等多种形式。

**第四条** 安全教育培训工作应建立档案。

### (二)建设单位的安全教育培训

**第五条** 南京四桥指挥部定期召开全桥安全生产工作会议,总结安全生产工作,传达上级安全工作指示,并提出相关安全工作要求。

**第六条** 南京四桥指挥部根据工程建设情况,及时召开安全学习、座谈会,学习上级主管部门有关安全法律法规文件、南京四桥建设安全规章制度等。

**第七条** 当其他或者相关工程发生安全事故时,南京四桥指挥部向有关参建单位下达安全警示。

**第八条** 南京四桥指挥部定期召开安全教育培训讲座,对南京四桥指挥部人员、施工和监理单位等安全管理人员进行安全教育培训,一年不少于两次。

### (三)监理单位的安全教育培训

**第九条** 监理单位每年至少召开一次全体员工的安全教育培训。学习内容包括:安全相关法律、法规以及国家、行业的强制性技术标准等;本单位上级有关安全生产管理文件;承包单位的安全相关材料。

**第十条** 监理单位定期召开安全学习、交流会。会议由总监、副总监主持,专职安全监理人员主讲,相关监理人员参加。

**第十一条** 监理单位应定期组织施工单位安全管理人员进行相关的安全教育培训。

### (四)施工单位的安全教育培训

**第十二条** 教育和培训内容,主要包括:

1. 安全生产法律、法规、规章和有关国家标准、行业标准；
2. 安全生产规章制度和操作规程；
3. 岗位安全操作技能；
4. 安全设备、设施、工具、劳动保护用品的使用、维修和保管知识；
5. 新工艺、新技术、新设备的安全生产知识；
6. 安全生产事故的防范意识和应急措施、自救互救知识；
7. 安全生产事故典型案例等。

**第十三条** 施工单位应组织进行下述各级教育培训：

1. 全体人员每年进行1～2次安全知识普及教育，在岗人员一年内至少有一次参加。

2. 项目部安全领导小组成员和专职安全生产管理人员除接受本单位的一般安全知识普及教育外，都要经过安全生产考核，考核合格后方可担任相应职务。

3. 特种作业人员除接受本单位一般的安全知识普及教育外，还必须取得本工种规定的专业培训考核。特种作业人员持证者，必须按规定参加定期复审，超出规定期限不参加复审或复审不合格者，不得继续从事本工种独立作业。

4. 对新进员工必须进行三级安全教育，并建立新进员工三级教育卡。新进员工的三级教育分别由项目部、施工队、各工种作业队(班组)分别实施。

5. 其他人员不论其来工地时间长短，一律由项目部进行安全教育后才能进入现场参加工作。

**第十四条** 教育培训的时间要求

1. 项目部领导小组成员、安全生产管理人员和从事危险作业的人员，每年接受在岗安全生产教育和培训的时间不得少于8学时；

2. 特种作业人员每年接受在岗安全生产教育和培训的时间不得少于8学时；

3. 新进员工且从事危险作业的人员上岗前接受安全生产教育和培训的时间不得少于24学时；

4. 其他从业人员每年接受在岗安全生产教育和培训的时间不得少于4学时。

**第十五条** 教育培训考核要求

安全教育培训作为员工考核的依据。对全体人员的安全教育培训，有考试要求的以考试成绩作为培训合格与否的标准，无考试要求的以学完规定学时为考核依据；对各类人员的取证培训，以取得资格证书或岗位证书作为考核合格依据。

## 四、南京长江第四大桥安全会议制度

**实例3**

### 南京长江第四大桥安全会议制度

**(一)总则**

**第一条** 为加强南京长江第四大桥(以下简称南京四桥)建设工程的安全管理，使安全会议制度化、规范化，结合本工程实际，特制定本制度。

**第二条** 本制度适用于南京长江第四大桥工程的建设单位、监理单位及施工单位。

**第三条** 安全会议需建立详细的会议记录，记录会议召开的时间、地点、参加人员以及会议形式、内容和总结，填写《安全活动记录表》。

### (二)建设单位的安全会议

**第四条** 南京四桥建设协调指挥部(以下简称南京四桥指挥部)定期召开安全工作会议，分析全桥安全工作形势，布置安全工作任务，并提出安全工作要求。建设单位、监理机构、施工单位安全主管领导及相关人员参加会议。

**第五条** 南京四桥指挥部在关键工程和关键工序的技术方案论证、审查(会议)时将确保工程安全列为重要考察条件。

**第六条** 南京四桥指挥部每月全程参加由监理单位定期召开各标段月度生产例会，安全工作情况作为一项重要议题。

1. 参加人员包括南京四桥指挥部、监理单位、设计检测人员、施工单位相关安全管理人员；

2. 会议内容包括：施工单位汇报本标段安全工作情况；监理单位总结施工单位安全工作情况，提出改进意见并对施工单位安全工作作出评价；南京四桥指挥部相关人员评价施工单位安全工作并提出改进要求。

### (三)监理单位的安全会议

**第七条** 监理单位每周召开监理例会，对所监理的施工单位存在的安全问题以及本单位安全相关问题，进行讨论、总结，提出解决方案或改进措施。

**第八条** 监理单位组织施工单位定期召开月度工地例会，会中详细指出施工单位存在的安全问题，并提出改进措施，要求施工单位加以落实。

**第九条** 监理单位定期召开安全学习、交流会。会议由总监或副总监主持，专职安全员主讲，全体监理人员参加。会议学习内容包括：安全相关法律、法规以及国家行业的强制性技术标准等；本单位上级有关安全生产管理文件；承包单位的安全相关材料。

### (四)施工单位的安全会议

**第十条** 施工单位每季度召开一次安全生产专题例会。

1. 由安全领导小组组长或副组长主持，小组成员和有关人员参加；

2. 会议内容：传达建设单位、上级单位的最新文件精神；总结并通报安全生产情况，落实建设单位及省厅质监站等的相关要求，安排部署工作任务和其他与安全生产相关事宜；

3. 例会的贯彻落实：按会议要求认真落实会议决议，参会人员将例会精神传达到每个职工，确保任务落到实处。

**第十一条** 施工单位每月召开一次安全工作会议，可以和月度工地例会、月度生产调度会等同时进行。

1. 安全领导小组组长或副组长主持，小组成员、专职安全员和相关人员参加；

2. 会议内容：总结上月安全工作，提出下月安全工作任务；布置、落实月度工地例会、月度生产例会相关安全要求和其他与安全生产相关事宜。

**第十二条** 施工单位组织相关人员定期召开安全学习、交流会，会议内容包括：国家、地方的法律法规，以及国家、行业的安全技术标准；本单位安全管理相关规定；事故案例分析、学习等。

**第十三条** 危险性较大的施工作业开始前，应组织施工人员召开现场安全工作会议，可以和安全技术交底同时进行，会议内容包括：提出危险因素及预防措施；讲解安全施工操作规程；对作业情况进行现场通报；回答作业人员的提问等。

**第十四条** 如遇下列情况，施工单位应召开安全专题会议，强调安全工作要点，布置安全工作：

1. 重要节日来临前，包括春节、五一、国庆、元旦等；
2. 重要气候变化到来前，如汛期、干旱、雷电、雪灾、暴雨、卫生防疫等；
3. 工序可能影响工程建设相邻周边环境稳定；
4. 其他工程或者相关施工工程发生重大安全生产事故等。

**第十五条** 按照行业规定需要开展的作业班组安全交底会议，由项目部督促相关作业队伍作为例行工作进行，专职安全员有责任进行检查和指导。

## 五、南京长江第四大桥施工安全专项方案编制要求

**实例4**

### 南京长江第四大桥施工安全专项方案

**第一条** 为促进施工单位施工安全专项方案的编制和落实，确保南京长江第四大桥（以下简称南京四桥）的施工安全，依据建设部《建设工程安全生产管理条例》及《危险性较大工程安全专项施工方案编制及专家论证审查办法》等相关规定，南京长江四桥建设协调指挥部（以下简称南京四桥指挥部）制定本制度。

**第二条** 施工安全专项方案，是指针对分部（分项）工程或关键作业施工过程中已知的或潜在的危险性较大的因素，采取消除或控制的安全技术、管理措施的施工方案。在工程的施工组织设计中，针对危险性较大的分部、分项工程，应在施工前编制施工安全专项方案。

**第三条** 下述分项工程需要编制施工安全专项方案：

1. 基坑支护与降水工程；
2. 土方开挖工程；
3. 起重吊装工程；
4. 脚手架工程；
5. 模板工程；
6. 高处（空）、水上作业；
7. 沉井作业；
8. 现场临时用电工程；
9. 大型临时设施装拆工程；

10.南京四桥指挥部、监理单位及项目部认为有必要编制专项安全方案的其他危险性较大的分部、分项和特定工程或工序。

**第四条** 专项安全技术方案的编制由项目总工程师领导,编制成员由工程技术、物资机械、安全质量等专业、管理人员组成。项目经理是实施方案的第一责任人。

**第五条** 专项安全方案编制完成后,报监理单位审批,经南京四桥指挥部相关部门审查后备案。

**第六条** 特别关键、影响重大的特殊工程施工安全专项方案,项目部应交其公司上级安全、技术部门审查或者由南京四桥指挥部牵头组织审查通过后实施。

**第七条** 专项安全方案的实施过程中,各种安全设施、防护用品等费用在安全经费中列支;施工单位应根据专项安全方案进行安全技术交底;工程负责人、方案编制人员、专职安全员应经常检查专项安全方案中各项措施的落实情况,及时纠正违规行为,确保方案得到有效执行。

**第八条** 专项安全方案编制的一般要求如下:

1.编制人员应认真学习国家有关安全生产的法律、法规、规范、标准,既熟悉工程施工技术要求,又掌握必备的安全生产知识方可参加相关编制工作;同时,编制人员应亲临工程一线进行现场调查,要对场地环境、水文、地质、气象等现场情况和交通、建材、公共设施、消防要求、应急救援社会情况进行充分了解。

2.方案要有针对性和可操作性,应根据工程特点、施工环境、施工工艺和程序、工法、机械设备、安全防护条件以及工人安全意识和文明素质等工、料、机、环、序的不同特点采取客观、可行的方式进行编制。同时,方案要有调节余地,能够适应环境、季节等因素的变化。

3.专项安全方案要突出安全技术、管理等方面的措施和保障,重点突出针对工程重大危险因素的防范工作和措施,着力落实安全保障措施的可执行性和可跟踪检查性。

4.要保证方案的严肃性,通过审批的方案不得轻易变动。但专项安全方案要以施工方法和工艺方法为前提进行编制,当工法改变或者施工实际情况发生变化时,应及时对方案进行修订并按程序进行审批执行。

5.专项安全方案的编制不能脱离工程建设实际,要根据各标段承包人的资质、现场情况和工程内容进行编制。

**第九条** 各监理单位应组织安全、结构、试验等专业的监理工程师对专项安全方案进行认真审查,审查要求和标准按监理规范和相关规定执行。

**附:专项安全方案内容参考目录**

目　录

1.工程概况

1.1　工程介绍

1.2　自然条件(水文、地质等)

1.3　外部施工条件(现场、交通条件、供水供电、社会应急救援条件、通信等)

2.编制依据、原则及适用范围

2.1　编制依据

2.2　编制原则

2.3　适用范围
3.安全管理体系
3.1　控制目标
3.2　管理网络
3.3　组织机构
4.危险因素识别与控制
4.1　危险因素识别
4.2　危险因素控制措施
5.安全技术设计
5.1　一般规定
5.2　构造要求
5.3　设计计算
6.施工要求
6.1　施工准备
6.2　施工方法(各工序安全施工要求及保证措施)
7.安全措施
7.1　质量检查与验收
7.2　日常维护及安全管理
7.3　安全检查及评价
8.应急处置
8.1　应急组织机构与职责
8.2　应急资源
8.3　应急响应程序(须含通讯联系方式)
8.4　(分项工程)应急救援预案
9.附件
附件1:现场平面布置图
附件2:其他(安全设计计算书等)

## 六、南京长江第四大桥安全生产检查考核细则

**实例5**

### 南京长江第四大桥安全生产检查考核、考评细则

**第一条**　为加强南京长江第四大桥工程安全生产管理,规范安全检查考核活动,现根据《中华人民共和国安全生产法》、《建设工程安全管理条例》,《江苏省安全生产条例》、江苏省交通运输厅工程质量监督站的《江苏省交通建设工程安全责任制度》、《江苏省公路建设项目施工现场安全生产监督检查标准(试行)》以及建设行业相关工程安全规程、标准,制定本细则。

**第二条**　本细则适用于南京四桥工程各施工项目部的安全检查的考核、考评工作。每月

例行检查以考核为主;每季度考评检查一次,每季度的考评分,考核占50%,考评占50%。考评结果作为风险抵押金的偿付依据,每季度的考评结果将于下个季度第一个月公布,当年各季度考评的平均分与各标段安全风险抵押金挂钩。

**第三条** 安全生产检查考评由南京长江第四大桥建设协调指挥部组织有关人员进行,时间为每季度的第三个月,对于进场不到一个月的施工项目部,只进行检查考核,不做考评。

**第四条** 检查的形式为内业资料检查、现场检查和安全知识考核。

**第五条** 检查考核主要内容见附件:表3-2-1"南京长江第四大桥安全生产检查考核、考评表",共十五项。

**第六条** 考评满分为100分,采用扣分方式进行计分,扣分总数不得大于各分项的总分。

**第七条** 未尽事宜由南京长江第四大桥建设协调指挥部负责解释。

**第八条** 本制度自印发之日起施行。

**附件:南京长江第四大桥安全生产检查考核考评表** 表3-2-1

| 检查类别序号 | 检查类别及分值 | 检查项目 | 考核 | 考评 | |
|---|---|---|---|---|---|
| | | | 好/中/差 | 扣分 | 得分 |
| 一 | 安全生产保证体系(10) | 未建立健全安全生产责任制的扣1～3分;<br>未专门设立安全生产管理机构或安全机构未履行其职责的扣1～3分;<br>未建立健全安全生产规章制度的扣1～3分;<br>没有各工种安全操作规程或规程不全的扣1～3分 | | | |
| 二 | 人员配备与持证情况(5) | 项目负责人、专职安全生产管理人员未持证或持证不全的扣2～5分;<br>未按规定比例配备专职安全员的扣1～3分;<br>特种作业人员未持证上岗的扣1～3分 | | | |
| 三 | 安全管理目标(5) | 未制定安全管理目标的扣5分;<br>未进行安全管理目标责任分解或分解不到位的扣1～3分;<br>无目标考核规定或规定不具体的扣1～2分;<br>考核办法未落实的扣1～2分 | | | |
| 四 | 安全档案(5) | 未有专门人员进行安全资料的汇总、管理的扣1～2分;<br>安全档案管理不规范的扣1～2分;<br>未设安全台账或台账记录不全的扣1～2分;<br>未记施工安全日志或日志记录不全的扣1～2分 | | | |
| 五 | 安全技术方案(5) | 分部工程或有危险作业的分项工程未编制安全技术方案的扣5分;<br>方案中未针对工程特点进行危险源进行分析并提出控制点、预防措施的扣1～3分;<br>施工过程中安全技术方案措施落实不到位的扣1～5分 | | | |

续上表

| 检查类别序号 | 检查类别及分值 | 检 查 项 目 | 考 核 | 考 评 | |
|---|---|---|---|---|---|
| | | | 好/中/差 | 扣分 | 得分 |
| 六 | 安全技术交底(5) | 在分项工程开工前、工序转换前未进行安全技术交底的扣2～5分；<br>无书面安全技术交底的扣1～2分；<br>交底未按规定履行签字手续的扣1～2分；<br>安全技术交底无记录或记录不全的扣1～2分 | | | |
| 七 | 安全培训教育(5) | 未按规定定期组织全体人员和考核安全培训教育的扣1～3分；<br>对转岗、新进场、复工工人未进行安全培训的扣1～2分；<br>安全培训没有记录或记录不全扣1～2分；<br>现场所有人员每发现一位未持安全培训教育合格证扣0.5分；<br>现场人员每发现一位无继续培训教育记录的扣0.5分 | | | |
| 八 | 安全检查(5) | 未按规定进行安全检查的扣2～5分；<br>检查出事故隐患未按期进行整改或整改不到位的扣1～3分；<br>安全检查未记录或记录不全的扣除1～2分 | | | |
| 九 | 安全经费(5) | 没有编制安全投入计划的扣2分；<br>安全投入不足的扣2分；<br>安全生产经费使用无记录或记录不全扣1～2分；<br>未为全体现场作业人员办理人身意外伤害保险扣1～5分 | | | |
| 十 | 应急救援(5) | 没有制定事故应急救援预案扣5分；<br>应急救援预案操作性不强的扣1～2分；<br>没有或没有现场公布应急救援组织机构扣2分；<br>没有配备应急救援设备或配备不全的扣1～2分；<br>没有进行应急救援预案的演习扣1分 | | | |
| 十一 | 施工环境(5) | 生活区、办公区施工区未分开设置的扣1分；<br>施工现场未封闭管理未按要求进行现场围挡的扣1～3分；<br>材料(危险品)未按照要求进行堆放的扣1～2分；<br>施工现场未采取针对性安全措施的每一处扣1分；<br>油库、发电机房、配电房、木工间、仓库、宿舍区等重点防火部位未落实责任人，消防器材未按要求配备并保持状态完好的扣1～3分；<br>未按要求设置各种警示牌、指示牌、公告牌和各种禁止标志的扣1～3分；<br>施工便道、便桥未能满足正常使用的扣1分 | | | |

续上表

| 检查类别序号 | 检查类别及分值 | 检查项目 | 考核 | 考评 | |
|---|---|---|---|---|---|
| | | | 好/中/差 | 扣分 | 得分 |
| 十二 | 现场作业(15) | 现场每发现一位人员未配戴安全帽扣0.5分；<br>高空作业施工人员每发现一位人员未按要求佩带安全带扣0.5分；<br>有大型水上作业未配备救生器材或配备不全的扣2.5分；<br>从事水上作业的有关人员未按要求穿救生衣每发现一位人员扣0.5分；<br>高空作业、水上作业施工平台及基坑施工未按要求设置防护的扣2.5分；<br>临边、洞口未按要求设置防护和明显警示标志的有一处扣1分 | | | |
| 十三 | 施工用电(5) | 未专门编制施工用电方案或未经监理单位审批的扣3分；<br>外电保护未满足相关要求的扣1～3分；<br>接地与接零保护系统未满足相关要求扣1～3分；<br>配电箱与开关箱设置与使用、配电线路不满足相关要求的扣1～3分 | | | |
| 十四 | 大型临时工程、大型施工机械(15) | 脚手架、支架、模板、猫道等大型临时工程未编制施工方案、设计计算书或未经过独立第三方复核的扣5～8分；<br>大型临时工程未按批准的方案进行施工的扣1～5分；<br>大型临时工程使用前未进行专项验收的扣1～5分；<br>塔吊、电梯、架桥机等大型设备的安装、拆除未编制方案或方案不全面具体的扣5～8分；<br>塔吊、电梯、架桥机等安装后未经监督部门验收合格就使用的扣2.5分；<br>未按照有关要求进行设备维护的扣1～3分；<br>吊装作业未按有关规程的扣1～3分；<br>专用大型机械和大型临时设施的生产、制造未派专人监造的扣5分 | | | |
| 十五 | 消防安全(5) | 油库、发电机房、配电房、木工间、仓库、宿舍区等重点防火部位未落实责任人的扣1～5分；<br>没有可靠的安全保障措施，消防器材未按要求配备、放置并保持完好状态的扣1～5分 | | | |

注：每月进行安全生产检查考核，考核结果为好/中/差；每季度进行安全生产检查考评，考评结果为百分制。

## 七、南京长江第四大桥伤亡事故报告、调查和处理办法

**实例 6**

### 南京长江第四大桥伤亡事故报告、调查和处理办法

#### (一)总则

**第一条**　为规范和加强南京长江第四大桥(以下简称南京四桥)建设工程的安全生产监督管理,及时有效地处理施工安全生产事故,根据《中华人民共和国安全生产法》、《建设工程安全生产管理条例》、《生产安全事故报告和调查处理条例》、《江苏省安全生产事故快速报告程序暂行规定》、《江苏省公路航道建设工程施工安全生产事故快报制度(暂行)》等法律、法规和条例的有关规定,制定本办法。

**第二条**　本办法所称的伤亡事故,特指南京四桥施工人员在生产过程中发生的人身伤害、急性中毒事故。

**第三条**　伤亡事故的报告、调查和处理工作坚持实事求是、尊重科学的原则。

#### (二)事故报告

**第四条**　发生轻伤事故,由监理单位和项目部组成事故调查组进行调查、处理,并及时、准确地填写"安全生产月报表",按报表程序报南京四桥建设协调指挥部(以下简称四桥指挥部)。

**第五条**　对一次伤亡(失踪)1～2 人,或者重伤 10(不含 10 人)以下的一般事故,施工单位应在事故发生后 1h 内向四桥指挥部和南京市交通局安全处快报、24h 内进行第一次续报。四桥指挥部应在接报后 1h 内向南京市安全生产监督局和省交通运输厅质量监督站报告,48h 内第一次续报。

**第六条**　对一次伤亡(失踪)3 人以上,或者重伤 10(含 10 人)以上的较大、重大、特别重大事故,施工单位应在事故发生后 30min 内向四桥指挥部和南京市交通局安全处快报、12h 内进行第一次续报。四桥指挥部应在接报后 30min 内向南京市安全生产监督局和省交通运输厅质量监督站报告,24h 内第一次续报。

**第七条**　事故报告应采用统一格式,报告需包含的内容:事故发生的时间、地点、事故现场情况、项目工程概况;事故的简要经过;事故所在标段的监理、施工单位名称和联系方式;事故已经造成或者可能造成的伤亡人数(包括失踪)以及初步估计的直接经济损失;已经采取的措施和处置情况。

**第八条**　事故续报内容为:事故发生单位及其主要负责人情况;事故发生的简要经过;事故伤亡人数和直接经济损失的初步估计情况;事故原因的初步分析;事故发生后应急救援措施和相应处理情况。

**第九条**　在第一次续报后事故出现新的情况的,应继续报告,在事故发生后 30 日内,伤亡

人数有变化的有及时补报。

**第十条** 事故报告的同时,相关单位应第一时间启动应急预案。

**第十一条** 相关事故单位和个人不得瞒报、谎报或故意拖延不报。

### (三)事故调查

**第十二条** 未发生伤亡事故,可由事故所在项目部会同南京四桥指挥部、监理单位,组织生产、技术、安全等部门相关人员以及工会成员成立事故调查组,按照有关规定进行调查。

**第十三条** 特别重大事故由国务院或者国务院授权部门组织事故调查组进行事故调查。重大、较大、一般事故分别由省、市、县政府组成调查组或者授权相关部门组成调查组进行调查。

**第十四条** 事故调查组由相关政府、安全生产监督管理部门、监察机关、公安机关以及工会派人组成,并请检察院派员参加。事故调查组可以聘请有关专家参与调查。

**第十五条** 事故调查组的职责为:

1. 查明事故发生的原因、人员伤亡情况和财产损失情况;
2. 查明事故的性质和责任;
3. 提出事故处理及防止类似事故再度发生应采取措施的建议;
4. 提出对事故责任者的处理建议;
5. 提交事故调查报告。

**第十六条** 事故调查组有权向发生事故的项目部和有关单位和个人了解情况和索取相关资料,相关单位和个人不得拒绝。

**第十七条** 相关单位和个人不得阻碍、干涉事故调查组的正常工作。

### (四)事故处理

**第十八条** 各项目部应做好应急预案的编制和演练工作,一旦事故发生应立即启动应急预案并按规定保护好事故现场。如发生伤亡事故,应立即救护伤员,并尽快送往医院救治。

**第十九条** 施工单位有下列行为的,由有关部门按照国家有关规定,对相关责任人进行处罚:

1. 因忽视安全生产、违章指挥、违章作业、玩忽职守或者对事故隐患、危害情况未采取有效措施而造成伤亡事故的;
2. 在伤亡事故发生后隐瞒不报、谎报、故意拖延不报、故意破坏事故现场,或者无正当理由,拒绝接受调查以及拒绝提供有关情况和资料的;
3. 在调查、处理伤亡事故中,玩忽职守、徇私舞弊、打击报复者。

**第二十条** 监理单位对事故发生负有责任的,由有关部门按照相关规定追究其相关责任。

## 八、南京长江第四大桥安全生产风险抵押制度

**实例 7**

### 南京长江第四大桥安全生产风险抵押制度

**第一条**　为促进南京长江第四大桥(下称"南京四桥")安全生产的深入开展,进一步落实安全生产责任制,提高各参建单位的安全生产意识和安全生产工作积极性,保障大桥建设的顺利实施,按照《中华人民共和国安全生产法》和《江苏省安全生产条例》的精神、交通部《关于2006年交通建设安全生产工作的意见》的要求,制定本制度。

**第二条**　本制度适用于南京四桥工程建设施工风险较大标段的项目部。

**第三条**　安全生产风险抵押金是为了在建设过程中,更好的保障参建单位和参加人员的人身和财产安全,促进安全生产工作而设置,安全风险抵押金根据具体施工标段的施工条件和作业难度分标段设置(工程建安费的 0.3%～0.6%),由各参建的施工项目部和有关人员出资。

**第四条**　风险抵押金中的 30%由项目部领导班子、安全生产关键岗位个人承担(项目经理出资金额不少于 5%,出资个人名单及出资金额须报南京四桥指挥部),70%由标段项目部承担。

**第五条**　各施工项目部出资的安全生产风险抵押金须一次付清,在合同签订后 28 日内,由各中标单位施工项目部交指挥部。本制度实施前进场的项目部,在本制度实施后一个月内在其计量中扣除。

**第六条**　安全生产奖惩与每季度安全生产检查考核结果挂钩,安全生产考评,根据《南京长江第四大桥安全生产检查考核、考评细则》(实例 5)按季度进行,季度内施工不足一个月的,本季度不考核。

**第七条**　安全生产的奖惩

1. 未发生安全事故的

(1)当年度考核均分≥95 分的,指挥部将给予该标段与当年安全生产风险金同等额度的奖励。

(2)当年度 95 分＞考核均分≥90 分的,指挥部将给予该标段当年安全生产风险金 80%的奖励额。

(3)当年度 90 分＞考核均分≥85 分的,指挥部将给予该标段当年安全生产风险金 60%的奖励额。

(4)当年度 85 分＞考核均分≥80 分的,指挥部将给予该标段当年安全生产风险金 40%的奖励额。

(5)当年度 80 分＞考核均分≥75 分的,指挥部将给予该标段当年安全生产风险金 20%的奖励额。

(6)当年度 75 分＞考核均分≥70 分的,指挥部将不给予奖励。

(7)当年度 70 分＞考核均分≥60 分的,指挥部将扣留该标段当年安全生产风险金

的 50%。

(8)当年度考核均分在 60 分以下的，指挥部将扣留该标段当年安全生产风险金的 100%。

当年安全生产风险抵押金=标段安全风险抵押金 * 当年计量工程量清单量/合同清单价

2. 发生安全事故的

(1) 在施工期内若发生 2 人或 2 人以下死亡安全生产责任事故的，指挥部将扣回已发奖金，同时，每发生一起 2 人或 2 人以下死亡事故的，指挥部将扣留安全风险抵押金总额的 50%，扣留金额将用于配合事故的应急救援、调查处理。

(2) 在施工期内若发生 3 人或 3 人以上死亡安全生产责任事故的，指挥部将扣回已发奖金，同时，每发生一起 3 人或 3 人以上死亡事故的，指挥部将扣留安全风险抵押金总额的 100%，扣留金额将用于配合事故的应急救援、调查处理。

(3) 死亡安全生产责任事故的，指挥部将取消项目部在剩余工期内获得安全生产奖励的资格。

**第八条** 安全风险抵押金在各标段工程结束后一次性返还。若项目部安全风险抵押金被部分或全部扣留，项目部须在扣留通知下发之日起 28 天内足额补交被扣留金额。

**第九条** 各项目部安全风险抵押金中个人出资部分，实行按比例奖惩，并由各项目部落实到个人。

**第十条** 本细则由南京长江第四大桥建设协调指挥部负责解释。

**第十一条** 本制度自印发之日起施行。

# 第三节 监理单位安全生产管理制度

## 一、南京长江第四大桥安全监理培训教育制度

为加强南京长江第四大桥监理人员的安全意识和安全技能，避免和减少伤亡事故的发生，保障南京四桥的施工安全，依据《中华人民共和国安全生产法》、国务院《建设工程安全生产管理条例》、交通部《公路建设监督管理办法》、江苏省《江苏省安全生产条例》等要求，制定本制度。

(1)中标后公司对总监进行安全培训。培训内容为安全监理的目标、程序、方法、制度。目标是一周内形成安全监理保证体系(即安全监理规划)，并经公司领导审批通过。

(2)开工前，总监对各专业监理工程师组织安全培训。培训内容为熟悉安全监理保证体系，分析本工程安全工作的重点、难点。目标是一周内全面实施安全监理保证体系。

(3)各分部分项工程开工前，专业监理工程师对监理员的安全培训。培训内容为分析本分项分部工程技术及安全方案。目标是该分部分项工程开工后能准确实施技术及安全方案。

(4)安全教育培训形式为安全教育培训可采取集中培训、发放学习资料、办宣传栏、安全知识竞赛等多种形式。

(5)监理单位应定期对全体工程监理人员举办安全生产知识培训，并对培训结果进行考核。

(6)培训的内容包括：

①安全生产法律、法规、规章和有关国家标准、行业标准；

②安全生产规章制度；

③岗位安全操作技能和操作规程；

④安全设备、设施、工具、劳动防护用品的使用、维修和保管知识；

⑤新工艺、新技术、新设备的安全生产知识；

⑥安全生产事故的防范意识和应急措施、自救互救知识；

⑦安全生产事故典型案例等。

(7)教育培训要求为监理单位负责人、专职安全监理人员每年4次；其他监理人员每年2次。

(8)监理单位还应定期组织施工单位安全管理人员进行相关的安全教育培训。

(9)安全教育培训工作应建立档案。

## 二、南京长江第四大桥安全监理会议制度

(1)首次安全监理交底会议制度(可与开工预备会议合并召开)会议主要内容：

①建设单位介绍委托合同约定的安全监理工作内容和有关法规规定；

②建设单位、承包单位和监理单位分别介绍各自驻现场的组织机构及安全管理(监理)人员及其分工；

③研究确定工程项目安全生产目标，共同分析识别和评价本项目施工过程中可能产生的危险源和重大危险源，并确定安全监控的主要措施；

④总监理工程师对承包单位的有关安全管理工作提出监理要求；

⑤组建工地安全生产领导小组，并明确其职责和工作制度；

⑥明确安全检查及安全监理例会的时间、周期以及参加人员。

(2)安全监理例会制度。在项目施工过程中，由总监理工程师主持，会同建设、施工等单位召开安全监理例会。安全监理例会的主要内容：

①检查分析施工危险源的安全状况和重大危险源监控措施的落实情况，分析安全生产存在问题的原因；

②针对安全生产及其管理存在的问题，提出下一阶段安全生产及其管理的改进措施，包括管理措施、技术措施、经济措施等；

③分析和研究文明施工的现状，提出下一阶段文明施工的改进措施；

④通过会议，总结经验，吸取教训，并落实下一步安全管理工作的分工。

(3)安全监理内部会议制度。监理部安全环境组每周举行内部会议、学习安全文件，分析施工现场的安全状况及薄弱环节，制订下一周工作重点。

(4)要求：

①安全监理例会每月至少一次；

②安全专题会议不定期召开；

③安全监理例会应包括的主要内容：

a.施工单位安全生产管理和施工现场安全现状；

b. 安全问题的分析，改进措施；

c. 下一步安全监理工作打算。

## 三、南京长江第四大桥安全监理月报制度

安全为建设工程中的重中之重。因而每月编制安全监理月报，报送上级有关部门审阅，安全月报中应全面反映施工现场的安全状况、存在的问题、安全监理工作情况，全面总结上月安全工作，提出下月安全工作计划。安全监理月报编写可参照的内容：

(1)施工单位资质及安全生产许可证、施工单位专职安全员及特殊工种作业人员资格证件审核情况、施工单位的施工机械、安全设施的验收、备案情况、专项安全施工方案编制情况、安全交底情况以及监理通过旁站、巡视检查施工现场安全生产情况并提出问题和问题解决情况等进行说明。

(2)施工单位安全工作、安全生产管理、安全设施以及安全生产费用支出情况。摘要载入过程中记录施工现场安全生产重要情况和施工安全隐患的影像资料。

(3)施工现场危险性较大工程作业、专项施工方案实施情况以及存在的安全施工隐患。如发生工程事故，应对事故的性质、发生的原因和时间，所造成的危害及损失，对本工程建设的影响程度，处理依据、方法等进行叙述。

(4)安全监理主要工作、措施和效果。

(5)下月安全监理工作计划。

## 四、南京长江第四大桥安全监理日志制度

(1)建设工程安全监理日志制度，包括安全监理日志的表格格式，及安全监理日志的填写要求等。

(2)安全监理日志由总监委托安全监理工程师或指定一名安全监理人员记录。记事条理要清晰、真实、完整，语言用词要专业、规范、严谨，文字表达要简洁、精练、准确，书写签字要清楚、工整、手签。

(3)安全监理日志要从项目监理部组建后开始监理工作之日起，直至工程交工监理工作结束止，每天记录不能间断。要逐日连续填写，不得隔日扯页。当天没有要记的事也要填写(可说明原因)，以保持记录的原始性。

(4)项目监理部每位监理人员每天都应在认真填写好各自监理日记的基础上，把需要记入安全监理日志的素材如实提供给安全监理日志记录人员。记录人员要做好相关 信息的收集、汇总、草拟、整理，在征得总监或安全监理工程师的同意后，及时填写到安全监理日志上。

(5)安全监理日志应按照公司或项目监理机构统一的格式填写，不得缺漏项。日志填写完毕在“填写人签字”栏签名。

(6)安全监理日志的记录要求：

①每条记录应写明时间、人员、地点、情况；

②发现的安全问题和处理情况；

③未处理完毕的问题应在以后的日记中记录处理情况；

④有工程施工方面的描述；

⑤有施工现场安全状况；

⑥有现场安全检查记录；

⑦记录与各方联系、协调情况；

⑧注意安全监理日志资料的闭合及与其他大事记或监理通知时间等方面的对应。

(7)安全监理日志按流水号编号，不得出现缺号和跳号现象。

## 五、南京长江第四大桥安全监理危险性较大工程专项方案审查制度

(1)安全监理工程师负责督促施工单位及时报审安全专项方案或包括安全技术措施的施工方案，安全专项施工方案应经施工单位技术负责人审查，符合专家论证条件的还应经施工单位组织专家论证审查。

(2)总监办及时组织专业监理工程师对安全专项方案进行程序性、符合性、针对性审查，并提出明确的审查意见。

(3)重点审查专项施工方案是否符合工程建设强制性标准；是否经过施工承包单位内部审查，该单位技术负责人是否签署、审批；是否已盖施工企业印章；方案是否符合本工程项目具体条件并具有针对性等。

(4)部分涉及重要工序或符合专家论证条件的或指挥部要求经指挥部再审查的专项方案经总监办审查后，报指挥部审查批准。

(5)安全专项方案要在施工方案之前或与其同时报总监办审批，未有施工方案的，安全专项方案要至少提前一周报总监办审批，确保安全专项方案申报的时效性。

(6)重大危险源按照《建设工程安全生产管理条例》和有关文件规定，结合工程施工具体情况确定。

(7)具体审核施工单位安全专项方案或施工方案中的安全技术措施要从6个方面进行核查：

①工程概况要详细明了；

②组织机构要健全，要设有专职安全员，安全责任制要建立，责任要明确；

③各项安全技术保证措施要科学、适用、合理，要求要明确。重点部位和风险较大工程要有针对性措施；

④要设有自检体系、运作程序和自检标准；

⑤对于危险性较大的安全设施施工(如：脚手架搭拆、塔吊安拆、高空作业等)，要编制技术措施。其内容要全面、可行、严密、具有可操作性；

⑥要有安全事故应急救援预案，其内容要齐全、适用。一般应审核的内容包括：

a.预案内要有基本的原则和方针(如：制定安全第一，安全责任重于泰山，预防为主，自救为主，统一指挥，分工负责，优先保护人和优先保护大多数人，优先保护贵重财产等原则和方针)；

b.企业与项目的基本情况，施工现场的医疗救护情况，工地的内外消防救助设施及人员状况，施工消防平面图、布置图等；

c.明确可能发生事故的位置、影响范围；

d.要建有应急组织机构，组织机构成员的责任和分工要明确(包括指挥机构和救援队伍

的组成和各自的职责及分工)；

e. 报警与通讯方式(如救援电话、有关部门、人员的联络电话或方式)；

f. 事故应急救援步骤，要写明应急程序、应急救援措施等；

g. 相关规定和要求，要写明有关的纪律、救援训练、学习等各种制度和要求。

⑦施工组织设计、技术措施等审核评定方法和程序，按安全监理规划的要求进行。

(8)总监办最迟于分部分项工程开始实施前3天审核批准完毕一般性专项施工方案。

(9)经总监或指挥部审查批准专项方案后，安全监理工程师负责编写本分部分项工程专项方案的安全监理实施细则，并报总监批准方可实施。

(10)凡因施工工艺和施工设施、施工机械等变更，需要修改专项施工方案，应重新办理方案审批手续。

## 六、南京长江第四大桥安全监理检查制度

(1)南京长江第四大桥工程建设中的安全检查采取项目部自查、专职安全员巡查、安全监理、监理部定期或不定期检查的方式进行。

(2)定期或不定期检查要求：

①定期检查为每月一次，根据工程需要或监理单位认为有必要时，可随时进行抽查。

②对危险性较大的工程应不定期组织专项安全检查，并在作业过程中加强巡视，每日巡视检查不得少于一次；

③季节性、重大节日、灾害性天气以及有关部门要求时应组织专项安全检查。

(3)各项目部应制订安全生产自查自纠的管理办法，及时消除施工过程中的事故隐患。

(4)安全监理人员要督促项目部安全管理部门和专职安全员加强日常的安全巡视工作，着重抓好各施工阶段危险源的控制，及时了解、掌握现场安全生产情况的第一手资料，消除事故隐患、确保施工安全。

(5)对巡视中发现的安全隐患及违章违纪现象或行为，安全监理有责任对现场作业人员提出制止、纠正，并限期整改，对严重违章违纪现象提出后仍不整改的，可按规定签发指令书。

(6)施工现场巡视检查内容：

①施工单位专职安全生产管理人员到岗工作情况；

②施工现场与安全技术措施、专项施工方案、安全防护措施及安全费用使用计划的相符情况；

③施工单位安全工作计划执行情况；

④施工现场存在的安全隐患，以及按照项目监理机构指令整改实施的情况；

⑤大型及特种设备管理情况；

⑥项目监理机构签发的工程暂停令实施情况。

(7)监理组其他专业人员在定检和抽查中发现有事故隐患，应督促施工单位立即排除；对重大事故隐患在排除前或者排除过程中无法确保安全的，应责令其暂停作业，并从危险区域撤出作业人员；待重大事故隐患确认排除后，经监理工程师和专业人员签字同意后，方可恢复生产施工。

## 七、南京长江第四大桥安全监理隐患整改及反馈制度

(1)总监办每个月下旬(一般为20～25日)组织一次安全检查,检查施工单位的内部建设安全及现场施工安全,检查总监办各部门安全质量执行情况。对于发现的施工单位内部建设和施工的安全问题以及存在安全隐患,总监办下发函要求施工单位限期整改。

(2)各驻地监理组定期或不定期检查各自标段的施工安全质量和施工单位安全内业资料,如果有安全问题的或有重大安全隐患的,发安全整改通知单要求施工单位进行整改,并跟踪整改结果,将整改结果上报总监办和指挥部存档。

(3)各监理组安全监理员每天巡视安全质量状况,现场责令施工单位及时整改,所有安全检查均要填写记录,并于每个月末上交总监办检查。

(4)针对上级单位及指挥部相关安全文件或通知,以及后期施工中或安全管理工作中需要加强注意的安全事项,应及时发出安全监理工作联系单,要求施工单位提前做好准备,采取相应措施及管理工作。

(5)凡发现重大安全隐患,及时发出监理工程师通知单(隐患指令书),要求施工单位及时整改并书面回复,安全监理工程师经复查符合要求后,签署回复意见。

(6)对施工现场重大危险源和重点部位进行检查后,一时难以整改到位的,由总监办排出督促整改计划表,并下发隐患整改指令书,要求施工单位在规定期限内整改回复,报总监办复查。

(7)监理部一旦发现重大安全隐患及时下达暂停施工令,并向建设单位及时汇报,立即督促施工单位针对隐患采取有效措施,若施工单位拒不整改或不停止施工,应及时向上级主管部门报告。

## 八、南京长江第四大桥安全经费监理制度

### 1. 安全措施经费的审批

监理单位要求施工单位编制安全防护、文明施工措施费用使用计划和建立使用台账(账册),保留支付费用原始凭证。根据对施工单位填报的安全防护、文明施工措施费用支付申请表,经检查已经落实安全防护、文明施工的,由监理单位总监、安全监理工程师以及计量监理工程师会签已发生的安全措施费用,并报建设单位签认。

专职安全监理按照施工合同要求检查安全防护、文明施工措施费用使用情况,做好计量和签认工作,并建立相应台账。

### 2. 安全措施经费的执行情况核查

安全监理人员要到现场核查施工单位,是否正确提取、使用安全技术措施的计划经费。具体核查内容包括:

(1)费用是否在规定的范围内使用;

(2)实物与台账是否相符;

(3)发票凭证是否有效;

(4)费用的提取和使用程序是否规范。

**3. 安全生产费用使用范围**

(1) 完善、改造和维护安全防护设备、设施支出;
(2) 配备必要的应急救援器材、设备和现场作业人员安全防护物品支出;
(3) 安全生产检查与评价支出;
(4) 重大危险源、重大事故隐患的评估整改监控支出;
(5) 安全技能培训及进行应急救援演练支出;
(6) 其他与安全生产直接相关的支出;
(7) 意外伤害保险费不得在安全生产费用中列支。

## 九、南京长江第四大桥安全监理重大安全隐患及安全事故报告制度

为切实履行《建设工程安全管理条例》、《建筑工程安全生产监督管理工作导则》等有关条例中规定监理的职责和权利,确保建设工程的安全生产,对工程建设过程中存在的重大安全隐患及安全事故,应及时要求相关单位进行处理,并建立相应的报告制度,防止安全隐患扩大、恶化、升级,要最大限度地减少人员伤亡事故和财产损失。

(1)施工现场发生伤亡事故后,在场人员应立即向现场领导报告,现场领导除尽快向项目部领导报告外,还应向监理部及安全监理工程师报告。

(2)事故发生后首先应抢救伤员和排除险情,同时要保护事故现场,如因抢救伤员、排除险情确需移动现场时,应当做出标志、绘画简图,保存重要物证,有条件可以拍照、录像备查。

(3)企业领导在接到重伤、死亡及以上事故时,应按国务院 493 号令《生产安全事故报告和调查处理条例》、《江苏省安全生产事故快速报告程序暂行规定》、《江苏省公路航道建设工程施工安全生产事故快报制度(暂行)》等法律、法规和条例的有关规定,立即向工程所在地的劳动行政主管部门、公安、工会等相关部门报告。

(4)轻伤、重伤事故一般由企业负责人组织相关技术、安全等人员组成调查小组进行调查;重大伤亡事故按规定由发生地市、区级以上的建设行政主管部门组织调查小组,进行调查。

(5)事故单位应根据调查组所提出的防止类似事故重复发生的防范措施,确定措施落实的执行人和检查人。

(6)项目部要认真填写事故报告:事故概括、伤亡人数、伤亡者姓名、性别、年龄、工种和本工种的工龄,发生事故的地点、时间、原因及事故发生单位等,向本监理部书面报告。

## 十、南京长江第四大桥安全监理考核制度

**1. 考核目的**

通过考核监理人员安全监理责任制的执行情况,使安全监理责任制得到贯彻落实,激励安全监理人员全面贯彻执行"安全第一,预防为主,综合治理"的方针。凡在安全生产工作中做出成绩的单位和个人,给予奖励, 对造成事故的单位和责任者,给予处罚,直至追究刑事责任。

**2. 考核对象**

各标段全体监理人员，即：安全监理工程师、专业监理工程师、监理员等。

**3. 考核内容和办法**

(1)考核内容包括检查各个监理组和施工单位的安全内业资料和施工现场生产安全状况等。

(2)采用评定表打分办法，应得分为100分。实得分90分及其以上者为优良，90～80分为合格，80分以下为不合格。

(3)考核时间为每半年进行一次考核。

**4. 奖惩办法**

(1)对实得分90分及其以上达优良标准者，给予1000～2000元奖励，并作为评选先进的重要依据之一。

(2)对实得分90～80分的不奖不罚。

(3)对实得分为80分以下的管理人员视情节轻重，给予警告批评或调离工作岗位等处理，并视情况给予一定数额的经济罚款。

(4)各标段监理组组长和安全员凡未实现安全责任状，年终将依据公司规定，给予一定数额的经济处罚。

## 十一、南京长江第四大桥施工单位安全生产条件审核制度

(1)企业的资质证书、安全生产许可证，企业负责人的安全生产考核合格证书。

(2)按规定编审的工程项目施工组织设计(方案)、专项工程方案和安全生产保证措施；按规定编审的施工现场临时用电施工方案；按规定应当组织专家审查的危险性较大专项工程施工方案的专家审查意见。

(3)针对工程项目所建立的安全生产责任制度和安全生产保证体系；工程项目管理人员的配备情况及相应执业资格、技术职称、安全生产考核合格证书；针对工程项目所需的特种作业人员的配置情况以及人员名册和上岗证书。

(4)工程项目的安全生产专项资金使用计划、安全生产投入以及相关保证措施。

(5)按规定为施工现场从事危险作业人员办理意外伤害保险凭证。

(6)包括场内主要交通要道、主要材料加工及堆放场地，办公生活用房、主要施工设备、施工临时用电等内容在内，且符合规定要求的施工现场平面布置图。

(7)工程项目配置施工安全防护用具、用品的情况。

(8)对施工现场安全防护用具、用品、机械设备、施工机具及配件所建立的检查、维修和保养以及相应资料的制度；制度按施工进度落实情况；制定的职业危害防治措施及按施工进度的落实情况。

(9)工程项目制定的安全教育培训计划及按计划执行情况；制定的消防措施及按施工进度的落实情况；制定的职业危害防治措施及施工进度的落实情况。

(10)按规定编审的工程项目安全生产事故应急救援预案,救援器材、设备以及人员组织按计划的落实情况。

(11)对施工现场重大危险源的辨识和标示情况。

(12)对因工程项目施工可能造成损害的毗邻建筑物、构筑物和地下管线等按规定编审的专项防护措施及落实情况。

(13)工程项目建立的总分包安全生产管理制度;总包施工单位与建设单位直接发包的分包单位就安全生产管理的责权关系明确情况。

(14)总包施工单位自行分包的危险性较大专项工程的施工分包合同签订情况,以及总包施工单位向分包施工单位提供安全作业环境及安全施工措施所需费用情况,提供施工现场及毗邻区域内地下管线、相邻建筑物和构筑物及地下工程等有关资料情况,进行安全生产交底的情况。总包施工单位对分包施工单位的安全生产监控和管理措施的制定和落实情况。

(15)其他有关安全生产审查资料。以上要求提供的证书、合同和资料均应备原件供现场查验。

### 十二、南京长江第四大桥特种设备进出场审核制度

(1)施工现场的重要施工安全设施和大型施工机械的使用,应在运行前经监理核查。

(2)施工安全设施和施工机械搭设安装后,应督促施工承包单位按规定进行检测,垂直运输设备等须备案的应及时督促备案,并及时报监理核验。

(3)安全监理工程师应按规定核查施工安全设施和施工机械的验收手续是否齐全和符合规定,是否符合专项安全施工方案的要求,核查无误后方可使用。

## 第四节　施工单位安全生产管理制度

### 一、安全生产责任考核制度

安全生产责任制是企业安全生产各项规章制度的核心,严格考核是执行安全生产责任制的关键,为了确保安全生产责任制落到实处,特制定施工工段安全生产责任制考核办法。

#### 1. 考核目的

考核工段管理人员安全生产责任制的执行情况,督促施工工段安全生产责任制的贯彻落实,激励施工工段安全管理机制的正常运行。

#### 2. 考核对象

工段各级管理人员,即:责任经理、技术负责人、工长、安全员、质检员、材料员、消防保卫员、机械管理员、班组长等人员。

**3. 考核办法**

(1)采用评定表打分办法,应得分为100分,依据考核项目的完成情况和评分标准打分(详见考核评分表3-2-1)。实得分80分及其以上者为优良,70分～80分为合格,70分以下为不合格。

(2)考核时间为施工单位每季度进行一次考核。

(3)实行逐级考核,项目部经理接受指挥部、总监办、公司的考核,项目部由项目经理对项目所属管理人员进行考核。

**4. 奖惩办法**

(1)对实得分80分及其以上达优良标准者,给予1200～1600元奖励,并作为劳动竞赛评优、评选先进的重要依据之一。

(2)对实得分70～80分的不奖不罚。

(3)对实得分为70分以下的管理人员视情节轻重,给予罚款100～200元,警告批评,以观后效或调离工作岗位等处理。

(4)安全生产责任制的考核奖惩均在工资中及时兑现。

## 二、安全生产培训教育制度

为了加强广大职工安全生产知识的学习,提高安全生产技能,增强安全防护意识和自我保护能力,预防和杜绝安全事故特别是重大事故的发生,必须切实抓好对全体职工安全知识的教育培训,确保安全生产。

**1. 安全教育的内容**

安全生产知识的教育培训,主要包括安全生产思想教育、安全生产管理和安全操作规程的教育,劳动纪律的教育,安全技术知识的学习和教育。

**2. 安全教育的时间**

安全生产教育培训原则上每月一次,也可结合安全大检查总结一并进行或结合工程技术交底一道进行。

安全生产教育必须有计划、有重点、有针对性,具体培训时间、地点、内容、参加人员应有详细记录。

**3. 安全教育范围**

在搞好对全体职工普遍性教育的同时,重点抓好新进场人员,新参加工作职工、更换工作岗位的人员,特殊工种人员以及从事危险性较大的分部分项工程作业队的教育。

**4. 教育培训形式**

专项培训:主要对新参加工作,新进场及特殊工种人员进行,通过综合办公室、安保部、上级主管部门及地方劳动部门专业学习培训,经考试合格,并取得上岗证。

经常性教育：应紧密结合工程实际，按照生产计划的安排，把安全生产的重点以交底的方式结合进行；对采用新技术、新工艺、新材料过程中的安全生产知识的教育，应针对不同对象按专题进行，一般可以集中教育的方式，也可以召开现场会的形式开展教育。

## 三、安全技术交底制度

为使一线施工作业人员熟悉掌握分部分项工程的难点和危险点，做好安全预控工作，特别是保证工程、设备和作业人员的生命安全，在新工艺、新工程、新设备开工和使用前或者其他危险性较大的作业项目开展前，项目部相关部门应严格遵守安全技术交底制度。

安全技术交底应明确告知一线施工作业人员该交底工序的危险作业点和危险源，以及对该危险源的安全控制的具体方案和措施。

安全技术交底主要应突出注意事项、施工技术要求、安全预控和安全防护及各应急措施，交底可以以书面形式、幻灯演示等形式进行，坚持交底签字制度和"谁交底，谁负责"的原则。

安全技术交底应在工程实施前进行。所有参加交底人员都必须在交底单上签字，安全技术交底应交底到实施班组和关键岗位。

安全技术交底由总工、工程部和安全部门统一组织实施。

## 四、安全日常检查制度

为认真贯彻落实"安全第一，预防为主，综合治理"的方针，确保安全生产，特制定安全日常检查制度。

### 1. 安全检查组织

安全生产检查以假日检查、季节性检查、专业检查和定期检查为主，由项目部统一组织实施。安全检查将根据施工生产内容，把定期与不定期检查结合起来，把项目部集中检查与各工段、班组检查结合起来，并纳入施工现场管理考评的重要内容，实现经常化、制度化。参与检查人员必须以高度的政治责任感和对员工生命安全高度负责的态度，认真检查，严格执纪。

### 2. 安全检查的范围

安全施工专项方案是否得到落实，施工现场人员的按章穿戴、现场的安全防护、用电安全管理、安全标志设置、施工脚手架平台的搭设、特殊工种人员的持证上岗、危险品和危险部位的标识、消防灭火器材的准备等情况；后方生活区的安全用电、宿舍区有无乱拉乱接现象、消防设备按规定配备等。

### 3. 检查方式

一听（倾听作业人员讲述），二看（查看现场安全及内业），三讲（讲评现场安全防护措施及安全现场措施），五边（边走、边看、边检查、边教育、边处理）。

### 4. 检查时间

定期检查坚持执行按月、周进行安全检查的制度，坚持每周不少于一次，每月不少于四次。

不定期检查视情安排。

**5. 安全检查组织**

按各部门、各岗位的安全责任制内容，属于重点和专业检查时，由安保部成员、相应主管领导、相应工段、班组派员参加；假日检查、季节检查和定期检查时，检查组由项目部领导、安保部成员、船机部成员、工程部成员、工会成员等组成。

**6. 安全生产检查情况的通报**

建立安全检查情况通报制度，安保部用安全检查记录表的形式通报所检查出的安全隐患，有针对性地提出整改意见，并指出下阶段工作中的危险因素。

## 五、隐患排查治理制度

为进一步落实施工单位安全生产岗位责任制，全面排查整治事故隐患和薄弱环节，认真解决检查出的突出问题，有效防范和遏制重特大事故的发生，促进项目部安全生产状况的稳定好转，特制定隐患排查治理制度。

(1)项目部成立安全隐患排查治理工作领导小组，项目经理任组长，项目部各部门各工段负责人为组员，日常工作由安保部负责，对项目部安全生产隐患排查治理工作进行督查和协调。

(2)项目部应严格按安全生产责任制，把责任落实到每个部门、每个岗位、每个环节和每个从业人员。切实做到思想重视、制度健全、任务明确、责任落实、工作到位。

(3)对危险性较大的分部分项工序，项目部均编制安全专项施工方案。并严格履行了审批手续，所有专项方案均须通过了监理及上级部门的审核批准。

(4)项目部应制定切实可行的安全生产隐患排查治理方案，对排查工作要做到有计划、有目标、有措施、有效果。在排查治理期间，进一步完善有关安全生产规章制度，完善危险性较大工序的安全专项施工方案，最大限度杜绝施工现场安全生产隐患的产生。

(5)项目部安保部会同工程等部门，利用各类安全检查，对施工现场的安全生产隐患进行排查，对查出的安全隐患应记录在案，并要求定人、定时间、定措施完成整改落实。对不能及时消除的隐患应责令立即停止施工，整改落实完毕后，经项目安保部复查，安全措施落实到位后才准许施工。

(6)对排查出的重大安全隐患，应立即停工整改，同时上报指挥部安全处。

(7)对现场作业人员提出的安全隐患，应立即安排现场安全员进行查实，并采取有效措施及时消除隐患。

(8)建立健全安全生产事故的应急管理机制，编制应急救援预案，并把预案交底到各个相应的岗位、相关人员，并不定期地组织演练，不断提高应对突发事件的能力。

## 六、安全生产费用保障制度

(1)按照《公路水运工程安全生产监督管理办法》(交通部1号令)，在工程报价中包含了安全生产费用，一般为投标价的1%，全部用于安全生产。

(2)项目安全生产费用的投入约为××××元(根据合同清单规定金额)。

(3)安全生产费用,主要用于施工安全防护用具及设施的采购和更新、安全施工措施的落实、安全生产条件的改善、应急救援设备的储备、安全生产检查及评价、安全教育培训及应急演练、重大事故隐患的评估和整改等,不得挪作他用。

(4)安全生产费用的落实,纳入项目经理及安全副经理的岗位职责中。

(5)项目开工前,项目部编制安全生产专项资金预算书,制定专项资金使用计划,由项目领导审批,专项资金根据不同阶段对安全生产和文明施工的要求,实行分阶段使用,原则上由项目部按计划进行支配使用。

(6)项目部在编制安全生产资金计划时,在充分考虑安全生产需要的同时,还要考虑利用现有的设备和设施,挖掘潜力,讲究实效,安全生产资金的投入与工程进度同步,避免安全生产资金脱节现象。

(7)安全专项资金的提取和使用都必须符合规定。对专项资金要单独核算,划清与生产经营性开支的界限,不能互相占用。

(8)建立专项资金使用管理责任制,努力提高其使用效率。

(9)在资金的使用上,要坚持专款专用,量入为出的原则,使安全专用资金按规定的用途使用并达到预期目的,专项资金不足有缺额时,应及时追加投入资金额,新增的计划仍按上述审批的要求执行。

(10)做好安全生产费用的管理工作,月末上报安全经费支出情况,确保生产施工的安全有序进行。

## 七、安全生产会议制度

根据工程的施工特点,按照指挥部有关安全生产会议有关规定。

(1)每月月底或下月初组织召开月度安全例会,也可根据施工具体情况定期和不定期地召开安全生产专题会议。会议一般由项目经理或常务副经理主持,也可视具体情况由项目部安全部门负责人主持召开。

(2)紧密结合工程施工进度,在工程施工进行工序转换的时候,及时召开安全生产会议,以便班组在新的施工程序开始之前了解安全隐患,熟知安全操作规程。

(3)在每次的生产调度会上,由安保部总结当前的安全生产情况,布置下阶段的安全工作任务,针对安全危险点,研究安全技术措施。

(4)在每月的安全检查后,进行总结、评比本月的安全工作情况,针对发现的问题及时落实整改措施,重点布置下一阶段工作中应注意的安全问题。

(5)各标段每月可自行召开安全生产会议,布置安全生产工作,各工段长(工段安全员)、班组长负责召集,工长(安全员)、班组长每天在安排作业任务时,必须专门交代当日作业的安全注意事项,并将安全注意事项记录在《班前安全活动、周讲评记录》上。

## 八、特种作业人员安全管理制度

特种作业人员安全管理制度所称特种作业,是指容易发生人员伤亡事故,对操作者本人、他人及周围设施的安全有重大危害的作业。

特种作业包括：电工作业、金属焊接切割作业、起重机械(含电梯)作业、企业内机动车辆驾驶、登高架设作业、锅炉作业(含水质化验)、压力容器操作、爆破作业、潜水工、船舶驾驶及轮机操作人员。

(1)特种作业人员必须具备的基本条件：

①年龄满18周岁；

②身体健康，无妨碍从事相应工种作业的疾病和生理缺陷；

③初中以上文化程度，具备相应工种的安全技术知识，参加国家规定的安全技术理论和实际操作考核并成绩合格；

④符合相应工种作业特点需要的其他条件。

(2)特种作业人员必须持证上岗。无证上岗的，按国家有关规定进行处罚。

(3)特种作业操作证，每2年复审1次。

(4)特种作业操作证复审由特种作业人员本人或单位在有效期内提出申请，由有关主管部门考核、发证、审验。复审内容包括：

①健康检查；

②违章作业记录检查；

③安全生产新知识和事故案例教育；

④本工种安全知识考试。

(5)项目部建立特种作业人员档案(包括培训、教育、持证上岗、复审换证、健康监护等)。

(6)特种作业人员在作业时，必须佩戴本工种要求的个人劳动防护用品，自觉遵守本工种的安全技术操作规程。

(7)离开特种作业岗位达6个月以上的特种作业人员，应当重新进行实际操作考核，经确认合格后方可上岗作业。

(8)特种作业操作证不得伪造、涂改、转借或转让。

(9)项目部为特种作业人员提供本工种必须的劳动防护用品。

(10)项目部为特种作业人员的学习、培训、复审换证创造必要的条件。

## 九、事故报告与事故救援制度

遇突发紧急事故时，为把事故控制在最小范围内，并最大限度地减少人员伤亡和财产损失，特制定事故报告与事故救援制度，该制度适用于参与项目部工程建设所有的人员。

(1)为保证事故得到最快最及时的救援，项目部在施工现场醒目位置均安装了“应急救援告示牌”，告知紧急情况下相关人员联系电话。

(2)事故报告及救援具体步骤：

第一步：施工现场发生施工险情及人身伤害事故；

第二步：首先发现险情及人身伤害事故的施工人员(工人)，应立即向带班班长或就近报告项目部技术人员(紧急情况立即电话联系)。现场施工人员在不了解险情具体情况的时候，为保证得到最快最及时的救援，应首先通知项目部，使得项目部能在第一时间组织现场力量救援险情。

第三步：班组长或现场技术员在险情发生的第一时间，应立即用电话通知工段长和现场经理，在班组长或现场技术员的带领下，做初步的险情排除和救援工作。

第四步：工段长和现场经理应以最快速度赶往险情事故现场，并马上用电话向紧急救援领导小组组长或副组长（项目经理、常务经理、安全副经理）汇报现场大概情况（项目领导接到电话汇报后应立即向指挥部安全处，电话汇报现场大概情况）。

第五步：工段长或现场经理到达险情事故现场后，迅速了解险情事故具体情况，做出险情排除和事故救援的临时方案并主持实施救援。

第六步：项目领导赶往险情事故现场，成立紧急救援领导小组，实施隐患排除及事故救援工作。

（3）事故救援：当事故发生后，由紧急救援领导小组组长或副组长启动应急救援预案。当组长、副组长不在现场时，施工现场负责人应根据当时的情况立即主动采取相应的应急处置措施或进行现场抢救，紧急救援领导小组接到报告后，要立即赶赴事故现场，组织、指挥抢救排险，尽量把事故控制在最小范围内，并最大限度地减少人员伤亡和财产损失。

遇突发紧急事故时，各救援班组各就各位，各司其职。启动应急救援预案后，项目部的机械设备（现场各类起重设备等）、运输车辆统一纳入应急救援工作之中。

（4）按照指挥部及上级有关规定，及时上报。

## 十、安全生产奖罚制度

### （一）目的

安全生产奖罚制度对工程项目施工生产中出现违反国家安全生产法律法规、标准规范强制性条款的，规定了安全生产方面奖励与处罚的条件和方式。

### （二）职责

（1）项目经理部负责对施工现场进行全面的安全生产管理。

（2）由项目经理部安全管理部门负责对现场施工（生产）进行安全检查、监督，对不安全的状态和不安全行为按规定进行处理。

### （三）奖则

有下列情况之一者，由项目经理部给予表彰和奖励，成绩突出者另行嘉奖：

（1）项目经理部负责人重视、职工安全意识强、安全制度健全落实、安全生产责任制明确、安全教育及时、现场安全管理和资料符合标准规范、“三违（违章措施、违章操作、违反劳动纪律）”现象控制有效、未发生各类安全事故的责任部门、责任人。

（2）在上级组织的安全检查、工地安全管理达标、被评为（市级、部级）平安工地以及各种安全生产活动中成绩突出的有关部门、工段和协作单位的有关部门、人员。

（3）在安全生产管理、安全生产检查及在施工安全技术方面有所创造发明或革新的集体或个人。

（4）项目经理部和协作单位在消除隐患、遵章守纪、预防和避免重大伤亡事故发生或在事故抢救中有贡献的技术、管理人员和操作人员。

### (四)罚则

#### 1. 管理问题性质认定

(1)施工现场凡有下列问题之一，为违反安全生产法律法规的行为：

①协作单位未取得生产经营单位安全生产许可证擅自进行生产的；

②协作单位安全生产许可证有效期满未办理延期手续，继续进行生产的；

③协作单位转让安全生产许可证，冒用安全生产许可证或者使用伪造的安全生产许可证、未取得生产经营单位安全生产许可证擅自生产的；

④协作单位主要负责人(企业法人、公司总经理、公司分管安全副总经理)、项目部安全管理机构负责人未经安全生产知识和管理能力考核合格后，任职的；

⑤协作单位项目负责人、项目经理未经安全生产知识和管理能力考核合格后，任职的；

⑥协作单位安全生产管理人员：专(兼)职安全管理人员未经安全生产知识培训考核合格任职的；或者施工现场未配备专职安全管理人员的；

⑦特种作业人员：电工作业人员、金属焊接与切割作业人员、电梯驾驶员、企业内机动车辆驾驶人员、起重机司机、起重指挥人员、制冷与空调作业人员、登高架设作业人员、锅炉作业人员、危险品作业人员；潜水作业人员、大型起重设备安装、拆卸作业人员以及国家、行业、规定需持证作业的人员等，未经安全生产专业知识培训考核合格持证进行特种工种作业的。或持到期未经复审培训失效的特种作业操作证，进行操作的；

⑧从业人员安全教育：未按国家行业规定对从业人员进行安全生产教育和培训，考核后上岗作业的；

⑨不按国家和行业安全生产法律法规、标准规范要求，保证安全生产所必需的资金投入，致使生产作业场所不具备安全生产条件的；

⑩未在较大危险因素的生产经营场所和有关设施、设备上设置明显的安全警示标志，履行告知义务的；

⑪对于设备设施的设计、制造、安装、使用、检测、维修、改造和报废，不符合国家标准或行业标准要求的；

⑫未能对设备、设施进行经常性的维护、保养及定期检测，以保证其正常运行，未能建立和提供维护、保养、检测制度及记录的；

⑬使用涉及生产安全、危险较大的特种设备、危险品容器、运输工具，未按照国家有关规定由专业定点生产单位生产，或未取得专业资质的检测、检验机构检测、检验合格，未取得安全使用证或安全标志，投入使用的；

⑭使用国家和行业明令淘汰、禁止使用的危及生产安全的工艺、设备的；

⑮在进行爆破、吊装等危险性较大的作业时，未安排专职人员(工程技术人员、施工、安全管理人员)进行现场安全管理，未能确保操作规程的遵守和安全措施的落实的；

⑯将生产经营项目、场所、设备发包或者出租给不具备安全生产条件或相应资质的单位和个人的；

⑰未向从业人员提供符合国家标准的劳动防护用品，并督促、教育从业人员按照使用规则

佩戴、使用的；

⑱在承包、承租时，未按安全生产法规定与承包单位、承租单位签订合同和专门的安全生产管理协议或在承包合同、租赁合同中未约定各自安全生产管理职责的；

⑲未对承包单位、承租单位的安全生产工作统一协调、管理的；

⑳两个以上单位在同一作业区域内进行作业，未签订安全生产管理协议、未指定专职安全生产管理人员的；

㉑用人单位与从业人员订立免除或者减轻对从业人员因生产安全事故伤亡应负的责任协议的；

㉒从业人员不服从管理，违反安全生产规章制度或者操作规程，经批评教育，屡教不改或者继续违章的；

㉓从业人员由于不服管理，违反安全生产规章制度、操作规程或强令工人违章冒险作业，导致发生伤亡事故或者可能造成人身伤害、财产损失的未遂事故的；

㉔生产场所的劳动安全设施不符合国家规定，存在事故隐患，经有关部门或单位职工提出后，对事故隐患仍不采取措施，因而发生伤亡事故或可能造成人身伤害、财产损失的未遂事故的；

㉕未按国家有关规定配置消防设施和器材、设置消防安全标志，并定期组织检验、维修、确保消防设施、器材完好、有效的；

㉖未按国家有关对易燃易爆物品储存使用规定，确定消防安全重点部位设置防火标志，实行严格有效管理的；

㉗未能在施工前对有关安全施工的技术措施作出详细说明和进行安全技术措施交底，或者经双方签字确认的；

㉘协作单位在施工前未能将专项安全技术措施、分部分项、安全技术交底向全体作业人员进行交底并形成记录的；

㉙工程施工中未根据不同施工阶段和周围环境及季节、气候变化，在施工现场采取相应的安全措施，或者在施工现场未实行封闭围挡的，和未采取预防和减少扬尘、施工噪声措施的；

㉚在尚未竣工的建筑物内设置员工集体宿舍的；

㉛施工现场临时搭建的建筑物不符合安全使用要求的；

㉜未对因建设工程施工可能造成损害的毗邻建筑物、构筑物和架空、地下管线采取专项防护措施的；

㉝挪用列入建设工程造价的安全生产作业环境及安全施工措施所需费用，导致施工现场安全生产条件不符国家行业标准规范的，或者造成事故的；

㉞安全防护用具、机械设备、施工机具及配件在进入施工现场未经查验或者查验不合格即投入使用的；

㉟使用未经验收或者验收不合格的施工起重机械和整体提升脚手架、模板等自升式架设设施的；

㊱委托不具有相应资质的单位承担施工现场安装、拆卸施工起重机械和整体提升脚手架、模板等自升式架设设施的；

㊲在施工组织设计中未编制安全技术措施和未按规定编制专项施工安全技术方案的；专

项施工安全技术方案未经项目部总工程师审批和现场总监工程师签字批准实施的；

㊳工程项目施工单位未履行安全生产管理职责的，忽视安全生产，违章指挥、违章作业、玩忽职守或者对事故隐患不采取有效措施以致造成伤亡事故的；

㊴发生工伤事故未按规定进行报告、调查、分析处理，事故后（20 个工作日内）未按“四不放过（事故原因未查明不放过、责任未处理不放过、有关人员未受到教育不放过、整改措施未落实不放过）”原则进行有效的安全控制和处理的；

㊵对发生伤亡事故后，隐瞒不报、谎报、故意迟延不报、故意破坏现场，阻挠、干扰调查组正常工作的；

㊶因事故发生被责令部分停产或全部停产整顿的工程项目，在未落实有关相应防范措施，经原处理部门批准擅自恢复的。

(2)凡有下列问题之一为违反国家行业安全生产强制性标准规范的：

①未建立任何安全生产制度，或在经济承包中无安全生产指标；

②安全生产责任制无落实措施和检查执行记录；

③新入场的工人（包括合同工、外协施工人员、实习人员）未进行三级安全教育，或使用培训不合格人员参加施工；

④对转场、变换工种人员未进行安全教育，或使用考核不合格人员上岗；

⑤非特种作业人员从事特种作业或使用未经专业培训考核和考核不合格的人员上岗；

⑥在施工组织设计和施工方案中未编制安全技术措施方案；

⑦承重、特殊脚手架，脚手架（20m 及以上）无设计、无方案、无验收；

⑧施工中的施工组织设计未按规定进行审批和会签，各种施工方案或补充方案未按规定履行审核、审批手续；

⑨施工中未做书面安全技术交底；

⑩施工过程中未按要求做安全检查；

⑪未建立或实施班前安全活动制度；

⑫工伤事故未按规定进行报告、调查和处理；

⑬施工现场不办理《安全生产许可证》，无证施工；

⑭施工队伍不办理《施工企业安全资格审查认可证》；

⑮使用无任何用工手续的外来人员参加施工；

⑯施工现场的临时用电未按建设部规范《施工现场临时用电安全技术规范》(JGJ 46—2005)的要求编制临时用电工程施工组织设计（方案），或者在编制、审核、审批、实施上未履行规定的手续；

⑰对施工现场的配电线路，用电设施和电器设备未建立定期的检验、检查和维修制度，未建立相应的临时用电安全技术档案；

⑱临时用电工程施工组织设计内容与现场用电情况严重不符；

⑲现场未设电气管理负责人，施工现场电工等级与临时用电工程的难易程度和技术复杂性不相适应；

⑳对配电线路和用电设备未定期进行安全检查；

㉑用电设备出现故障或电气配电线路出现故障未及时报告检修，使设备带病运转；

㉒电气管理人员对电气设备操作人员未做安全技术交底；

㉓电工或用电设备操作人员酒后上岗；

㉔塔式、门式起重机、架桥机无任何安装检验、验收手续；

㉕起重机超载运行；

㉖起重机在六级以上大风或大雨等恶劣天气情况下，不立即停止作业者；

㉗施工外用电梯无任何安装、验收手续；

㉘中、小型机械无管理制度；

㉙机械操作人员无证上岗；

㉚施工人员攀爬脚手架、井字架、或随吊兰上下；

㉛施工人员私自拆除或随意挪动施工现场的各种防护装置、防护设施和安全标志；

㉜在无安全防护或防护设施不全的高空作业时，施工人员不系安全带。

(3)凡有下列问题之一为违章：

①工程项目安全管理制度不全或未按规定贯彻实施；

②各级各部门未执行安全生产责任制；

③施工人员不懂或违反本工种安全操作规程，并未按有关规定穿戴劳动防护用品；

④特种作业人员未持操作证上岗，或使用过期未审、私自涂改等无效证上岗；

⑤施工中的施工组织设计、施工方案或补充方案等上报审批手续不全或安全措施不全面；

⑥承重、特殊脚手架、操作脚手架有设计，但验收手续不齐全；

⑦施工中安全技术交底不全，未按规定签认；

⑧施工中安全生产检查资料不齐全或对重大隐患整改通知书所列项目未如期完成；

⑨未建立工伤事故档案；

⑩临时用电工程的施工组织设计(方案)未按要求履行申报、变更、补充审批手续；

⑪临时用电工程图纸未单独绘制；

⑫施工现场的临时用电设施的检查记录不全，对接地电阻和用电设备、电气设备检测资料欠缺较多；

⑬电工、电焊工等特殊工种及各种小型用电设备操作工人，上岗时未按规定穿戴必要的劳动防护用品。

⑭未报告电工实施停电而移动配电箱和固定式用电设备：

⑮检修电路时未悬挂“禁止合闸”等明显标志牌；

⑯使用用电设备不按有关操作规程进行操作；

⑰电闸箱内未贴该箱配电系统图，或与实际配置不符；

⑱对现场检查出的有关配电线路或电气设备隐患未及时整改消项；

⑲现场人员私自使用电炉、电热器具等；

⑳设备传动部分防护罩缺损或未关好门窗就开车操作；

㉑机动车辆之间或机动车辆与障碍物、沟坡间安全距离不够；

㉒起重机械现场安装验收手续不全，有关验收关键内容填写不切实；

㉓施工外用电梯安装验收手续不全；

㉔龙门架、井字架安装验收手续不全；

㉕其他中、小型设备无进场验收手续；

㉖中、小型设备管理制度不规范、不完整；

㉗设备安全操作制度和岗位责任制缺少其中一项；

㉘大、中型设备无运转记录和交接班记录；

㉙机械操作人员未培训、考核的情况下，独自操作；

㉚起重机械作业中违反起重“十不吊(超载或被吊物重量不清不吊；指挥信号不明确不吊；捆绑、吊挂不牢或不平衡，可能引起滑动时不吊；被吊物上有人或浮置物时不吊；结构或零部件有影响安全工作的缺陷或损伤时不吊；遇有拉力不清的埋置物件时不吊；工作场地昏暗，无法看清场地、被吊物和指挥信号时不吊；被吊物棱角处与捆绑钢绳间未加衬垫时不吊；歪拉斜吊重物时不吊；容器内装的物品过满时不吊)”原则；

㉛用手或工具伸入正在运转搅拌的混凝土搅拌机内扒料出料；

㉜混凝土振捣器操作人员不穿戴绝缘胶鞋和手套；

㉝私自拆除设备上的安全、照明、信号、防火、防爆和警示标志及显示仪表；

㉞在登高作业中不系安全带；

㉟ 施工人员赤脚或穿拖鞋进入现场或穿带钉易滑鞋从事高处作业；

㊱施工人员进入施工现场不戴安全帽，或不系安全帽带；水上作业不穿救生衣；

㊲施工人员在施工现场吸烟：

㊳“四宝一器(安全帽、安全带、救生衣、安全网、漏电保护器)”及扣件、个人防护用品不经验收或验收不合格投入使用；

㊴工程项目管理人员未经安全培训取得安全资格上岗证上岗。

(4)凡有下列问题之一为一般问题：

①安全生产责任区划分不清或安全生产责任状指标不明确；

②施工管理人员未及时办理资格上岗证或施工人员未办理三级教育考核证；

③施工组织设计、施工方案和安全技术措施等无针对性；

④施工中安全技术交底的内容无针对性；

⑤检查出的问题未按“三定(定整改措施、定完成时间、定整改负责人)”整改落实；

⑥班前讲话的内容无针对性；

⑦临时用电工程的设施检查、检测资料部分欠缺；

⑧现场的临时用电安全技术交底或技术方案无针对性或针对性不强；

⑨其他临时用电工程内业管理资料部分欠缺：

⑩现场安装起重机，安装验收手续中个别栏目填写不详细；

⑪施工外用电梯安装验收手续中个别项目填写不详细；

⑫机械设备的岗位责任制和安全操作规程建立得不规范、不明确；

⑬塔式起重吊装指挥人员无明显标志；

⑭起重机在进行转、变幅、行走等动作前不作鸣声示意；

⑮起重机运转记录和交接班记录内容未按实际工作台班记录；

⑯施工外用电梯启动作业前不鸣声示意；

⑰电梯电闸箱设置位置不在底架附近且不便操作；

⑱施工外用电梯在未切断总电源前司机擅自离开工作岗位；

⑲卷扬机在操作人员离开或作业中途停电时，未切断电源，吊笼未降到地面；

⑳机动翻斗车现场行驶作业时急开急停，不注意安全距离；

(5)凡有下列问题之一为重大隐患：

①使用不符合规范要求的材料搭设脚手架；

②脚手架操作面上脚手板未满铺、有洞孔、有探头板或飞跳板；

③脚手架未按规定设剪刀撑、未按规定与建筑物设置拉接；

④结构脚手架使用荷载超过 2646N/m$^2$(270kg/m$^2$)，装修脚手架使用荷载超过 1960N/m$^2$(200kg/m$^2$)；

⑤井架、龙门架、卸料平台无防护门、无吊笼门、无超高限位，不设缆风绳，进料口无防护棚；

⑥临边洞口无安全防护；

⑦施工中不按规定设置安全网；

⑧施工中由高处往下投掷物料；

⑨大模板、机械设备及钢管、钢筋等物料堆放严重超过标准，或有倒塌危险；

⑩脚手架的立杆接头多处采用搭接，并不符合要求；

⑪脚手架的立杆基础没有按规定平整夯实，垫砖块或小块木板、脚手架基础局部下沉；

⑫悬挑架子挑杆角度偏大，并且不支顶在结构上及与建筑物拉牢；

⑬吊兰脚手架在搭设及使用上严重不符合要求；

⑭挂式脚手架在搭设及使用上严重不符合要求；

⑮井字架的地轮不设专用地锚固定在架子上，及底部防护不严；

⑯脚手架的立杆、水平杆、小横杆的间距严重超过标准；

⑰轨式起重机的钢轨接头悬空，无接地设施；

⑱电动移动式起重机电缆线严重破损，且无卷线器；

⑲塔式起重机附着锚严重松动或缺少螺栓；

⑳起重机械吊钩或钢丝绳破损严重，达到报废标准而继续使用；

㉑起重机限位装置和保险装置缺少或失灵任何一项；

㉒塔式起重机接地电阻大于 4Ω；

㉓行走式龙门吊停机后，不上夹轨钳；

㉔施工外用电梯限位装置不全或有一项失灵；

㉕卷扬机未搭防砸、防雨棚，机身未固定地锚，传动部分无防护设施，视线不清；

㉖混凝土搅拌站无防砸、防雨棚，操作台视野不能看到各部工作情况；

㉗电锯电刨无任何防护措施；

㉘机动翻斗车在现场时速超 5km，其指示灯、转向、制动机构不灵敏或已损坏；

㉙起重机械在靠近架空输电线路作业时，未采取安全保护措施；

㉚起重机在距基坑较近时，没有采取必要的防护措施；

㉛现场未按有关规定采用 TN—S 接零保护系统；

㉜现场临电配置未达到三级配电和两级保护；

㉝对达不到安全距离的外电线路未采取防护措施，或防护不严密，存在严重缺陷；

㉞临时配电架空线路采用非绝缘导线或采用塑胶软线；

㉟在建工程，在高、低压线下施工，或在高、低压线路下方搭设作业棚，建造生活设施，堆放物料，架具材料及其他杂物等；

㊱在建工程（含脚手架）或施工机具与外电线路小于安全操作距离，或无经认可的绝缘安全措施；

㊲在潮湿或施工条件特别恶劣的施工现场采用Ⅰ类电气设备；

㊳电气设备不应带电的外露导电部分及配电箱未采取必要的保护接零或保护接地；

㊴施工现场用电设备的末级配电设备未使用专用电箱或设置漏电保护装置；

㊵现场"一闸多机"现象严重；

㊶进入开关箱的电源线，使用插销连接；

㊷保护零线装设开关或熔断器；

㊸保护零线未按有关规定作重复接地；

㊹发电机组与外电线路未设连锁装置；

㊺配电箱、开关箱内的连接线未采用绝缘导线或存在外露导电部分；

㊻手持电动工具的绝缘把套破损，连接导线破损，绑扎不牢或连接不牢；

㊼施工现场的电气线路老化严重，电器保护设备失灵等；

㊽现场照明系统未按要求使用安全电压，低压变压器一、二次侧未设置降压保护装置；

㊾配电室内未设置砂箱等灭火器材；

㊿焊机使用时，二次侧双线不到位或采取借路。

(6)凡有下列问题之一为隐患：

①施工现场未做防护栏及上下人行爬梯，危险处未设红色标志灯；

②临边防护不标准、不牢固；

③安全网支搭不严密，水平网的宽度，隔层网的数量及网底距下方物体表面的垂直距离不符合标准；

④水上作业未穿救生衣或救生衣穿着不规范；

⑤作业面铺板离墙间距大于 20cm；

⑥上下施工作业面不按规定设爬梯；

⑦脚手架在施工中不按规定垫板，立杆，大小横杆间距及操作面防护不符合要求，立杆不设扫地杆，脚手板未按规定采用安全网围护的；

⑧出入口的立杆断杆，井字架进料口的断杆或其他立杆不到底处，没有采取一定的安全措施；

⑨脚手架的剪刀撑不全，脚手架与建筑物拉接不符合要求；

⑩现场超过 2m 以上的临时操作平台缺少斜拉撑、立杆间距偏大、铺板不满、缺防护栏杆、安全网等；

⑪井字架（龙门架）的天轮梁距最高一层使用平台小于 6m；

⑫井字架（龙门架）等卸料平台有防护门而不使用，超高限位失灵，缆风绳（含绳、地锚、连接）不符合标准；

⑬脚手架,井字架的立杆垂直度偏差超过规范要求;

⑭施工现场使用不符合要求的电箱,或闸箱内的电器配置不符合部颁标准及有关规定;

⑮保护零线未按规定选取黄/绿双色线,截面值偏小或与工作零线截面不相等;

⑯塔吊重复接地等电阻值大于“规范”所规定的阻值要求;

⑰配电室的建筑不满足规范的要求,配电屏(盘)前的操作空间较小;

⑱配电屏(盘)或总配电箱缺少电压、电流和电度表,不设短路、过负荷保护装置和漏电保护装置;

⑲架空线路架设在树上或脚手架上,电线、电缆使用金属丝绑扎;

⑳电缆线路沿地明设,不采取防护措施;

㉑电箱下部出线混乱,埋地处未设穿管保护或其他需穿管处未采取相应措施;

㉒在同一配电系统中,动力和照明线路未分路设置;

㉓潮湿或施工条件恶劣的场所使用的手持电动工具采用专用电箱或漏电保护器;

㉔各种电器的额定值与其所控制的用电设备不相适应;

㉕配电箱、开关箱内的电器选用破损和不满足要求的电器设备;

㉖配电箱、开关箱内堆放杂物;

㉗电焊机及配电箱未采用防雨水装置,焊机一、二次侧的防护罩不全;

㉘移动式照明灯具的安装未采用规范规定的安全电压和专用电缆;

㉙塔吊、井字架等高大施工机具未装设避雷装置,或装设的避雷装置不符合标准;

㉚某些用电设备(如电焊机把线,潜水泵导线)的连接导线末采用专用的电缆;

㉛配电箱和开关箱的装设位置不符合要求,或安装不稳;

㉜配电箱内的保护零线和工作零线未采用端子板设置;

㉝将作保护零线使用的黄/绿双色线用作其他连接导线使用;

㉞连接导线虚接现象严重;

㉟焊机把线连接点超过 5 处,破损严重不绑扎;

㊱用电设备和开关箱间的距离超过 5m;

㊲现场照明灯具选择不合理,照明度不满足施工要求;

㊳在施工外用电梯基础座 5m 内开挖井沟或距基础 30m 范围内进行较大振动的机械施工;

㊴施工外用电梯附墙拉接点、垫板、螺栓安装不符合标准;

㊵卷扬机无高度限位器;

㊶塔式起重机的基础不符合设计方案要求;

㊷行走式龙门吊钢轨采用不同型号的两根轨道中钢轨间接头错开距离沿轨道方向距离小于 1.5m,钢轨接头间隙大于 4mm,轨面高差大于 2mm;

㊸轨式龙门起重机行走限位挡铁位置不能保证塔机端部距轨端路障不小于 1.5m 处停车;

㊹轨式起重机极限位置阻挡器高度小于行走轮半径;

㊺轨式龙门起重机卷线器运转不正常;

㊻作业后的塔式起重机臂杆没转到顺风方向,回转制动器没放松;

㊼停止作业后的塔吊小车和吊钩没有按规定移动到非工作状态位置；

㊽作业后、停机后，塔机操作门窗不关闭，总电源不切断；

㊾施工外用电梯各传动机构有松动，齿轮、齿条磨损部分超标；

㊿施工外用电梯没有单独安装接地保护和避雷接地装置；

(51)电梯底笼电闸箱和进出口门没有设闭锁装置；

(52)卷扬机的导向滑轮用开口式滑轮，安装后的卷扬机卷筒和导向滑轮间距小于20倍的卷筒长，且此段钢丝绳未做防护；

(53)翻斗车现场操作不平稳，在条件差的道路上急剧加速，且不注意安全距离；

(54)施工外用电梯各层间过桥和运输通道不平整，不牢固，出入口栏杆不能保证安全防护作用；

(55)钢筋弯曲机芯轴、挡块、转盘有损坏和裂纹；

(56)钢筋拉伸机卡具、锚具有破损和裂纹；

(57)中、小型机械设备传动部分、高速旋转部分缺少相应的安全防护设施。

(7)凡有下列问题之一为缺陷：

①脚手架基础不垫通板，或用其他小规格材料代用垫板；

②安全网在使用过程中，连接松动未及时修复，未及时清理安全网内杂物；

③脚手架、防护设施等，在施工过程中未经允许临时拆改，未及时修复；

④各类电闸箱末按要求统一编号管理，未加锁和内、外脏乱；

⑤焊机防护罩存在缺陷或二次线过长；

⑥电箱的架设高度不满足要求，流动箱随意乱放、平躺；

⑦现场配电箱处的“高压危险”“有电危险”等标志牌不全；

⑧电箱未采取专人负责等管理措施；

⑨龙门吊路基排水不良或根本未做排水；

⑩起重机吊装指挥人员无明显标志；

⑪卷扬机天轮加油处应设的爬梯、平台、并铺板、绑牢加护身栏中缺少任一项；

⑫卷扬机钢丝绳与导向滑轮、天轮和地轮之间有一项没有做到配套使用；

⑬木工机械现场堆放杂乱，无相应消防器材；

⑭机动翻斗车操作人员离机时，内燃机不熄火，手制动器不拉紧；

⑮中、小型机械设备保养状况差；

⑯钢筋加工机械没有机棚，现场加工的成品、半成品堆放杂乱。

**2. 处罚方式**

(1)严重违章或重大隐患，对工程项目或严重违章者处以每项500～2000元的罚款。

(2)在同一施工现场，由于安全生产管理存在3项以上(含3项)严重违章或重大隐患，对工程项目罚款3000～5000元，或给予“安全生产黄牌”警告。在限定期内，未采用整改措施，达到规定要求的，列人安全生产管理黑名单，建议不再列入公司的合格协作商名录。

(3)违章或隐患，对工程项目或违章者处以每项300～1000元的罚款。

(4)在同一施工现场，违章或隐患超过九项，其处罚按上述(2)规定执行。

(5)一般问题或缺陷,对工程项目给予警告批评,签发隐患通知单并限期整改。

(6)凡有5项(含5项)以上严重违章或重大隐患,或者在插挂黄牌期间,整改不力,仍有重大隐患和严重违章存在,项目部的安全管理部门,有权责令其部分或者全部停工整顿。

(7)由于管理混乱,现场存在多处严重违章和重大隐患,或者受到政府部门通报批评,给项目部带来极坏影响的,对工程项目加重处罚;

**3. 工伤事故处罚**

(1)轻伤事故,项目经理应视情节严重程度对事故发生单位处以每伤一人500～3000元人民币的罚款;对直接责任者和主要责任者处以每伤一人100～1000元人民币的罚款。

(2)重伤事故,项目经理部和事故发生单位应接受上级安全主管部门的处罚;直接责任者和主要责任者应接受上级主管部门每重伤一人500～3000元人民币的罚款。

(3)死亡事故,工程项目和事故发生单位应接受上级安全主管部门的调查和处理;直接责任者和主要责任者应接受上级主管部门每死亡一人1000～5000元人民币的罚款和企业行政处分。

(4)特大伤亡事故的经济处罚额度按上述(3)规定的最高限额的1～3倍执行。对事故主要责任者进行企业行政处分。

(5)有下列情况之一者,加重对工程项目的处罚,对责任人给予经济处罚、行政处分,直至依法追究刑事责任:

①工作严重失职,违章指挥,造成多人事故或重大、特大事故的;

②对发生的因工伤亡事故隐瞒有报、虚报或者拖延报告的;

③在事故调查中,伪造破坏现场,毁灭证据弄虚作假,甚至嫁祸于人者;

④事故发生后,不吸取教训,不采取防范措施,不及时消除隐患,致使同类事故重复发生的。

### (五)附则

(1)获奖单位要按贡献大小分配奖金,防止平均分配。

(2)各单位的罚款不准摊派,罚款应作为安全奖励基金,单列科目,做到专款专用,安全奖励基金除用于奖励外,还可用于安全生产管理、教育及购置检测仪器和工具的开支。

(3)针对个人的罚款,一律由个人负担,不准从公款中报销。

(4)受罚单位接到罚款通知后,由项目部财务部统一扣除。

## 十一、重大危险源管理制度

(1)项目部安保部门对施工活动中的重大危险源的登记管理负有监督、检查的职责。

(2)施工现场主管直接对重大危险源实施全过程管理,并对管理结果负责。

(3)管理措施依照《工艺(操作)规程》、《安全技术规程》、《设备安全操作规程》、《消防安全制度》、《防火防爆管理》、《动火管理》等有关规定执行实施。

(4)项目部每月不得少于一次进行专项安全综合检查。

(5)凡进入重大危险源区域作业人员,必须经过上岗培训才能进入工作岗位,区域内所有设施的更改需要生产部按程序审核同意方可实施，外来人员要有专人陪同方可入内。

(6)维修及动火作业必须有书面报告，经现场查看、验收合格，方可下达动火许可证，在区域内严禁无证动火。实行谁施工作业谁负责，安全达不到要求不得作业。

(7)安全员对区域内的消防器材及应急物资的完好负责，采取定期检查和抽查相结合，保障设施正常使用。

(8)对于在日常工作中发现的事故隐患，应及时整改避免事故发生，对于在安全检查中发现问题的，将责令限期完成整改，对事故苗头知情不报者将给予处罚。

(9)建立重大危险源清单及控制措施。

(10)制定应急预案，明确相关人员在紧急情况下应采取的措施。

(11)对应急预案定期进行演练。

## 十二、施工现场危险告知制度

按照交通部《公路水运工程安全生产监督管理办法》，项目部严格执行安全技术交底制度。

项目部负责项目管理的技术人员，应当如实向施工作业班组、作业人员详细告知作业场所和工作岗位存在的危险因素，并由双方签字确认。

在施工场所设置明显安全警示标志，在无法封闭施工的工地，还应当悬挂当日施工现场危险告示，以告知路人和社会车辆。

## 十三、危险品管理及消防安全责任制度

(1)严格遵守国家《危险化学品安全管理条例》和国家放射性物品保护条例，积极做好危险品安全管理工作。

(2)从事危险品运输、保管的人员，应具备相关知识，定期参加有关部门组织的学习，并持有有关部门核发的相应证件。

(3)从事危险品领用、使用的人员，应为具有相关知识的专业人员，做与危险品相关的实验时，应有专业人员在场指导。

(4)危险品的购买、搬运、运输，应严格按有关安全规定进行，并办齐各种手续。

(5)危险品贮藏时，应按不同特性分类保管，采取必要的安全措施，并定期进行安全检查。

(6)危险品使用中生成的废气、废水、废渣等废气物品不得随意丢弃或直接排放，应交由管理人员进行回收处理。

(7)危险品库房要建立管理、使用制度和岗位责任制度。切实做好危险品库房的防火、防爆、防事故等有关安全措施。发生失盗、短缺及其他意外情况，要立即上报。

(8)对所保管和使用的危险品严禁随意转送和非法交易，一经发现，将严肃处理。

(9)出入库登记制度。无论何人进出库区都须详细登记。

(10)安全检查制度。检查有分工，职责明确，记录详细，及时整改。

(11)清点账物制度。保管员每周清点，保卫和物资部门每月清点，发现问题及时上报。

(12)安全操作制度。搬运装卸及堆装易爆物品必须轻装，轻卸，轻拿轻放，严禁摔掼撞击，开箱应使用不会产生火花的工具，并应在专门的发放时间内进行。

(13)仓库保管人员的“一日三查”：

①易燃易爆化学危险品仓库的保管人员“一日三查”，即上班后、当班中、下班前检查。

②查垛码是否牢固，查包装是否渗漏，查电源是否安全，查库内温度，在雨雪天时候是否有雨雪进入库房等。

(14)危险品仓库严禁闲人进入，保管人员离开必须锁好门窗。

(15)消防器材设备严禁圈占、埋压、挪用。

## 十四、施工现场临时用电管理制度

为贯彻“安全第一、预防为主”的方针，确保用电安全，避免发生设备事故与伤亡事故，全体作业人员自觉遵守本规定。

### (一)一般管理规定

(1)施工现场的电动建筑机械，手持电动工具和用电安全装置，必须符合相应的国家标准，专业标准和安全技术规程，并应有产品合格证和使用说明书。

(2)各种用电设备必须经验收合格后，方可进场使用。临时用电应由具备相应资格的电工工长负责管理，由持有合格电工证的电工负责操作。

(3)电工作业应由二人以上配合进行，并按规定穿绝缘鞋、戴绝缘手套、使用绝缘工具，严禁带电接线和带负荷插拔插销头。

(4)应建立健全安全用电管理制度以及管理资料，定期组织专业安全检查，纠正违章，排除隐患。

(5)临时用电工程应严格按照《施工现场临时用电安全技术规范》(JGJ 46—2005)规定执行。

#### 1. 焊接机械部分的规定

(1)电焊工必须持有政府有关部门核发的特殊工种操作证，方可上岗作业；作业时，必须穿戴好规定的安全防护用品，方可施焊。

(2)电焊机必须按规定搭设防雨、防砸的防护棚，焊机底部应用垫板；焊接现场不得堆入易爆物品。电焊机必须设专用断路开关，其一次线长度不得大于 5m；二次线长度不得大于 30m；一次线电闸箱电源接点不宜使用插头连接。

(3)电焊机一、二次侧电源线接点处，必须设置防护罩；且一次线端须用绝缘带包裹严密，二次线端应使用线卡子压接牢固。

(4)电焊机的外壳应做可靠的接零或接地保护，其接点应用螺丝压紧，接零或接地保护所用的接地(零)线不得多台焊机串联连接。

(5)电焊机的二次线应双线到位，该线应使用橡套铜芯多股软缆线，且要完好无损。其二次接线不得借用金属管道、金属脚用架、轨道及工程结构钢筋做回路地线。

(6)启用新电焊机或长期停用的焊机，应摇测其绝缘电阻值；其一、二次侧的绝缘电阻值不得小于 0.5MΩ。

(7)电焊机的焊钳须连接牢固可靠，完好无损；禁止两焊钳绞头连接或两焊把线铜把线绑扎不包的连接。

(8)电焊机应按规定加装二次侧漏电保护器。

(9)电焊机在移动前或停止作业后,应切断电源,电闸箱必须加锁。

**2. 使用手持电动工具的规定**

(1)选购使用的手持电动工具,必须符合相应的国家标准、专业标准和安全技术规程,并有产品合格证和使用说明书。

(2)各种手持电动工具,在使用前必须进行绝缘摇测,其绝缘电阻合格值为:

①1 类手持电动工具应大于 2MΩ。

②2 类手持电动工具应大于 7MΩ。

③手持电动工具的外壳、手柄、负荷线、插销头、开关等,必须完好无损;使用前必须做空载检查,运转正常方可使用;严禁带故障运转。

④手持电动工具的负荷线,必须按其容量选用无接头的多股铜芯橡套软缆线,其保护零线截面不得小于 $1.5m^2$,不得任意接长或调换。

⑤必须配置专用的电源开关箱,其箱内必须装设具有过负荷、短路和漏电保护功能的漏电保护器,并加装隔离开关。

⑥一般场所选用 2 类手持电动工具,并加装漏电开关;其额定漏电动作流应不大于 15mA;额定漏电动作时间应小于 0.1s。

⑦若使用 1 类手持电动工具,其金属外壳必须做可靠的接地或接零保护。2 类和 3 类手持电动工具,可不做接零保护。

⑧在潮湿场所或金属框架上操作时,必须选用 2 类手持电动工具;环境恶劣场所(锅炉、金属容器、地沟、管道内等),宜选用带隔离变压器的 3 类手持电动工具。以上场所严禁使用 1 类手持电动工具。

**3. 使用照明用电的规定**

(1)施工现场的照明设备安装、维修,必须由持有特种作业操作证的电工负责实施;非电工严禁上岗操作。

(2)照明系统中的每一单相回路上,灯具和插座数量不宜超过 25 个;为 15A 或 15A 以下的熔断保护装置。

(3)安装高度低于 2.4m 的照明灯具,其金属外壳必须作接零保护;单向回路的照明开关箱内,必须装设漏电保护器,漏电动作电流不应大于 30mA,额定漏电动作时间应小于 0.1S。

(4)在设施结构或装修工程低压照明使用之电源线,应按其载流量选择相应截面积的铜线;不允许带电体外漏。严禁使用塑料线。其架设高度不得低于 2.4m。

(5)使用行灯电源的电压不超过 36V,灯体与手柄应坚固、绝缘良好耐热。灯泡外部有金属保护网,电源线应使用软橡套缆线。

**(二)用电规定**

(1)本规定适用于施工现场、办公室、宿舍等设施。

(2)凡在以上设施内从事操作和居住的人员,都应自觉遵守本规定;确保设备和人员的安全;严禁违章操作。

(3)所有设备必须具备产品说明书、合格证;其各种开关、显示灯、安全防护装置必须齐全有效。各种开关电器的规定值应与其控制的用电设备的额定值相适应。

(4)所有设备应定期保养,遇有故障时,必须由专业人员进行维修。

(5)为防止电气火灾,应设置符合要求的、适用的防火器材。

(6)所有用电设备配置的开关箱外皮,必须为铁皮或玻璃钢材料;配电盘为绝缘材料;不得使用木质材料。

### (三)办公室用电安全规定

(1)办公室的办公设备包括电脑、复印机等,应设专人使用、保养。

(2)每间办公室均应加装漏电保护器,其额定漏电动作电流应不大于30mA,额定漏电动作时间应小于0.1s。

(3)各种用电设备的金属外壳应做可靠的接地或接零保护。

### (四)施工用电安全规定

(1)工设备的电源侧应加装漏电保护器,在环境比较潮湿的地方,其额定漏电动作电流应不大于15 mA,额定漏电动作时间应小于0.1s。

(2)各种用电设备的金属外壳应做可靠的接零或接地保护。严禁带故障使用。

(3)在清洗各种用电设备时,必须切断电源;不能用水清洗的部位,做好防护;避免受潮短路。

(4)操作人员应穿戴必要的工作服,袖口扎紧,女工的辫要盘入帽内;应站在绝缘物上操作。

### (五)宿舍用电安全规定

(1)照明用电电压为220V,在电源侧必须加装漏电保护器,其额定漏电动作电流应不大于30mA;额定漏电动作时间应小于0.1s。

(2)照明电源线敷设,使用硬塑线时,必须穿管防护;(橡套缆线除外)灯具高度不低于2.4m。

(3)照明灯具宜采用拉线开关,安装应符合规定。严禁在床上装设电源开关。严禁使用电热毯取暖;严禁私拉乱接电源线和电器。

## 十五、应急预案管理制度

针对可能发生的事故类别,结合项目部自身实际,依据有关法律、法规、规章和规范性文件要求,明确编制任务、职责分工,制定编制工作计划。

应急预案编制工作组应当全面分析项目部的危险因素和事故隐患,预测可能发生的事故类型及其危害程度,确定事故危险源,进行风险分析和评估,针对事故危险源和存在的问题,客观评估项目部的应急能力和应急资源,确定相应的防范和应对措施。分析评估结果应作为项目部应急预案的编制依据。

(1)广泛收集编制应急预案所需的各种资料,包括相关法律法规、应急预案技术标准、国内外同行业事故案例分析、公司技术资料等,结合项目部实际情况编制应急预案。

(2)公司编制的综合应急预案、专项应急预案和现场处置方案之间应当相互衔接,并与所涉及的相关单位和政府部门的应急预案相互衔接。

(3)各类应急预案在编写完成后由安保部负责汇总、整理,并且要按照规定将预案上报至业主和监理方审批备案。

(4)项目部每年应结合生产实际组织应急预案培训。培训的主要内容包括:项目部的应急预案体系构成、应急组织机构及职责、应急资源保障情况以及针对不同类型突发事件的预防和处置措施等。

(5)应当结合安全生产和应急管理工作实际情况定期组织预案演练,以不断检验和完善应急预案,提高应急管理和应急技能水平。

(6)安环部在开展应急演练前,应会同相关部门制定演练方案,明确演练目的、演练范围、演练步骤和保障措施等。

(7)公司在开展应急演练后,应当对应急预案演练进行评估,并针对演练过程中发现的问题对相关应急预案提出修订意见。评估和修订意见应当有书面记录。

## 第五节　监理单位安全监理大纲及细则

### 一、南京长江第四大桥(主桥)安全监理大纲

根据《中华人民共和国安全生产法》、《安全生产管理条例》及《公路工程施工监理规范》等法律法规以及安全工作要求,结合本单位的特点和工程实际,特制定本标段的安全监理大纲。

#### (一)工程概况

南京长江第四大桥主桥采用双塔三跨悬索桥,高速公路标准,双向六车道,设计行车速度采用100km/h,车辆荷载等级为公路—I级,大桥桥面宽度为33.0m(不含吊索区及风嘴),设计最高通航水位7.98m,设计最低通航水位0.44m。塔顶设计高程+230.6m,主桥桥跨布置为(166+410.2)+1418+(363.4+118.4)=2476m。

#### (二)安全监理的目的

预防安全事故发生,杜绝安全事故,使本项工程按时按量优质完成。

#### (三)安全监理工作目标

南京四桥工程安全生产监理坚持安全第一、预防为主、综合治理的方针。通过工程技术对策、安全教育对策、安全管理对策等一系列安全监理措施,实现"六无一控",即:无责任因公死亡和重大伤亡事故;无责任行车险情及以上安全事故;无机械设备大事故;无责任施工火灾、风灾事故;无责任火工品、重要器材、设备被盗事故、无爆炸事故。控制死亡事故为零、重大伤亡

事故为零；一般轻伤事故在2‰以下的目标。

### (四)安全监理工作依据

(1)国家有关法律、法规。
(2)国家(行业)规范、标准。
(3)江苏省、南京市有关安全生产的文件。
(4)南京长江第四大桥指挥部有关安全生产管理文件。

### (五)组织机构

安全领导小组：

组长：×××；副组长：×××；组员：××××　×××　××　××　×　×××　×××。

安全组织机构框图见图3-5-1。

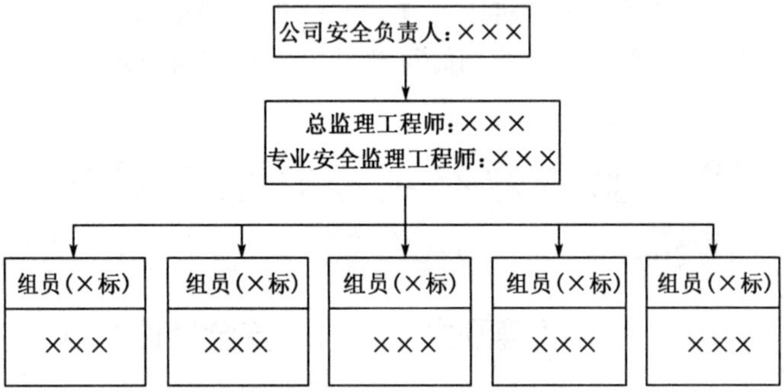


图3-5-1　安全组织机构框图

### (六)安全岗位职责

#### 1.总监理工程师安全管理职责

(1)编制施工安全生产监理计划，对建设工程项目的施工安全监理工作负责。

(2)审查施工单位的安全资质、施工组织设计中的安全技术措施或安全专项施工方案，并签署意见。

(3)组织编制并审批安全监理实施细则。

(4)组织编写安全监理工作月报、安全监理专题报告，签发工程暂停令、复工报审表等重要安全监理指令或文件。

(5)检查和指导安全监理人员的工作。

(6)监督并检查施工单位建立健全施工现场安全生产组织保证体系、落实安全生产责任制度情况。

(7)定期或不定期地主持召开安全例会和专项安全生产会议，分析安全生产形势，提出安全管理工作意见。

(8)定期组织评估施工现场安全生产情况，并向建设单位提交报告。

(9)协助安全事故的调查分析，并督促检查有关事故后的现场整改情况。

(10)及时向建设单位汇报安全监理工作情况。

**2. 安全监理工程师岗位职责**

(1)贯彻执行项目工程安全监理大纲，编写项目施工安全监理细则，具体负责本工程项目的施工安全监理工作。坚持"安全第一，预防为主"的方针，协助承包人搞好施工现场安全工作。

(2)认真落实公司及上级主管部门有关工程安全生产管理规定，加强施工现场巡视检查，发现不安全因素应及时要求承包人进行整改，并采取积极措施消除事故隐患，必要时向上级安全主管部门报告。

(3)协助总监审查施工单位的安全资质，项目负责人和专职安全员的安全资格，以及分包单位的安全资质，并提出意见。核查特种施工作业人员的资格证件。坚持原则，认真按照上级和公司有关规定，大胆例行监督检查职权，敢于制止违章指挥，对违章作业有权制止。

(4)督促和检查承包人建立健全安全生产组织保证体系和各项安全管理制度，完善各项安全操作规程，定期组织对承包人机械设备、安全防火、安全生产进行检查，做好记录。

(5)参加承包人生产会议和技术交底，初审承包人施工组织设计和安全技术措施计划，向监理组长提出意见，针对施工情况提出安全工作要求，并监督施工承包单位实施。

(6)督促施工承包单位做好分部分项工程的安全技术交底，包括对分包单位或劳务分包单位的安全技术交底工作，并由双方签字确认制度。

(7)加强施工现场安全管理，检查承包人安全警示牌和安全技术操作规程牌的设立。加强驻地监理组内部安全警卫巡查，消除事故隐患。指导施工安全监理员实施现场安全巡视检查等日常施工安全监理工作。

(8)建立安全监理台账，负责施工安全监理资料的收集、汇总及整理，及时、真实、完整记录安全监理工作情况，填报安全监理日记和监理月报。定期评估施工现场安全生产情况，并向监理组长提交报告。

(9)及时向监理组领导汇报安全监理工作情况。

(10)完成总监理工程师交办的其他工作。

必要时，可下达施工暂停指令并向建设单位和有关部门报告。

**3. 驻地监理组安全管理职责**

(1)按照安全管理体系文件要求，及业主安全管理规定，全面履行监理合同。

(2)编制项目安全监理实施细则。

(3)按照安全监理实施细则开展安全监理工作。

(4)对所监项目的安全隐患进行识别和控制。

(5)采取纠正预防措施，消除工程施工时出现的安全隐患和安全事故。

(6)完成项目安全监理资料和安全监理工作记录。

## (七)安全控制的任务和方法

### 1. 安全控制的任务

(1)结合实际确定工程的安全生产监控重点。

(2)在监理部内设置安全及文明施工监理岗位,明确岗位职责和人员分工。

(3)定期组织学习,熟悉有关安全及文明施工方面的法规性文件,及时传达有关安全生产会议的精神,落实对监理工作的要求。

### 2. 安全控制的内容

(1)审查施工单位项目安全及文明施工保证体系,在组织领导、人员配置、岗位责任、管理制度等方面督促健全和落实。

(2)审查施工单位施工组织设计中安全及文明施工的规划与措施内容。

(3)检查现场地面处理、施工道路、现场排水、施工管线、物料堆放、临时设施等的布置情况(应按施工总平面图实施)。

(4)检查现场各种标牌(安全纪律牌、安全标志牌、安全标语牌、施工公告牌等)的内容和视觉效果。

(5)检查各分部、分项工程施工安全技术措施和安全防护设施的落实情况。

(6)检查施工外脚手架和工程结构施工支撑系统的安全可靠性。

(7)检查起重机械设备及施工机具的安全保障状况。

(8)检查施工用电安全措施的落实情况。

(9)检查现场防火制度与措施的落实情况。

(10)检查季节性(冬期、雨季、台风、高温等)施工安全措施的落实情况。

(11)检查安全"三宝(安全帽、安全带、救生衣)"的使用及"四口(楼梯口、电梯井口、预留洞口、通道口)"的防护情况。

(12)一旦发生安全事故,坚持"三不放过"。

(13)检查现场在卫生防疫和治安保卫方面执行有关规定和落实保证措施的情况。

(14)经常检查场容场貌。

### 3. 安全控制的方法

(1)预审,如审查安全施工保证体系等。

(2)检查,包括经常性的安全文明检查与参与有组织的定期与不定期的安全文明检查,发现问题,督促限期整改。

(3)下达《监理通知单》。除口头督促整改外,必要时签发《监理通知单》明令整改。整改后审签《整改复查报审表》。

(4)开好工地例会。把安全及文明施工列入例会内容,对存在问题责成解决,并在下次会议上反馈整改结果。

(5)发布停工指令。在因安全原因出现必须停工处理(某一部位或整个工程)的情况时,与项目法人协调后，发出停工指令，直至停工因素消除后，经核查认可，方可复工。

### (八)安全监理的工作程序

(1)工作程序要规范化。监理工程师在对建设工程施工安全进行严格控制时，要严格按照工程施工工艺流程、作业活动程序等制定相应的科学的安全监理程序，对不同结构的施工工序、作业活动等制定相应检查。

(2)职责分工要规范化。建设工程安全监理工作是由不同专业、不同层次的专家群体共同来完成的，他们之间的职责分工是协调进行安全监理工作的前提和实现安全监理目标的重要保证。因此，职责分工必须是明确的、规范的、严密的。

(3)工作目标要规范化。在职责分工的基础上，每一项监理工作的具体目标都应该是确定的，完成的时间也应该有时限规定，检查和考核也应该有明确要求，从而实现工作目标的制定、实施、检查、考核的规范化。

(4)安全监理程序框图

安全监理程序按照图 3-5-2 所示框图。

### (九)安全监理的工作要求及工作制度

#### 1. 安全监理工作要求

(1)要求施工单位将安全施工组织设计资料报送监理方及建设方。

(2)要求施工单位落实安全生产责任制度，委派现场专职安全员，落实各工种安全技术操作规程的制定与实施，完善现场安全保卫制度及现场安全标志、警示及安全通道。

(3)要求施工单位进行分部分项工程安全技术的交底，强调交底的针对性、书面性、责任性，督促施工单位严格按照规范要求进行施工。

(4)要求施工单位进行安全检查、事故隐患的整改。

(5)要求施工单位进行安全教育，新人进场的教育，岗前与工种转换前的教育，管理人员与专职安全员的培训等。

#### 2. 安全监理工作制度

详见本章第三节“监理单位安全生产管理制度”。

### (十)安全监理现场检查标准

#### 1. 对外脚手架搭设的要求与检查

(1)脚手架高度超过规范规定，必须有设计计算验算；

(2)立杆基础，要求平整、坚实，有扫地脚、底座、垫木和排水措施；

(3)高度在 7m 以上，架体与建筑结构应设拉接；

(4)杆件间距与剪刀撑架设高度与角度符合规定；

(5)脚手板应满铺、材质符合要求、施工层应设防护栏杆和挡脚板，脚手架外侧应设置密目式安全网；

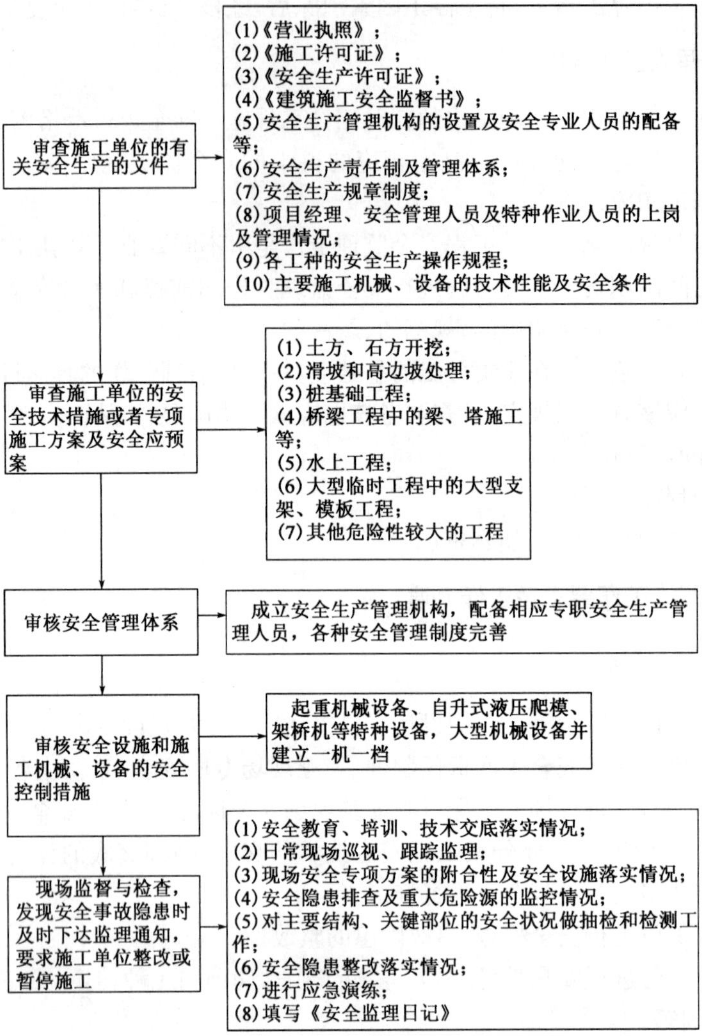


图 3-5-2　安全监理程序框图

(6)立杆与大横杆交点处需设置小横杆，且两端固定；

(7)架体内封闭应符合要求；

(8)木质脚手架材质与直径应合要求，钢管架不能弯曲，锈蚀；

(9)卸料平台应经计算与设计，支撑系统与脚手架应链接，使用荷载应有限定标牌。

**2. 对于基抗支护的安全检查**

(1)应有支护方案，深度超过 2m 者，应设临边防护措施，放坡开挖时安全边坡应符合规定；

(2)基坑施工应有排水措施；

(3)基坑坑边荷载，如积土、料具堆放和机械设备施工等距槽边距离应满足设计规定；

(4)基坑应有上下通道，基坑支护应进行变形监测，土方开挖应按操作要求，作业环境应符合规定。

**3. 对于现场临时用电的安全检查**

符合《施工现场临时用电安全技术规范》(JGJ 46—2005)涉及的强制性条款。

**4. 对机械设备的安全检查**

符合《建筑机械使用安全技术规程》(JGJ 33—2001)涉及的强制性条款。

**5. 对高处作业的安全检查**

符合《建筑施工高处作业安全技术规范》(JGJ 80—91)涉及的强制性条款。

**6. 现场文明施工的检查**

包括现场围挡，封闭管理，施工场地安排、材料堆放、现场住宿与防火、现场治安综合治理、施工现场标牌、生活设施、保健急救及社区服务等。详尽的检查规定见《建筑施工安全检查标准》(JGJ 59—99)的相应规定。

## 二、南京长江第四大桥(北接线工程)安全监理细则

### (一)总则

(1)为了指导南京长江第四大桥北接线工程监理机构及人员开展安全监理工作、规范监理机构及人员的行为，特编制安全监理细则。

(2)本细则适用于南京长江第四大桥北接线施工阶段的安全监理工作。安全监理执行任务应符合本细则的要求。

(3)在监理工作中，当实际情况或条件发生较大变化而需要调整安全监理细则时，应由监理单位组织有关人员研究修改，按程序报审后实施。

(4)细则在实施过程中，若国家颁发新的规定，且本细则与新规定存在矛盾，以新规定为准，监理单位及时进行修改、补充。

### (二)工程概述

**1. 北接线工程项目概况**

南京长江第四大桥北接线工程起讫里程桩号为 K2＋000.000～K15＋062.795，全长约 13.063km，路线起于宁通高速公路(六合区)横梁镇东，向南经新禹河，红光村，红山窑东，过滁河在龙袍镇西接西埠桥位，接上跨江大桥北引桥。南京四桥北接线全线有主线桥 10 座，其中 1 座特大桥，主线桥梁总长 27110.710m，分离式立交支线上跨桥 2 座，桥梁总长 272m；设置横梁、龙袍互通立体交叉 2 处，互通内匝道桥梁 3 座，总长 959.21m。全线设通道 19 处(含匝道不含利用桥孔)；涵洞 61 道(含匝道)。路基土方 272.24 万 $m^3$，石灰 19571010t，沥青路面 424532$m^2$，水泥路面 21976.3$m^2$，排水防护 C25 混凝土预制块 3912$m^3$，M7.5 浆砌片石 1956$m^3$。

北接线的主要工程有：横梁互通、龙袍互通、浦仪互通(预留)、新禹河大桥、滁河特大桥、鹅

留河大桥、新桥河大桥、郑兴河中桥、贺庄河中桥、杨庄河中桥及太红线分离式立交、蔡庄和张村支线上跨桥等。

**2. 标段划分**

(1)N0-1 标。北接线路基、桥涵软基工程中水泥搅拌桩工程的施工。工期 4 个月。

(2)N0-2 标。北接线路基、桥涵软基工程中 PTC 预制管桩、碎石桩工程的施工。工期 4 个月。

(3)N1 标。北接线 AK1＋1090～AK9＋475.4(主线长 6.4105km,含横梁互通、浦仪互通)范围内的路基、路面底基层、路面基层、桥涵、通道等的施工和缺陷修复。工期 24 个月。

(4)N2 标。北接线滁河特大桥(桥长 1.134km,AK9＋475.4～AK10＋6010.69)工程的施工和缺陷修复。工期 29 个月。

(5)N3 标。北接线 AK10＋6010.69～AK12＋647.061(主线长 2.037km,含龙袍互通)范围内的路基、路面底基层、路面基层、桥涵、通道等的施工和缺陷修复。工期 24 个月。

(6)N4 标。北接线 AK12＋647.061～AK15＋062.795(主线长 3.42km,含龙袍互通)范围内的路基、路面底基层、路面基层、桥涵、通道等的施工和缺陷修复。工期 24 个月。

南京长江第四大桥北接线 J5 标段监理内容为对 N0-1、N0-2、N1、N2、N3、N4 标段的施工监理,支座采购、安装监理,以及为实施以上工程所必需的临时工程的施工监理和缺陷责任期服务。

## (三)安全监理工作范围

(1)本项目委托监理合同约定的工程监理范围为:南京长江第四大桥北接线工程 J5 标。

(2)本项目安全监理工作范围为:道路施工安全监理、桥梁施工安全监理、文明施工及环境保护监理。

(3)本项目委托监理合同约定的监理阶段安全监理(包括缺陷责任期的安全监理),监理服务期为 30 个月,缺陷责任期为 24 个月。

## (四)安全监理工作方针、目标

**1. 安全监理方针**

南京四桥工程安全生产监理坚持安全第一、预防为主、综合治理的方针。

**2. 安全监理工作的总目标**

(1)死亡事故控制为零;

(2)重大伤亡事故控制为零;

(3)一般轻伤事故控制在 2‰以下。

## (五)安全监理工作依据

**1. 引用文件**

(1)法律、法规:

①《中华人民共和国安全生产法》(第70号主席令)；
②《建设工程安全生产管理条例》(第393号国务院令)；
③《中华人民共和国建筑法》(第91号主席令)；
④《中华人民共和国劳动法》(第28号主席令)；
⑤《安全生产许可证条例》(第397号国务院令)；
⑥《生产安全事故报告和调查处理条例》(第393号国务院令)；
⑦《特种设备安全监察条例》(第549号国务院令)；
⑧《中华人民共和国水污染防治法》(第87号主席令)；
⑨《中华人民共和国大气污染防治法》(第32号主席令)；
⑩《中华人民共和国节约能源法》(第90号主席令)；
⑪《中华人民共和国固体废物环境防治法》(第31号主席令)；
⑫《建设项目环境保护管理条例》(第253号国务院令)。
(2)国家(行业)规范、标准：
①《塔式起重机安全规程》(GB 5144—2006)；
②《职业健康安全管理体系规范》(GB/T 28001—2001)；
③《施工安全标准的强制性条文》(建标(2002)219号)；
④《建筑施工安全检查标准》(JGJ 59—99)；
⑤《施工企业安全生产评价标准》(JGJ/T 77—2003)；
⑥《施工现场临时用电安全技术规范》(JGJ 46—2005)；
⑦《建筑施工高处作业安全技术规范》(JGJ 80—91)；
⑧《建筑施工扣件式钢管脚手架安全技术规范》(JGJ 130—2011)；
⑨《建筑机械使用安全技术规程》(JGJ 33—2001)；
⑩《建筑企业资质管理规定》(第159号建设部令)；
⑪关于颁布《建筑施工附着升降脚手架管理暂行规定》的通知(建设部　建质(2000)230号)；
⑫《建筑工程预防高处坠落事故若干规定》(建设部　建质(2003)82号)；
⑬《建设工程预防坍塌事故若干规定》(建设部　建质(2003)82号)；
⑭《建设工程监理规范》(GB 50319—2000)；
⑮《综合排放标准》(GB 8978—1996)。
(3)江苏省、南京市有关安全生产的文件。
(4)南京长江第四大桥指挥部有关安全生产管理文件。

## (六)组织机构和岗位职责

### 1. 安全领导小组

组长：×××；副组长：×××；组员：×××　×××　×××　×××　×××　×××。

安全组织机构见图3-5-3。

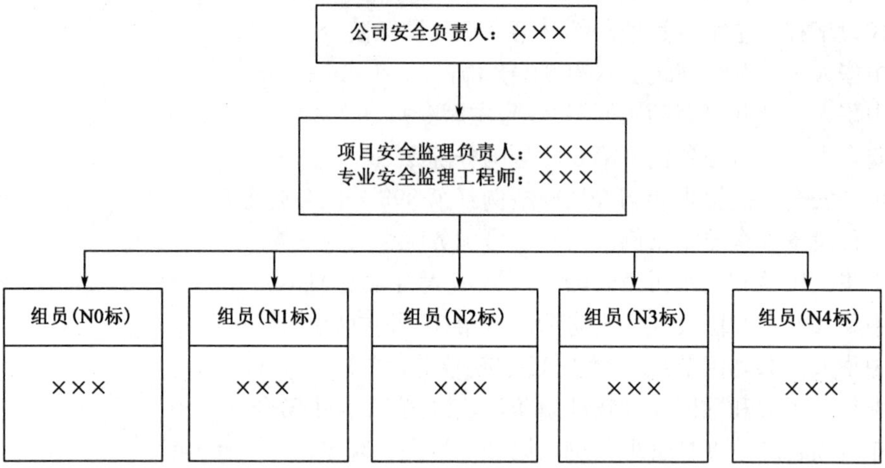


图 3-5-3　安全组织机构框图

**2. 岗位职责**

(1)总监理工程师安全监理职责：

①贯彻落实监理公司的方针和目标，对本项目的安全监理工作全面负责，并确定施工现场具体安全监理人员，明确其工作职责；

②督促施工单位建立、健全施工现场安全生产保证体系，成立由项目经理负责的安全生产管理组织；

③审查施工单位的安全生产许可证，审查施工组织设计中的安全技术措施或安全专项施工方案，并签署意见；

④主持编写安全监理大纲，明确安全监理内容、工作程序和制度措施；

⑤审批安全监理实施细则；

⑥检查和督促安全监理人员的工作；

⑦协助安全事故的调查分析，并督促、检查有关事故后的现场整改情况；

⑧组织编写并签发安全监理工作月报、安全监理专题报告、工程暂停令、复工报审表；

⑨参加有关单位组织的施工现场安全检查；

⑩定期审阅安全监理人员的安全监理日记，并签字；

⑪负责处理所监理项目中的突发事件，并及时报告公司。

(2)副总监理工程师安全监理职责：

①协助总监理工程师搞好本项目监理机构的安全监理工作，总监不在时全面负责安全监理工作；

②督促施工单位建立、健全施工现场安全生产保证体系，成立由项目经理负责的安全生产管理组织；

③审查施工组织设计中的安全技术措施或安全专项施工方案；

④督促施工单位做好逐级安全交底工作；

⑤督促施工单位进行安全自查，参加有关单位组织的施工现场安全检查；

⑥协助总监检查、督促安全监理人员的工作；

⑦协助安全事故的调查分析，并督促、检查有关事故后的现场整改情况；

⑧组织编写安全监理工作月报，安全监理专题报告。

(3)专业安全监理工程师安全监理职责：

①在总监理工程师的领导下，具体实施施工现场日常安全监理工作；

②督促施工单位及时上报分包单位资质、3类(企业主要负责人、项目负责人和专职安全生产管理人员)人员和特种作业人员的资格；

③审查施工组织设计中的安全技术措施或专项施工方案，并提出意见；

④编写安全监理实施细则；

⑤督促施工单位建立、健全施工现场安全生产保证体系，检查施工单位施工现场专职安全生产管理人员的配置情况；

⑥复核施工承包单位施工机械，脚手架等安全设施的验收手续，并签署意见；

⑦检查施工单位对危险性较大的分部分项工程的施工安全交底及交底记录情况；

⑧在施工过程中，采用巡视或旁站等形式实施现场安全监理(包括安全、防火和文明施工等)，负责发出监理工程师通知单(安全)，并签字(含回复单)；

⑨督促施工单位进行安全自查，参加施工现场的安全检查；

⑩协助安全事故的调查分析，并具体督促、检查有关事故后的现场整改情况；

⑪编写安全监理工作月报、安全监理专题报告；

⑫填写安全监理日记；

⑬收集安全监理资料(包括影像资料)，完工后与监理资料一并归档。

(4)专业监理工程师安全监理职责：

①负责和协助审查施工组织设计中的专业安全技术措施或专项施工方案中专业安全技术措施是否符合工程建设强制性标准；

②参与危险性较大的分部分项工程安全专项施工方案的专业技术审查，并协助、配合安全监理人员进行监督检查；

③协助编写安全监理实施细则；

④在施工现场巡视、检查时，发现安全违规操作或存安全隐患时，向施工承包单位提出书面整改要求，并向总监理程师(安全监理人员)反映；

⑤协助安全事故所涉及的技术质量问题的调查分析，并检查整改情况；

⑥接受总监(副总监)的安排，临时代替安全监理人员工作。

(5)监理员安全监理职责：

①在施工现场巡视、旁站监理过程中，除对工程质量、工程材料质量实施动态监督外，还应对安全生产进行监督；

②当发现有安全生产违规操作时，有责任及时制止；当发现存在安全隐患时，应及时报告安全监理人员和总监理工程师(副总监)；

③接受总监(总监代表)安排，临时代替安全监理人员工作；

④负责项目安全监理资料的管理工作。

**3. 安全监理工作安排及要求**

(1)监理控制措施:

①督促项目经理部建立"安全管理保证体系",制定"安全保证计划书",加强内部的安全管理。

②建立健全安全监理组织体系,并确立各岗位的安全责任和权限。

③编制安全监理细则。

④检查安全生产交底制度,规范大型机械施工及其他危险、复杂作业施工的安全交底制度,切实做好布置生产的同时,布置安全措施。

⑤规范安全生产、文明施工的检查标准,建立全面性,专业性,季节性以及节前的安全检查制度。

⑥强化事故隐患的防治。凡发现安全生产、文明施工的缺陷,按其严重程度,下达"通知书"、"现场指令"、"工地指示"等。

⑦督促项目部建立"防台防汛"、"人员落水"、"火灾爆炸"、"重大污染"等应急处置预案或应急处置措施,以备各种险情发生后,在自救的基础上组织互救、求救。

⑧对危险性较大的施工作业,除督促承包商加强现场监护外,坚持安全监理旁站制度。

⑨每月定期组织有指挥部、项目部、监理单位参加的安全、环保检查。由监理制定例行检查的常规项目和结合工程进展的特殊项目。

(2)技术控制措施:

①审核项目部"施工组织设计"、"施工工艺"中的安全技术措施及施工安全专项方案,并督促检查安全设置及安全措施落实情况。

②督促项目部制订施工大型机械设备进场验收标准,保证安全装置不漏项,不漏检。

③督促项目部现场用电(包括临时用电),脚手架搭设,基坑作业,水上水下电缆,管线保护等各类施工安全专项方案的安全技术措施落实情况。

④督促检查项目部做好工程施工的安全技术培训工作。

⑤审核项目部对重大危险源制订安全措施。措施应具有针对性及有效性,做好进一步完善其安全措施的工作。

**4. 安全监理工作内容**

(1)施工准备阶段:

①审核施工单位编制的施工组织设计中的安全技术措施或专项安全施工方案是否符合强制性标准,是否有针对性、可操作性。

②审查施工单位的安全保证体系,包括项目经理、专职安全人员的资格证书。

③施工场地布置要达到安全规定要求。

④审核施工单位制定的安全生产责任制、规章制度和操作规程。

⑤审核进场机械设备安全证书和临时用电方案的安全措施。

⑥检查安全教育计划、特种作业人员的上岗证。

⑦审核安全事故应急预案,工程项目危险源控制措施和预案。

⑧审查分包单位的资质和安全生产责任。

(2)施工阶段：

①督促项目部建立健全有关安全管理规章制度。

②检查项目部各项安全措施落实情况。

③组织每月一次安全大检查，发现隐患责令项目部限期整改。

④检查特种工作人员培训和上岗证。

⑤巡视检查危险较大的工程作业情况。

⑥检查各种安全标志悬挂、维护的情况。

⑦检查易燃易爆物品入库、保存、使用情况。

⑧检查安全防护用品使用、穿戴和安全设施情况。

### (七)安全监理工程程序

(1)审查施工单位有关安全生产的文件：

①《营业执照》、《施工许可证》、《安全资质证书》等；

②安全生产管理机构的设置及安全专业人员的配备等；

③安全生产责任制及管理体系；

④安全生产规章制度；

⑤特种作业人员的上岗证及管理情况；

⑥各工种的安全生产操作规程；

⑦主要施工机械、设备的技术性能及安全条件。

(2)审核施工单位的安全资质和证明文件(总包单位要统一管理分包单位的安全生产工作)；

(3)审查施工单位的施工组织设计中的安全技术措施或者专项施工方案；

①审核施工组织设计中安全技术措施的编写、审批；

②审核施工组织设计中安全技术措施或专项施工方案是否符合工程建设强制性标准。

(4)审核安全管理体系和安全专业管理人员资格；

(5)审核新工艺、新技术、新材料、新结构的使用，安全技术方案及安全措施；

(6)审核安全设施和施工机械、设备的安全控制措施；

(7)严格依照法律、法规和工程建设强制性标准实施监理；

(8)现场监督与检查，发现安全事故隐患时及时下达监理通知，要求施工单位整改或暂停施工。主要内容包括：

①日常现场跟踪监理，根据工程进展情况，监理人员对各工序安全情况进行跟踪监督、现场检查、验证施工人员是否按照安全技术防范措施和操作规程操作施工，发现安全隐患，及时下达监理通知，责令施工企业整改；

②对主要结构、关键部位的安全状况，除日常跟踪检查外，视施工情况，必要时可做抽检和检测工作；

③每日将安全检查情况记录在《监理日记》；

④及时与建设行政主管部门进行沟通，汇报施工现场安全情况，必要时，以书面形式汇报，

并作好汇报记录。

(9)施工单位拒不整改或者不停止施工,及时向建设单位和建设行政主管部门报告。

(10)如遇到下列情况,监理人员要直接下达暂停施工令,并及时向项目总监和建设单位汇报,主要内容包括:

①施工中出现安全异常,经提出后,施工单位未采取改进措施或改进措施不符合要求时;

②对已发生的工程事故未进行有效处理而继续作业时;

③安全措施未经自检而擅自使用时;

④擅自变更设计图纸进行施工时;

⑤使用没有合格证明的材料或擅自替换、变更工程材料时;

⑥未经安全资质审查的分包单位的施工人员进入施工现场施工时;

⑦出现安全事故时。

### (八)道路施工安全监理

#### 1. 施工准备阶段的安全监理

督促项目部做好以下工作:

(1)建立健全安全生产保证体系。成立安全生产领导小组,并明确各自职责权限,确定安全生产的目标和指标并进行分解。

(2)根据国家有关规定,制定职业安全卫生方面的各项规章制度及各工种的安全操作规程。

(3)在编制施工组织设计时,必须对职业安全健康技术要求、保证措施给予充分考虑,并根据“五同时”的精神、认真编制安全生产、劳动保护的具体内容。

(4)在编制施工方案的同时,相应编制符合工程建设强制标准的安全技术措施。

(5)正确提取、使用安全技术措施的计划费。

(6)对达到一定规模的危险性较大的工程及施工临时用电,施工前必须编制专项安全施工组织设计方案,并附安全验算结果,经项目总工程师签认、并报本监理部经总监理工程师签认后实施。

(7)对新进场工人及转岗工人必须进行包括安全技术知识、各项规章制度、岗位责任制及自我防范意识等内容在内的“三级安全教育”后方可上岗作业。

(8)建立安全生产工作会议制度。

(9)按规定配备专职安全员,并赋予相应的权限,确保施工中安全工作有序可控。

(10)做好特殊作业人员的培训教育、取证工作和特种设备的检验、检测工作。

(11)施工现场建立“五牌一图”,即:工程概况牌、安全生产牌、文明施工牌、消防保卫牌、管理人员名单及监督电话牌和施工现场总平面布置图。

(12)审批施工组织设计中涉及安全的各方面内容。

(13)审核各种大型临时设施的安装工艺、检查标准及签认制度的制定。

(14)审查承包人制订的安全生产事故应急预案和具体措施,定期分析危险源及控制方案。

**2. 施工阶段安全监理**

(1)督促施工单位按照工程建设强制性标准和施工组织设计、专项施工方案组织施工,及时制止违规违章施工指挥、施工作业;

(2)对施工过程中的高危作业等进行巡视检查,每天不少于一次;

(3)现场严重违规施工和存在安全事故隐患的,应当要求施工单位整改,并检查整改结果,签署复查意见;情况严重的,由总监理工程师下达工程暂停令并报告建设单位;施工单位拒不整改或者不停止施工的,应及时向主管部门报告;

(4)督促施工单位进行安全自检工作;

(5)参加或组织施工现场的安全检查;

(6)核查施工单位施工机械、安全设施的验收手续,并签署意见;未经安全监理人员签署认可的不得投入使用;

(7)监理人员对高危作业的关键工序实施跟班监督检查;

(8)每天检查施工单位专职安全管理人员到岗情况;

(9)检查施工单位对进场施工人员的安全教育培训情况;

(10)抽查施工前对作业人员进行安全技术交底记录。

**3. 土方工程安全监理**

(1)土方工程的开挖和填筑必须按照经审批的施工组织设计或者专项施工方案组织实施,并采取安全技术措施。

(2)施工前必须清除地上障碍物和勘定地下工程、管线的准确位置,做好标识,并采取有效的保护措施。严禁使用机械对地下管线进行探察。

(3)土方开挖应符合规定:

①从上而下开挖,人工挖土 2 人操作间距横向不得小于 2m,纵向不得小于 3m。禁止采用挖空底脚方法开挖土方或者不良地质岩石;

②明挖放坡宽度必须大于土质自然破裂线宽度;开挖深度 1.5m 以上,且无条件放坡的,必须设置固壁支撑。固壁支撑应经过安全验算并随挖深增加;

③坑、槽、沟边缘 1m 以内不得堆放弃土、机械或者其他杂物,并在距边缘 1m 处设置截水沟;

④机械开挖应设专人指挥。机械放置平台保持稳定,挖掘前要先发出信号。严禁人员进入机械旋转范围;多台机械开挖,挖土间距应大于 10m 以上。多台阶开挖应验算边坡稳定,确定挖土机离台阶边坡底脚安全距离。

**4. 路基土方施工机械安全监理**

(1)在大、中型机械设备、压力容器进入施工现场前,要求并督促承包商认真进行检查验收工作,验收不合格的机械设备不得进场使用。安全保护装置不全、失效或损坏的,要及时进行修复或更换,经检查合格后方可投入使用。所有进场机械设备均要有安全操作规程。

(2)对国家批准的专业厂生产的或进口的机械设备或车辆进场前必须检查其“三证”情况,

严禁无证机械进场作业。“三证”即：

①设计或生产许可证；

②产品的生产合格证；

③由各地特种设备检验、检测中心所签发的“使用许可证”。

(3)挖掘机作业的安全监理：

①发动机启动后，铲斗内、臂杆、履带和机棚上严禁站人。

②工作位置必须平坦稳固。工作前履带应制动。轮胎式挖掘机应顶好支腿，车身方向应与挖掘工作面延伸方向一致，操作时进铲不应过深，提斗不应过猛。

③在高陡的工作面上挖掘夹有石块的土方时，应将较大的石块除掉。如果土体挖成悬空状态而不能自然塌落时，则需人工处理。严禁用铲斗将悬空土方砸下。

④对吊杆顶端的滑轮和钢丝绳进行保养，检修拆换时，应将铲斗和吊杆放落地面，然后再进行维修。

⑤严禁铲斗从运输车的驾驶室顶上越过，向运土车辆卸土时，应降低铲斗高度，防止偏载或砸坏车厢。铲斗运转范围内，严禁站人。

(4)推土机作业的安全监理：

①推土机上下坡时，其坡度不得大于 30°；在横坡上作业，其横坡度不得大于 10°。下坡时，宜采用后退下行，严禁空挡滑行，必要时可放下刀片作辅助制动。

②在陡坡、高坎上作业时，必须有专人指挥，严禁铲刀超出边坡的边缘。送土终了应先换成倒车挡后再提铲刀倒车。

③在垂直边坡的沟槽作业，其沟槽深度，对大型推土机不得超过 2m，对小型推土机不得超过 1.5m。推土机刀片不得推坡壁上高于机身的孤石或大土块。

④推土机在摘卸推土刀片时，必须考虑下次挂装的方便。摘刀片时辅助人员应同司机密切配合，抽穿钢丝绳时应戴帆布手套，严禁将眼睛挨近绳孔窥视。

⑤多机在同一作业面作业时，前后两机相距不应小于 8m，左右相距应大于 1.5m。2 台或 2 台以上推土机并排推土时，两推土机刀片之间应保持 20～30cm 间距。推土前进必须以相同速度直线行驶；后退时，应分先后，防止互相碰撞。

⑥用推土机伐除大树或清除残墙壁时，应提高着力点，防止其上部反向倒下。

(5)平地机作业的安全监理：

①在公路上行驶时，应遵循道路交通规则，刮刀和松土器应提起，刮刀不得伸出机侧，速度不得超过 20km/h。夜间不宜作业。

②刮刀的回转与铲土角的调整以及向机外倾斜都必须在停机时进行。作业中刮刀升降量差不得过大。

③遇到坚硬土质需要齿耙翻松时，应缓慢下齿。不宜使用齿耙翻松坚硬旧路面。

④在坡道停放时，应使车头向下坡方向，并将刀片或松土器压入土中。

(6)装载机作业安全监理：

①起步前应将铲斗提升到离地面 0.5m 左右。作业时应使用低速挡。用高速挡行驶时，不得进行升降和翻转铲斗。严禁铲斗载人。

②行驶道路应平坦，不得在倾斜度超过规定的场地上作业，运送距离不宜过大。铲斗满载

运送时，铲斗应保持在低位。

③在松散不平的场地作业，可将铲臂放在浮动位置，使铲斗平稳地推进。如推进阻力过大，可稍稍提升铲臂，装料时铲斗应从正面低速插入，防止铲斗单边受力。

④向运输车辆上卸土时应缓慢，铲斗应处在合适的高度，前翻和回位不得碰撞车厢。

⑤应经常注意机件动转声响，发现异响应立即停车排除故障。当发动机不能运转需要牵引时，应使各转向油缸能自由动作。

(7)压路机作业的安全监理：

①必须在压路机前后、左右无障碍物和人员时才能启动。

②变换压路机前后退方向应待滚轮停止后进行。严禁利用换向离合器制动用。

③压路机靠近路堤边缘作业时，应根据路堤高度留有必要的安全距离。碾压傍山道路时，必须由里侧向外侧碾压。上坡时变速应在制动后进行，下坡时严禁脱挡滑行。

④2 台以上压路机同时作业，其前后间距不得小于 3m；在坡道上纵队行驶时，其间距不得小于 20m。

⑤震动压路机还应遵循下列规定：

a. 起振和停振必须在压路机行走时进行，在坚硬路面行走，严禁振动；

b. 碾压松软路基，应先在不振动情况下碾压 1～2 遍，然后再振动碾压；

c. 换离合器、起振离合器和制动器的调整，必须在主离合器脱开后进行，不得在急转弯时用快速挡；严禁在尚未起振情况下调节起振频率。

**5. 防护工程安全监理**

(1)边坡防护作业，必须搭设牢固的脚手架。

(2)砌石工程必须自下而上砌筑。片石改小，不得在脚手架上进行。护墙砌筑时，墙下严禁站人。抬运石块上架，跳板应坚固，并设防滑条。

(3)抹面、勾缝作业必须先上后下。严禁在砌筑好的坡面上行走，上下必须用爬梯。架上作业时，架下不准有人操作或停留，不得上面砌筑、下面勾缝。

(4)砂浆拌和机、砂浆喷射机等有关施工机械必须按照国家有关规定及操作规程进行作业。

(5)挡墙挖基应视土质、湿度和挖掘的深度设放安全边坡，否则应设置相适应的围壁支撑。

(6)人工挖基作业时，从基坑内抛上的土方应边挖边运。用土台分层抛掷传运出土时，台阶宽度不得小于 0.7m，高度不得大于 1.5m。基坑上边缘暂时堆放的土方至少应距坑边 0.8m 以外，堆放高度不得超过 1.5m。

**6. 基层施工安全监理**

(1)消解石灰，不得在浸水的同时边投料、边翻拌，人员应远避，以防烫伤。

(2)装卸、洒铺及翻动粉状材料时，操作人员应站在上风侧，轻拌轻翻减少粉尘。散装粉状材料宜使用粉料运输车运输，否则车厢上应采用篷布遮盖。装卸尽量避免在大风天气下进行。

(3)稳定土拌和机作业：

①应根据不同的拌和材料，选用合适的拌和齿。

②在拌和过程中，不能急转弯或原地转向，严禁使用倒挡进行拌和作业。遇到底层有障碍物时，应及时提起转子，进行检查处理。

③洒水车在上下坡道及弯道运行中，不得高速行驶，并避免紧急制动，洒水车驾驶室外不得载人。

**7. 施工用电的安全监理**

(1)外电防护：

①施工现场遇有外电，必须采取保护措施，并严格执行《施工现场临时用电安全技术规范》，架空线路的下方不得施工、不得建造临时建筑设施，不得堆放构件、材料等。

②在架空线路一侧作业时，必须保持一定的安全操作距离，并符合规范的要求。

③不能满足最小安全操作距离时，应设置防护遮拦，并悬挂警告牌。

(2)接地、接零保护系统：

①施工现场应根据不同情况采取保护接地和保护接零的技术措施。

②在一个施工现场中，重复接地不能少于3处(始端、中端、末端)。

③在低压电网已做了工作接地时，应采用保护接零，在同一个电网内的用电设备采取的保护方法应相同。

④工作零线与保护零线应严格分开。

(3)配电箱：

①配电箱应分级设置，即：总配电箱→分电箱→开关箱→使用设备。

②照明配电与动力设备配电应分别设置，并分别设置漏电保护器，形成“两级保护”。

③施工现场所有用电设备，除作保护接零外，必须在设备负荷线的首端处设漏电保护装置。

④配电箱与开关箱距离不得超过30m，开关箱与其控制的固定用电设备距离不宜超过3m。

⑤配电箱应安装在干燥、通风及常温场所，开关箱应装在坚固的支架上，下底与地面的垂直距离应为1.3～1.5m，移动式开关箱的下底与地面应有0.6～1.5m。

(4)现场照明：

①220V的碘钨灯只适用作固定式灯具，安装高度不低于3m，倾斜不大于40°，外壳保护接零外，并远离其他易燃物。

②移动式照明灯具应采用36V安全电压的碘钨灯，若采用220V，除外壳作保护接零外，还应加装漏电保护器。

(5)其他安全管理内容：

①施工现场满5台用电设备或50kW用电量以上(未具备上述条件的必须制定电气防火和防触电措施)，要制定施工用电组织设计，《施工组织设计》必须经单位总工程师和安全监理工程师的审批。同时制订电气安全操作规程、电气安装规程、电气运行管理规定和电气维修检查等各项制度。做好交接班、电气维修、接地电阻、手持电动工具绝缘电阻、漏电开关的测试记录。

②食堂、浴室等生活用电必须按规定架设输电线路，易燃易爆等特殊场所应按防爆防潮

灯具。

③电工作业必须佩戴必要的个人防护用品，并严格执行电工操作规程，现场的电器设备、输配电线路的维修、抢修，必须配有至少两名电工，做好配合监护工作。电工作业必须严格贯彻"装得正确、用得安全、修得及时、拆得彻底"的十六字方针并组织职工学习掌握触电抢救措施。

**8. 安全教育监理**

(1)检查项目经理、专职安全员等施工管理人员持证上岗情况。督促项目部对所有现场作业人员的安全培训和岗前教育，并建立好"三级教育卡"。新进和转岗人员也要经过安全培训教育，方可上岗作业，分包单位人员调动必须报请总包单位，及时建立安全教育档案。

(2)督促项目部在开工前，要根据施工工艺，施工特点对施工人员进行针对性的安全技术综合交底，交底要有书面记录和办理双方签认手续。

(3)督促项目部组织生产班组每周开展一次安全活动：即作业前要针对当天工作内容召开班前会交代安全注意事项，使所有作业人员熟悉安全作业的基本知识和操作技能以及自我保护的防范技能，提高"不伤害自己、不伤害他人、有被他人伤害"三不的意识和防护知识。

**9. 特殊工种监理**

(1)督促项目部做好特种作业人员(国家规定的特殊工种)的持证上岗工作，认真审核特种作业人员所持的证件是否有效，无证或证件过期人员严禁从事特殊作业。

(2)督促项目部加强对特种作业人员的教育，在特殊区域、特别危险场所工作，要先进行安全交底，使所有的生产作业人员了解其所在工作岗位的危险因素及事故的防范应急措施。

(3)严禁特殊工种作业人员只挂名不跟班现象，或一名特殊作业人员同时兼管若干个工地的现象。

**10. 外来劳务人员的安全监理**

(1)督促项目部要充分注意到外来劳务人员缺乏安全知识和自我保护能力的一面，应重点加强对外来务工人员的安全管理、安全培训、安全生产教育和劳动保护工作。

(2)对于外来分包队伍和外来民工的选用，督促项目部必须要进行严格的资质审查，并有书面记录。同时，项目部应要求协作队伍遵守项目部制定的一切安全生产的管理规定。

(3)外来劳务班组必须经常开展安全学习、经验交流的活动，每天作业前要根据当天的具体工作有针对性地进行安全交底，交底内容要有书面记录。

(4)新进外来劳务工或转岗劳务人员必须要经过培训，合格取证后方可上岗。

(5)对外来劳务队伍要建立"三级教育卡"，同时明确三级教育内容，并有教育者和受教育者签字。

(6)外来人员在劳动中，项目部应提供必要的劳动防护用品，享受劳动保护待遇。

(7)项目部应认真审查外来劳务人员中的电工、焊工、架子工、起重工、吊车司机等特殊作业人员的证件是否有效，严禁无证上岗，严禁无证人员拆装、修理电器和机具设备。

(8)项目部应加强外来劳务人员生活区域的安全管理，教育他们不要在宿舍内乱接电线，冬季不准使用碘钨灯及电炉等电器设备取暖。

(9)劳务人员生活区域要有安全、消防、卫生设施、有责任区划分,厕所要有专人或值日打扫,并保持排水畅通。

**11. 工地防火防爆的安全监理**

(1)检查项目部施工现场及生活区内的防火工作。督促项目部建立防火领导小组和群众义务消防队;建立各级领导责任制和消防检查制;签订消防保卫合同;定期组织进行检查,建立消防档案。

(2)督促项目部建立电工、焊工、司炉工、木工、油漆工、危险品管理工、物资仓库管理工、化验、加油站油库等防火安全责任制,明确重点防火措施,配备相应足够的灭火器材。明火作业要按施工区域、层次划定动火级别,办理《三级动火证》,动火必须具有“二证”、“一器”、“一监护(指:动火证、操作证,现场灭火器,现场安全监护)”,严格管理。

(3)督促项目部建立健全危险品、三级动火、木工间防火、油库防火、变电站防火、物资仓库、氧气、乙炔气瓶储运、使用等防火制度和夜间巡视制度。油库、危险品库和变配电间要独立设置,要保持与其他建筑物有 11m 以上的安全距离,露天不准存放油桶和各种易燃易爆物品,危险品必须入库。

(4)对手持式电动工具、小太阳灯、电箱、氧气、乙炔以及草包、剩余少量柴、汽油、液化气钢瓶等不可堆放一库或带入宿舍。此类物品应有专人负责,归类入库,堆放整齐。

(5)每个工地要明确重点防火部位,有严格防范措施,定期每月检查一次,做到有隐患及时整改,并认真做好记录。

(6)项目部施工场所应根据实际需要配备相应的消防器材,消防器材要有专人负责检查、保养、更换,并注明检查日期和责任人。根据要求,生产场所每 $50m^2$、生活区每 $25m^2$ 设灭火器一只,油库及危险品库要重点配备,在距消火栓 15m 内严禁搭建和堆放其他物品。

(7)木工间、油库等易燃易爆场所,不准放置、使用砂轮机、切割轮、电焊机等容易产生火花的设备,并悬挂禁火警告标志。电气作业场所应制订电气安全防火措施,不准存放易燃易爆物品,刨花必须每天清除处理。

**12. 安全检查制度**

(1)南京长江第四大桥工程建设中的安全检查采取项目部自查、专职安全员巡查、安全监理、监理部定期或不定期检查的方式进行。

(2)定期检查为每月一次,根据工程需要或监理单位认为有必要时,可随时进行抽查。

(3)各项目部应制订安全生产自查自纠的管理办法,及时消除施工过程中的事故隐患。

(4)督促项目部安全管理部门和专职安全员加强日常的安全巡视工作,着重抓好各施工阶段危险源的控制,及时了解、掌握现场安全生产情况的第一手资料,消除事故隐患、确保施工安全。

(5)对巡视中发现的安全隐患及违章违纪现象或行为,安全监理有责任对现场作业人员提出制止、纠正,并限期整改,对严重违章违纪现象提出后仍不整改的,可按规定签发指令书。

(6)监理单位其他专业人员在定检和抽查中发现有事故隐患,应督促施工单位立即排除;

对重大事故隐患在排除前或者排除过程中无法确保安全的，应责令其暂停作业，并从危险区域撤出作业人员；待重大事故隐患确认排除后，经监理工程师和专业人员签字同意后方可恢复生产施工。

**13. 伤亡事故的报告**

(1)施工现场发生伤亡事故后，在场人员立即向现场领导报告，现场领导除尽快向项目部领导报告外，还应向监理单位及安全监理报告。

(2)事故发生后首先应抢救公务员和排除险情，同时要保护事故现场，如因抢救伤员、排除险情确需移动现场时，应当做出标志、绘画简图，保存重要物证，有条件可以拍照、录像备查。

(3)根据南京长江第四大桥建设协调指挥部文件规定，事故按其可控性、严重程度和影响范围，分为特别重大、重大、较大和一般四个等级。

(4)企业领导在接到重伤、死亡及以上事故时，应按《江苏省安全生产事故快速报告程序暂行规定》、《江苏省公路航道建设工程施工安全生产事故快报制度(暂行)》等法律、法规和条例的有关规定立即向工程所在的劳动行政主管部门、公安、工会等相关部门报告。一般伤亡事故应在 24h 内、重大和特大伤亡事故应在 2h 以内报告。

(5)轻伤、重伤事故一般由企业负责人组织相关技术、安全等人员组成调查小组，进行调查；重大伤亡事故按规定由发生地市、区级以上的建设行政主管部门组织调查小组，进行调查。

(6)事故单位应根据调查组所提出的防止类似事故重复发生的防范措施，确定措施落实的执行人和检查人。

(7)项目部要认真填写事故报告：事故概括、伤亡人数、伤亡者姓名、性别、年龄、工种和本工种的工龄，发生事故的地点、时间、原因及事故发生单位等，向本监理书面报告。

## (九)桥梁施工安全监理

道路施工安全监理中有关条款亦适用于桥梁施工安全监理。

**1. 桥涵施工的一般安全要求**

(1)桥涵工程施工前，应详细核对设计图纸和文件。

(2)桥涵工程施工的辅助结构、临时工程及大型设施等，均应按有关规定做好安全防护措施，各项安全设施完成后，应经检验合格，方能使用。

(3)特殊结构的桥涵，采用新技术、新工艺、新材料、新设备时，必须制定相应的有针对性的安全技术措施，通过试验和检验，证明可行后方可实施。

(4)桥涵工程施工，应尽量避免双层或多层同时作业。

(5)对于通航江河上的桥涵工程，施工前应办理水上施工许可证。遇有六级(含六级)以上大风等恶劣天气时，应停止高处露天作业、缆索吊装及大型构件起重吊装等作业。禁止施工人员酒后驾驶施工交通车辆及操作危险等级较高的施工设备作业。

(6)高大的自行式施工机械在移动转场过程中应放倒钻架和桅杆，在高压线下施工时应采用相关技术措施，保持最小安全距离。

(7)任何工程的施工应尽量避开夜间施工。

**2. 基础工程施工安全监理**

(1)明挖基础安全监理:

①基坑开挖之前,要按照土质情况、基坑深度及周边环境确定支护方案,方案内容包括:放坡要求、支护结构设计、机械选用、开挖顺序、开挖深度、坡道位置、降水措施等。

②对基坑施工过程中可能造成的坍塌因素要制定可靠的补救措施。

③基坑施工深度达 2m 时,应搭设临边防护设施。

④坑壁支护的方式应根据不同深度的基坑和作业条件采取不同的方式。

⑤排水措施分不同情况分别对待,当开挖深度较浅时,可采用明排,深度大于 3m 时,可采用井点降水。

⑥坑边四周 1.2m 范围内不允许有运输、起重机械作业。

⑦必须设置专用通道供施工人员上、下基坑,通道应符合高处作业规范中攀登作业的要求。

⑧开挖机械要保持性能完好,操作人员须经专门培训考试合格持证操作。

(2)钻孔灌柱桩基础安全监理:

①钻机就位后,施工单位应对钻机及其配套设备进行全面检查,钻机平台和作业平台,特别是水上钻机平台应搭设坚固牢靠,并满铺脚手板,设防护栏、走道。杂物及障碍物应及时清除。

②监理工程师注意各类钻机在作业中,应由本机或机械管理负责人指定的操作人员操作,其他人不得登机。

**3. 模板施工安全监理**

(1)模板施工必须事先制定施工方案,其内容应包括:模板及支撑的设计、制作、安装和拆除的施工程序,作业条件、运输和堆放的要求、方案应由项目总工及总监审批。

(2)模板上的堆料和小型设备,应合理分散堆放。防止荷载集中。并不得超过允许的最大荷载。

(3)模板提升时应保持相对平稳,安装模板时,应有专人负责信号指挥。

(4)安装、拆除模板时应在施工范围内设置警戒线,并派专人监护。定型钢模板拆除时不得采取大面积撬落的方法。

(5)安装、拆除模板以及浇筑砼人员的作业区域,应严格按高处作业的有关规定设置临边防护。

**4. 上部构造工程安全监理**

(1)预制构件安装安全监理:

①监理工程师要检查预制场地的布置是否合理,预制梁的堆放要规范、稳固。

②装配式构件(梁、板)的安装,监理工程师应监督检查施工单位是否制定安装方案。

③监理工程师应监督安装的构件必须平起稳落,就位准确,与支座密贴。

④预制场采用千斤顶顶升构件及双导梁构件装车时,监理工程师应检查施工单位是否按

照规定进行操作。

⑤架桥机、跨墩龙门架安装构件时，监理工程师应监督施工单位按照国家规定的安全要求进行施工。

(2)就地浇注上部结构安全监理：

①在钢筋混凝土或预应力混凝土就地浇注时，监理工程师应检查施工单位是否先搭设好脚手架、作业平台、护栏及安全网等安全防护设施。

②作业前，监理工程师对机具设备及其拼装状态、防护设施等进行检查，主要机具应经过试运转。

③监理工程师应督促施工单位随时检查支架和模板，发现异常状况，应及时采取措施。

④就地浇筑水上的各类上部结构，要按照水上作业的安全规定进行施工、作业。

(3)悬臂浇注法施工安全监理：

①采用桁架挂篮施工时，施工前，监理工程师应要求施工单位制定安全技术措施。

②遇有大风及恶劣天气时，应停止作业。

③挂篮在安装、行走及使用中，应严格控制荷载，防止过大的冲击、震动。

④作业人员之间，应有一定的安全距离。

(4)混凝土预制场安全监理：

①预制场地的选择，场地的平面布置，监理工程师监督施工单位按照关于公路工程施工现场的安全规定进行布置。场内的道路、运输和水电设施，应符合关于公路工程场内交通及水电设施的安全规定。

②混凝土拌和及灌注安全监理，监理工程师应监督施工单位按照安全生产规定的要求进行施工。

**5. 桥梁施工机械设备安全监理**

(1)对龙门吊机、塔式吊机等现场拼装及安装的大型起重机械，项目部应首先进行自检、试吊，并做好自检、试吊记录，在自检合格后，须报请国家检验、检测部门进行检测认可，取证后方可投入使用。

(2)各类起重机械的力矩限制器、限位器要确保安全有效，吊钩和卷筒的保险装置必须符合技术规范要求，另外还要配备起重机械的安全自锁装置(如缆风绳、夹轨器等)并保持完好。

(3)机械操作人员必须持证上岗并严格执行安全操作规程，操作人员每天要填写机械运转记录和例行保养记录。现场的大、中型机械设备根据施工需要必须由专人负责调动，各类起重设备的操作人员及指挥人员，由经过专业培训并持有有效证件的人员担任。

(4)机具设备在使用过程中，应定期维修保养，不准带病作业，凡已维修保养的设备，均应在设备台账中如实记载。

(5)应尽量避免机械操作人员、驾驶人员加班加点、以保证他们有充足的睡眠时间，防止疲劳作业。机械操作人员、驾驶人员严禁酒后开机(车)。同时要认真做好交接班手续。

(6)2 台或 2 台以上塔吊在相邻作业时，应确保其安全距离，防止发生碰撞事故，根据规范要求，低位塔臂端部与高位塔身不小于 2m，确因条件限制无法保证其安全距离时，必须采取相应措施。

(7)对混凝土搅拌、木加工、钢筋制作类其他中小型机械应经常进行安全检查,安全性能或防护装置不符合要求的一律不准使用。

#### 6. 高空作业安全管理

(1)要求承包商严格执行国家、行业高空作业的有关规定。

(2)脚手架搭设及施工操作平台拼装,必须要按国务院3103号令中规定,编写专项安全施组,安全施组中要附具体安全验算结果,经施工单位技术负责人、总监理工程师签字后实施。

(3)脚手架、施工操作平台、桥面、基坑等周边按规定搭设防护栏杆和铺设脚手板,外侧和底面要增设安全网,人行道要满铺走道板并绑扎牢固,登高作业和上下基坑要有扶梯,登高作业人员工作时要系好安全带,严禁上下抛扔物件,高空作业要配工具袋。

(4)对施工点在空间贯通状态下的不同层次的交叉作业应予以特别监控,安全监理应特别加强对此类"高危作业"现场的安全监察。

(5)督促承包商加强对施工现场的安全检查和巡视,要严格禁止不同工种和人员在同一垂直方向上立体交叉作业,必要时,可采取时间交叉和位置交叉的方法来避免,如果仍不能满足现场施工需要时,必须采取隔离或封闭措施后方可施工。

### (十)滁河特大桥水上施工的安全监理

(1)施工单位应提前向施工作业所在地的航道行政主管机关递交施工作业通航安全审核申请。并填写《水上水下施工作业安全审核申请书》,提供有关资料。取得航道主管机关的许可。未取得许可前严禁进行施工。

(2)施工单位施工作业前,应向航道行政机关申请发布航行警示、航行通告。

(3)施工单位应建立水上作业安全培训制度,加强对施工人员的安全管理的教育,提高从业人员的素质和安全意识。掌握有关施工区域内与航道有关的水文、地质情况。

(4)施工作业单位应在施工区域设置相关的标示、标志,配备警戒船舶和警戒人员。

(5)施工单位应采取有效措施确保清除其遗留在施工作业水域的碍航物体,不能及时清除的碍航物应按规定设立标识。

(6)水上施工作业单位应建立对应突发事故和险情的应急救援预案,并定期组织演练,各种应急预案应报航道管理部门备案。

(7)施工单位应制定《安全及防污染措施方案》,明确其作业时的各项安全和防污染措施。

(8)施工单位应及时向水上作业人员发放相关劳动保护用品。建立健全各项管理制度和操作规程。凡未按规定穿戴防护用品的作业人员严禁从事水上作业。

(9)除抢救性任务外,任何人员不得擅自水下作业。确因工作急需,需经项目负责人批准并采取有效的监护和防护措施。

(10)施工平台周围,作业船舶四周均应设置带绳索的救生圈。救生圈应悬挂在醒目处,取放自如。

(11)施工平台、栈桥所有临边处设置可靠的安全防护,施工平台、上下通道的垂直下方应悬挂安全网。

(12)所有从事水上作业的人员应同时遵守高空作业、起重作业、机械作业、临时用电、特种作业等有关相应的安全操作规定。

(13)水上临时设施应采取必要的防撞措施,制定相应的管理制度。

## (十一)文明施工与环境保护监理

### 1. 文明施工一般措施

(1)在施工区域与非施工区间应采取隔离措施,施工现场必须设置警示标志,非施工人员一律不得进入施工现场。

(2)施工现场要保持和坚持做到工完料尽,场地清。材料、机具、设备应堆码整齐有序,有用料与废料应分开堆放。

(3)保证生活区排水沟的畅通,施工区域内应无积水,要确保施工道路的畅通。

(4)施工现场尽可能做到挂牌施工,管理人员佩卡上岗。

(5)严格规范施工,施工便道要经常河水清扫,防止尘土飞扬。

(6)项目部应根据业主和设计单位所提供的工程范围内地下管线资料实地调查,确认施工区内有无管线布置,施工中如遇特殊情况或意外情况,应立即与部门联系,不得擅自处理。

(7)对进场施工的分包队,项目部应与其签订文明施工协议书,并落实到人。

### 2. 对图牌、布告栏的管理

(1)要求项目部必须悬挂有关文明施工相关网络图牌:

①文明施工网络图;

②安全生产管理目标图;

③安全生产管理网络图;

④劳动保护管理网络图;

⑤"七牌二图",七牌:施工铭牌、工程概括牌、安全生产六大纪律牌、防火须知牌、十项安全技术措施牌、工地管理人员名称牌、安全生产计数牌。二图:施工现场平面布置图、施工现场卫生包干图。

(2)安全监理应督促承包商张挂工程管理有关图:

①工程施工形象进度图;

②交通、施工、行人通道图;

③临时排水图;

④消防器材布置图;

⑤电气线路布置图。

(3)施工现场内还应设置宣传栏、黑板报或读报栏等宣传阵地,及时报道工地内各类信息。加强班组建设,提高班组素质,创造良好的班容班貌。

(4)施工区、办公区、生活区应挂标志牌,危险区域应设置安全警示标志。

### 3. 材料设备堆放管理

(1)各类设备、材料的堆放应尽量远离操作区域,并不准堆放过高,防止倒塌伤人。

(2)进场各类材料应分类,按场地布置图堆放,堆放必须整齐,过目成数,必须有管理规定及各项有关制度,材料必须限额发放,仓库人员做到收、发、存流水明细账。

(3)各种设备材料必须挂牌管理,标明名称、规格,严禁乱堆、乱放、混放。

(4)对已经进场的材料及设备,不得长期堆放在露天,应及时覆盖或搬运到室内,保证施工现场道路畅通,场地整洁,同时避免材料设备雨淋受损。

### 4. 临时生活设施管理

(1)制订"办公室及宿舍卫生管理制度",每日有轮流值日负责打扫,做到清洁卫生、通风明亮。

(2)生活区应设有浴室,生活区及施工现场均应设立男女厕所,并有专人负责打扫,保持清洁卫生。

(3)生活区设置化粪池、食堂及浴室内污水排入池内。

(4)生活区设置垃圾箱(站),各种生活垃圾一律入箱,不得随意乱倒,并将垃圾及场内弃土及时外运,保持整洁通畅。

(5)项目部应加强对员工安全用电的教育,宿舍内严禁私接电源、插座或使用大容量电器,并组织经常性检查。

(6)食堂的管理要严格按照食品卫生法的要求执行。

### 5. 治安管理措施

(1)项目部应与有关部门签订《治安成本责任协议书》服从社会治安、综合治理、交通管理、江面作业、环境保护及业主相应的规章制度与管理规定,并与班组签订治安责任协议书。

(2)整个施工场地及生活场地,应用围墙围护。大门口设立门卫,严格执行出入制度,条件允许时,所有工作人员进入现场应佩戴胸卡,非本工作人员进入施工现场需登记,通过门卫联系,待明确接待人员后才能进入。

(3)工作人员不得在工地酗酒或酒后进入工地,不得携带违禁物品进入施工现场,以维护财产和人员安全。

(4)工地应设置安全防护设施和报警设备,防止各项设备及物资的哄抢、盗窃和破坏。

(5)要督促承包商,广泛法制宣传和四防(人防、物防、技防、群防)教育,提高广大职工保卫工程建设和遵纪守法的自觉性。

(6)经常开展以防火、防爆、防盗为中心的安全检查,堵塞漏洞,发现隐患及时采取措施。

### 6. 环境保护的措施

水域环境的污染将直接威胁着渔业、养殖、生态的发展和人民的正常生活。大量的施工船只和人为活动,将给施工水域的环境带来直接和间接的污染,因此大桥施工期间,必须采取有效的污染措施:

(1)项目部应切实做好防止大气污染、保护水域环境的宣传教育工作，提高施工人员的环境意识，并定期开展检查、指导的工作。

(2)所有施工船舶必须遵守有关防污染的规定，严禁向水域抛倒废弃用品，杜绝施工船舶机械设备的滴、冒、跑、漏。强调配有应急的油污收集设施和粪便收集装置。机动船只必须定期检查油水分离设备的合格情况。应建立废油和废弃用品回收站，负责及时处理。

(3)保证大气环境质量。为了减少工程区域在施工期内大气环境质量可能受到施工车辆废气排污、扬尘和沥青烟、砼搅拌排放的污染物等因素影响，而造成大气环境的污染，项目部应尽量采用低污染的动力设备，如电动机等，并采取降尘控制措施。

(4)保证水环境质量。桥梁施工时，严禁将生活用水及生产污水、生活垃圾直接抛入长江。

钻孔桩施工时，为防止环境污染，应设置泥浆循环池，不得向长江倾倒剩余的砼或施工余料。

(5)保证声环境质量。施工期间，施工噪音将影响声环境质量。因此，项目部应合理安排工期，晚间尽可能不使用噪声大的机械设备，同时，不断加强对机械设备的保养，减少或降低噪音源。

### (十二)安全监理资料管理

(1)安全监理资料管理应依据《国家重大建设项目文件归档要求与档案整理规范》(DT/T 28—2002)、《科学技术档案案卷构成的一般要求》(GB/T 11822—2000)、交通部《公路工程竣工文件材料立卷归档管理办法》(交办发[2001]390 号)、《公路工程竣(交)工验收办法》(交通部 2004 年 3 号令)、《国家档案局国家发展和改革委员会关于印发〈重大建设项目档案验收办法〉的通知》(档发[2006]2 号)、交通部《交通建设项目档案专项验收办法》(交办发[2007]436 号)、交通部《交通档案管理办法》(交办发[2005]431 号)的有关规定。

(2)安全档案管理工作遵循项目建设与项目管理工作"三同时"的要求：即项目开工建设的同时抓工程项目档案建档；项目建设过程中同时抓项目档案的积累和收集归档；项目竣工的同时对项目档案进行验收。

(3)明确一位负责人分管文件、档案工作，建立与任务相适应的管理机构，配备专兼职档案员并保持稳定，按照职责与分工做好建设项目文件材料的形成、积累、整理、编制、归档、移交工作，确保南京四桥工程项目文件材料的完整、准确与系统。

(4)安全监理资料管理措施：

①不论哪种形式的检查都要对照标准做好检查记录。对存在的隐患，监理检查人员要向施工单位发出整改通知，一式三份，项目部负责人签字，施工单位一份，留档一份，报备项目办一份。整改通知单要明确整改时间，整改责任人和整改措施。整改完毕后由安全专业监理工程师进行复查，复查合格后，方可继续施工，并将整改情况进行书面回复。

②专职安全监理工程师应根据每天的巡视检查情况，详细记录安全监理日志，并应建立安全监理台账。

③安全监理专题会议纪要、安全事故隐患、安全生产问题的报告、处理意见等都必须归档管理。

④施工单位的安全生产责任制、安全管理规章制度及监理审核资料、专项安全施工方案及

工程项目应急救援预案的监理审核资料，应分类编目、编号进行归档管理。

### （十三）对监理人员的要求

（1）监理单位定期组织监理人员认真学习掌握有关建设工程安全生产法律法规和施工安全技术规程标准。

（2）加强监理人员安全监理方面的职业道德和纪律约束规定的教育。

（3）对施工单位上报的施工组织设计或专项施工方案的审批不得违反工程建设强制性标准。

（4）不得将严重安全事故隐患作为一般安全事故隐患来处理。

（5）不得擅自同意随意改变原施工组织设计（或专项方案）的安全技术措施。

（6）监理人员进入施工现场必须戴好安全帽，必要时要穿工作胶鞋，要带头执行各项安全规章制度。

（7）通行或停留特殊场所要听从现场安全管理人员指挥。

（8）在高空作业、交叉作业面、吊装区域、电气机械设备附近，要加强自我保护意识，严格遵守安全条例。

（9）监理人员在施工场地发现不安全因素，应及时与安全监理联系。

（10）监理人员当身体感到不适时，应及时报告领导，以便领导另行安排他人暂替其工作，不得勉强到现场检查，以免发生意外。

（11）在酷暑或寒冷季节要注意防暑或防冻保护。

## 三、南京长江第四大桥（北接线工程）安全监理工作计划

### （一）安全监理管理目标

（1）死亡事故控制为零；

（2）重大伤亡事故控制为零；

（3）一般轻伤事故控制在 0.2%以下。

### （二）工程安全监理工作重点

南京四桥北接线全线有主线桥 10 座，其中 1 座特大桥，分离式立交支线上跨桥 2 座，互通立体交叉 2 处，互通内匝道桥梁 3 座，总长 959.21m；软基处理及路基填筑。

根据北接线工程的设计特点，监理单位对本工程的安全工作重点分析，主要包括：

（1）监理合同段内的桩基施工，临时用电、特种设备吊机的使用、泥浆池的防护，是工程安全监理控制的重点；

（2）大桥的墩、台、帽施工、梁板吊装、上部构造施工，均属于高空作业，为工程安全监理控制的重点；

（3）监理合同段内的滁河大桥，在滁河上施工，滁河上的安全防护为工程安全监理控制的重点；

（4）监理合同段内的滁河大桥为挂蓝悬浇施工，挂篮的结构安全计算、挂篮的行走、挂篮施

工过程中的不平衡力矩、挂篮各种机具的使用、高空防护、高空防坠落，为工程安全监理控制的重点；

(5)预制构件的安装，架桥机、吊机的使用，为工程安全监理控制的重点；

(6)监理合同段内的软基工程，为工程安全监理控制的重点；

(7)龙袍互通与江北沿江交叉，交通安全为工程安全监理控制的重中之重。

## (三)各施工阶段安全监理工作的计划

### 1. 施工准备阶段的安全监理工作计划

(1)完成监理单位安全监理组织保证体系；

(2)编写监理单位安全监理技术保证体系；

(3)建立监理单位安全监理制度保证体系；

(4)组织监理人员学习安全方面的法律、法规、制度和管理办法，提高监理人员的安全意识；

(5)督促施工单位编写安全开工报告并报监理单位审批；

(6)协助建设单位与施工单位签订建设工程安全生产协议书；

(7)审查施工单位安全生产许可证；

(8)审查电工、焊工、架子工、起重机械工、吊车司机及指挥人员等特种作业人员资格；

(9)督促施工单位建立健全施工现场安全管理体系；

(10)督促施工单位完善针对本工程的安全生产管理制度和安全管理体系。

### 2. 施工阶段安全监理工作计划

(1)钻孔桩施工阶段安全监理工作计划：

①督促施工单位上报桩基分项工程安全开工报告，监理单位审批后方可开工；

②施工过程中监理进行巡视检查，每天不少于一次并记录检查情况；

③督促施工单位进行安全自检工作；

④定期组织施工现场安全检查；

⑤核查施工单位施工机械、安全设施的验收手续，并签署意见；未经安全监理人员签署认可的不得投入使用。

(2)墩、台、帽施工阶段安全监理工作计划：

①督促施工单位上报墩、台、帽分项工程安全开工报告，监理单位审批后方可开工；

②施工过程中监理进行巡视检查，每天不少于一次并记录检查情况；

③督促施工单位进行安全自检工作；

④定期组织施工现场安全检查；

⑤安全监理人员对高危作业的关键工序实施跟班监督检查。

(3)主桥0号块施工阶段安全监理工作计划。督促施工单位上报0号块的施工技术方案(含结构计算书)、上报0号块支架施工专项安全方案，专家组、监理单位审批后方可施工；每个0号块施工监理单位将组织施工、监理进行现场安全检查；安全专业监理工程师跟班监督检查。

(4)挂篮悬浇施工阶段安全监理工作计划：

①督促施工单位上报挂篮悬浇施工技术方案(含结构计算书)、上报挂篮悬浇施工专项安全方案，专家组、监理单位审批后方可施工；

②施工过程中监理进行巡视检查，每天不少于一次并记录检查情况；

③张拉工序必须经安全监理工程师检查，安全保证措施合格后方可进行；

④挂篮混凝土浇筑、挂篮移动必须经安全监理工程师检查安全保证措施，合格后方可进行；

⑤安全监理工程师将对使用的机具设备(如千斤顶、滑车、手拉葫芦、钢丝绳等)将进行严格检查，不符合规定的严禁使用。

### (四)安全监理工作计划的实施

#### 1. 施工准备阶段的安全监理工作

为了保证工程安全监理目标的实现，监理单位在进场后就建立了一系列安全保证体系。根据项目负责人为安全监理第一责任人的要求，监理单位成立以总监理工程师为第一负责人的安全监理领导小组，分工明确，各项职责落实到人，并与每一名监理人员签订安全生产责任书。

(1)完成监理单位安全监理组织保证体系：

①安全保证体系组织机构框图(相关人员姓名与电话)；

②与所有监理人员签订安全目标责任状；

③明确各安全责任人岗位职责(明确姓名、职务、电话)。

(2)编写监理单位安全监理技术保证体系：

①编制安全监理计划书；

②编写安全监理实施细则。

(3)制定监理单位安全监理制度保证体系：

①安全三级培训制度；

②安全会议制度；

③安全日志制度；

④安全月报制度；

⑤危险性较大的分部分项工程施工方案安全专项会议制度；

⑥安全检查制度；

⑦安全隐患整改及反馈制度；

⑧安全专项资金使用计划审批制度；

⑨分项工程安全交底制度；

⑩重大安全隐患及安全事故报告制度；

⑪安全事故应急救援制度；

⑫内保制度。

**2. 施工阶段的安全监理工作**

(1)超前控制

①监理单位将根据施工情况，采取定期检查与不定期检查，专项检查与日常检查相结合的方式进行安全检查，认真填写安全巡视记录，对安全检查中发现的一般安全违章行为，应当场予以纠正；对存在较严重的问题，下发"安全监理工程师通知单"，要求并跟踪监督施工单位整改落实，及时消除安全生产事故隐患。对屡教不改者，将要求项目部根据情节进行处罚。

②监理单位将根据施工进度情况，要求施工单位随时调整与完善安全保证体系与安全保证措施，根据不同的岗位，将安全生产责任落实到人，安全生产责任制要从上至下覆盖全员。

③根据施工现场可能发生的安全事故，如：高空坠物、食物中毒、触电、火灾、爆炸等，要求施工单位编制安全生产应急预案，内容包括：防止发生事故所采取的预防措施；可能发生事故现场应配备的器材；发生事故时应急对策及信息传递。对安全生产预案还应组织进行预演，做到当事故发生时能及时启动应急预案，组织人员、物资、设备等投入到抢险救灾工作中，不忙、不乱、紧张、有序，将安全事故的损失将至最低。

④在进行高危项目的施工时，如：挂篮施工、梁板吊装、深基坑施工等，要求施工单位有针对性地编制安全施工专项方案，内容包括：分析施工中可能发生的安全问题，拟采取的预防措施，施工中应用的安全组织保证、制度保证、技术保证制度等。

⑤每个分项工程开工前，施工单位报批开工报告时必须同时报批安全开工报告，如无安全开工报告，监理将不批准开工。

⑥在施工前，除进行施工技术交底外，安全监理工程师还必须进行安全技术交底，让施工作业人员明白施工中可能存在的安全隐患、应遵循的操作规程、可采取的预防保护措施等，确保施工安全。

(2)过程控制

监理单位在施工中将采取定期检查和经常性检查、专项检查和全面检查相结合的方式进行安全生产的过程控制。

①总监理工程师、各专业监理工程师和现场监理每天对现场进行巡视检查时，必须同时进行安全生产情况的巡查检查。安全监理工程师定期对安全生产重点部位(如基坑施工、排架上施工、起重机械施工、高空作业等)进行检查，在日常巡视检查中发现的安全隐患及时督促改正，如存在重大安全隐患可责令停工整改，确保每天的施工能够安全、顺利进行。

②监理单位每月进行一次全面的安全生产大检查，由总监、副总监、专业安全监理工程师、兼职安全工程师参加，项目部由生产副经理、工程部、专职安全工程师和各施工队长参加，检查后印发安全生产大检查情况通报，指出检查中发现的问题，明确整改时限和复查时间；各监理人员应针对安全生产大检查情况通报中指出的问题监督施工单位整改落实，整改完毕后由施工单位上报整改报告，监理单位在收到施工单位的整改报告后再进行复查，确保施工无隐患。

③监理单位将每月召开一次安全生产专题会议，总结上阶段安全生产工作，指出施工中存在的问题，明确下一步安全生产工作的重点和应加强的安全生产工作。

(3)验收控制

当每个分项工程完工后，安全监理工程师在进行中间交工验收时，必须同时进行安全验收，主要内容有：

①场地清理完毕，不存在安全隐患；

②工程质量满足设计和规范要求，不存在结构安全隐患；

③安全施工专项方案、安全技术交底、安全指令等资料齐全、闭合。

（4）安全监理内业资料

①不论哪种形式的检查都要对照标准做好检查记录。对存在的隐患，监理检查人员要向施工单位发出整改通知，一式三份，项目部负责人签字，施工单位一份，留档一份，报备项目办一份。整改通知单要明确整改时间，整改责任人和整改措施。整改完毕后由安全专业监理工程师进行复查，复查合格后，方可继续施工，并将整改情况进行书面回复。

②专职安全监理工程师应根据每天的巡视检查情况，详细记录安全监理日志，并应建立安全监理台账；

③安全监理专题会议纪要、安全事故隐患、安全生产问题的报告、处理意见等都必须归档管理。

④施工单位的安全生产责任制、安全管理规章制度及监理审核资料、专项安全施工方案及工程项目应急救援预案的监理审核资料，应分类编目、编号进行归档管理。

## 四、危险性较大的分部分项工程（主桥部分）安全监理控制要点

### （一）架桥机拼装施工安全监理控制要点

#### 1. 检查专项方案的实际执行情况

专项施工方案经监理单位审批，承包商应严格按施工方案实施，监理对架桥机安装过程中的安全施工情况进行检查，当方案变化较大且涉及安全时，承包商应补报方案。

#### 2. 大型吊装作业的监控

架桥机属于特种作业设备，按拼装步骤进行阶段的安全验收工作，拼装完成后督促承包商组织检测验收，合格后方可投入使用，使用过程中必须有专人负责检查。要求承包商密切注意吊装时的安全状况，特种作业人员持证上岗，要有专人统一指挥，作业人员必须穿戴好劳动防护用品。

#### 3. 架桥机在使用过程中的安全检查

架桥机在投入使用后，要求承包商经常对吊索具、钢丝绳、限位器、专用电箱、主梁有无变形及弯曲、中支腿的固定螺栓及销轴是否牢固等的安全状况进行检查。安全环境监理组根据承包商自查情况，不定期进行抽查。

#### 4. 监理组工作分工

安全监理和结构监理共同对架桥机拼装的整个施工过程、环节进行安全控制，如有违章作业人员，当场进行阻止，加强巡视、加强沟通，发现有异常情况时要求项目部及时整改，以确保

架桥机拼装整个施工过程在安全受控状态。

## (二)节段梁架设安全监理控制要点

(1)检查专项方案的实际执行情况。专项施工方案经监理单位审批,承包商严格按施工方案组织实施,当方案在实施过程中,承包商认为需变更时,且危及节段箱梁安装安全时,应书面提前办理方案变更手续,经同意后,承包商实施变更,监理对节段箱梁安装过程中的安全施工情况进行检查,当方案变化较大且涉及安全时,应书面向承包商发出通知要求补报方案。

(2)架桥机横移过跨前后及设备日常安全检查验收。施工项目部要严格落实架桥机过跨及横移前后的安全检查验收,经承包商组织自检合格后,报监理检查验收,在双方签认后,方可进行下一道工序。同时,施工单位要落实架桥机机械设备日常各项安全检查表制度,并留好记录,监理不定期对各项检查表记录进行抽查。

(3)箱梁悬挂作业的监控。架桥机属于特种作业设备,在每跨箱梁悬挂作业前,经承包商组织自检合格后,报监理检查验收,共同签认后方可悬梁施工。箱梁架设拼装过程中,必须有专人负责检查架桥机中支腿、主梁挠度变化值、吊杆、中支腿的固定螺栓及销轴是否牢固,以及架桥机天车用的吊索具、钢丝绳、限位器、专用电箱等的安全状况进行检查。特种作业人员要持证上岗,要有专人统一指挥,作业人员必须穿戴好劳动防护用品。安全环境监理组根据承包商自查情况,不定期进行抽查。

(4)高空作业防护监控(安全监理巡视检查)。施工前,项目部要逐级进行安全技术教育及交底,落实所有安全技术措施和人身防护用品,特殊工种必须持证上岗,严格按照《建筑施工高处作业安全技术规程》(JGJ 80—91)执行,未经落实时不得进行施工。

施工中对高处作业的安全技术设施,发现有缺陷和隐患时,要求项目部必须及时解决;危及人身安全时,必须停止作业。发现施工作业场所有坠落可能的物件,应一律先行撤除或加以固定。因作业必需,临时拆除或变动安全防护设施时,必须经施工负责人同意,并要求其采取相应的可靠措施,作业后应立即恢复。悬空作业处应有牢靠的立足处,并必须视具体情况,配置防护栏网、栏杆或其他安全设施。

(5)箱梁预应力施工作业监控(安全监理巡视检查)。要求预应力张拉作业人员必须持证上岗,检验和检查油压管、油压表、千斤顶以及预应力材料,合格后方可允许投入使用;项目部要对操作人员进行岗前培训和教育,严格按预应力操作规程进行施工;张拉时,要求作业人员在牢固、有防护栏杆的平台上作业,上下平台必须走安全梯或马道;要求作业区应设置明显的警戒标示,禁止非工作人员进入张拉区域;张拉时梁两端正面不准站人,高压油泵应放在梁的两侧,操作人员应站在预应力钢绞线位置的侧面。张拉完毕后,退销时应采取安全防护措施,人工拆卸销子时,不得强击;严禁撞击锚具、钢束及钢筋;管道尚未灌浆前,梁端应设围护和挡板。

(6)要求项目部相关技术人员对架桥机的操作人员进行培训教育,使其熟悉架桥机性能。在大风(超过六级)、大雾、大雨、大雪等不良的天气条件下,要求施工方停止架桥机的施工作业,锚固锁定架桥机天车。

(7)要求施工方在节段梁悬挂、拼装过程中,采用专用对讲机频道,同时应准备红、绿旗及口哨等第二套指挥方案,以备通讯不畅时也能正常进行操作。

(8)严禁垂直交叉作业,若特殊情况必须垂直作业,应经项目部负责人批准,并在上下两层间设置专用的防护棚或其他隔离设施。

### (三)脚手架搭设安全监理控制要点

#### 1. 检查专项方案的实际执行情况

专项施工方案经监理单位审批,承包商应严格按施工方案实施,当方案在实施过程中承包商认为需变更时,且涉及脚手架安全时,应提前办理方案变更手续,经审批单位同意后实施变更。

监理组对专项安全方案执行情况的检查,采用在搭设过程中巡视和搭设完毕参与检查验收的方式,当发现未按方案实施且涉及安全时,应发出相关书面指令,要求承包商按方案实施或办理变更手续。

#### 2. 专项安全方案实施和拆除作业的安全检查

承包商应按相应的安全技术规范和专项安全方案的要求进行施工作业,监理组由安全监理进行检查,重点对剪刀撑、软硬拉结的设置,扣件的坚固力矩以及在搭设过程中,是否违章作业、按序搭设和拆除、作业人员安全防护措施等进行检查,当发现安全隐患时,应当面纠正、制止,当问题严重时,应向承包商发出相关指令进行整改。

#### 3. 脚手架验收

脚手架搭设完毕,承包商应组织进行验收,验收时承包商通知安全监理参加,合格后方可挂牌使用。

#### 4. 脚手架在使用过程中的检查

脚手架在验收合格后,使用过程中除了日常巡视外,还应在每周一次项目部安全自查中进行检查,监理不定期抽查,确保使用过程中的安全。检查的重点:钢管是否变形、扣件螺栓是否松动、拉结是否稳定可靠、防护设施是否完好等。

### (四)临时用电安全监理控制要点、工作方法与措施

#### 1. 对临时用电专项施工方案的审查

项目部上报专项方案后,监理部先由安全监理进行审核,待补充、修改后报总监批准予以实施。

#### 2. 对临时用电专项施工方案执行情况检查

经审批的临时用电专项施工方案,项目部在具体施工中应严格按照执行,施工中若需要某些修改,应书面提前办理变更手续,经监理部同意后方可改变。

监理部对专项施工方案执行情况的检查,采用施工中巡视,竣工后参与项目部组织的验收

方式进行。

监理组对专项施工方案执行情况的检查，由安全监理进行。

#### 3. 运行中的安全检查

临时用电投入使用后，项目部应有专人负责，并定期安排进行检查(每月不可少于一次)，监理组由安全监理在日常巡视中进行检查。

#### 4. 安全监理检查要点

(1)发电机房、总配电室是否符合要求，有无消防措施；
(2)发电机、配电箱、分电箱等绝缘及接地保护、防雷措施情况；
(3)配电箱/开关箱、漏电保护器、闸具、熔断孔丝配置情况；
(4)送、停电操作程序及现场用电的管理情况；
(5)内、外线路、灯具、用电设备和工具的使用情况；
(6)项目部自查记录。

### (五)塔墩钢护筒吊装安全监理控制要点、工作方法与措施

#### 1. 塔墩钢护筒吊装专项施工方案的审查

项目部上报专项方案后，监理单位先由安全监理组进行审核。重点是方案是否符合工程建设强制性标准，对达不到强制性标准的，应要求项目部进行补充、完善。最后由施工单位技术负责人和总监认可批准后予以实施。

#### 2. 对专项施工方案执行情况进行检查

经审批的钢护筒吊装施工专项方案，项目部应在具体实施中予以落实。若因施工需要进行某些修改和补充时，应提出书面变更手续，经总监同意后方可变更。

#### 3. 施工过程中的安全检查

施工过程中，安全监理应从 9 个方面进行巡检，发现有不符合方案的情况，应及时向项目部指出，并予以纠正。

(1)组织机构、项目经理、工长、安全管理人员、特种作业人员的配备和持证上岗情况是否与方案中一致。

(2)各项规章制度、安全操作规程制定情况、安全技术交底情况。

(3)起重机械设备、施工工具、电器设备是否符合规范要求，各类防护措施是否配备到位。

(4)水上作业的安全管理是否符合《中华人民共和国内河交通安全管理条例》(国务院令第 355 号)，各类航行标志、警示标志是否按规定设置、有效。

(5)施工现场有无违章指挥，违章作业现象。

(6)吊装前，是否认真对起重设备、索具、卡具、吊环、钢丝绳进行认真检查，是否满足吊重要求。

(7)对钢护筒已焊接的吊点(吊耳)焊缝是否进行了检查,发现有疑问应停止吊装作业。

(8)浮吊到位后,是否锚固可靠,有无摇摆现象。

(9)起重臂和回转区域内是否有人或其他危险物品。

### (六)锚碇基坑开挖安全监理控制要求、工作方法与措施

#### 1. 对锚碇基坑开挖专项施工方案的审查

项目部上报专项方案后,监理单位先由安全监理组进行审核。重点是方案是否符合工程建设强制性标准,对达不到强制性标准的,应要求项目部进行补充、完善。最后由施工单位技术负责人和总监认可批准后予以实施。

#### 2. 对专项施工方案执行情况进行检查

经审批的南锚基坑开挖专项方案,项目部应在具体实施中予以落实。若因施工需要进行某些修改和补充时,应提出书面变更手续,经总监同意后方可变更。

#### 3. 施工过程中的安全检查

施工过程中,安全监理应从9个方面进行巡检,发现有不符合方案的情况,应及时向项目部指出,并予以纠正。

(1)组织机构、项目经理、工长、安全管理人员、特种作业人员的配备和持证上岗情况是否与方案中一致。

(2)各项规章制度、安全操作规程制定情况、安全技术交底情况。

(3)起重机械设备、施工工具、电器设备是否符合规范要求,各类防护措施是否配备到位。

(4)施工现场有无违章指挥,违章作业现象。

(5)履带吊施工布置是否避开内衬施工区。

(6)弃土堆积、外运是否满足文明施工的要求。

(7)基坑开挖与内衬施工是否严格按设计要求保持一致。

(8)开挖过程中加强降排水的监理巡视,观测降排水系统是否正常运行,能否满足“干施工”。

(9)巡视过程中,加强施工单位对开挖工作面空气质量检测的情况,对不满足要求的及时督促施工单位采取通风措施。

# 第四章 安全生产管理

## 第一节 安全生产管理方法

### 一、安全生产管理的内容

#### (一)确定目标

生产经营单位根据自身安全生产实际,制定总体和年度安全生产目标。按照所辖部门在生产经营中的职能,制定安全生产指标和考核办法。

#### (二)设置组织机构,确定相关岗位职责

生产经营单位按规定设立安全管理机构,配备安全生产管理人员。生产经营单位主要负责人按照法律法规赋予的职责,全面负责安全生产工作,并履行安全生产义务。

生产经营单位应建立安全生产责任制,明确各级单位、部门和人员的安全生产职责。

#### (三)法律法规的执行与完善的安全管理制度

生产经营单位应建立识别和获取适用的安全生产法律法规、标准规范的制度,明确主管部门,确定获取的渠道、方式,及时识别和获取适用的安全生产法律法规、标准规范。生产经营单位各职能部门应及时识别和获取本部门适用的安全生产法律法规、标准规范,并跟踪、掌握有关法律法规、标准规范的修订情况,及时提供给本单位内负责识别和获取适用的安全生产法律法规的主管部门汇总。

生产经营单位应将适用的安全生产法律法规、标准规范及其他要求传达给从业人员。生产经营单位应遵守安全生产法律法规、标准规范,并将相关要求及时转化为本单位的规章制度,贯彻到各项工作中。

#### (四)安全生产投入保证

生产经营单位应建立安全生产投入保障制度,完善和改进安全生产条件。按规定提取安

全费用,专项用于安全生产,并建立安全费用台账。

### (五)教育培训

生产经营单位应确定安全教育培训主管部门,按规定及岗位需要,定期识别安全教育培训需求,制定、实施安全教育培训计划,提供相应的资源保证。应做好安全教育培训记录,建立安全教育培训档案,实施分级管理,并对培训效果进行评估和改进。

生产经营单位应对操作岗位人员进行安全教育和生产技能培训,使其熟悉有关的安全生产规章制度和安全操作规程,并确认其能力符合岗位要求。未经安全教育培训,或培训考核不合格的从业人员,不得上岗作业。

### (六)生产设备设施管理

生产经营单位建设项目的所有设备设施应符合有关法律法规、标准规范的要求。安全设备、设施应与建设项目主体工程同时设计、同时施工、同时投入生产和使用。生产设备设施变更应执行变更管理制度,履行变更程序,并对变更的全过程进行隐患控制。

生产经营单位应对设备设施进行规范化管理,保证其安全运行,应有专人负责管理各种安全设施,建立台账,定期检测维修。对安全设备设施应制定检测维修计划。设备设施检测维修前应制定方案,检测维修方案应包含作业行为分析和控制措施,检测维修过程应执行隐患控制措施并进行监督检查。安全设备设施不得随意拆除、挪用或弃置不用,确因检测维修拆除的,应采取临时安全措施,检测维修完毕后立即复原。

设备的设计、制造、安装、使用、检测、维修、改造、拆除和报废,应符合有关法律法规、标准规范的要求。执行生产设备设施到货验收和报废管理制度,应使用质量合格、设计符合要求的生产设备设施。拆除的设备设施应按规定进行处置。拆除的生产设备设施涉及危险物品的,须制定危险物品处置方案和应急措施,并严格按照规定组织实施。

### (七)作业安全

#### 1. 生产现场管理和生产过程控制

生产经营单位应加强生产现场安全管理和生产过程的控制。对生产过程及物料、设备设施、器材、通道、作业环境等存在的隐患,应进行分析和控制。对动火作业、起重作业、受限空间作业、临时用电作业、高处作业等危险性较高的作业活动实施作业许可管理,严格履行审批手续。作业许可证应包含危害因素分析和安全措施等内容。

对于吊装、爆破等危险作业,应当安排专人进行现场安全管理,确保安全规程的遵守和安全措施的落实。

#### 2. 作业行为管理

生产经营单位应加强生产作业行为的安全管理。对作业行为隐患、设备设施使用隐患、工艺技术隐患等进行分析,采取控制措施,实现人、机、环境的和谐统一。

#### 3. 安全警示标志

根据作业场所的实际情况，在有较大危险因素的作业场所和设备设施上，设置明显的安全警示标志，进行危险提示、警示，告知危险的种类、后果及应急措施等。

在进行设备设施检测维修、施工、吊装等作业现场设置警戒区域和警示标志，在检测维修现场的坑、井、洼、沟、陡坡等场所设置围栏和警示标志。

#### 4. 相关方管理

生产经营单位应执行承包商、供应商等相关方管理制度，对其资格预审、选择、服务前准备、作业过程、提供的产品、技术服务、表现评估、续用等进行管理。

建立健全相关方的名录和档案，根据服务作业行为定期识别服务行为风险，并采取行之有效的控制措施。对进入同一作业区的相关方进行统一安全管理。不得将项目委托给不具备相应资质或条件的相关方。生产经营单位和相关方的项目协议应明确规定双方的安全生产责任和义务，或签订专门的安全协议，明确双方的安全责任。

#### 5. 变更管理

生产经营单位应执行变更管理制度，对机构、人员、工艺、技术、设备设施、作业过程及环境等永久性或暂时性的变化进行有计划的控制。变更的实施，应履行审批及验收程序，并对变更过程及变更所产生的隐患进行分析和控制。

### (八)隐患排查和治理

生产经营单位应组织事故隐患排查工作，对隐患进行分析评估，确定隐患等级，登记建档，及时采取措施治理。

#### 1. 排查前提及依据

法律法规、标准规范发生变更或有新的公布，以及操作条件或工艺改变，新建、改建、扩建项目建设，相关方进入、撤出或改变，对事故、事件或其他信息有新的认识，组织机构发生大的调整的，应及时组织隐患排查。

#### 2. 排查范围与方法

隐患排查的范围应包括所有与生产经营相关的场所、环境、人员、设备设施和活动。生产经营单位应根据安全生产的需要和特点，采用综合检查、专业检查、季节性检查、节假日检查、日常检查、专项检查等方式进行隐患排查。

#### 3. 隐患治理

根据隐患排查的结果，制定隐患治理方案，对隐患及时进行治理。隐患治理方案应包括目标和任务、方法和措施、经费和物资、机构和人员、时限和要求。重大事故隐患在治理前应采取临时控制措施并制定应急预案。

隐患治理措施包括：工程技术措施、管理措施、教育措施、防护措施和应急措施。治理完成后，应对治理情况进行验证和效果评估。

#### 4. 预测预警

生产经营单位应根据生产经营状况及隐患排查治理情况，运用定量的安全生产预测预警技术，建立体现本单位安全生产状况及发展趋势的预警指数系统。

### （九）重大危险源监控

生产经营单位应根据国家重大危险源有关标准对本单位的危险设施或场所进行重大危险源辨识与安全评估。对构成国家规定的重大危险源，应及时登记建档，并按规定向政府有关部门备案，生产经营单位，应建立健全重大危险源安全管理制度，制定重大危险源安全管理技术措施。

### （十）职业健康

#### 1. 职业健康管理

生产经营单位应按照法律法规、标准规范的要求，为从业人员提供符合职业健康要求的工作环境和条件，配备与职业健康保护相适应的设施、工具。

定期对作业场所职业危害进行检测，在检测点设置标识牌予以告知。并将检测结果录入职业健康档案。

对可能发生急性职业危害的有毒、有害工作场所，应设置报警装置，制定应急预案，配置现场急救用品、设备，设置应急撤离通道和必要的泄险区。

各种防护器具应定点存放在安全、便于取用的地方，并有专人负责保管，定期校验和维护。应对现场急救用品、设备和防护用品进行经常性的检测维修，定期检测其性能，确保其处于正常状态。

#### 2. 职业危害告知和警示

生产经营单位与从业人员订立劳动合同时，应将工作过程中可能产生的职业危害及其后果和防护措施如实告知从业人员，并在劳动合同中写明，生产经营单位应采用有效的方式对从业人员及相关方进行宣传，使其了解生产过程中的职业危害、预防和应急处理措施，降低或消除危害后果。对存在严重职业危害的作业岗位，应设置警示标识和警示说明。警示说明应载明职业危害的种类、后果、预防和应急救治措施。

#### 3. 职业危害申报

生产经营单位应按规定及时、如实向当地主管部门申报生产过程存在的职业危害因素，并依法接受其监督。

### (十一)应急救援

**1. 应急机构和队伍**

生产经营单位应建立安全生产应急管理机构,或指定专人负责安全生产应急管理工作。建立与本单位生产特点相适应的专兼职应急救援队伍,或指定专兼职应急救援人员,并组织训练。无需建立应急救援队伍的,可与附近具备专业资质的应急救援队伍签订服务协议。

**2. 应急预案**

生产经营单位应按规定制定生产安全事故应急预案,并针对重点作业岗位制定应急处置方案或措施,形成安全生产应急预案体系。应急预案应根据规定报当地主管部门备案,并通报有关应急协作单位。应急预案应定期评审,并根据评审结果或实际情况的变化进行修订和完善。

**3. 应急设施、装备、物资**

生产经营单位应按规定建立应急设施,配备应急装备,储备应急物资,并进行经常性的检查、维护、保养,确保其完好、可靠。

4. 生产经营单位应组织生产安全事故应急演练,并对演练效果进行评估。根据评估结果,修订、完善应急预案,改进应急管理工作。

**5. 事故救援**

发生事故后,应立即启动相关应急预案,积极开展事故救援。

### (十二)事故管理

**1. 事故报告**

生产经营单位发生事故后,应按规定及时向上级单位、政府有关部门报告,并妥善保护事故现场及有关证据,必要时向相关单位和人员通报。

**2. 事故调查和处理**

发生事故后,应按规定成立事故调查组,明确其职责与权限,进行事故调查或配合上级部门的事故调查。

事故调查应查明事故发生的时间、经过、原因和人员伤亡情况及直接经济损失等。事故调查组应根据有关证据、资料,分析事故的直接、间接原因和事故责任,提出整改措施和处理建议,编制事故调查报告。

### (十三)绩效评定和持续改进

生产经营单位每年至少一次对本单位安全生产标准化的实施情况进行评定,验证各项安全生产制度措施的适宜性、充分性和有效性，检查安全生产工作目标、指标的完成情况。主要负责人应对绩效评定工作全面负责。评定工作应形成正式文件，并将结果向所有部门、所属单位和从业人员通报，作为年度考评的重要依据。生产经营单位发生死亡事故后应重新进行评定。

生产经营单位应根据安全生产标准化评定结果和安全生产预警指数系统所反映的趋势，对安全生产目标、指标、规章制度、操作规程等进行修改完善，持续改进，不断提高安全生产管理水平。

## 二、安全生产管理的关键环节

工程建设安全生产管理是一种系统性、综合性的管理。施工单位在工程项目的建设过程中，安全生产管理主要抓住组织、制度、计划、管理以及改进五个方面关键环节的控制。

**1. 组织**

施工单位的安全管理应包括一定的组织结构和系统，以确保安全目标的顺利实现。监理积极的安全理念，将施工单位中各个阶层的人员都融入安全管理中，有助于施工单位组织系统的运转。施工单位应注意有效的沟通交流和员工能力的培养，使全体员工为施工单位安全生产管理作出贡献。施工单位的最高管理者应用实际行动营造一个安全管理的文化氛围，目标不应该仅仅是避免事故，而应该是激励和授权员工安全的工作。领导的意识、价值观和信念将影响施工单位的所有员工。

**2. 制度**

任何一个施工单位要想成功地进行安全管理，都必须要有明确的“安全制度”。这种“制度”不仅要满足法律的规定和道义的责任，而且要最大限度的满足业主、雇员和全社会的要求。施工单位的“安全制度”必须有效并有明确的目标。制度的目标应保证现有的人力、物力资源的有效利用。并且减少发生经济损失和承担责任的风险，安全制度是确保工程建设顺利进行的保障。

**3. 计划**

成功的施工单位能够有计划的、系统的落实所指定的安全政策。计划和控制的目标是最大限度地减少施工过程中的事故损失。计划和控制的重点是，使用风险管理的方法确定消除危险和规避风险的目标以及应该采取的步骤和先后顺序，监理有关标准以规范各种操作。对于必须采取的预防事故和规避风险的措施，应该预先加以计划。要尽可能通过对设备及设施的精心选择和设计，消除或通过使用物理控制措施来减少风险。如果上述措施仍不能满足要求，就必须使用相应的各种设备和个人保护装备来控制风险。

**4. 管理**

管理是安全生产的重要内容，也是薄弱环节，任何事故的发生都离不开管理的缺失。尤其是对承包商的管理，概括起来主要有四个方面：一是要明确双方责任；二是要严格审查安全资质和专业技术能力；三是做好现场作业的安全风险分析；四是开展对作业现场的监督和管理。

**5. 改进**

施工单位应总结经验和教训，要对过去的资料和数据进行系统的分析总结，并用于今后工作的参考，这是安全生产管理的重要工作环节。安全业绩良好的施工单位能通过企业内部的自我规范和约束，以及与竞争对手的比较，不断持续进步。

## 三、安全管理的方法

### （一）建立安全组织管理制度体系

安全组织管理制度是生产经营单位为了有效实施安全管理所建立的用以规范、指导、协调各部门和各岗位人员管理和工作行为的规章体系，是保证安全管理工作正常、有效实行和运转的依据和方法。它是生产经营单位管理制度的重要组成部分，必须符合国家安全法律、法规的有关规定。同时，还要和本单位的生产经营实际紧密联系，达到有效控制本单位安全生产状况的目的。因此，生产经营单位从主要负责人到所有从业人员都必须按照组织管理制度的规定，进行自己的生产、工作。

建立安全生产规章制度，一要符合国家法律、法规和政府规定的要求；二要保证能够贯彻执行；三要切实符合企业实际；四要有利于生产经营单位生产经营的发展。因此，在制定生产经营单位安全生产制度时应注意6个方面的问题：

（1）要深入实际，调查研究。要制定某一对象的安全生产规章制度，就要掌握该对象的各种情况，包括设备、工艺、操作、运行、环境条件等具体情况，还要掌握以往该行业或工作发生事故和职业危害的教训，只有掌握实际情况，才能定出切实可行的规定。

（2）收集和研究安全法律、法规标准。要制定企业安全生产规章制度，全面收集现行的国家、地方、行业有关法律、法规、规范、标准，并进行深入研究，吃透精神，并考虑如何结合实际落实这些精神。

（3）结合经验制定条款。制定规章制度，除应按国家法律、法规等编制外，还应考虑多年来行之有效的工作经验、工作方法等，在总结提高的基础上，纳入安全生产规章制度中去。

（4）关键条文，要经过技术试验和技术鉴定。每一条款都不能含糊，是非界限要分明。

（5）坚持先进，摒弃落后。在规章制度中不能保留和迁就落后的、不符合安全要求的内容。因此，要密切注意国家法规和技术标准的进展情况，施工生产实际的进步情况。

（6）不断更新和补充完善。安全生产的管理和技术是不断发展的，因此，必须善于学习先进的管理手段和方法，吸取一切有益于安全生产工作的先进经验和教训。同时不断更新、修补和完善规章制度。这就要求不断地收集国际的、国内的、同行业的、地方的、本单位的制度、标准、资料和事故情报，以此为制定、修订、补充安全生产规章制度服务。

在建立安全组织管理制度体系时，第一步要建立横向到边，纵向到底的安全生产决策机构（安全委员会或安全领导小组）和安全监督管理机构或人员的组织保障体系，并以框图形式公示。第二步要全面掌握各级各部门的组织行政关系和相应的职能权限划分情况。据此来制定各级各部门的安全生产责任制，并经本单位委员会或安全领导小组审核通过后予以发布。第三步按照国家有关安全生产方针、政策、法律、法规等规定，对照生产经营单位的实际情况，由安全委员会或安全领导小组召开会议，研究确定本单位的安全管理总体原则和方针目标。第四步由安全管理机构人员组织起草本单位的安全生产措施、经费计划、使用及管理制度、安全生产教育培训制度、安全生产检查制度、安全生产会议制度、安全生产法律、法规、规程、标准类信息管理制度、安全事故报告、调查和处理制度、安全生产行政责任追究制度、安全生产奖惩制度、安全生产值班制度、施工现场安全纪律、关于使用劳务单位或劳务工的安全生产管理规定以及关于租赁承包中的安全生产规定等。然后，单位安全委员会或安全领导小组讨论通过，由生产经营单位主要负责人或项目经理部一把手签批下发执行。

### （二）贯彻有关安全法律、法规、规范、标准

参建各单位必须首先对国家各级政府颁布的各项有关安全生产的法律、法规、规范、标准进行整理分类，认真研读，把与本单位生产经营有关的内容提炼、归纳，并根据本单位的实际情况，制定出贯彻执行安全生产的法律、法规、规范、标准的具体要求和执行程序，这样有助于各相关部门或单位在办理自身业务的时候遵照执行。

生产经营单位搞好安全生产的首要任务就是一丝不苟地贯彻执行国家、地方政府以及行业的各项安全生产的法律、法规、规范、标准。在贯彻执行中必须坚持全面、系统地贯彻，逐项对照执行，力求养成习惯。同时，还能必须坚持领导检查，对各级各部门的贯彻执行情况加以严格约束和考核。各级领导一定不能轻视办理企业安全生产资质认可证、项目施工安全许可证、爆破作业许可证、水上施工作业许可证以及劳务用工等各项必要的安全手续。这样不仅能保证企业以及所属施工项目生产的顺利进行，同时在发生事故时，也能很大程度地减轻生产单位各级主要负责人的责任。

### （三）实行安全目标管理

安全目标管理就是企业为了实现安全生产目标，按照规定的目标体系，发挥所属单位、领导以及全体从业人员的主观能动性和创造精神，并对实施过程实行以自我控制为主的一种管理制度。安全目标管理具有先进性、科学性、实用性和有效性，是管理中的管理，其特点包括：

(1)强调安全管理的结果。要求按既定的目标开展安全管理活动，一切决策（包括经营决策、管理决策、技术决策）都必须以实现安全目标为准绳。

(2)需要在实施过程中形成一个纵横方向都相互衔接、相互制约的安全目标管理体系。使生产经营单位的每一个管理层次、每一个人在计划期间内，都有自己的奋斗目标和为实现目标而实行的以自我控制为主的安全管理活动，为实现目标所需要承担的安全责任、义务和工作任务。

(3)是通过目标管理体系的实施，把“以作业技术为中心”和“以人的因素为中心”两种管理方式有机结合起来。在目标管理中，目标的设定是目标责任者本人，由于人的固有的自尊心和进取精神，促使目标责任者自我感觉到有更大的责任感。

(4)随生产经营单位的生产经营活动持久的进行。并按照 PDCA 往复循环，每一次新的循环都是在上次循环的基础上进行，使安全管理水平按螺旋式上升的规律不断有所提高。

(5)是通过不断对上一计划期的目标达成结果的测定与评价，使各级目标责任者通过对目

标达成的反省，在总结经验的基础上，不断地去追求新目标以及为实现这个目标而采取新的管理方法和技术措施。

因此，为了有效实行安全目标管理，就必须落实安全目标管理体系的设定、目标的实施、目标成果的检查与评价3部分工作。

**1. 安全目标设定的内容**

安全目标设定的内容包括目标和保证措施两部分。安全目标是指在计划期内完成的安全生产工作的成果(包括定性和定量的)。如工伤事故率、降低事故严重度、危险部位安全防护达标率、隐患整改率、全员安全教育率、施工单位主要负责人、项目经理、安全管理人员、特种作业人员的安全教育率等都可以作为阶段目标项目。所谓保证措施，是指保证目标实现的具体措施计划和工作任务。

安全生产目标任务及其实施过程，一般是以安全方针目标分解的形式进行管理，要求内容具体、标准和职责明确，定期对照考核，以便及时发现问题、解决问题、改进工作。既是安全目标管理工作的体现形式，又是安全目标管理的具体内容。

**2. 安全目标管理的实施**

安全目标管理的实施是指在落实保证措施计划，促使目标实现的过程中所进行的管理活动。是目标管理取得成效的决定性环节。目标实现的管理，主要实行以各级目标责任者的自主管理或自主控制为主，同时辅之以建设单位和监理单位的组织、指挥、控制与协调。

(1)目标责任者的自主管理(自我控制)。生产经营单位的安全目标体系建立以后，各级目标的实现，主要依靠各级目标责任者根据设定的目标，在实施相应的保证措施计划过程中，围绕有关薄弱环节主动进行各种自我控制活动来完成。自主管理、自我控制水平的高低，对实现目标起着重要作用。

(2)建设单位和监理单位的组织、指挥、控制与协调。施工单位在落实措施计划过程中，需要进行监督与管理。这种管理主要是组织、指挥、控制与协调。

**3. 安全目标成果的检查与评价**

安全目标在实施过程中和完成后，都要进行检查。检查是考核与评价的前提，是实现目标的重要手段。考评的目的是为了总结经验，找出差距，进行下一步计划期的安全目标管理活动。

一般在一个循环周期结束后，必须对目标执行结果进行评价，是达标者更加增强信心，没有达标者明确今后努力方向，推进安全目标管理不断向前滚动。

### (四)召开各类安全会议

安全会议是安全管理中的一项重要措施手段。它的功能包括：通过安全会议，研究、决策、处理安全工作中的问题，计划、布置、检查、总结、评比安全工作。一般安全会议分为4种类型：

(1)安全工作会议。以定期不定期的安全委员会、安全领导小组会的形式召开。其主要内容包括：传达国家、行业、地方政府的重要文件和重要指示精神；总结一个阶段以来的安全生产工作经验，取得的效果，安全生产现状、管理上存在的问题，确定切实可行的对策；根据存在的问题和下一阶段生产经营的实际，确定安全管理的具体工作任务和安全监控的重点；研究确定对为安全工作作出突出贡献的单位、部门、人员的表彰决定以及对违反安全生产法律、法规、规范、标准的单位、部门、人员的处罚决定；在发生因工伤亡事故或发现重大因工伤亡事故苗头时，也应召开安全委员会或者安全领导小组会议，及时查找事故原因，教育从业人员从中吸取教训，制定防止类似事故再次发生的整改措施方案，追究事故责任人员的行政责任。

一般情况下，从事公路施工的生产经营单位宜每季度或者每半年召开一次由主要负责人主持，主要领导和安全管理等相关部门以及所属各施工项目经理部经理或队长等参加的安全委员会会议；施工项目经理部每月召开一次由项目经理主持，主要分管经理、安全等部门负责人、各作业层队伍、各工班负责人参加的安全生产领导小组会议。安全生产领导小组会议宜在安全领导小组所有成员对项目安全基础管理、施工生产现场安全检查之后，立即召开。

(2)安全业务工作会议，一般以例会形式召开。主要内容包括：学习、传达、贯彻上级主管部门有关安全管理规定、措施、办法、组织开展的各项安全活动；汇报、交流自前一阶段以来的安全业务工作成果、心得和存在问题以及各地方政府或主管部门关于安全监督管理的新举措、新动态，以使从事公路施工的生产经营单位的安全管理工作得以及时完善和补充，及时适应社会和市场需求；检查、总结各所属施工项目，特别是新开工项目，一个阶段以来安全基础工作和办理各项安全生产手续的情况。

对于从事公路施工的生产经营单位，宜每季度召开一次由安全部门负责人主持，各施工项目经理、专职安全管理人员的负责人参加的安全例会。对于施工项目经理部，宜每周由安全部门或者专职安全管理人员召开各作业层、各工班的专、兼职安全员开会。重点内容是：结合施工实际，检查、总结一周来各作业层、各工班开展安全活动、落实安全教育、出工前、收工后安全检查和安全点名、喊话等规定的情况及其记录；分析各作业面施工组织设计中的安全管理和安全技术措施方案、安全技术交底书或者安全作业指导书、安全事故应急预案及其在落实这些工作过程中存在的各种问题等。

(3)安全专题会议。就是安全生产中的某一项工作、某一个问题或者事件进行的专门会议。这类会议一般因事而开，所以不定期进行。同时，这些工作、问题或者事件情况各异，一般召开会议的层次、参加人员也会因事及其程度而定。对于公路施工单位，这类会议应该包括：贯彻国家、地方政府、建设单位或者上级主管部门开展诸如某一安全专项普查、整治工作的会议；执行某一安全规范、标准的经验交流、现场推广会议；某一安全设施、设备、装置等使用前的验收、审批会议；研讨解决季节性、地域性、突发性问题的会议，诸如研究解决台风、洪水、潮汛等自然灾害期间安全生产问题的会议；研究解决潮湿、雷暴地区的安全用电问题的会议；研究解决城市施工扰民问题的会议；研究事故处理方案、落实“四不放过”工作的会议等。

(4)安全施工措施方案审查会。这类会议对于从事公路施工的生产经营单位来说，是最具体、最实用的会议，一般依托于施工方案、施工技术准备会，并成为一项不可缺少的重要内容。安全生产措施方案审批会议之所以要依托于施工方案、施工技术审批会，主要是因为施工方案、施工安排、采用的技术工艺本身是影响安全生产的最重要因素，离开施工生产谈安全是没有意义的；其次是采用这种方式，可以充分发挥公路施工组织方面的专家、施工技术方面的权威人士的专业优势，制定切实可行的安全施工的措施方案。实践已经证明，坚持组织好安全施工措施方案准备会，对合理筹划、精细布置、有的放矢地开展安全生产工作，保证安全目标的实现起到了至关重要的作用。

## (五)强化施工安全技术及现场管理

安全技术，是为发现并掌握因工伤亡事故发生的规律，控制或消除生产过程中的危险因素，防止人身事故的发生而采取的专门的技术措施。安全技术有别于一般其他各种技术的最突出特点是：它是以防止因工伤亡事故的发生为主攻目标。也就是说，以提高工作效率或提高产品质量等而研究使用的技术，也会有助于安全生产或事故预防能力的提高，还有助于劳动条件的改善，但这些都不属于安全技术的范畴。因此可以看出，安全技术是以最基础、最本质、最直接的方法，来保证安全生产。

特大跨径桥梁的施工安全技术，主要就是为了控制或消除施工生产现场，包括施工生产区、办公区和生活区内的可能对从业人员构成危害的各种危险因素，进而有效地防止事故发生，保证各项施工生产任务安全顺利的完成。从目前我国特大跨径桥梁工程施工行业的情况看，施工技术复杂，难度大，高空作业，自然条件差，施工现场条件比较艰苦，各种影响安全生产的危险因素比较多，比较复杂，有些的确难以预测。因此，特大跨径桥梁工程施工行业在发展安全技术方面，任务是十分繁重的，前景是广阔的，大有潜力可挖。对于从事特大跨径桥梁工程施工的生产经营单位来说，当务之急的就是必须加强安全技术管理工作，把现有的安全技术手段有效地落实到施工现场。

### 1. 施工安全技术管理对象及要点

公路工程施工安全技术管理要贯彻公路施工的全过程。即：在投标工作中要考虑施工方案的安全可行性；在施工过程中要对影响安全生产的各种因素加以控制；在施工结束时，对有关安全生产的技术文件、资料加以收集、整理和归档，以备查证有关问题。

在实际工作中，为了使安全技术管理工作有的放矢，首先就要对安全技术管理的对象有所了解和掌握。为了使安全技术管理思路清晰，更便于安全技术管理工作的开展，可以把安全技术管理的对象分为施工人员及其防护用品、机电设备、工程和施工材料、安全防护设施、作业环境 5 个方面。然后，再在此基础上对安全技术管理的对象作进一步的分类。

(1)施工人员及其防护用品方面。施工人员及其防护用品作为安全技术管理的对象可分为：施工生产的各类专业技术人员、安全专业技术人员、施工生产的组织人员、作业人员和其他人员。在此基础上明确并按照下列要点对各类人员实施安全技术管理。

①人员的从业资格和上岗资格及其考核标准。

②人员的岗位技能和安全知识及事故预防能力。

③人员履行岗位安全职责的情况。

④人员执行安全技术管理制度的情况。

⑤人员的培训教育。

⑥各类人员防护用品发放的标准、安全技术性能和采购、发放、使用、管理情况及其安全技术资料(包括合格证、说明书等)。

(2)机电设备方面。机电设备作为安全技术管理的对象可分为：

①塔吊、爬模、汽车吊、龙门吊、架桥机等起重吊装设备。

②运输车辆和场内驾驶的运输设备。

③打桩机、挖掘机、推土机、压路机、平地机、拌和机等公路桥梁施工专用机械设备。

④小型机加工和手持电动工具以及焊接设备(包括气瓶、气罐等)。

⑤施工现场临时用电工程中各种电器和用电设备。

⑥锅炉和压力容器。

⑦其他机械设备。

在此基础上明确并按照下列要点对各类机电设备实施安全技术管理:

①机电设备的安全技术性能标准以及各种安全技术资料(包括机械设备出厂合格证、检验合格证、生产许可证、说明书等)。

②机电设备采购、安装、使用、保养、维修、改造、检查、验收工作等与机械相关的安全技术资料和档案。

③机电设备安装安全防护装置的要求和技术标准及其原始的安全技术资料(包括安全防护装置的合格证书、说明书等)。

④机电设备的操作规程及安全技术管理制度。

(3)材料方面。工程和施工材料作为安全技术管理的对象可分为:

①施工所需要使用的炸药、雷管等爆破器材以及危险化学品等。

②施工用各种油料。

③影响工程质量和安全施工的各种工程材料。

在此基础上明确并按照下列要点对各类材料实施安全技术管理:

①各类材料的技术性能标准以及产品的各种原始安全技术资料(包括产品的合格证、说明书等)。

②国家及其主管部门有关炸药等爆破器材以及危险化学品管理的法律、法规、规范、技术标准以及本单位专门的炸药等爆破器材以及危险化学品安全组织管理制度和安全技术管理制度。

③有关炸药等爆破器材以及危险化学品采购、运输、保管、使用等的各种批文和合法手续。

④有关炸药等爆破器材以及危险化学品采购、运输、保管、使用等的各种原始记录、技术资料。

⑤有关各类油料的采购、运输、保管、使用等的各种原始记录、技术资料。

⑥各类材料运输、堆放、搬运。

(4)安全防护设施方面。安全防护设施作为安全技术管理的对象可分为:

①基础工程安全防护设施;

②临设工程安全防护设施;

③墩台工程安全防护设施;

④索、塔工程安全防护设施;

⑤梁板工程安全防护设施;

⑥安装工程安全防护设施;

⑦桥面工程安全防护设施;

⑧水上作业安全防护设施；

⑨高处作业安全防护设施；

⑩夜间施工安全防护设施；

⑪其他施工生产。

在此基础上明确并按照下列要点对施工对象和安全防护设施实施安全技术管理：

①施工对象和安全防护设施本身的安全技术状况或性能及其相关技术资料。

②施工对象和安全防护设施的施工、安装组织设计或施工、安装专项安全技术方案及其相关的安全技术管理的资料。

③施工对象和安全防护设施变更或者变更施工方案时的安全技术管理的原始资料。

④安全防护设施的落实情况。

⑤安全防护的可靠性。

(5)作业环境方面。作业环境作为安全技术管理的对象可分为：

①施工地区的气候(主要包括温度、湿度、雷雨、雪雾、冰雹、风力、风向等)；

②施工地区水文地质(包括洪汛、地震、水情、地质情况等)；

③施工地区的江海潮汐；

④施工现场周边居民、人群、交通、建筑、高低压供电线路等；

⑤施工现场地下的各种管线、电缆、光缆、历史文物等。

在此基础上，明确并按照下列要点对作业环境实施安全技术管理：

①施工地区的气候、地质水文、江海潮汐、施工现场地下管线以及周边人文、建筑、原有设施等的技术资料。

②避免或者减少施工环境对施工和安全生产影响的应对措施和应急预案。

③应对措施和应急预案的演练。

④应对措施和应急预案所需的物资、设备等的保障。

**2. 施工安全技术管理的主要依据和措施**

公路施工安全技术管理可分为安全技术规程、标准和落实安全技术规程、标准的手段、办法和有关工作流程的规定两大部分。安全技术规程、标准是实施公路施工安全技术管理的主要依据；落实安全技术规程、标准的手段、办法和有关工作流程的规定就是公路施工安全技术管理的主要措施。

公路施工安全技术管理的主要措施包括：

①各级要认真制定本单位的安全技术措施费用计划和使用管理制度。

②采用安全系统工程学等科学手段进行安全技术管理工作。

③做好安全技术措施的检查、验收工作。

④做好安全技术措施方案和安全技术交底工作。

⑤加强重点部位和机电设备的安全技术管理工作。

⑥加强安全技术培训、教育、考核工作。

⑦加强对事故及其形成机理的技术分析和研究工作。

### (六)建立安全生产激励约束机制和责任追究制度

安全生产激励约束机制和责任追究制度,是对生产单位的主要负责人和所有从业人员的安全生产行为进行褒奖或者约束直至惩处的规则。生产单位建立专门的安全生产激励约束机制和责任追究制度,不仅能够体现主要负责人对本单位安全工作的重视,更能保证各项安全管理活动有效实施的重要手段。

生产经营单位要把有关安全生产激励和约束的规定及其执行的程序纳入到安全管理规章制度之中去。并以此为规则,在生产经营活动中,予以实施。

在制定和执行安全生产和约束规定及其执行程序时,必须注意下列问题:

**1. 激励方面**

(1)应从经济和精神两个方面进行奖励。

(2)获得奖励或荣誉的条件必须规定得具体明确,充分展现榜样的作用,体现宁缺毋滥的原则,并具有可操作性,避免随意性。安全生产的先进单位或者个人,首先必须能够严格执行安全生产法律、法规、规章,全面完成上级下达的各项安全生产指标和任务。在此基础上,还应具有质的推广的安全管理或者安全技术方面的成果,或者是能和不安全的行为作斗争,为避免重大因工伤事故有明显贡献的人员。

(3)必须规定推选、审批、评定先进的程序,一般需要从班组开始自下而上地进行。

**2. 约束方面**

(1)规定要以安全生产责任制为基础,内容、条款尽可能具体、明确。同时,应建立把主要负责人纳入其中的相互制约体系。也就是说,生产经营单位的每一个人的每一个不安全行为都能及时受到来自制度的制约并被终止。

(2)有关制约的规定应当和安全生产责任追究相结合。对于生产经营单位内部不仅要从发生的因工伤亡事故中倒推出责任者,追究其责任。而且,还要从管理缺陷、一般隐患、违章指挥、违章作业中倒推出相应的责任者,并追究其责任。

总之,生产单位在建立安全生产激励和约束机制中,规定要严谨、可行;实施中要严格,要一视同仁,每做一项奖励或处罚决定,必须做到以理服人,让本人和其他从业人员都能心服口服。按照这样运行的安全生产激励和约束机制才能真正发挥其应有的作用。

## 第二节　安全生产管理工作与程序

### 一、安全生产管理主要工作

工程建设项目安全生产管理工作头绪较多,依据安全生产法律、法规和工作实践将安全生产管理工作分为 16 个大项,其工作内容和要求见表 4-2-1。

**工程建设安全生产管理主要工作** 表 4-2-1

| 序号 | 工作类别 | 工作内容 | 工作要求 |
| --- | --- | --- | --- |
| 1 | 组建机构 | 建立内部领导机构，明确部门安全岗位职责，督促和检查各部门岗位落实责任 | 需建立一个强有力的内部机构来领导和推进安全生产监管工作的平稳运行。逐级检查监督各单位的体系建立和责任落实 |
| 2 | 制度建设和执行 | 建立各参建单位的安全管理办法和各项制度，其核心是建立各级安全生产责任制，进行安全生产责任制交底，确保安全生产责任落实到位 | 使各部门、各参建单位全体人员安全生产监管工作的开展有章可循、有法可依，确保安全生产监管形势平稳 |
| 3 | 安全工作策划 | 制定安全生产工作计划，工作大纲，实施细则；确定年度和阶段目标计划措施 | 使各部门、各参建单位全体人员安全生产监管工作的开展有计划、有对照、可追溯 |
| 4 | 管线交接和保护 | 设计交底，现场交接，调查确认，管线保护，定期检查 | 管线交底要明确、现场调查要周全、施工保护应符合标准、过程检查和整改要及时 |
| 5 | 安全教育和培训 | 组织安全生产方面的培训，其主要对象是建设单位的内部人员、监理单位和项目经理部的有关安全责任人培训。督促和检查监理单位、项目部的安全生产培训工作 | 通过三级教育和岗位技能培训提高管理队伍的整体素质，进而提升工程建设整体安全管理质量 |
| 6 | 安全专项施工方案审批执行 | 对工程危险源进行分级管理，监理单位对施工单位编制的危险性较大的分部分项工程安全专项施工方案组织审查 | 保证各标段安全专项施工方案编制到位、合理，具备指导性和可操作性。督促检查方案的执行 |
| 7 | 安全生产监督检查 | 分级监督检查其内部各部门和工程安全生产，不定期的巡查施工现场，落实相关人员和设备按规定取得相关证书，督促施工单位加强施工现场安全管理，落实安全措施 | 督促各部门、各单位安全生产管理工作的认真开展，保障安全生产管理工作质量。确保安全生产满足国家相关安全生产法律、法规、标准的要求 |
| 8 | 隐患整改责任制 | 危险源识别及分级，落实隐患整改责任制 | 按整改时间分成可立即整改的和须监控整改两类。按风险程度分为重大、严重、一般三类，建设单位、监理、施工单位按危险源等级承担跟踪、检查、整改工作 |
| 9 | 事故报告与调查 | 依法组织或者参与安全事故的调查处理，接受安全生产投诉，发布建设工程安全生产动态信息，向上级部门上报情况 | 确保各类信息发布传达上报及时，严格按照国家相关事故调查处理办法执行 |
| 10 | 信息传达 | 及时传达安全生产工作要求以及上级部门关于安全生产工作的文件、会议、批示精神等，并制定相应对策措施，督促相关单位落实到位。定期总结安全生产管理情况并及时上报行业和行政管理部门 | 保证各参建单位与外界信息沟通顺畅，保障信息渠道的实时性和便捷性 |
| 11 | 应急响应 | 制定工程建设重大安全事故应急综合预案 | 为提高工程建设重大生产安全事故应急的快速反应和处置能力，确保科学、及时有效地应对工程建设重大生产安全事故，最大限度减少人员伤亡和财产损失，维护稳定，保证建设工程顺利进行 |

续上表

| 序号 | 工作类别 | 工作内容 | 工作要求 |
|---|---|---|---|
| 12 | 费用使用监管 | 安全生产费用的列支、审批、支付和使用检查等方面的工作 | 严格按照国家关于安全生产费用相关标准规定执行 |
| 13 | 资料管理 | 建立文档整理体系，及时做好存档工作，全面反映安全工作开展情况 | 保证安全管理资料的完整行和规范性 |
| 14 | 沟通协调 | 建立健全各参建单位之间以及上级部门的沟通和协调机制 | 确保和各相关单位、部门沟通及时、联系通畅 |
| 15 | 工程前期和交竣工安全工作 | 项目前期工作、勘测设计阶段、招投标管理、工程交竣工评价等方面结合项目建设管理要求和法规要求组织开展相关安全生产工作 | 严格执行国家、地方相关法规、政策 |
| 16 | 安全生产活动 | 安全生产活动，安全生产课题研究，安全生产文化建设，文明施工规范化建设，安全生产标准化建设 | 组织专项安全生产活动并采取重要举措促进安全生产工作 |

## 二、安全生产管理工作程序

安全生产工作在项目的招标阶段、施工阶段和竣工验收阶段均有体现，招标阶段安全管理工作是通过审查确定具有相应资质和能力的承包人，并签订安全生产合同；施工阶段是项目建设生产阶段，是安全生产管理工作的重点，在项目实施过程中，根据法律、法规，通过一系列的方法和手段，达到控制安全生产的目的；竣工验收阶段是对完成的项目进行安全评估。其工程建设安全生产管理工作程序如图 4-2-1 所示。

**建设单位招标管理安全工作程序** 表 4-2-2

| 序号 | 项目 | 工作内容 | 工作标准 | 考核方法 | 工作执行 | 管理痕迹 |
|---|---|---|---|---|---|---|
| 1 | 招标管理工作程序 | 1-1 编制招标文件 | 应当要求施工单位具有《安全生产许可证》、按每 5000 万元合同额配备一名 C 类证书专职安全员、项目负责人须持有有效的 B 类证书。在招标文件中对工程安全管理提出要求 | 依据《标准施工招标资格预审文件》和《标准施工招标文件》试行规定(国务院 2007 年第 56 号令)编制 | 计划部门、总工办、工程部门、安全部门、财务部门 | 见招标文件范本 |
| | | 1-2 审查投标文件 | 合格的投标文件须在费用、证书、人员持证等方面满足 14-1 的标准，且进场包括施工过程中实际情况须符合投标文件所述 | 查招投标文件并在对施工单位检查时进行验证 | 计划部门、总工办、工程部门、安全部门、财务部门 | 见投标文件及相关检查通报 |
| | | 1-3 与中标单位签订安全生产合同 | 在进场伊始就需签订，所签合同须具备法律效力且有针对性、指导性 | 根据建设单位安全生产管理要求结合中标单位实际情况制定合同相关条款并由双方代表签订盖章 | 建设单位分管领导、安全部门、中标单位 | 见安全生产合同 |
| | | 1-4 单列安全专项经费 | 严格按照国家关于安全生产费用相关标准规定执行 | 制定费用管理要求，筹措资金，及时审查支付费用，检查费用使用情况 | 计划、安全、财务、工程部门 | 见安全专项经费管理办法 |

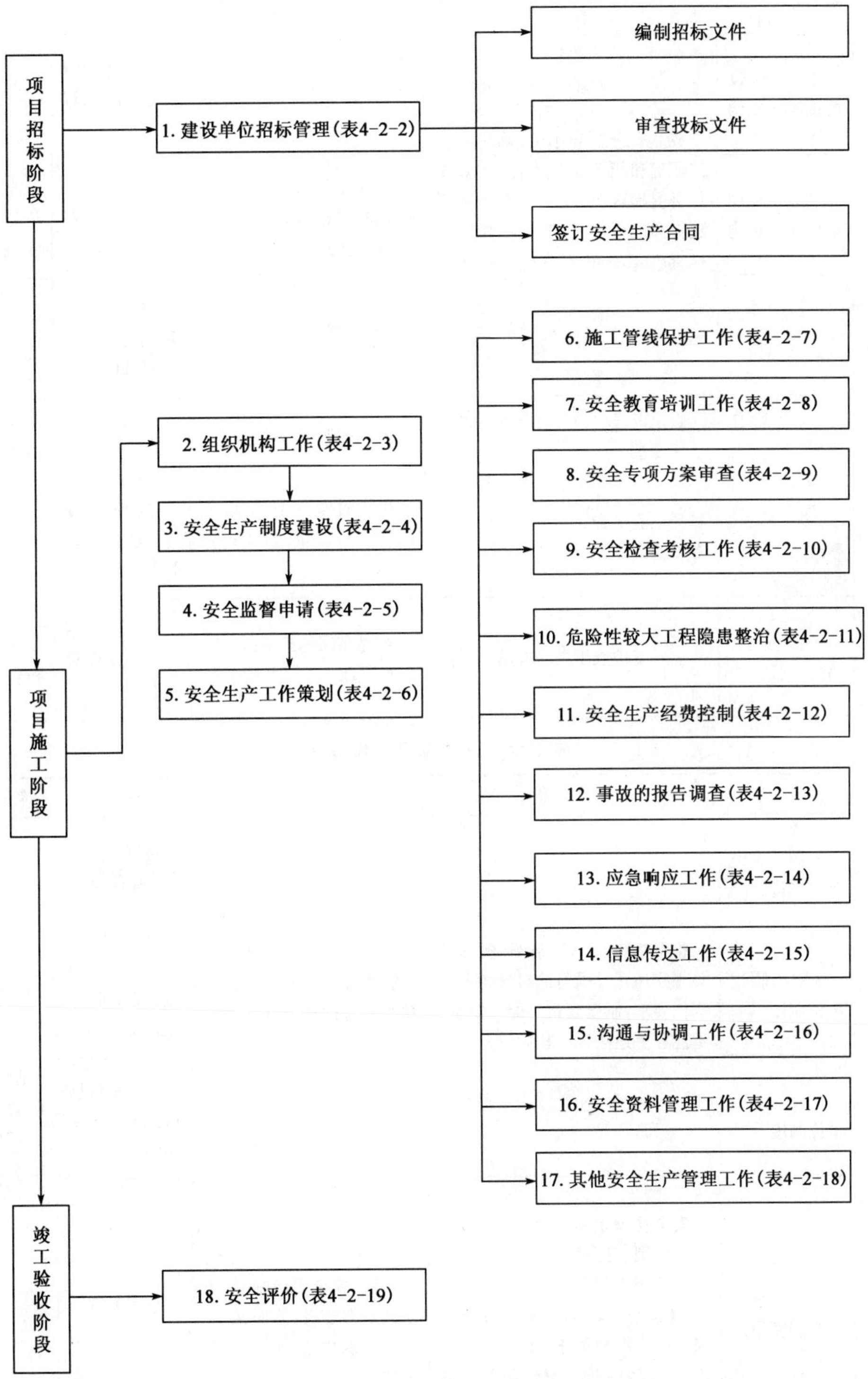


图 4-2-1　工程建设安全生产管理工作流程图

**组织机构工作程序** 表 4-2-3

| 序号 | 项目 | 工作内容 | 工作标准 | 考核方法 | 工作执行 | 管理痕迹 |
|---|---|---|---|---|---|---|
| 2 | 组织机构工作程序 | 2-1 建设单位组织机构 | 成立安全领导小组、确定各部门职责和相关岗位责任；建设单位督促检查监理、施工单位体系建立和运行情况；监理单位督促检查施工单位体系建立和运行情况 | 领导小组成员、部门及岗位职责清晰，各级督促检查工作到位 | 建设单位领导、安全、工程等部门 | 发文、责任状、检查通报 |
| | | 2-2 监理单位建立机构 | | | 监理单位总监及安全监理工程师 | 文件、会议记录、责任状、检查记录 |
| | | 2-3 施工单位建立机构 | | | 施工单位项目经理、安全、工程部门 | |
| | | 2-4 责任落实 | 确定责任单位和责任人并落实责任要求 | 责任制表格及责任状 | 各相关责任单位、责任人 | 文件、责任制表 |
| | | 2-5 检查、整改 | 开工前检查、工程中定期检查、专项检查 | 机构明确、责任落实、人员持证和数量、素质符合性检查 | 按统一领导、分级管理进行 | 会议记录、检查通报 |
| | | 2-6 复查、落实责任 | 上一级检查下一级并落实整改 | 对存在问题按通报要求限期整改 | 按统一领导、分级管理进行 | 整改回复报告、记录 |

**安全生产制度建设工作程序** 表 4-2-4

| 序号 | 项目 | 工作内容 | 工作标准 | 考核方法 | 工作执行 | 管理痕迹 |
|---|---|---|---|---|---|---|
| 3 | 安全生产制度建设程序 | 3-1 建设单位制度 | 符合法律、法规、条例、标准等关于交通建设项目的参建各方的责任要求，制度建设不能有缺项、不能和上述法规等相悖 | 检查制度的建立、发布、执行和修改等工作 | 建设单位安全、工程管理等部门 | 制度文件、教育培训记录、制度发文记录、修改执行等记录 |
| | | 3-2 监理单位制度 | | | 监理单位总监、安全监理工程师 | |
| | | 3-3 施工单位制度 | | | 施工单位项目经理、安全部门 | |
| | | 3-4 安全生产制度目录 | 安全管理实施细则、安全检查考核细则、安全教育培训制度、伤亡事故调查和处理办法、应急预案、重要分部、分项工程专项施工安全方案编制要求、安全会议制度、安全风险防范责任制度档案制度、其他安全生产制度 | 各单位要结合实际建立、健全安全生产制度，制度体系按建设、监理、施工三个层次由总到分，逐步细化 | 各相关责任单位、责任人 | |

**安全监督申请工作程序**　　表 4-2-5

| 序号 | 项目 | 工作内容 | 工作标准 | 考核方法 | 工作执行 | 管理痕迹 |
|---|---|---|---|---|---|---|
| 4 | 安全监督申请程序 | 4-1　提交安全监督申请 | 按照“江苏省交通建设工程安全监督管理(暂行)规定”,向交通建设工程安监机构申请办理安全监督手续,填报相关表格 | 检查工程项目文件,人员资质,管理体系,安全工作计划等 | 建设单位 | 文件记录 |
| | | 4-2　检查施工单位安全生产条件 | 按照“交通建设工程施工现场安全生产条件检查表”核验 17 个方面的内容,是否符合安全生产条件 | 检查现场及各种纪录 | 安全监督机构 | 现场查看与文件资料 |
| | | 4-3　签发安全监督通知书 | 经审查和核验,对符合安全生产条件的签发安全监督通知书 | 检查安全生产文件、资料以及施工现场 | 安全监督机构 | 文件资料 |

**安全生产工作策划程序**　　表 4-2-6

| 序号 | 项目 | 工作内容 | 工作标准 | 考核方法 | 工作执行 | 管理痕迹 |
|---|---|---|---|---|---|---|
| 5 | 安全工作策划程序 | 5-1　建设项目安全生产目标 | 制定工程总体安全生产目标,确定工作思路,分阶段确定目标和工作重点、思路、要求等,督促监理、施工单位分解目标、落实责任,强化日常安全管理 | 总目标、阶段目标的实现情况,工作重点和思路和实际工作的符合性等 | 建设单位安全生产领导小组、安全、工程等部门 | 文件、会议报告材料、目标责任制文件 |
| | | 5-2　建设项目安全生产活动 | 制定总体安全活动和重大措施,分阶段实施安全生产活动,阶段活动总结奖惩,组织开展安全生产重大活动,保障日常安全工作正常进行 | 安全活动和措施符合目标管理要求,对安全生产目标的实现有直接的因果关系 | | 文件、安全活动动员会议报告材料、活动总结奖惩文件 |
| | | 5-3　监理安全策划 | 制定安全监理大纲、监理规划、监理细则、安全活动分解计划和监管办法,督促施工单位分解目标、落实责任,有效开展日常安全工作 | 安全监理大纲、规划、细则符合总体安全目标,安全活动监管有序 | 监理单位总监、安全监理工程师、综合部门 | 文件、安全活动监管记录 |
| | | 5-4　施工安全策划 | 分解安全生产目标、落实责任,制定活动计划、措施,落实措施、有效开展安全活动和日常安全工作 | 目标分解和活动开展情况符合总体目标和活动要求 | 施工单位项目经理、安全、工程、综合部门 | 文件、安全活动开展记录 |
| | | 5-5　检查、调整 | 建设单位定期检查、监理单位重点检查、施工单位自查,不断落实措施、纠偏,有序开展安全活动和日常安全生产工作,保障目标实现 | 现场和内业资料检查 | 按统一领导、分级管理进行 | 检查记录表 |

**施工管线保护工作程序**　　表 4-2-7

| 序号 | 项目 | 工作内容 | 工作标准 | 考核方法 | 工作执行 | 管理痕迹 |
|---|---|---|---|---|---|---|
| 6 | 管线设计交底、现场调查、保护、检查整改工作程序 | 6-1　设计交底 | 召开设计交底会议，明确管线情况，落实调查、签收、保护要求 | 满足设计交底标准，必要时请管线业主指导 | 建设、设计单位（施工监理单位参加） | 交底记录纪要 |
| | | 6-2　现场查验、调查补充 | 设计文件和现场的核查，变化情况核查，现场标志检查 | 调查成果得到管线业主书面认可 | 建设、设计、监理、施工、管线单位 | 调查记录成果认可书 |
| | | 6-3　管线保护 | 落实管线保护的要求、标准 | 保护措施、施工过程安全方案 | 施工单位 | 现场施工防护方案 |
| | | 6-4　责任落实 | 确定责任单位和责任人并落实责任要求 | 责任制表格及责任状 | 各相关责任单位、责任人 | 责任制表 |
| | | 6-5　检查、整改 | 建设单位定期检查、监理单位巡视检查、施工单位日常检查，关键部位要有专人现场控制，存在问题及时整改 | 现场和内业资料检查 | 按统一领导、分级管理进行 | 检查记录表 |
| | | 6-6　复查、落实责任 | 上一级检查下一级并落实整改 | 对存在问题按现场和内业资料检查 | 按统一领导、分级管理进行 | 整改记录表 |

**安全教育培训工作程序**　　表 4-2-8

| 序号 | 项目 | 工作内容 | 工作标准 | 考核方法 | 工作执行 | 管理痕迹 |
|---|---|---|---|---|---|---|
| 7 | 安全教育培训工作程序 | 7-1　建设单位内部及项目培训 | 内部岗位职责及法律、规章等培训，检查监理、施工单位的教育培训工作 | 培训教育会议、相关讲座 | 建设单位安全、工程管理部门 | 会议记录、纪要，检查记录、通报、责任制表 |
| | | 7-2　监理单位内部及项目培训 | 内部岗位职责及法律、规章等培训，检查施工单位的教育培训工作 | | 监理单位总监、安全工程师 | |
| | | 7-3　施工单位内部人员、班组实施培训 | 落实三级教育、班前教育等工作要求 | 按人员登记表进行教育培训检查，检查班组教育情况 | 施工单位项目经理、安全部门 | |
| | | 7-4　责任落实 | 确定责任单位和责任人并落实责任要求 | | 相关责任单位、责任人 | |
| | | 7-5　检查、整改 | 建设单位、监理单位定期检查、施工单位日常检查 | 现场和内业资料检查 | 按统一领导分级管理 | 检查记录表 |
| | | 7-6　复查、落实责任 | 上一级检查下一级并落实整改 | 对存在问题按现场和内业资料检查 | 按统一领导分级管理 | 整改记录表 |

安全专项方案审查工作程序

表 4-2-9

| 序号 | 项目 | 工作内容 | 工作标准 | 考核方法 | 工作执行 | 管理痕迹 |
|---|---|---|---|---|---|---|
| 8 | 安全专项方案审查工作程序 | 8-1　编制方案 | 具体、针对性强、符合实际、操作性强 | 按重大分部、分项工程清单不缺项，方案和现场执行相对应 | 项目部总工程师及其公司审核 | 交底记录、纪要 |
| | | 8-2　方案报审 | 按规范、标准进行审查、批复和报备 | 审查手续完整性、资料流转及时性 | 专监审查、总监审批且报备建设单位 | |
| | | 8-3　特别重大方案审查 | 施工单位编制、监理单位审查、建设单位组织评审 | 形成专家意见、督促执行 | 建设单位组织专家会议审查批准 | 会议纪要、专家意见 |
| | | 8-4　责任落实 | 确定责任单位和责任人并落实责任要求 | 责任制表格及责任状 | 各相关责任单位、责任人 | 责任制表 |
| | | 8-5　检查、整改 | 检查方案实施情况，现场对应情况，动态管理情况 | 现场和内业资料检查 | 按统一领导、分级管理 | 检查记录表 |
| | | 8-6　复查、落实责任 | 上一级检查下一级并落实整改 | 对存在问题按现场和内业资料检查 | 按统一领导、分级管理 | 整改记录表 |

安全检查考核工作程序

表 4-2-10

| 序号 | 项目 | 工作内容 | 工作标准 | 考核方法 | 工作执行 | 管理痕迹 |
|---|---|---|---|---|---|---|
| 9 | 专项检查程序 | 9-1　安保体系及内业资料检查 | 检查安保体系是否建立健全，现场是否制度落实 | 行业标准、招标文件、指挥部文件 | 政府监管部门、指挥部、监理、项目经理部 | 行文通报、限期整改 |
| | | 9-2　危险源分析及应急预案检查 | 检查危险源、安全隐患分析资料和项目部、监理单位应急预案编制、演练、现场落实情况 | 行业标准、招标文件、指挥部文件 | 指挥部、监理、项目经理部 | 行文通报、限期整改 |
| | | 9-3　人员持证状况检查 | 检查并核对项目经理持证、专职安全人员持证、特殊工种人员持证及监理持证情况 | 行业标准、招标文件、指挥部文件 | 政府监管部门、指挥部、监理、项目经理部 | 行文通报、限期整改 |
| | | 9-4　特种设备检查（如架桥机、移动爬模、压力容器等） | 检查相关制造出厂资料、政府职能部门出具的有效检验证书、专项安全技术方案，维护保养记录，监理单位监管情况等 | 行业标准、招标文件、指挥部文件 | 政府监管部门、指挥部、监理、项目经理部 | 行文通报、限期整改 |
| | | 9-5　大型设备 | 检查相关制造出厂资料、政府职能部门出具的有效检验证书、专项安全技术方案，维护保养记录，监理检查记录等 | 行业标准、招标文件、指挥部文件 | 政府监管部门、指挥部、监理、项目经理部 | 行文通报、限期整改 |

续上表

| 序号 | 项目 | 工作内容 | 工作标准 | 考核方法 | 工作执行 | 管理痕迹 |
|---|---|---|---|---|---|---|
| 9 | 专项检查程序 | 9-6 大临设施 | 检查施工程序是否合法，现场操作是否合规，专项安全技术方案，监理工作情况等 | 行业标准、招标文件、指挥部文件 | 指挥部、监理、项目经理部 | 行文通报、限期整改 |
| | | 9-7 支架平台 | 检查施工程序是否合法，现场操作是否合规，专项安全技术方案，监理监管情况等 | 行业标准、招标文件、指挥部文件 | 指挥部、监理、项目经理部 | 行文通报、限期整改 |
| | | 9-8 高空作业防护 | 检查施工程序是否合法，现场操作是否合规，专项安全技术方案，监理工作情况等 | 行业标准、招标文件、指挥部文件 | 指挥部、监理、项目经理部 | 行文通报、限期整改 |
| | | 9-9 预制场检查 | 检查施工现场布设情况，现场操作是否合规，专项安全技术方案，监理工作情况等 | 行业标准、招标文件、指挥部文件 | 指挥部、监理、项目经理部 | 行文通报、限期整改 |
| | | 9-10 水上作业 | 检查施工程序是否合法，现场操作是否合规，专项安全技术方案，监理工作情况等 | 行业标准、招标文件、指挥部文件 | 指挥部、监理、项目经理部 | 行文通报、限期整改 |
| | | 9-11 交通组织 | 检查交通组织方案是否可行，手续是否齐全，现场检查方案落实情况 | 行业标准、招标文件、指挥部文件 | 有关部门、指挥部、监理、项目经理部 | 行文通报、限期整改 |
| | | 9-12 场地文明施工 | 检查现场施工组织和文明施工具体落实情况 | 行业标准、招标文件、指挥部文件 | 政府监管部门、指挥部、监理、项目部 | 行文通报、限期整改 |
| | | 9-13 安全用电 | 检查工程用电方案，现场电缆线布设，配电箱配置、摆放规范性，接电规范化，安全用电教育宣传等 | 行业标准、招标文件、指挥部文件 | 政府监管部门、指挥部、监理、项目经理部 | 行文通报、限期整改 |
| | | 9-14 消防安全 | 检查工程消防方案及应急预案，现场消防器械配置、摆放规范性，消防教育宣传等 | 行业标准、招标文件、指挥部文件 | 政府监管部门、指挥部、监理、项目部 | 行文通报、限期整改 |
| | | 9-15 食堂卫生防疫检查 | 检查食堂人员是否持卫生防疫证书，食堂卫生状况，操作间操作规范状况 | 行业标准、招标文件、指挥部文件 | 指挥部、监理、项目经理部 | 行文通报、限期整改 |
| | | 9-16 安全经费使用 | 检查安全经费是否编制使用计划、现场实际使用发票，是否专款专用 | 招标合同文件、指挥部文件 | 政府监管部门、指挥部、监理、项目部 | 行文通报、限期整改 |

续上表

| 序号 | 项目 | 工作内容 | 工作标准 | 考核方法 | 工作执行 | 管理痕迹 |
|---|---|---|---|---|---|---|
| 9 | 活动检查程序 | 9-17 管道保护检查 | 检查各单位建设范围内管线调查统计情况，管线保护方案和现场落实情况 | 调查管线种类、产权管理单位及维护保养联系人、联系方法 | 政府监管部门、指挥部、监理、项目经理部 | 行文通报、限期整改 |
| | | 9-18 起重设备及钢丝绳、吊具检查 | 系统检查设备证件、证书、维修保养记录，操作人员持证情况等，着重检查钢丝绳、吊具等易损件的完好状况 | 证件齐全，记录完整，操作人员持有效证件 | 政府监管部门、指挥部、监理、项目经理部 | 行文通报、限期整改 |
| | | 9-19 节假日、庆典仪式前检查 | 场地检查，方案审查，检查值班人员到位情况 | 要求方案全面、有可操作性，责任明确 | 有关部门、指挥部、监理、项目经理部 | 行文通报、限期整改 |
| | | 9-20 高空作业检查 | 检查有关安全保护方案和应急预案，检查现场防护，劳保用品佩戴情况等 | 要求方案全面、有可操作性，责任人员明确，现场操作规范 | 指挥部、监理、项目经理部 | 行文通报、限期整改 |
| | | 9-21 安全月特别检查 | 全面检查工地安全生产开展情况 | 全面检查，现场安全生产气氛要浓郁 | 有关部门、指挥部、监理、项目经理部 | 行文通报、限期整改 |
| | | 9-22 其他活动检查 | 根据上级要求进行 | 根据上级要求或文件内容实施 | 有关部门、指挥部、监理、项目经理部 | 行文通报、限期整改 |
| | 日常检查程序 | 9-23 制度、方案落实检查，规范化施工检查 | 对照制度、方案，检查现场施工落实情况，并检查监理安全监管落实情况，劳保用品佩戴情况等 | 行业标准、招标文件、指挥部文件 | 指挥部、监理、项目经理部 | 行文或现场要求及时整改 |
| | | 9-24 安全防护检查 | 对照方案，检查现场施工落实情况，并检查监理安全监管落实情况 | 行业标准、招标文件、指挥部文件 | 指挥部、监理、项目经理部 | 行文或现场求及时整改 |
| | | 9-25 现场文明施工检查 | 对照方案，检查现场施工和监理安全监管落实情况 | 行业标准、招标文件、指挥部文件 | 指挥部、监理、项目经理部 | 行文或现场要求及时整改 |
| | | 9-26 安全人员现场到位检查 | 对照方案，检查现场施工和监理安全监管落实情况 | 行业标准、招标文件、指挥部文件 | 指挥部、监理、项目经理部 | 行文或现场要求整改 |
| | | 9-27 安全交底、班前教育 | 对照方案，检查现场施工和监理安全监管落实情况 | 行业标准、招标文件、指挥部文件 | 指挥部、监理、项目经理部 | 行文或现场要求及时整改 |
| | | 9-28 特殊工种人员持证检查 | 对照方案，检查现场施工和监理安全监管落实情况 | 行业标准、招标文件、指挥部文件 | 指挥部、监理、项目经理部 | 行文或现场要求及时整改 |
| | | 9-29 安全专项经费使用检查 | 要求专款专用，有使用台账，有劳保用品发放记录 | 行业标准、招标文件、指挥部文件 | 指挥部、监理、项目经理部 | 行文或现场要求及时整改 |

危险性较大的分部分项工程隐患整治工作程序　表 4-2-11

| 序号 | 项目 | 工作内容 | 工作标准 | 考核方法 | 工作执行 | 管理痕迹 |
|---|---|---|---|---|---|---|
| 10 | 重要分部分项工程隐患整改工作程序 | 10-1　危险源识别、分类 | 职业健康标准和工程建设相结合，按时间分成可立即整改和要长期监控；按风险程度分成 A、B、C 三级 | 台账和申报文件 | 施工单位 | 危险源识别报审表 |
| | | 10-2　审核 | 对 A、B 级重点审核 | 审查批复资料 | 监理单位、建设单位 | 监理审查表 |
| | | 10-3　分级管理 | 项目部、相关部门、班组实行三级管理 | 审查批复资料 | 施工单位 | 报备及审批文件 |
| | | 10-4　责任落实 | 落实三级责任制 | 责任制表格及责任状 | 各相关责任单位、责任人 | 责任制表 |
| | | 10-5　检查、整改 | 建设负责 A 级，监理，施工负责 A、B、C 三级的检查 | 现场和内业资料检查 | 按统一领导、分级管理进行 | 检查记录表 |
| | | 10-6　复查、落实责任奖惩 | 上一级检查下一级并进行奖惩 | 对存在问题按现场和内业资料检查 | 按统一领导、分级管理进行 | 奖惩文件 |
| | | 10-1～10-6 动态管理 | 上述工作循环 | 上述工作循环 | 按上述单位 | 上述文件循环 |

安全生产经费控制工作程序　表 4-2-12

| 序号 | 项目 | 工作内容 | 工作标准 | 考核方法 | 工作执行 | 管理痕迹 |
|---|---|---|---|---|---|---|
| 11 | 1%安全生产经费控制程序 | 11-1　经费设置、筹措 | 经费有保障 | 资金列支、到位情况 | 建设单位计划，财务 | 招标文件、经费总账 |
| | | 11-2　经费申报使用 | 明确用途、资料清楚完整 | 完善、改造和维护安全防护、检测、探测设备、设施的支出；配备及更新必要的应急救援器材、设备支出的费用；安全资料的编印、安全施工标志的购置及宣传栏的设置费用；安全培训、教育费用；应急救援演练支出；施工现场入口、沿线交叉路口、危险部位及临边防护的费用；施工安全用电的费用；起重机、塔吊等起重设备及外用电梯的安全防护设施费用及卸料平台的临边防护、层间安全门、防护棚等设施费用；施工机具防护棚及其围栏的安全保护设施费用；水上、水下以及高空等危险作 | 施工单位安全，设备，工程 | 计量申报表 |

续上表

| 序号 | 项目 | 工作内容 | 工作标准 | 考核方法 | 工作执行 | 管理痕迹 |
|---|---|---|---|---|---|---|
| 11 | 1%安全生产经费控制程序 | 11-2 经费申报使用 | 明确用途、资料清楚完整 | 业的救生设备、器材及临边防护、警示设施费用。交通疏导、警示设施费用；消防设施与消防器材的配置及保健急救措施费用；安全网、安全帽、安全带等现场作业人员安全防护物品支出；重大危险源、重大事故隐患的评估、整改、监控支出；安全生产检查与考核支出；其他与安全生产直接相关的支出 | 施工单位安全，设备，工程 | 计量申报表 |
| | | 11-3 经费计量审核 | 使用合理性检查、规定符合性检查 | 报备及审批文件 | 监理单位安全，计量，总监 | 计量申报表 |
| | | 11-4 经费审批、支付 | 符合规定、用途清楚、及时支付 | 审批及支付及时情况 | 建设单位安全，工程，财务 | 计量申报表 |
| | | 11-5 经费使用检查、整改 | 规定符合性检查、现场实际使用检查 | 现场和内业资料检查 | 建设，监理单位 | 检查记录表 |
| | | 11-6 复查 | 整改情况符合要求 | 对存在问题按现场和内业资料检查 | 建设，监理单位 | 检查记录表 |
| | | 11-7 经费使用研究 | 合理落实经费使用 | 审计、监督 | 按上述单位 | 研究报告 |

**事故的报告调查工作程序** 表 4-2-13

| 序号 | 项目 | 工作内容 | 工作标准 | 考核方法 | 工作执行 | 管理痕迹 |
|---|---|---|---|---|---|---|
| 12 | 事故报告调查程序 | 12-1 事故报告、配合调查 | 执行事故报告制度要求，限时、逐级、准确报告相关对应单位，做好现场维护、应急处置，做好善后安抚工作，做好防范事态扩大 | 事故报告制度要求、建设单位其他规定、安全生产一票否决制要求 | 建设、监理、施工单位负责人、安全部门、事故涉及单位相关人员 | 事故报告材料 |
| | | 12-2 应急处置 | | | 建设、监理、施工单位应急体系涉及部门 | 事故处置记录 |
| | | 12-3 事故善后 | | | 建设、监理、施工单位负责人、项目负责人、安全、工程部门 | 相关协议 |
| | | 12-4 工作整改 | 执行“四不放过”原则 | | 相关文件 | 建设、监理、施工单位负责人、安全、工程部门 |

应急响应工作程序 表 4-2-14

| 序号 | 项目 | 工作内容 | 工作标准 | 考核方法 | 工作执行 | 管理痕迹 |
| --- | --- | --- | --- | --- | --- | --- |
| 13 | 应急响应管理程序 | 13-1 制度建立落实 | 检查制度建立健全情况，现场落实情况 | 国家地方相关法规文件要求、招标文件、建设单位相关文件要求 | 建设、监理、施工单位应急体系相关部门 | 文件、检查记录、通报 |
| | | 13-2 应急体系检查 | 根据制度要求，现场检查核对 | | | |
| | | 13-3 组织安全演练 | 演练要有针对性，有总结，教育要有效果 | 参与演练现场或检查台账记录 | | 活动策划、记录、总结、图片、录像等 |
| | | 13-4 应急物资储备 | 检查工程消防方案及应急预案，现场消防器械配置、摆放规范性，应急人员、其他物资准备情况 | 根据行业要求和施工实际需要，现场检查 | 建设、监理、施工单位物资部 | 检查记录、通报 |
| | | 13-5 食堂卫生防疫 | 检查食堂人员是否持卫生防疫证书，食堂卫生状况，操作间操作规范状况 | 行业标准 | 建设、监理、施工单位综合、安全部门 | |

信息传达工作程序 表 4-2-15

| 序号 | 项目 | 工作内容 | 工作标准 | 考核方法 | 工作执行 | 管理痕迹 |
| --- | --- | --- | --- | --- | --- | --- |
| 14 | 信息传达程序 | 14-1 上情下达 | 及时传达建设单位和上级部门有关安全生产的工作要求，针对上级要求，提出本项目具体的安全生产落实计划 | 查台账记录 | 建设、监理、施工、纪检单位相关部门 | 行文、台账 |
| | | 14-2 下情上达 | 及时沟通信息，落实各类报告制度，建立安全月报制度 | 各单位来往文件 | 施工、监理、建设单位相关部门 | 行文通报、现场要求 |
| | | 14-3 外情内达 | 及时传达相关工程的安全管理经验，了解安全生产形势 | 查台账、查会议记录签到表 | 建设单位相关部门、监理、项目经理部 | 行文通报、现场要求 |
| | | 14-4 内情外达 | 适时组织参观交流学习等活动，展示工程建设形象 | 做好宣传、接待工作 | | 活动记录、图片 |
| | | 14-5 安全会议制度 | 定期召开安全形势分析会议、及时召开突发事件通报会议做好安全生产情况信息交流工作 | 安全会议制度执行情况、安全月报制度执行情况 | 建设、监理、施工、纪检单位相关部门 | 行文通报、现场要求 |

沟通与协调工作程序 表 4-2-16

| 序号 | 项目 | 工作内容 | 工作标准 | 考核方法 | 工作执行 | 管理痕迹 |
|---|---|---|---|---|---|---|
| 15 | 沟通协调程序 | 15-1 内部沟通协调 | 确保和各相关部门、单位沟通及时、联系通畅 | 各参建单位在其内部和各单位之间建立良好的沟通和协调机制并开展工作 | 建设、监理、施工单位领导、安全、工程、办公等部门 | 沟通协调会议记录、相关工作要求文件、安全生产月报 |
| | | 15-2 外部沟通协调 | | 建立与行业和行政管理部门、其他与安全生产有关的部门和地方的沟通协调机制并加强联系 | 建设单位领导、综合、办公、党群、安全、工程等部门 | 与相关部门的来往文件和会议纪要、请进来、走出去记录 |

安全资料管理工作程序 表 4-2-17

| 序号 | 项目 | 工作内容 | 工作标准 | 考核方法 | 工作执行 | 管理痕迹 |
|---|---|---|---|---|---|---|
| 16 | 资料管理程序 | 16-1 资料收集 | 及时、完整 | 定期汇总、整理、自查 | 建设、监理、施工单位工程部门、安全部门 | 档案资料 |
| | | 16-2 资料归档 | 根据建设单位相关资料管理办法及安全资料分类管理要求保证规范性 | 定期汇总、整理、自查、接受上级相关部门检查 | 建设、监理、施工单位安全部门、办公等部门 | |
| | | 16-3 督促检查 | 统一领导、分级检查、整改 | 定期检查,考核,并以通报形式总结督促 | 建设、监理、施工单位安全、工程、办公等部门 | |

其他安全生产管理工作程序 表 4-2-18

| 序号 | 项目 | 工作内容 | 工作标准 | 考核方法 | 工作执行 | 管理痕迹 |
|---|---|---|---|---|---|---|
| 17 | 其他安全管理工作程序 | 17-1 安全专项措施 | 安全风险抵押金措施、百日生产安全无事故活动 | 按安全风险防范责任状和安全生产标准检查考评 | 建设、监理、施工单位 | 责任状、检查记录、奖惩文件 |
| | | 17-2 安全课题研究 | 结合工程实际开展工作标准化研究 | 课题研究成果要科学、规范、使用且符合法规要求并通过结题审查 | 建设、监理、施工单位 | 课题成果报告 |
| | | 17-3 安全文化建设 | 培训教育、安全环境、文体活动、竞赛评比、安全演练等 | 省、市工会“安康杯”活动要求 | 建设、监理、施工单位的工会、综合、党群、安全部门 | 活动策划、记录、图片等 |
| | | 17-4 文明施工管理 | 创建文明工地 | 对照文明施工标准检查现场和环境 | 建设、监理、施工单位 | 检查记录、图片、标准 |
| | | 17-5 安全工具化管理 | 实施安全生产工具化、标准化、规范化管理 | 安全生产工具化标准 | 建设、监理、施工单位 | 现场防护、操作技能检查记录 |

安全评价工作程序 表 4-2-19

| 序号 | 项目 | 工作内容 | 工作标准 | 考核方法 | 工作执行 | 管理痕迹 |
| --- | --- | --- | --- | --- | --- | --- |
| 18 | 安全评价程序 | 18-1 安全评价申请 | 办理交工安全评价手续，建设、监理、施工单位提交安全工作总结 | 查看资料 | 建设单位 | 文档资料 |
|  |  | 18-2 安全评估 | 建设工程交工前，对施工、监理单位安全生产及安全行为进行评估 | 查看资料 | 建设单位、安全监督机构 | 文档资料 |
|  |  | 18-3 签发安全评价意见书 | 提出评估意见 | 查看资料 | 安全监督机构 | 文档资料 |
|  |  | 18-4 出具安全监督报告 | 项目竣工验收时，出具安全监督报告 | 查看资料 | 安全监督机构 | 文档资料 |

# 第三节 安全生产教育培训

从目前我国生产安全事故的特点可以看出，重特大人身伤亡事故主要集中在劳动密集型的生产经营单位，如道路交通、建筑施工等。从这些生产经营单位的用工情况看，其从业人员多数以农民工为主，以不签订劳动合同或签订短期劳动合同为主要形式。这些从业人员多数文化水平不高，流动性大，也影响了部分生产经营单位在安全教育培训方面不愿意做出更多投入，安全教育培训流于形式的情况较为严重，导致了从业人员对违章作业(或根本不知道本人的行为是违章)的危害认识不清，对作业环境中存在的危险、有害因素认识不清。

因此，加强对从业人员的安全教育培训，提高从业人员对作业风险的辨识、控制、应急处置和避险自救能力，提高从业人员安全意识和综合素质，是防止产生不安全行为，减少人为失误的重要途径。

## 一、安全教育的特点

安全教育既是施工企业安全管理的重要工作组成部分，也是施工现场安全生产的一个重要方面，具有以下特点：

### 1. 长期性和艰巨性

由于生产条件的不断变化和发展，员工的不断更替，员工心理和生理的不断变化，决定了安全教育的长期性和艰巨性，安全宣传教育必需贯穿于每个员工工作的全过程，也贯穿于生产经营单位生产的全过程。

### 2. 广泛性和实践性

生产经营单位中，任何人员都需要接受安全教育，都要把安全放在第一位，因为生产经营单位中任何一个人都有发生事故的可能性，因此进行安全教育必须是全员的，一个都不能漏。安全教育的效果要通过生产实际来检验，要理论联系实际，根据实际生产操作特点采取相应的培训方案。

**3. 专业性和科学性**

安全教育培训是一门专业性很强的科学，它有自己基本的理论，独特的内容和区别于其他教育的方式方法。安全教育涉及自然科学、社会科学、管理科学等科学，其科学性也很突出。

**4. 时间性和有效性**

在安全教育的时间性上，什么时候教育效果最好，也有其内在的规律性。实践证明，在关键时机进行教育，将会收到事半功倍的效果。关键时机包括，新从业人员进厂的时候；员工调岗的时候；时令季节变换的时候；逢年过节的时候；员工休假回厂的时候；员工受伤复工的时候；生产任务下达的时候；重大政策、法规出台的时候；运用新材料、新设备、新工艺、新技术、新产品的时候；作业现场发生险情的时候；员工碰到重大困难的时候；安全检查发现问题的时候；发生工伤事故的时候；进行工作总结评比的时候等。

## 二、安全教育培训的实施与管理

### (一)对主要负责人的培训内容和时间

**1. 初次培训的主要内容**

(1)国家安全生产方针、政策和有关安全生产的法律、法规、规章及标准。
(2)安全生产管理基本知识、安全生产技术、安全生产专业知识。
(3)重大危险源管理、重大事故防范、应急管理和救援组织以及事故调查处理的有关规定。
(4)职业危害及其预防措施。
(5)国内外先进的安全生产管理经验。
(6)典型事故和应急救援案例分析。
(7)其他需要培训的内容。

**2. 再培训内容**

对已经取得上岗资格证书的有关领导，应定期进行再培训，再培训的主要内容是新知识、新技术和新颁布的政策、法规；有关安全生产的法律、法规、规章、规程、标准和政策；安全生产的新技术、新知识；安全生产管理经验；典型事故案例。

**3. 培训时间**

施工单位主要负责人参加安全资格培训时间不得少于 48 学时；每年再培训时间不得少于 16 学时。

## (二)对安全生产管理人员培训的主要内容和时间

### 1. 初次培训的主要内容

(1)国家安全生产方针、政策和有关安全生产的法律、法规、规章及标准。
(2)安全生产管理、安全生产技术、职业卫生等知识。
(3)伤亡事故统计、报告及职业危害的调查处理方法。
(4)应急管理、应急预案编制以及应急处置的内容和要求。
(5)国内外先进的安全生产管理经验。
(6)典型事故和应急救援案例分析。
(7)其他需要培训的内容。

### 2. 再培训的主要内容

对已经取得上岗资格证书的安全管理人员,定期进行再培训,再培训的主要内容是新知识、新技术和新颁布的政策、法规:有关安全生产的法律、法规、规章、规程、标准和政策;安全生产的新技术、新知识;安全生产管理经验;典型事故案例。

### 3. 培训时间

施工单位安全生产管理人员参加安全资格培训时间不得少于 48 学时;每年再培训时间不得少于 16 学时。

## (三)特种作业人员培训

国家规定的电工、焊工、架子工、司炉工、爆破工、机操工、起重工、小机动翻斗车司机、龙门吊司机等特殊工种的特种作业人员必须经专门的安全技术培训并考核合格,取得《中华人民共和国特种作业操作证》(以下简称特种作业操作证)后,方可上岗作业。特种作业人员接受与其所从事的特种作业相应的安全技术理论培训和实际操作培训。

特种作业操作证申请复审或者延期复审前,特种作业人员应当参加必要的安全培训并考试合格。安全培训时间不少于 8 个学时,主要培训法律、法规、标准、事故案例和有关新工艺、新技术、新装备等知识。再复审、延期复审仍不合格,或者未按期复审的,特种作业操作证失效。

## (四)其他施工人员的教育培训

生产经营单位其他从业人员是指除主要负责人、安全生产管理人员以外,生产经营单位从事生产经营活动的所有人员(包括临时聘用人员)。由于特种作业人员作业岗位对安全生产影响较大.需要经过特殊培训和考核,所以制定了特殊要求,但对从业人员的其他安全教育培训、考核工作,同样适用于特种作业人员。

**1. 安全三级教育**

凡公司新招收的合同制工人，及分配来的实习和代培人员，分别由公司进行一级安全教育，项目经理部进行二级安全教育，现场施工员及班组长（或劳务、外包单位代表）进行三级安全教育，教育内容为：

（1）公司教育：

①讲党和国家的劳动保护安全生产的方针、政策。

②讲公司安全管理规章制度、劳动、安全纪律。

③讲"三不伤害"即：遵守操作规程不伤害自己，讲究职业道德不伤害他人，居安思危不被他人伤害。

④讲遵章守纪，反对违章指挥，反对违章操作。

⑤讲公司内、外工伤事故血的教训。

（2）项目经理部教育：

①讲安全生产、劳动保护、安全防火等规章制度与奖惩制度。

②讲施工生产特点，危险地段，应注意的事项，防范措施与方法。

③讲安全技术操作规程、安全、劳动纪律。

（3）班组教育：

①讲各工程的安全技术操作规程、安全、劳动纪律。

②讲施工现场应注意的事项，预防事故发生的措施。

③讲使用生产工具（设备的性能，用途和构造，使用的基本方法）。

④讲劳保用品的使用与保管，爱护和保管生产工具（设备）和施工现场各种防护设施，安全标志。

公司及项目经理部两级教育，对教育内容要进行考核，造册登记。教育人和接受教育人要签字备查。

**2. 调整工作岗位或离岗后重新上岗安全教育培训**

从业人员调整工作岗位后，由于岗位工作特点、要求不同，应重新进行新岗位安全教育培训，并经考试合格后方可上岗作业。

由于工作需要或其他原因离开岗位后，重新上岗作业应重新进行安全教育培训，经考试合格后，方可上岗作业。

凡有变更工种工作的工人，项目部必须及时通知安全部门和现场安全员进行变更工种工作的安全技术教育。责任划分由公司变更的，由公司质检安全部进行教育；由工地变更的，要通知安全员进行安全教育。变更工种安全教育，由教育人员填写安全教育卡（册），教育者与受教育者都要签字备查。

**3. 岗位安全教育培训**

岗位安全教育培训，是指连续在岗位工作的安全教育培训工作。主要包括日常安全教育培训、定期安全考试和专题安全教育培训 3 个方面。

日常安全教育培训工作，主要以作业队、班组为单位组织开展，重点是安全操作规程的学习培训，安全生产规章制度的学习培训，作业岗位安全风险辨识培训，事故案例教育等。日常安全教育培训工作形式多样，内容丰富，根据施工的特点不同而各具特色。有班前会、班后会制度，安全日活动制度。班前会，在布置当天工作任务的同时，开展作业前安全风险分析，制定预控措施，明确工作的监护人等。工作结束后，对当天作业的安全情况进行总结分析、点评等。"安全日活动"，即每周必须安排半天的时间统一由班组或作业队组织安全学习培训，项目部的领导、职能部门的领导及专职安全监督人员深入班组参加活动。

定期安全考试，是指生产经营单位组织的定期安全工作规程、规章制度、事故案例的学习和培训，学习培训的方式较为灵活，但考试统一组织。定期安全考试不合格者，应下岗接受培训，考试合格后方可上岗作业。

专题安全教育培训，是指针对某一具体问题进行专门的培训工作。专题安全教育培训工作，针对性强，效果比较突出。通常开展的内容有：三新安全教育培训、法律法规及规章制度培训、事故案例培训、安全知识竞赛比武等。

三新教育培训是生产经营单位实施新工艺、新技术、新设备(新材料)时，组织相关岗位对从业人员进行有针对性的安全生产教育培训；法律法规及规章制度培训是指国家颁布的有关安全生产法律法规，或生产经营单位制定新的有关安全生产规章制度后，组织开展的培训活动；事故案例培训是指在生产经营单位发生生产安全事故或获得与本单位生产经营活动相关的事故案例信息后，开展的安全教育培训活动；有条件的生产经营单位还应该举办经常性的安全生产知识竞赛、技术比武等活动，提高从业人员对安全教育培训的兴趣，推动岗位学习和练兵活动。

在安全生产的具体实践过程中，生产经营单位还可以采取其他许多宣传教育培训的方式、方法，如班组安全管理制度，警句、格言上墙活动，利用闭路电视、报纸、黑板报、橱窗等进行安全宣传教育，利用漫画等形式解释安全规程制度，在生产现场曾经发生过生产安全事故地点设置警示牌，组织事故回顾展览等。

生产经营单位还应以国家组织开展的"全国安全生产月"活动为契机，结合生产经营的性质、特点，开展内容丰富、灵活多样、具有针对性的各种安全教育培训活动，提高各级人员的安全意识和综合素质。

# 第四节　安全生产技术交底

## 一、安全技术交底的组织

### (一)安全技术交底的分类

按照参与施工过程各要素分，安全技术交底的类别有：

(1)施工操作技术安全技术交底。主要是针对在各施工工序序中所应注意的安全技术操作所做的技术交底。

(2)各工种操作人员安全技术交底。主要是针对从事不同工种施工的人员所进行的具有本工种特点的技术交底。

(3)施工机械安全技术交底。主要是针对各种操作机械所进行的,对于适用此种机械时应遵循的技术要求所做的技术交底。

(4)针对作业对象的安全技术交底。按照作业对象的特点而向作业者提出相应的安全技术要求。在施工过程中可以根据具体的需要,选用适合施工工程的安全技术交底方式。

### (二)安全技术交底文件的编制

(1)组织领导。安全技术交底文件的编制由项目总工程师领导,编制成员由工程技术、物资机械、安全质量等专业、管理人员组成。项目经理是实施方案的第一责任人,为技术交底和方案实施的建立提供人、财、物的支持。

(2)安全技术交底文件的编制一般要求如下:

①编制人员应认真学习国家有关安全生产的法律、法规、规范、标准,既熟悉工程施工技术要求又掌握必备的安全生产知识方可参加相关编制工作。同时,编制人员应亲临工程一线进行现场调查,要对场地环境、水文、地质、气象等现场情况和交通、建材、公共设施、消防要求、应急救援社会情况进行充分了解。

②安全技术交底文件要有针对性和可操作性,应根据工程特点、施工环境、施工工艺和程序、工艺方法、机械设备、安全防护条件以及工人安全意识和文明素质等工、料、机、环、序的不同特点采取客观、可行的方式进行编制。

③安全技术交底文件要突出安全技术、管理等方面的措施和保障,重点突出针对工程重大危险因素的防范工作和措施,着力落实安全保障措施的可执行性和可跟踪检查性。

④要保证安全技术交底文件的严肃性,不得轻易变动。但安全技术交底文件要以施工方法和工艺方法为前提进行编制,当工法改变或者施工实际情况发生变化时,应及时进行修订并重新组织交底。

⑤安全技术交底文件的编制不能脱离工程建设实际,要根据各工程现场情况和内容进行编制。

### (三)安全技术交底的方式

安全技术交底的方式主要采取两种方法。

#### 1. 书面交底

对于危险性较大的分部分项工程、各工种安全操作规程,编制安全技术交底文件采用书面交底的做法。书面交底后,交底人和接受交底的人员应签字确认,并应将交底资料存档备查。

#### 2. 口头交底

对于一些危险性不大的作业、安全技术要求明白易懂、容易掌握,可在每日施工作业前用口头讲解的形式进行安全技术交底。对口头交底的内容应作好详细记录,交底人和接受交底的人员应签字确认,并存档备查。

## 二、安全技术交底的要求和内容

### (一)基本要求

(1)逐级交底制度,由项目技术负责人向技术人员和施工负责人、班组长,技术人员、班组长向作业人员分别进行交底。

(2)交底必须具体、针对性强。

(3)技术交底的内容应针对分部分项工程施工作业人员的潜在危险因素和存在的问题。

(4)应优先采用新的安全技术措施。

(5)每天作业前,各施工班组长应针对当天的工作任务、作业条件和作业环境,就作业要求和施工中应注意的安全事项向作业人员进行交底,并将参加交底的人员和交底内容记录于班组安全活动中。

(6)各工种的安全技术交底一般与分部分项安全技术交底同行。对施工工艺复杂、施工难度较大或作业条件危险的,应当进行各工种的安全技术交底。

(7)交底双方在书面安全技术交底上签字确认,确定各自责任。

### (二)具体措施

(1)各施工单位必须制定安全技术分级交底职责管理要求,职责权限和工作程序以及分解落实、监督检查的规定。

(2)各分部分项工程,关键工序,专项方案实施前,项目技术负责人将安全技术措施向参加施工管理人员进行交底。

(3)安全员及各分部分项工程管理员应对新进场的工人实施作业人员工种交底。

(4)作业班组应对作业人员进行班前交底。

(5)交底要具有针对性、可行性、完整性、预见性、预防性、指导性与强制性。

①针对性。是指必须针对具体所担负的施工任务和特点进行交底。

②可行性。是指交底的内容、提出的要求不笼统、不教条,切实可性,具有可操作性。

③完整性。是指交底的内容应全面、具体、重点突出。

④预见性。要对可能存在的安全隐患、可能存在的安全问题进行科学的预测。

⑤预防性。在安全技术交底中,要对安全隐患、安全问题提出切实可行的预防措施。

⑥指导性与强制性。安全技术交底中,有的内容是施工作业的安全技术指导,有的要求作业班组、作业人员必须遵守、不得违反。

(6)所有交底,必须有书面交底记录,交底双方应履行签字手续,交底双方各有一套书面交底,记录文件。

### (三)安全技术交底的基本内容

(1)工程项目和分部工程的概况。

(2)工程项目和分部分项工程的危险部位。

(3)危险部位采取的具体预防措施。

(4)作业中应注意的安全事项。

(5)作业人员应遵守的安全操作规程和规范。

(6)作业人员发现事故隐患应采取的措施和发生事故后应及时采取的躲避和急救措施。

# 第五节　安全生产检查与隐患排查治理

## 一、安全生产检查

安全生产检查是生产经营单位安全生产管理的重要内容，其工作重点是辨识安全生产管理工作存在的漏洞和死角，检查生产现场安全防护设施、作业环境是否存在不安全状态，现场作业人员的行为是否符合安全规范，以及设备、系统运行状况是否符合现场规程的要求等。通过安全检查，不断堵塞管理漏洞，改善劳动作业环境，规范作业人员的行为，保证设备系统的安全、可靠运行，实现安全生产的目的。

### （一）安全生产检查的类型

安全生产检查分类方法有很多，习惯上分为 6 种类型。

#### 1. 定期安全生产检查

定期安全生产检查一般是通过有计划、有组织、有目的的形式来实现，一般由生产经营单位统一组织实施。检查周期的确定，应根据生产经营单位的规模、性质以及地区气候、地理环境等确定。定期安全检查一般具有组织规模大、检查范围广、有深度，能及时发现并解决问题等特点。定期安全检查一般和重大危险源评估、现状安全评价等工作结合开展。

#### 2. 经常性安全生产检查

经常性安全生产检查是由生产经营单位的安全生产管理部门、车间、班组或岗位组织进行的日常检查。一般来讲，包括交接班检查、班中检查、特殊检查等几种形式。

交接班检查是指在交接班前，岗位人员对岗位作业环境、管辖的设备及系统安全运行状况进行检查，交班人员要向接班人员说清楚。接班人员根据自己检查的情况和交班人员的交代。做好工作中可能发生问题及应急处置措施的预想。

班中检查包括岗位作业人员在工作过程中的安全检查，以及生产经营单位领导、安全生产管理部门和车间班组的领导或安全监督人员对作业情况的巡视或抽查等。

特殊检查是针对设备、系统存在的异常情况。所采取的加强监视运行的措施。一般来讲，措施由工程技术人员制定，岗位作业人员执行。

交接班检查和班中岗位的自行检查，一般应制定检查路线、检查项目、检查标准，并设置专用的检查记录本。

岗位经常性检查发现的问题应进行记录，并及时通过信息系统和电话逐级上报。一般来讲，对危及人身和设备安全的情况，岗位作业人员应根据操作规程、应急处置措施的规定，及时采取紧急处置措施，不需请示，处置后则立即汇报。

**3. 季节性及节假日前后安全生产检查**

由生产经营单位统一组织，检查内容和范围则根据季节变化，按事故发生的规律对易发的潜在危险，突出重点进行检查，如冬季防冻保温、防火、防煤气中毒，夏季防暑降温、防汛、防雷电等检查。

由于节假日(特别是重大节日，如元旦、春节、劳动节、国庆节)前后容易发生事故，因而应在节假日前后进行有针对性的安全检查。

**4. 专业安全生产检查**

专业安全生产检查是对某个专业问题或在施工(生产)中存在的普遍性安全问题进行的单项定性或定量检查。

如对危险性较大的在用设备、设施，作业场所环境条件的管理性或监督性定量检测检验则属专业安全检查。专业(项)检查具有较强的针对性和专业要求，用于检查难度较大的项目。

**5. 综合性安全生产检查**

综合性安全生产检查一般是由上级主管部门或地方政府负有安全生产监督管理职责的部门，组织对生产单位进行的安全检查。

**6. 职工代表不定期对安全生产的巡查**

根据《中华人民共和国工会法》及《中华人民共和国安全生产法》的有关规定，生产经营单位的工会应定期或不定期组织职工代表进行安全检查。重点查国家安全生产方针、法规的贯彻执行情况，各级人员安全生产责任制和规章制度的落实情况，从业人员安全生产权利的保障情况，生产现场的安全状况等。

**(二)安全生产检查的内容**

安全生产检查的内容包括：软件系统和硬件系统。软件系统主要是查思想、查意识、查制度、查管理、查事故处理、查隐患、查整改。硬件系统主要是查生产设备、查辅助设施、查安全设施、查作业环境。

安全生产检查具体内容应本着突出重点的原则进行确定。对于危险性大、易发事故、事故危害大的生产系统、部位、装置、设备等应加强检查。一般应重点检查；易造成重大损失的易燃易爆危险物品、锅炉、压力容器、起重设备、运输设备、电气设备、工程机械、高处作业和本企业易发生工伤、火灾、爆炸等事故的设备、工种、场所及其作业人员；易造成职业中毒或职业病的尘毒产生点及其岗位作业人员；直接管理的重要危险点和有害点的部门及其负责人。

目前国家有关规定要求强制性检查的项目有：锅炉、压力容器、起重机、电梯、施工升降机、简易升降机、防爆电器等；作业场所的粉尘、噪声、振动、辐射、高温低温和有毒物质的浓度等。

### (三)安全生产检查的方法

#### 1. 常规检查

常规检查是常见的一种检查方法。通常是由安全管理人员作为检查工作的主体，到作业场所现场，通过感观或辅助一定的简单工具、仪表等，对作业人员的行为、作业场所的环境条件、生产设备设施等进行的定性检查。安全检查人员通过这一手段，及时发现现场存在的安全隐患并采取措施予以消除，纠正施工人员的不安全行为。

常规检查主要依靠安全检查人员的经验和能力，检查的结果直接受安全检查人员个人素质的影响。

#### 2. 安全检查表法

为使安全检查工作更加规范，将个人的行为对检查结果的影响减少到最小，常采用安全检查表法。安全检查表一般由工作小组讨论制定。安全检查表一般包括检查项目、检查内容、检查标准、检查结果及评价等内容。

编制安全检查表应依据国家有关法律法规，生产经营单位现行有效的有关标准、规程、管理制度，有关事故教训，生产经营单位安全管理文化、理念，反事故技术措施和安全措施计划，季节性、地理、气候特点等。

#### 3. 仪器检查及数据分析法

有些生产经营单位的设备、系统运行数据具有在线监视和记录的系统设计，对设备、系统的运行状况可通过对数据的变化趋势进行分析得出结论。对没有在线数据检测系统的机器、设备、系统，只能通过仪器检查法来进行定量化的检验与测量。

### (四)安全生产检查的工作程序

#### 1. 安全检查准备

(1)确定检查对象、目的、任务。

(2)查阅、掌握有关法规、标准、规程的要求。

(3)了解检查对象的工艺流程、生产情况、可能出现危险和危害的情况。

(4)制定检查计划，安排检查内容、方法、步骤。

(5)编写安全检查表或检查提纲。

(6)准备必要的检测工具、仪器、书写表格或记录本。

(7)挑选和训练检查人员并进行必要的分工等。

#### 2. 实施安全检查

实施安全检查就是通过访谈，查阅文件和记录、现场观察、仪器测量的方式获取信息。

(1)访谈。通过与有关人员谈话来检查安全意识和规章制度执行情况等。

(2)查阅文件和记录。检查设计文件、作业规程、安全措施、责任制度、操作规程等是否齐全,是否有效;查阅相应记录,判断上述文件是否被执行。

(3)现场观察。对作业现场的生产设备、安全防护设施、作业环境、人员操作等进行观察,寻找不安全因素、事故隐患、事故征兆等。

(4)仪器测量。利用一定的检测检验仪器设备,对在用的设施、设备、器材状况及作业环境条件等进行测量,以发现隐患。

#### 3. 综合分析

经现场检查和数据分析后,检查人员应对检查情况进行综合分析,提出检查的结论和意见。一般来讲,生产经营单位自行组织的各类安全检查,应有安全管理部门会同有关部门对检查结果进行综合分析。上级主管部门或地方政府负有安全生产监督管理职责的部门组织的安全检查,统一研究得出检查意见或结论。

### (五)提出整改要求

针对检查发现的问题,应根据问题性质的不同.提出立即整改、限期整改等措施要求。生产经营单位自行组织的安全检查,由安全管理部门会同有关部门,共同制定整改措施计划并组织实施。上级主管部门或地方政府负有安全生产监督管理职责的部门组织的安全检查,检查组应提出书面的整改要求,生产经营单位制定整改措施计划。

### (六)整改落实

对安全检查发现的问题和隐患,生产经营单位应从管理的高度,举一反三,制定整改计划并积极落实整改。

### (七)信息反馈及持续改进

生产经营单位自行组织的安全检查,在整改措施计划完成后,安全管理部门应组织有关人员进行验收。对于上级主管部门或地方政府负有安全生产监督管理职责的部门组织的安全检查,在整改措施完成后,应及时上报整改完成情况,申请复查或验收。

对安全检查中经常发现的问题或反复发现的问题,生产经营单位应从规章制度的健全和完善、从业人员的安全教育培训、设备系统的更新改造、加强现场检查和监督等环节入手,做到持续改进,不断提高安全生产管理水平,防范生产安全事故的发生。

## 二、隐患排查治理

### (一)定义及分类

《安全生产事故隐患排查治理暂行规定》指出,安全生产事故隐患(以下简称事故隐患),是指生产经营单位违反安全生产法律、法规、规章、标准、规程和安全生产管理制度的规定,或者因其他因素在生产经营活动中存在可能导致事故发生的物的危险状态、人的不安全行为和管理上的缺陷。

事故隐患分为一般事故隐患和重大事故隐患。一般事故隐患，是指危害和整改难度较小，发现后能够立即整改排除的隐患。重大事故隐患，是指危害和整改难度较大，应当全部或者局部停产停业，并经过一定时间整改治理方能排除的隐患，或者因外部因素影响致使生产经营单位自身难以排除的隐患。

### (二)施工单位的隐患排查与治理

(1)施工单位应当依照法律、法规、规章，标准和规程的要求从事生产经营活动。严禁非法从事生产经营活动。

(2)施工单位是事故隐患排查、治理和防控的责任主体。

(3)施工单位建立健全事故隐患排查治理和建档监控等制度，逐级建立并落实从主要负责人到每个从业人员的隐患排查治理和监控责任制。

(4)施工单位应当保证事故隐患排查治理所需的资金，建立资金使用专项制度。

(5)施工单位定期组织安全生产管理人员、工程技术人员和其他相关人员排查本单位的事故隐患。对排查出的事故隐患，应当按照事故隐患的等级进行登记，建立事故隐患信息档案，并按照职责分工实施监控治理。

(6)施工单位应当建立事故隐患报告和举报奖励制度，鼓励、发动职工发现和排除事故隐患，鼓励社会公众举报。对发现、排除和举报事故隐患的有功人员，应当给予物质奖励和表彰。

(7)施工单位将生产经营项目、场所、设备发包、出租的，应当与承包、承租单位签订安全生产管理协议，并在协议中明确各方对事故隐患排查、治理和防控的管理职责。生产经营单位对承包、承租单位的事故隐患排查治理负有统一协调和监督管理的职责。

(8)安全监管监察部门和有关部门的监督检查人员依法履行事故隐患监督检查职责时，施工单位应当积极配合，不得拒绝和阻挠。

(9)施工单位每季、每年对本单位事故隐患排查治理情况进行统计分析。

对于重大事故隐患，施工单位除应按要求报送上级主管部门外，还应当及时向安全监管监察部门和有关部门报告。重大事故隐患报告内容应当包括：

①隐患的现状及其产生原因。

②隐患的危害程度和整改难易程度分析。

③隐患的治理方案。

(10)对于一般事故隐患，由施工单位负责人或者有关人员立即组织整改。对于重大事故隐患，由生产经营单位主要负责人组织制定并实施事故隐患治理方案。重大事故隐患治理方案应当包括：治理的目标和任务；采取的方法和措施；经费和物资的落实；负责治理的机构和人员；治理的时限和要求；安全措施和应急预案。

(11)施工单位在事故隐患治理过程中，应当采取相应的安全防范措施，防止事故发生。事故隐患排除前或者排除过程中无法保证安全的，应当从危险区域内撤出作业人员，并疏散可能危及的其他人员，设置警戒标志，暂时停产停业或者停止使用；对暂时难以停产或者停止使用的相关生产储存装置、设施、设备，应当加强维护和保养，防止事故发生。

(12)施工单位应当加强对自然灾害的预防。对于因自然灾害可能导致事故灾难的隐患，应当按照有关法律、法规、标准和《安全生产事故隐患排查治理暂行规定》的要求排查治理，采

表 4-5-1

**隐患排查(危险源识别)及责任落实一览表**

| 序号 | 作业类别 | 活动/工序/部位 | 危险/危害因素 | 事故结果 | 重要危害因素评价 | | | | | | | | | | | | | | | 危害级别 | 责任部门 | 直接责任人 | 间接责任人 | 现行控制措施 |
|---|---|---|---|---|---|---|---|---|---|---|---|---|---|---|---|---|---|---|---|---|---|---|---|---|
| | | | | | 直接判断 | | 可能性等级(L) | | | | 频繁程度(E) | | | | 严重等级(C) | | | | D=LEC | | | | | |
| | | | | | 是 | 非 | 不可能 | 可能 | 很可能 | 肯定 | 很少 | 不经常 | 经常 | 频繁 | 轻度 | 中等 | 严重 | 重大 | | | | | | |
| | | | | | | | 分值 | | | | 分值 | | | | 分值 | | | | | | | | | |
| | | | | | | | 1 | 3 | 6 | 10 | 1 | 3 | 6 | 10 | 3 | 15 | 40 | 100 | | | | | | |
| 1 | 索鞍安装 | 主、散索鞍安装 | 用电电缆不符合要求 | 火灾触电 | | | | √ | | | √ | | | | | | √ | | 120 | M | 物资部船机部 | ×××、××× | 机电经理 | 临时用电管理规定、日常检查 |
| 2 | | | 动力系统未双重保护 | 触电 | | | | √ | | | √ | | | | | √ | | | 45 | S | 船机部 | ×××、××× | 机电经理 | 临时用电管理规定、日常检查 |
| 3 | | | 门架构件焊接不牢 | 坍塌 | | | √ | | | | | | √ | | | | √ | | 240 | H | 工程部、工段、安保部、焊接班组 | ×××、××× | 责任经理 | 施工方案、图纸验算、焊缝第三方探伤、项目部组织验收、定期检查 |
| 4 | | | 卷扬机出现故障 | 机械伤害 | | | | √ | | | | √ | | | | √ | | | 135 | M | 船机部 | ×××、××× | 机电经理 | 设备管理规定、日常检查 |
| 5 | | | 卷扬机钢丝绳断裂 | 起重伤害 | | | √ | | | | | √ | | | | √ | | | 45 | S | 物资部、船机部、工段、安保部 | ×××、××× | | 设备管理规定、日常检查 |
| 6 | | | 卷扬机速度过快 | 机械伤害 | | | | √ | | | | √ | | | √ | | | | 27 | S | 船机部、操作班组 | ×××、××× | | 设备管理规定、安全教育培训、日常检查 |
| 7 | | | 指挥不统一、信号不准确 | 其他伤害 | | | | √ | | | √ | | | | | | √ | | 120 | M | 现场班组 | 指挥人员 | 工段长 | 高度责任心、安全教育培训 |
| 8 | | | 吊点选择不合理 | 起重伤害 | | | | √ | | | √ | | | | | | √ | | 120 | M | 安装班组 | 指挥起重人员 | 工段长 | 高度责任心、岗前培训交底 |

续上表

| 序号 | 作业类别 | 活动/工序/部位 | 危险/危害因素 | 事故结果 | 重要危害因素评价 | | | | | | | | | | | | | | | 危害级别 | 责任部门 | 直接责任人 | 间接责任人 | 现行控制措施 |
|---|---|---|---|---|---|---|---|---|---|---|---|---|---|---|---|---|---|---|---|---|---|---|---|---|
| | | | | | 直接判断 | | 可能性等级(L) | | | | 频繁程度(E) | | | | 严重等级(C) | | | | D=LEC | | | | | |
| | | | | | 是 | 非 | 不可能 | 可能 | 很可能 | 肯定 | 很少 | 不经常 | 经常 | 频繁 | 轻度 | 中等 | 严重 | 重大 | | | | | | |
| | | | | | | | 分值 | | | | 分值 | | | | 分值 | | | | | | | | | |
| | | | | | | | 1 | 3 | 6 | 10 | 1 | 3 | 6 | 10 | 3 | 15 | 40 | 100 | | | | | | |
| 9 | 索鞍安装 | 主、散索鞍安装 | 超重起吊 | 起重伤害 | | | | √ | | | √ | | | | | | √ | | 120 | M | 吊装班组 | 指挥起重人员、起重司机 | | 高度责任心、岗前培训交底 |
| 10 | | | 操作人员无证上岗 | 其他伤害 | | | | √ | | | √ | | | | | √ | | | 45 | S | 现场班组安保部 | 操作人员 | 安全员、现场工段 | 落实准入制度，加强现场监督 |
| 11 | | | 高处作业不系安全带 | 高空坠落 | | | | √ | | | √ | | | | | √ | | | 45 | S | 现场班组安保部 | 操作人员 | 班组长、安全员 | 加强安全教育和现场监督 |
| 12 | | | 工作精力不集中疲劳作业 | 其他伤害 | | | | √ | | | √ | | | | | √ | | | 45 | S | 现场工段班组 | 班组长 | 责任经理 | 合理安排施工作业时间，保证作业人员保持良好的精神状态 |
| 13 | | | 施工方案缺陷 | 其他伤害 | | | | √ | | | | √ | | | | | √ | | 360 | H | 工程部 | ×××、××× | 项目经理项目总工 | 严格控制施工方案的报审程序 |
| 14 | | | 未按方案施工 | 其他伤害 | | | | √ | | | | | √ | | | √ | | | 270 | H | 现场工段班组 | 现场工段、班组 | 责任经理 | 严格落实安全技术交底制度 |
| 15 | | | 电焊设备漏电 | 触电 | | | | √ | | | | √ | | | | √ | | | 135 | M | 船机部、安保部 | ×××、××× | 安全员 | 加强施工现场临时用电检查 |
| 16 | | | 吊物上有其他物 | 物体打击 | | | | | √ | | | | √ | | √ | | | | 108 | M | 现场工段班组 | 起重指挥、司机 | 班组长、安全员 | 严格控制施工程序，加强起重吊装监控 |
| 17 | | | 滑轮损伤 | 物体打击 | | | | √ | | | √ | | | | | √ | | | 45 | S | 船机部、现场工段 | ×××、××× | 机电经理 | 严格遵守设备管理规定，日常检查 |

续上表

| 序号 | 作业类别 | 活动/工序/部位 | 危险/危害因素 | 事故结果 | 重要危害因素评价 | | | | | | | | | | | | | | | 危害级别 | 责任部门 | 直接责任人 | 间接责任人 | 现行控制措施 |
|---|---|---|---|---|---|---|---|---|---|---|---|---|---|---|---|---|---|---|---|---|---|---|---|---|
| | | | | | 直接判断 | | 可能性等级(L) | | | | 频繁程度(E) | | | | 严重等级(C) | | | | D=LEC | | | | | |
| | | | | | 是 | 非 | 不可能 | 可能 | 很可能 | 肯定 | 很少 | 不经常 | 经常 | 频繁 | 轻度 | 中等 | 严重 | 重大 | | | | | | |
| | | | | | | | 分值 | | | | 分值 | | | | 分值 | | | | | | | | | |
| | | | | | | | 1 | 3 | 6 | 10 | 1 | 3 | 6 | 10 | 3 | 15 | 40 | 100 | | | | | | |
| 18 | 索鞍安装 | 主、散索鞍安装 | 边缘作业无防护 | 高处坠落 | | | | √ | | | | √ | | | | √ | | | 135 | M | 现场工段安保部 | ×××、××× | 安全员 | 严格控制施工程序，避免无防护边缘作业 |
| 19 | | | 交叉作业 | 物体打击 | | | | √ | | | | √ | | | √ | | | | 27 | S | 现场工段 | ×××、××× | 责任经理安全员 | 严格控制施工程序，避免交叉作业 |
| 20 | | | 施工现场未封闭 | 其他伤害 | | | | √ | | | √ | | | | | √ | | | 45 | S | 安保部 | ×××、××× | 现场工段 | |
| 21 | 主缆工程 | 牵引系统安装、猫道架设 | 电器设备有缺陷 | 机械伤害 | | | | √ | | | | | √ | | √ | | | | 54 | S | 船机部、物资部安保部 | ×××、××× | 机电经理 | 控制设备进场程序，加强现场安全监督 |
| 22 | | | 电器漏电 | 触电 | | | | √ | | | √ | | | | | √ | | | 45 | S | 船机部、安保部 | ×××、××× | 安全员 | 加强现场临时用电检查 |
| 23 | | | 卷扬机无安全装置 | 机械伤害 | | | √ | | | | | | √ | | | √ | | | 90 | M | 船机部、安保部 | ×××、××× | 安全员 | 设备管理规定、日常检查 |
| 24 | | | 卷扬机出现故障 | 其他伤害 | | | | √ | | | | √ | | | | √ | | | 135 | M | 船机部 | ×××、××× | 机电经理 | 设备管理规定、日常检查 |
| 25 | | | 滑轮组出现故障 | 其他伤害 | | | | √ | | | | √ | | | √ | | | | 27 | S | 船机部、现场工段 | ×××、××× | 机电经理 | 严格遵守设备管理规定，日常检查 |
| 26 | | | 卷扬机钢丝绳断裂 | 物体打击 | | | √ | | | | √ | | | | | | √ | | 40 | S | 物资部、船机部、工段、安保部 | ×××、××× | | 设备管理规定、日常检查 |

续上表

| 序号 | 作业类别 | 活动/工序/部位 | 危险/危害因素 | 事故结果 | 重要危害因素评价 | | | | | | | | | | | | | | 危害级别 | 责任部门 | 直接责任人 | 间接责任人 | 现行控制措施 |
|---|---|---|---|---|---|---|---|---|---|---|---|---|---|---|---|---|---|---|---|---|---|---|---|
| | | | | | 直接判断 | | 可能性等级(L) | | | | 频繁程度(E) | | | | 严重等级(C) | | | | D=LEC | | | | | |
| | | | | | 是 | 非 | 不可能 | 可能 | 很可能 | 肯定 | 很少 | 不经常 | 经常 | 频繁 | 轻度 | 中等 | 严重 | 重大 | | | | | | |
| | | | | | | | 分值 | | | | 分值 | | | | 分值 | | | | | | | | | |
| | | | | | | | 1 | 3 | 6 | 10 | 1 | 3 | 6 | 10 | 3 | 15 | 40 | 100 | | | | | | |
| 27 | 主缆工程 | 牵引系统安装、猫道架设 | 牵引系统连接不牢固 | 物体打击 | | | √ | | | | | | √ | | | √ | | | 90 | M | 工程部、工段、安保部、施工班组 | ×××、××× | 责任经理 | 施工方案、图纸验算、项目部组织验收、定期检查 |
| 28 | | | 起重工索具有缺陷 | 起重伤害 | | | | √ | | | | √ | | | | √ | | | 135 | M | 物资部、船机部、工段、安保部 | ×××、××× | | 设备管理规定、日常检查 |
| 29 | | | 吊装时指挥不当 | 其他伤害 | | | | √ | | | | | √ | | √ | | | | 48 | S | 现场班组 | 指挥人员 | 工段长 | 高度责任心、安全教育培训 |
| 30 | | 牵引系统安装、猫道架设、主缆架设 | 高空未设临边防护 | 高处坠落 | | | | √ | | | | √ | | | | √ | | | 135 | M | 现场工段安保部 | ×××、××× | 安全员 | 严格施工程序，避免无防护边缘作业 |
| 31 | | | 高处无落物防护 | 物体打击 | | | | √ | | | | √ | | | | √ | | | 135 | M | 工程部、工段、安保部、施工班组 | ×××、××× | 责任经理 | 施工方案、定期检查 |
| 32 | | | 护栏不规范 | 高空坠落 | | | | √ | | | | | √ | | √ | | | | 54 | S | 工程部、工段、安保部 | ×××、××× | 责任经理 | 施工方案、定期检查 |
| 33 | | | 未正确使用安全带 | 高空坠落 | | | | √ | | | | | √ | | √ | | | | 54 | S | 现场班组安保部 | 操作人员 | 班组长、安全员 | 加强安全教育和现场监督 |

续上表

| 序号 | 作业类别 | 活动/工序/部位 | 危险/危害因素 | 事故结果 | 重要危害因素评价 | | | | | | | | | | | | | | D=LEC | 危害级别 | 责任部门 | 直接责任人 | 间接责任人 | 现行控制措施 |
|---|---|---|---|---|---|---|---|---|---|---|---|---|---|---|---|---|---|---|---|---|---|---|---|---|
| | | | | | 直接判断 | | 可能性等级(L) | | | | 频繁程度(E) | | | | 严重等级(C) | | | | | | | | | |
| | | | | | 是 | 非 | 不可能 | 可能 | 很可能 | 肯定 | 很少 | 不经常 | 经常 | 频繁 | 轻度 | 中等 | 严重 | 重大 | | | | | | |
| | | | | | | | 分值 | | | | 分值 | | | | 分值 | | | | | | | | | |
| | | | | | | | 1 | 3 | 6 | 10 | 1 | 3 | 6 | 10 | 3 | 15 | 40 | 100 | | | | | | |
| 34 | 主缆工程 | 牵引系统安装、猫道架设、主缆架设 | 高空抛扔物品 | 物体打击 | | | | √ | | | | √ | | | | √ | | | 135 | M | 现场班组安保部 | 操作人员 | 班组长、安全员 | 加强安全教育和现场监督 |
| 35 | | | 施工电梯附着不牢 | 坍塌 | | | √ | | | | | | √ | | | | √ | | 400 | H | 工程部、船机部、工段、安保部 | ×××、××× | 责任经理 | 设备管理规定、日常检查 |
| 36 | | | 塔吊、电梯无安全限位 | 坠落 | | | | √ | | | | √ | | | | √ | | | 135 | M | 船机部、工段、安保部 | ×××、××× | 操作人员 | 设备管理规定、日常检查 |
| 37 | | | 施工人员疲劳作业 | 其他伤害 | | | | √ | | | √ | | | | | √ | | | 45 | S | 现场工段班组 | 班组长 | 责任经理 | 合理安排施工作业时间，保证作业人员保持良好的精神状态 |
| 38 | | | 施工方案缺陷 | 其他伤害 | | | | √ | | | | √ | | | | | √ | | 360 | H | 工程部 | ×××、××× | 项目经理总工 | 严格控制施工方案的报审程序 |
| 39 | | | 未进行安全技术交底 | 其他伤害 | | | √ | | | | √ | | | | | √ | | | 15 | L | 工程部、工段 | ×××、××× | 责任经理 | 严格控制施工方案的报审程序 |
| 40 | | | 船舶配置不足 | 倾覆 | | | √ | | | | √ | | | | | | √ | | 40 | S | 工程部、工段 | ×××、××× | 责任经理 | 合理制定施工方案、控制施工程序 |
| 41 | | | 夏日高温作业防暑降温措施不到位 | 中暑 | | | | √ | | | | √ | | | | √ | | | 135 | M | 现场工段安保部、班组 | ×××、××× | 责任经理 | 合理安排施工作业时间，做好防暑降温措施 |

续上表

| 序号 | 作业类别 | 活动/工序/部位 | 危险/危害因素 | 事故结果 | 重要危害因素评价 | | | | | | | | | | | | | | | D=LEC | 危害级别 | 责任部门 | 直接责任人 | 间接责任人 | 现行控制措施 |
|---|---|---|---|---|---|---|---|---|---|---|---|---|---|---|---|---|---|---|---|---|---|---|---|---|---|
| | | | | | 直接判断 | | 可能性等级(L) | | | | 频繁程度(E) | | | | 严重等级(C) | | | | | | | | | |
| | | | | | 是 | 非 | 不可能 | 可能 | 很可能 | 肯定 | 很少 | 不经常 | 经常 | 频繁 | 轻度 | 中等 | 严重 | 重大 | | | | | | |
| | | | | | | | 分值 | | | | 分值 | | | | 分值 | | | | | | | | | |
| | | | | | | | 1 | 3 | 6 | 10 | 1 | 3 | 6 | 10 | 3 | 15 | 40 | 100 | | | | | | |
| | 主缆工程 | 牵引系统安装、猫道架设、主缆架设 | 水上作业未穿救生衣 | 淹溺 | | | | √ | | | | | √ | | | | √ | | 12 | 2 | 现场班组安保部 | 操作人员 | 班组长、安全员 | 加强安全教育和现场监督 |
| 42 | | | 握索器不能握紧 | 物体打击 | | | | √ | | | √ | | | | | | √ | | 120 | M | 工程部、工段、安保部、班组 | ×××、××× | 责任经理 | 严格检查制度、合理制定施工方案、控制施工程序 |
| 43 | 钢箱梁吊装工程 | 跨缆吊机安装、箱梁安装 | 塔吊吊钩钢丝绳断裂 | 物体打击 | | | | √ | | | √ | | | | | | √ | | 40 | S | 物资部、船机部、工段、安保部 | ×××、××× | 操作人员 | 设备管理规定、日常检查 |
| 44 | | | 塔吊安全限位装置失灵 | 物体打击 | | | | √ | | | | √ | | | | √ | | | 45 | S | 船机部 | ×××、××× | 机电经理 | 设备管理规定、日常检查 |
| 45 | | | 高处临边防护缺陷 | 高空坠落 | | | √ | | | | | | √ | | | √ | | | 90 | M | 现场工段安保部 | ×××、××× | 安全员 | 严格控制施工程序，避免无防护边缘作业 |
| 46 | | | 跨缆吊机构件固定不牢 | 物体打击 | | | | √ | | | | √ | | | | | √ | | 360 | H | 工程部、船机部、工段、安保部 | ×××、××× | 责任经理 | 设备管理规定、日常检查 |
| 47 | | | 跨缆吊机机械故障 | 其他伤害 | | | | √ | | | | √ | | | | √ | | | 135 | M | 船机部 | ×××、××× | 机电经理 | 设备管理规定、日常检查 |

续上表

| 序号 | 作业类别 | 活动/工序/部位 | 危险/危害因素 | 事故结果 | 重要危害因素评价 | | | | | | | | | | | | | | 危害级别 | 责任部门 | 直接责任人 | 间接责任人 | 现行控制措施 |
|---|---|---|---|---|---|---|---|---|---|---|---|---|---|---|---|---|---|---|---|---|---|---|---|
| | | | | | 直接判断 | | 可能性等级(L) | | | | 频繁程度(E) | | | | 严重等级(C) | | | | D=LEC | | | | | |
| | | | | | 是 | 非 | 不可能 | 可能 | 很可能 | 肯定 | 很少 | 不经常 | 经常 | 频繁 | 轻度 | 中等 | 严重 | 重大 | | | | | | |
| | | | | | | | 分值 | | | | 分值 | | | | 分值 | | | | | | | | | |
| | | | | | | | 1 | 3 | 6 | 10 | 1 | 3 | 6 | 10 | 3 | 15 | 40 | 100 | | | | | | |
| 48 | 钢箱梁吊装工程 | 跨缆吊机安装、箱梁安装 | 施工方案缺陷 | 其他伤害 | | | | √ | | | | √ | | | | | √ | | 360 | H | 工程部 | ×××、××× | 经理总工 | 严格控制施工方案的报审程序 |
| 49 | | | 水上作业未穿救生衣 | 淹溺 | | | | √ | | | √ | | | | | | √ | | 120 | M | 现场班组安保部 | 操作人员 | 班组长、安全员 | 加强安全教育和现场监督 |
| 50 | | | 雾天航行视线不清 | 碰撞 | | | | √ | | | √ | | | | | | √ | | 120 | M | 船机部、工段、安保部 | ×××、××× | 操作人员 | 设备管理规定、日常检查 |
| 51 | | | 浅水航道本船吃水过大 | 搁浅 | | | | √ | | | √ | | | | √ | | | | 9 | L | 船机部、工段、安保部 | ×××、××× | 操作人员 | 设备管理规定、日常检查 |
| 52 | | | 舵机故障 | 碰撞 | | | | √ | | | √ | | | | √ | | | | 9 | L | 船机部 | ×××、××× | 机电经理 | 设备管理规定、日常检查 |
| 53 | | | 航道信号显示不明确 | 碰撞 | | | | √ | | | | √ | | | √ | | | | 27 | S | 船机部 | ×××、××× | 机电经理 | 设备管理规定、日常检查 |
| 54 | | | 施工船舶线路老化 | 火灾 | | | | √ | | | √ | | | | | | √ | | 120 | M | 船机部 | ×××、××× | 机电经理 | 设备管理规定、日常检查 |
| 55 | | | 船舶人员违章操作 | 碰撞 | | | | √ | | | | √ | | | | √ | | | 135 | M | 船机部、工段、安保部 | ×××、××× | 操作人员 | 设备管理规定、日常检查 |
| 56 | | | 交通船倾覆 | 淹溺 | | | √ | | | | √ | | | | | | | √ | 100 | M | 船机部 | ×××、××× | 机电经理 | 设备管理规定、日常检查 |

续上表

| 序号 | 作业类别 | 活动/工序/部位 | 危险/危害因素 | 事故结果 | 重要危害因素评价 | | | | | | | | | | | | | | | 危害级别 | 责任部门 | 直接责任人 | 间接责任人 | 现行控制措施 |
|---|---|---|---|---|---|---|---|---|---|---|---|---|---|---|---|---|---|---|---|---|---|---|---|---|
| | | | | | 直接判断 | | 可能性等级(L) | | | | 频繁程度(E) | | | | 严重等级(C) | | | | D=LEC | | | | | |
| | | | | | 是 | 非 | 不可能 | 可能 | 很可能 | 肯定 | 很少 | 不经常 | 经常 | 频繁 | 轻度 | 中等 | 严重 | 重大 | | | | | | |
| | | | | | | | 分值 | | | | 分值 | | | | 分值 | | | | | | | | | |
| | | | | | | | 1 | 3 | 6 | 10 | 1 | 3 | 6 | 10 | 3 | 15 | 40 | 100 | | | | | | |
| 57 | 钢箱梁吊装工程 | 跨缆吊机安装、箱梁安装 | 交通船失控 | 设备损坏 | | | √ | | | | √ | | | | | | | √ | 100 | M | 船机部 | ×××、××× | 机电经理 | 设备管理规定、日常检查 |
| 58 | | | 作业面材料堆入杂乱 | 物体打击高空坠落 | | | | √ | | | √ | | | | | √ | | | 45 | S | 现场工段安保部、班组 | ×××、××× | 施工班组 | 合理安排施工程序，加强现场监督 |
| 59 | 上构安装 | 临时用电 | 线路老化、超负荷 | 火灾 | | | | √ | | | | √ | | | | √ | | | 135 | M | 船机部 | ×××、××× | 机电经理 | 设备管理规定、日常检查 |
| 60 | | | 一闸多机 | 火灾 | | | | √ | | | | √ | | | | √ | | | 135 | M | 船机部、安保部 | ×××、××× | 机电经理 | 临时用电管理规定、日常检查 |
| 61 | | | 电机不接零不接地 | 触电 | | | | √ | | | √ | | | | | | √ | | 120 | M | 船机部、安保部 | ×××、××× | 机电经理 | 临时用电管理规定、日常检查 |
| 62 | | | 缺相使用 | 火灾 | | | √ | | | | √ | | | | | √ | | | 15 | L | 船机部 | ×××、××× | 机电经理 | 设备管理规定、日常检查 |
| 63 | | | 检修不挂警示牌、操作牌 | 触电 | | | | √ | | | √ | | | | | | √ | | 120 | M | 船机部 | ×××、××× | 机电经理 | 设备管理规定、日常检查 |
| 64 | | | 无证操作 | 触电 | | | | √ | | | | √ | | | | √ | | | 135 | M | 现场班组安保部 | ×××、××× | 安全员、工段 | 落实准入制度，加强现场监督 |
| 65 | | | 电器设备缺陷 | 触电 | | | | √ | | | | √ | | | | √ | | | 135 | M | 船机部、物资部 | ×××、××× | 机电经理 | 控制设备进场程序，加强现场安全监督 |

续上表

| 序号 | 作业类别 | 活动/工序/部位 | 危险/危害因素 | 事故结果 | 重要危害因素评价 | | | | | | | | | | | | | | 危害级别 | 责任部门 | 直接责任人 | 间接责任人 | 现行控制措施 |
|---|---|---|---|---|---|---|---|---|---|---|---|---|---|---|---|---|---|---|---|---|---|---|---|
| | | | | | 直接判断 | | 可能性等级(L) | | | | 频繁程度(E) | | | | 严重等级(C) | | | | D=LEC | | | | |
| | | | | | 是 | 非 | 不可能 | 可能 | 很可能 | 肯定 | 很少 | 不经常 | 经常 | 频繁 | 轻度 | 中等 | 严重 | 重大 | | | | | |
| | | | | | | | 分值 | | | | 分值 | | | | 分值 | | | | | | | | |
| | | | | | | | 1 | 3 | 6 | 10 | 1 | 3 | 6 | 10 | 3 | 15 | 40 | 100 | | | | | |
| 66 | 上构安装 | 主缆防护 | 电器设备有缺陷 | 机械伤害 | | | | √ | | | | √ | | | | √ | | | 136 | M | 船机部、物资部 | ×××、××× | 机电经理 | 控制设备进场程序，加强现场监督 |
| 67 | | | 电器漏电 | 触电 | | | | √ | | | √ | | | | | √ | | | 45 | S | 船机部、安保部 | ×××、××× | 机电经理 | 临时用电管理规定、日常检查 |
| 68 | | | 卷扬机无安全装置 | 机械伤害 | | | √ | | | | | √ | | | | | √ | | 120 | M | 船机部、安保部 | ×××、××× | 安全员 | 设备管理规定、日常检查 |
| 69 | | | 卷扬机出现故障 | 其他伤害 | | | | √ | | | | √ | | | | √ | | | 135 | M | 船机部 | ×××、××× | 机电经理 | 设备管理规定、日常检查 |
| 70 | | | 牵引系统连接不牢固 | 物体打击 | | | | √ | | | √ | | | | | √ | | | 45 | S | 工程部、安保部、工段班组 | ×××、××× | 责任经理 | 施工方案、图纸验算、项目部组织验收、定期检查 |
| 71 | | | 起重工索具有缺陷 | 起重伤害 | | | | √ | | | | √ | | | | √ | | | 135 | M | 物资部、船机部、工段、安保部 | ×××、××× | | 设备管理规定、日常检查 |
| 72 | | | 吊装时指挥不当 | 其他伤害 | | | | √ | | | | √ | | | | √ | | | 136 | M | 现场班组 | 指挥人员 | 工段长 | 高度责任心、安全教育培训 |
| 73 | 附属构件安装 | | 塔吊吊钩钢丝绳断裂 | 物体打击 | | | √ | | | | √ | | | | | | √ | | 40 | S | 船机部 | ×××、××× | 机电经理 | 设备管理规定、日常检查 |
| 74 | | | 塔吊安全限位装置失灵 | 物体打击 | | | | √ | | | √ | | | | | √ | | | 45 | S | 船机部 | ×××、××× | 机电经理 | 设备管理规定、日常检查 |

续上表

| 序号 | 作业类别 | 活动/工序/部位 | 危险/危害因素 | 事故结果 | 重要危害因素评价 | | | | | | | | | | | | | | 危害级别 | 责任部门 | 直接责任人 | 间接责任人 | 现行控制措施 |
|---|---|---|---|---|---|---|---|---|---|---|---|---|---|---|---|---|---|---|---|---|---|---|---|
| | | | | | 直接判断 | | 可能性等级(L) | | | | 频繁程度(E) | | | | 严重等级(C) | | | | D=LEC | | | | | |
| | | | | | 是 | 非 | 不可能 | 可能 | 很可能 | 肯定 | 很少 | 不经常 | 经常 | 频繁 | 轻度 | 中等 | 严重 | 重大 | | | | | | |
| | | | | | | | 分值 | | | | 分值 | | | | 分值 | | | | | | | | | |
| | | | | | | | 1 | 3 | 6 | 10 | 1 | 3 | 6 | 10 | 3 | 15 | 40 | 100 | | | | | | |
| 75 | 附属构件安装 | 主鞍鞍罩、主缆缆套、检修道安装及桥面系施工 | 高处临边防护缺陷 | 高空坠落 | | | | √ | | | | | √ | | | √ | | | 270 | H | 现场工段安保部 | ×××、××× | 安全员 | 严格控制施工程序，避免无防护边缘作业 |
| 76 | | | 高空未设临边防护 | 高处坠落 | | | | √ | | | | √ | | | | | √ | | 360 | H | 现场工段安保部 | ×××、××× | 安全员 | 严格控制施工程序，避免无防护边缘作业 |
| 77 | | | 高处无落物防护 | 物体打击 | | | | √ | | | | √ | | | | √ | | | 135 | M | 工程部、施工班组 | ×××、××× | 责任经理 | 施工方案、定期检查 |
| 78 | | | 未正确使用安全带 | 高空坠落 | | | | √ | | | √ | | | | | | √ | | 120 | M | 现场班组安保部 | 操作人员 | 班组长、安全员 | 加强安全教育和现场监督 |
| 79 | | | 高空抛扔物品 | 物体打击 | | | | √ | | | | √ | | | | √ | | | 135 | M | 现场班组安保部 | 操作人员 | 班组长、安全员 | 加强安全教育和现场监督 |
| 80 | | | 施工人员疲劳作业 | 其他伤害 | | | | √ | | | √ | | | | | √ | | | 45 | S | 现场工段班组 | 班组长 | 责任经理 | 合理安排施工作业时间,保证作业人员保持良好的精神状态 |
| 81 | | | 施工方案缺陷 | 其他伤害 | | | | √ | | | | √ | | | | | √ | | 360 | H | 工程部 | ×××、××× | 经理总工 | 严格控制施工方案的报审程序 |
| | | | 未进行安全技术交底 | 其他伤害 | | | √ | | | | | | √ | | | √ | | | 90 | M | 工程部、工段 | ×××、××× | 责任经理 | 严格控制施工方案的报审程序 |

编制：　　　　审核：　　　　审批：

取可靠的预防措施，制定应急预案。在接到有关自然灾害预报时，应当及时向下属单位发出预警通知；发生自然灾害可能危及生产经营单位和人员安全的情况时，应当采取撤离人员、停止作业、加强监测等安全措施，并及时向当地人民政府及其有关部门报告。

### （三）建立安全隐患排查责任制

为了有效地控制南京四桥在项目建设中的各种不安全因素，各标段依据本标段的工程特点以及人员情况，对安全危险源及安全隐患进行了分析，逐级建立并落实从主要负责人到每个从业人员的隐患排查治理和监控责任制。如表 4-5-1 所示为南京四桥 A5 标项目部建立的隐患排查（危害源识别）及责任落实一览表。

# 第六节　重大危险源的监控

《中华人民共和国安全生产法》要求："生产经营单位对重大危险源应当登记建档，进行定期检测、评估、监控，并制定应急预案，告知从业人员和相关人员在紧急情况下应当采取的应急措施。生产经营单位应当按照国家有关规定将本单位重大危险源及有关安全措施、应急措施报有关地方人民政府负责安全生产监督管理的部门和有关部门备案。"因此，重大危险源控制的目的，不仅是要预防重大事故发生，而且要做到一旦发生事故，能将事故危害限制到最低程度。

## 一、重大危险源的控制

由于建设活动的复杂性，需要采用系统工程的思想和方法控制重大危险源。重特大事故预防控制体系框架如图 4-6-1 所示。

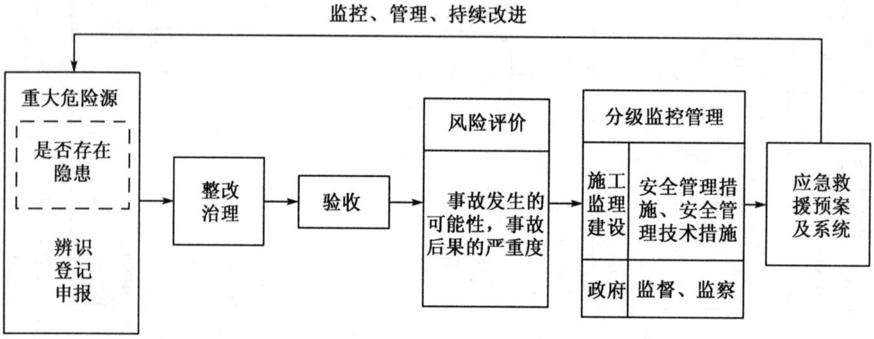


图 4-6-1　重特大事故预防控制体系框架图

### （一）重大危险源的辨识登记、申报或普查

防止重特大事故的第一步是以重大危险源辨识标准为依据，确认或辨识重大危险源。在开展重大危险源辨识登记的同时，要进行隐患排查工作，即查找和确认是否存在人的不安全行

为、物的不安全状态和管理上的缺陷。如果重大危险源已产生隐患，则必须立即整改或治理，并按法规标准进行评审和验收。对受技术或其他条件限制.不能立即整治治理的重大事故隐患，必须在安全评价基础上，强化安全管理、监控和应急措施等风险控制措施。

通过重大危险源和重大事故隐患辨识登记、申报或普查，建立重大危险源和重大事故隐患数据库，使企业和各级安全监管部门掌握重大危险源和重大事故隐患分布、分类及其安全状况，使事故预防做到心中有数，重点突出。

### (二)重大危险源安全(风险)评价

安全评价或称风险评价，是安全管理的基础和依据，是一项十分复杂的技术性工作，需要系统地收集设计、运行及其他与重大危险源和重大事故隐患有关的资料和信息。对重大危险源的关键部分，尤其应进行分析和评价，找出预防重点。应尽可能采用定量风险评价方法对重大危险源和重大事故隐患的危险程度、可能发生的重特大事故的影响范围进行分级。

施工单位在规定的期限内对已辨识和评价的重大危险源向指挥部提交安全评价报告。安全评价报告应根据重大危险源的变化，以及新技术和工程进展情况进行修改和增补，并由监理单位或指挥部组织检查和评审。

### (三)施工单位对重大危险源的监控和管理

施工单位对安全生产负主体责任。企业在重大危险源辨识和评价基础上，应对每一个重大危险源制定严格的安全监控管理制度和措施，包括检测、监控，人员培训、安全责任制的落实等。有条件的企业应建立实时监控预警系统，对危险源的安全状况进行实时监控，严密监视可能使危险源的安全状态向隐患和事故状态转化的各种参数的变化趋势，及时发出预警信息，将事故消灭在萌芽状态。

### (四)应急救援系统

应急救援系统是重特大事故预防控制技术支撑体系的重要组成部分。企业负责建立现场应急救援系统，定期检验和评估现场应急救援系统、预案和程序的有效程度，并在必要时进行修订。应急救援预案应提出详尽、实用、清楚和有效的技术与组织措施。应确保员工充分了解发生重特大事故时需要采取的应急措施，每隔适当的时间应修订和重新发放应急救援预案及宣传材料。

### (五)重大危险源和重大事故隐患的监督监察

在对重大危险源进行普查、分级，并制定有关重大危险源监督管理法规的基础上，明确存在重大危险源的项目部，对于危险源的管理责任、管理要求(包括组织制度、报告制度、监控管理制度及措施、隐患整改方案、应急措施方案等)要严格执行，促使项目部建立重大危险源控制机制，确保安全。

指挥部依据有关法规，对存在重大危险源的项目部实施分级管理，针对不同级别的项目部确定规范的现场监督方法，督促项目部执行有关法规，建立监控机制，并督促隐患的整改。建立健全项目部重大危险源申报和分级制度，使重大危险源管理规范化、制度化。同时与技术部门配合，根据项目部规模等具体情况，提供监控的管理及技术指导。在各项目部开展工作的基础上，逐步建立全线范围内的重大危险源信息系统，以便指挥部安全生产监督管理部门及时了解、掌握重大危险源状况，从而建立企业负责、安全生产监督管理部门监督的重大危险源监控体系。

该系统包含了各项目部重大危险源的普查分类申报信息、危险源分级评价信息、项目部对重大危险源管理情况信息及事故应急救援预案。以及监理单位对重大危险源的监管、检查记录等信息。便于及时掌握重大危险源和重大事故隐患状况，制定相应的分级管理、监控、监管方案和措施。突出重点，分级分类对重大危险源和重大事故隐患进行安全监督监察。

## 二、南京长江第四大桥危险源的识别与评价

南京长江第四大桥建设过程中，根据施工作业的特点，确定了可能引起的重大事故：

(1)坍塌：包括建筑物、堆置物、排山、土石方、深基坑(槽)倒塌等；

(2)高处坠落：包括从架子、高支模、卸料平台、屋顶坠落以及从平地坠落地坑等；

(3)触电：包括雷击伤害；

(4)物体打击：指落物等碰伤的伤害；

(5)火灾爆炸；

(6)中毒。

其中容易引起上述事故的施工有：

①施工现场临时用电、雷击；

②水上大型构件起重吊装(50t 以上)作业；

③脚手架(高度＞24m)，承重支架搭设与拆除；

④主塔高大模板支撑系统搭设与拆除；

⑤挂篮施工；

⑥节段梁悬浇、预应力张拉施工；

⑦施工栈桥搭设、拆除；

⑧升降施工电梯装、拆施工；

⑨大型起重设备、吊具拼装、拆除(塔吊)；

⑩潜水作业；

⑪主桥斜拉索吊装与挂索施工；

⑫施工船舶、交通船的使用管理。

## 三、南京长江第四大桥危险源的控制措施

危险源的控制措施见表 4-6-1。

**安全风险及对策表** 表 4-6-1

| 序号 | 风险因素 | 监理主要监控措施 | 监理方法 |
|---|---|---|---|
| 1 | 临时用电触电、雷击 | 审查“施工现场临时用电施工组织方案”，采用 TN-S 系统，并符合“三级配电两级保护”的要求；<br>使用标准电箱，并必须由专职电工安装； | 审查<br>监督<br>巡视、检查 |

续上表

| 序号 | 风 险 因 素 | 监理主要监控措施 | 监 理 方 法 |
|---|---|---|---|
| 1 | 临时用电触电、雷击 | 分电箱必须接地线良好，箱内漏电保护器参数匹配、熔断丝匹配，接线清楚无杂物；<br>实行“一机、一闸、一漏、一箱”；严禁“一闸多机”使用；严禁用木梗代替插头或桩头接线不拧紧等；<br>电缆的架设或埋设符合要求；<br>有电工巡视维修记录、防雷装置有检测记录 | 下监理指令或通知<br>整改后的复查 |
| 2 | 大型构件吊装 | “安全专项施工方案”审查，附有验算结果；<br>起重机械（包括起重船）安全准入和动、静载荷试验；<br>有经验的持证人员专人指挥；<br>吊索具的日常检查制度；<br>起重船抛锚及锚缆布置，显示“R、Y”慢车旗信号；<br>对作业人员的安全交底制度；<br>“吊装令”的签发；<br>承包商技术人员现场指导和专职安全人员现场监护 | 审查、监督<br>巡视、检查<br>旁站吊装<br>下监理指令或通知<br>整改后的复查 |
| 3 | 脚手架、承重支架搭设与拆除 | 审查大临设施搭设和拆除安全专项施工方案，附有验算结果；<br>大临设施（各类脚手架、模板等）验收，挂牌施工；<br>作业人员正确穿戴劳防用品；<br>临边围护设施和措施到位；<br>作业人员站立位置恰当并有施展的平台或位置；<br>作业区域的安全警戒；<br>对作业人员的安全交底制度 | 审查<br>监督<br>巡视<br>旁站<br>下监理指令或通知<br>整改后的复查 |
| 4 | 高大模板搭设、拆除 | 审查高大模板施工安全专项方案；<br>是否履行安全技术交底手续，特种作业人员持证上岗；<br>临边、洞口防护设施措施到位；<br>高大模板装拆按方案实施，作业区域有安全警戒，防护设施，措施到位 | 审查<br>巡视、监督<br>下监理指令或通知<br>整改后的复查 |
| 5 | 挂篮施工 | 审查挂篮安装、拆除专项施工方案；<br>装、拆作业区域的安全警戒、作业人员经安全技术交底，应由有资质的单位进行安装；<br>安全防护措施、设施按方案落实，特种作业人员持证上岗；<br>经专门检测机构检测颁布使用合格证后方可准入使用；<br>作业人员正确穿戴劳防用品，正确使用安全带、挂安全钩；<br>施工单位有技术指导、专职安全人员监护 | 审查<br>检查<br>巡视、监督<br>安装、拆除、吊装旁站监督<br>下监理指令或通知<br>整改后的复查 |
| 6 | 节段梁悬浇、预应力张拉 | 审查节段梁悬臂浇筑安全专项施工方案；<br>节段梁悬浇检查是否按设计顺序和安全防护措施、设施实施到位；<br>特种作业人员持证上岗，作业人员正确穿戴劳防用品；<br>挂篮前移过程推进，有统一指挥，有技术人员现场指导，安全专职人员监护；<br>支架、操作平台施工单位有验收手续；<br>预应力张拉作业，特种作业人员持证上岗，张拉设备检测合法有效，作业人员站立位置应有可靠立足点且符合安全要求 | 审查<br>检查<br>巡视、监督<br>吊装、张拉旁站<br>下监理指令或通知<br>整改后的复查 |

续上表

| 序号 | 风险因素 | 监理主要监控措施 | 监理方法 |
|---|---|---|---|
| 7 | 施工栈桥搭设、拆除 | 审查施工栈桥安全专项施工方案，附有验收结果；<br>搭设采用浮吊、吊机设备经准入后使用，搭设特种人员持证上岗；<br>作业区域安全警戒，施工作业人员经安全技术交底，有技术人员现场指导，专职安全管理人员现场监护；<br>作业人员正确穿戴劳防用品，正确使用安全带，挂安全钩，站立位置应有可靠立足点且符合安全要求；<br>临边安全防护及时跟进设置；<br>施工栈桥经验收合格后，方可使用 | 审查<br>检查<br>巡视、监督<br>吊装<br>下监理指令或通知<br>整改后的复查 |
| 8 | 升降施工电梯装、拆施工 | 审查施工升降电梯安全专项施工方案；<br>进入电梯通道和由电梯进入施工部位通道在塔吊影响半径内必须按规定搭设双层防护棚；<br>施工升降电梯安装、拆除应由有资质的单位进行装、拆，安装完毕必须经专门检测机构检测颁发合格证后方可使用；<br>装、拆作业人员必须持证上岗，电梯操作人员资质必须合法有效；<br>电梯应定期进行保养维修 | 审查<br>检查<br>巡视、监督<br>附壁搭设、拆除旁站<br>下监理指令或通知<br>整改后的复查 |
| 9 | 大型起重设备安装、拆除 | 审查大型起重设备安全专项施工方案；<br>专用桥梁浮吊应有合格使用手续；<br>龙门吊、塔吊应由有资质的单位进行装、拆施工，特种作业人员持证上岗，安装完毕应经专门检测机构检测颁发使用合格证后方可投入使用；<br>大型起重设备装、拆前经过安全技术交底，作业人员正确穿戴劳动防护用品，施工单位有专人进行指挥和监护；<br>作业区域有安全警戒；<br>定期进行保养维护 | 审查<br>检查<br>巡视、监督<br>拆除作业旁站监督<br>下监理指令或通知<br>整改后的复查 |
| 10 | 潜水作业 | 审查潜水作业安全专项施工方案；<br>潜水作业人员持证上岗，体检证明；<br>潜水作业设备，设施质量检测合格证；<br>潜水作业时指挥、通讯联络设施齐全；<br>审查作业指导书 | 审查<br>检查<br>监督<br>下监理指令或通知<br>整改后的复查 |
| 11 | 施工船舶、交通船事故 | 办理交通船安全准入；经常检查《适航证书》《临时载客证书》、骨干船员的适航证和人证相符；<br>配备消防、救生设备，并齐全有效，配备堵漏器材；<br>每天收听气象记录，当遇有恶劣气象时了解避风去向地点；<br>交通船严禁超载人员；认真记录每个航次的时间和载客人员数；<br>驾驶室内张挂施工水域的江图，保证通讯设备24h的畅通，按防台防汛离场避风；<br>施工船舶应定期进行例行保养，台账齐全 | 监督<br>审查<br>巡视、检查<br>下监理指令或通知<br>整改后的复查 |

# 第七节 安全施工临时用电管理

《施工现场临时用电安全技术规范》(JGJ 46—2005)对施工现场的临时用电从外电线路及电气设备防护、接地与防雷、配电室及自备电源、配电线路、配电箱及开关箱、电动建筑机械和手持式电动工具、照明和用电管理等八个方面明确施工现场临时用电安全技术标准和操作程序,使施工单位的用电管理和监理单位的监管有章可循、有据可依。作为安全监管责任主体施工单位和监理单位,应着重从认真执行强制性条文和掌控重点部位两方面加强对施工现场的临时用电管理。

## 一、常用的主要强制性条文

(1)施工现场临时用电工程专用的电源中性点直接接地的220/380V三相四线制低压电力系统,必须符合下列规定:

①采用三级配电系统;总配电箱→分配电箱→开关箱。

②采用TN-S接零保护系统;工作零线与保护零线合一设置的接零保护系统。

③采用二级漏电保护系统;末级开关箱和上一级配电箱或总配电箱加防漏电保护器。

(2)临时用电组织设计及变更时,必须履行"编制、审核、批准"程序,由电气工程技术人员组织编制,经相关部门的审核及具有法人资格企业的技术负责人批准后实施,变更用电组织应补充有关图纸资料。

(3)临时用电工程必须经编制、审核、批准部门和使用单位共同验收,合格后方可投入使用。

(4)临时用电工程定期检查应按分部、分项工程进行,对安全隐患必须及时处理,并应履行复查验收手续。

(5)配电柜应装设电源隔离开关及短路、过载、漏电保护电器。电源隔离开关分断时应有明显可见分断点。

(6)配电柜或配电线路停电维修时,应挂接地线,并应悬挂"禁止合闸,有人工作"停电标志牌。停送电必须由专人负责。

(7)电缆中必须包含全部工作芯线和用作保护零线或保护线的芯线。需要三相四线制配电的电缆线路必须采用5芯电缆。5芯电缆必须包含淡蓝、绿/黄两种颜色绝缘芯线。淡蓝色芯线必须用作N线;绿/黄双色芯线必须作为PE线,严禁混用。

(8)电缆线路应采用埋地或架空敷设,严禁沿地面明设,并应避免机械损伤和介质腐蚀,埋地电缆路径应设方位标志。

(9)每台用电设备必须有各自专用的开关箱,严禁用同一个开关箱直接控制2台或2台以上用电设备含插座。

(10)对配电箱、开关箱进行定期维修检查时,必须将其前一级相应的电源隔离开关分闸断电,并悬挂"禁止合闸,有人工作"停电标志牌,严禁带电作业。

(11)对混凝土搅拌机、钢筋加工机械、木工机械、盾构机械等设备进行清理检查维修时,必须将其开关箱分闸断电，呈现可见电源分断点，并关门上锁。

(12)特殊场所应使用安全特低电压照明器，特殊场所包括：

①隧道、人防工程、高温、有导电灰尘、比较潮湿或灯具离地面高度低于2.5m等场所的照明电源电压不大于36V；

②潮湿和易触及带电体场所的照明电源电压不得大于24V；

③特别潮湿场所，导电良好的地面、锅炉或金属容器内照明，电源不得大于12V。

(13)对夜间影响飞机或车辆通行的在建工程及机械设备，必须设置醒目的红色信号灯，其电源应设在施工现场总电源开关的前侧，并应设置外电线路停止供电时的应急自备电源。

## 二、管理人员应重点掌控的内容

施工现场管理人员对临时用电的安全职责主要包括审查、监控、管理3个方面。

### (一)审查

按照《施工现场临时用电安全技术规范》规定：施工现场临时用电设备在5台及以上或设备总容量在50kW及以上者，应编制用电组织设计。内容包括现场勘测等8项内容，若在5台以下或50kW以下者应制定安全用电和电气防火措施并以强制性条文形式对程序进行明确。以此作为现场临时用电管理的第一项技术性原则。现场的管理和监控责任主体的监理，应在调查、了解施工现场及周边环境的基础上，一是对编制程序的监控，二是对编制内容的审查，重点审查施工组织设计中的安全措施或者专项施工方案是否符合工程建设强制性标准，并留下监理痕迹。

### (二)监控

按《安全生产管理条例》第十四条的规定在实施安全监理过程中，发现存在安全事故隐患的，应当要求施工单位立即整改。情况严重的，应当要求施工单位暂停施工，并及时报告建设单位。施工单位拒不整改或不停止施工的，工程监理单位应当及时向有关主管部门报告，否则就要承当责任。对现场监控可采取分层次管理的思路：总监要想到位，管到位；专职安全监理工程师应做到人到位、心到位、眼到位；其他监理人员则应听到位、做到位。要带着问题看现场，要能发现问题，做有心人。尤其是开始和收尾阶段要做到教育在先和警钟长鸣。

按用电规范要求和工程实际，安全管理人员对安全用电的监控应重点掌控7个关键部位。

#### 1. 外电线路及电气设备防护

在建工程不得在外电架空线路正下方施工搭棚，堆放物品；控制工程周边与架空边线的最小安全距离；现场机动车道与线路交叉时架空线最低点与路面最小垂直距离；起重吊装最小安全距离等，都应符合《施工现场临时用电安全技术规范》的要求。

#### 2. 接地与防雷

施工现场专用变压器供电的TN-S接零保护系统中，电气设备的金属外壳必须与保护零线连接；当施工现场与外电线路共用同一供电系统时，电气设备的接地、接零保护应予原系统保持一致。不得一部分设备做保护接零，另一部分设备做保护接地；施工现场的临时用电电力系统严禁利用大地做相线或零线；

保护零线必须采用绝缘导线；PE 线上严禁装设开关或熔断器，严禁通过工作电流，且严禁断线；

相线 N 线、PE 线颜色标记必须符合：相线 L1、L2、L3 依次为黄、绿、红色，N 线为淡蓝色，PE 线为绿/黄双色，任何情况严禁混用和互相作用。

**3. 配电室及自备电源**

配电室应靠近电源，并应设在灰尘少、潮气少、振动小、无腐蚀、介质无易燃、易爆物及道路畅通的地方；配电柜应装设电源隔离开关及短路过载漏电保护电器。电源隔离开关分断时，应有明显可见分断点；发电机组电源必须与外电线路电源连锁，严禁并列运行；发电机组并列运行时，必须装设同期装置，并在机组同步运行后再向负载供电。

**4. 配电线路**

架空线必须采用绝缘导线；架空线必须架设在专用电杆上，严禁架在树木，脚手架及其他设施上；架空线路的挡距不得大于 35m，架空线路、电缆线路、室内配线必须有短路保护和过载保护；室内配线必须采用绝缘导线或电缆。

**5. 配电箱及开关箱**

配电系统应设置配电柜或总配电箱、分配电箱、开关箱实行三级配电；总配电箱应设在靠近电源的区域，分配电箱应设在用电设备或负荷相对集中的区域，分配电箱与开关箱的距离不得超过 30m，开关箱与其控制的固定式用电设备的水平距离不宜超过 3m。

动力配电箱与照明配电箱宜分别设置。当合并设置为同一配电箱时，动力和照明应分路配电；动力开关箱与照明开关箱必须分设。

配电箱、开关箱周围应有足够 2 人同时工作的空间和通道，不得堆放任何妨碍操作维修的物品，不得有灌木、杂草；配电箱、开关箱应装设端正牢固。固定式配电箱、开关箱的中心点与地面的垂直距离应为 1.4～1.6m。移动式配电箱开关箱应装设在坚固稳定的支架上，其中心点与地面的垂直距离宜为 0.8～1.6m。

配电箱的电器安装板上必须分设 N 线端子板和 PE 线端子板，N 线端子板必须与金属电器安装板绝缘；PE 线端子板必须与金属电器安装板做电气连接；进出线中的 N 线必须通过 N 线端子板连接；PE 线必须通过 PE 线端子板连接。

配电箱、开关箱外形结构应能防雨、防尘，箱内电器必须可靠完好。严禁使用破损不合格的电器；配电箱、开关箱应有名称、用途分路标记及系统接线图，箱内应配锁，并应有专人负责，定期检查维修。检查维修必须是专业电工，必须穿戴绝缘鞋和手套，必须使用电工绝缘工具，并应做检查维修工作记录；配电箱、开关箱必须按下列程序操作；

送电操作顺序为：总配电箱→分配电箱→开关箱。

停电操作顺序为：开关箱→分配电箱→总配电箱。

但出现电气故障的紧急情况可除外；施工现场停止作业 1h 以上时，应将动力开关箱断电上锁。

漏电保护器每天使用前应启动漏电试验按钮试跳一次，试跳不正常时严禁继续使用。

### 6. 电动建筑机械和手持式电动工具

施工现场中电动建筑机械和手持式电动工具的选购、使用、检查和维修应遵守用电规范的规定，建立和执行专人专机负责制，并定期检查和维修保养；塔式起重机、外用电梯、滑升模板的金属操作平台及需要设置避雷装置的物料提升机，除应连接 PE 线外，还应做重复接地。设备的金属结构构件之间应保证电气连接；电焊机具应放置在防雨干燥和通风良好的地方，焊接现场不得有易燃、易爆物品，使用电焊机具焊接时必须穿戴防护用品，严禁露天冒雨从事电焊作业；

对混凝土搅拌机、钢筋加工机械、盾构机械等设备进行清理、检查、维修时必须首先将其开关箱分闸断电，呈现可见电源分断点，并关门上锁。

### 7. 照明

在坑洞、井内作业、夜间施工或厂房、道路、仓库、办公室、食堂、宿舍、料具堆放场及自然采光差等场所，应设一般照明、局部照明或混合照明。在一个工作场所内，不得只设局部照明。

一般场所宜选用额定电压为 220V 的照明器，特殊场所应使用安全特低电压照明器。

## (三)管理

监理的用电安全管理可分为现场和内业两类。项目监理部及安全监理工程师的用电安全管理，一方面督促施工方按《用电安全导则》(GB/T 13869)和《施工现场临时用电安全技术规范》(JCJ 46—2005)严格操作。另一方面管理人员应在加强现场监管的基础上，建立管理用电安全监管资料。

(1)现场管理主要包括按用电安全导则规定的电工必须持证上岗；用电人员应通过安全培训和技术交底，考核合格方可上岗；安装、巡检、维修或拆除临时用电设备和线路，必须由电工完成，并应有人监护；各类用电人员应掌握安全用电基本知识和所用设备的性能；在进行安全交底的基础上按规范要求对施工全方位、全过程的用电状况进行巡视、监控及定期重点检查。

(2)内业主要指建立临时用电安全技术档案包括：

①用电组织设计的全部资料；

②用电技术交底资料；

③用电工程检查验收表；

④电气设备的试检验凭证和调试记录(由设备生产者或专业维修者提供)；

⑤接地电阻、绝缘电阻和漏电保护器漏电动作参数测定记录表；

⑥定期检复查表；

⑦电工安装巡检、维修、拆除工作记录。

## 三、安全用电主要防范对象与方法

公路工程施工行业5大事故主要包括：高处坠落、物体打击、机械伤害、坍塌、触电。其中只有用电安全涉及建设的全过程和全方位，而且发生危害的概率高。用电事故主要可分为触电事故、雷击事故、静电事故、电磁辐射和电气装置事故。工程中目前常见的主要指触电事故和电气系统故障及装置事故2种。

(1)触电事故可分电击和电伤两类：电击又可再分触及正常状态下带电的带电体时发生的电击，称正常状态下的电击和正常状态下不带电；而在故障状态下意外带电的带电体发生的电击，故障状态下电击。电伤分：电弧烧伤、电流灼伤、机械性损伤、电光眼等伤害。

在管理的现场曾发现有50～60m护套线一部分丢在水里，另有的线头直接用塑料袋缠着且接在开关盒的进线处；夜间民工赤膊摸黑在配电箱上乱接照明线；水泥搅拌桩机夜间断电，操作工私自改线接线；夜间露天施工维修发电机时，民工手持大功率白炽灯头照明；桩机现场搬运电焊机时外壳带电；民工赤脚在积水的沟槽旁拉接电源线等。这些现象在现场并不鲜见，明显违背《施工现场临时用电安全技术规范》的规定和常识。为杜绝或减少危害，作为监控的主体，要督促施工方在技术方案中和现场实际要采取预防触电事故的措施：

①直接接触电击的预防技术如绝缘屏护间距；

②间接接触电击的预防技术如保护接地(IT系统)、保护接零(TN系统)；

③双重绝缘和加强绝缘、安全电压、电气隔离、漏电保护等其他电击预防措施。

在实施过程中还应强调安全交底工作，应有书面材料，要让所有当事人确认。尤其是劳务层的民工，违规操作往往是这部分人，“无知则胆大”。这类事故通常由人的不安全行为所导致，应以提醒和防范为主来加以控制。

(2)电气系统故障和电气装置安全要点。电气系统故障引发的事故包括：异常停电、异常带电、电气损坏、电气路线损坏、短路、电气火灾等。电气装置安全主要指变配电站和主要变配电设备、电气线路、配电柜箱及用电设备和低压电器等的安全。这类事故的发生多数原因由物的不稳定状态或因素所造成。

在现实中电气损坏、线路损坏、配电设施简陋、带病工作、乱接瞎挂等现象在一些项目不算少有，与“用电规范”要求，差距相当大。比较明显的是现场要求配电箱、开关箱要做到一机、一闸、一漏、一箱、一门、一锁的“六个一”，这在现场几乎都难以做到。破旧配电箱、开关箱到处都有，线路更是接头众多。还有的就是保护零线，被称为“三宝(安全帽、安全带、救生衣)”之后的第四宝往往被忽视。行内称“外行看脚手架，内行看用电设备”，足以表明电气装置和用电安全的重要性，事实也表明这点。严格管理“三级配电、二级漏电保护、TN-S接零保护”就能做到位。相反疏于管理往往难以做到或做全。

安全生产尤其是安全用电是细节决定成败。作为管理者要做到明责、履责、查责、追责。稍有疏忽就会出现纰漏。监理作为监控主体，应在注重充分发挥施工单位安全生产主体作用的基础上，认真落实自身的审查、监控、管理职责以及报告相关部门责任，如做到这几方面就可以实现监管职责，从而规避监理安全监管的风险。

# 第八节　特种设备设施安全管理

## 一、特种设备采购与安装

### (一)采购

(1)采购特种设备应当符合的要求：

①选型、技术参数、安全性能、能效指标等符合国家或者地方有关强制性规定以及设计要求。

②所采购特种设备由取得相应制造资质的单位制造。

③所采购特种设备应当附有安全技术规范要求的设计文件、产品质量合格证明、安装及使用维修说明、制造监督检验证书等出厂文件。

(2)采购旧特种设备应当符合的要求：

①具有原使用单位的注销登记证明。

②具有完整的安全技术档案。

③经定期检验合格。

(3)采购进口特种设备应当符合的要求：

①电梯、起重机械、场内专用机动车辆的同类首台产品，应当由该产品的国内代理商报请特种设备试验机构试验合格。

②特种设备安全质量性能和能效指标符合中国特种设备安全技术规范、强制性标准的有关规定。

③附有相关安全技术规范要求的设计文件、产品质量合格证明、安装及使用维修说明、检验证书等中文出厂文件。

### (二)特种设备的安装

(1)安装单位应具备的条件：

①具有省级质量技术监督部门颁发的《特种设备安装(维修)安全许可证》。

②具有相应的安装经验。

③安装队伍的施工组织方案、安装程序、技术要求、安装过程中的隐蔽工程验收记录、自检报告符合要求。

(2)安装、改造、维修特种设备时，生产经营单位应当履行的义务：

①委托具有相应资质的单位进行安装、改造、维修。

②督促安装、改造、维修单位办理施工告知手续、申报监督检验。

③验收特种设备，并接收安装、改造、维修单位移交的有关技术资料、出厂文件和监督检验证书，将其存入该设备的安全技术档案。

(3)特种设备的安装与拆除应编制专项安全施工方案，必要时应组织专家进行论证，专项安全施工方案经批准后方可组织实施。

## 二、生产经营单位特种设备作业人员应具备的条件

(1)持证上岗。

(2)按照规程进行操作。

(3)定期接受安全、节能教育和培训。

(4)在证书有效期满前60日内,由申请人或者申请人的用人单位向原考核发证机关或者从业所在地考核发证机关提出申请。

## 三、特种设备使用登记证的办理

### 1. 办理时间和登记部门

特种设备在投入使用前或者投入使用后30日内,生产经营单位应当向直辖市或者设区的市的特种设备安全监督管理部门登记。登记标志应当置于或者附着于该特种设备的显著位置。

### 2. 办理登记证应准备的资料

特种设备使用单位办理使用登记应当提交的资料:

(1)组织机构代码证(个体工商户为业主身份证)原件及复印件。

(2)完整的出厂文件以及安装技术资料等。

## 四、安全技术档案

生产经营单位应当逐台(一机一档)建立符合安全技术规范要求的特种设备安全技术档案。安全技术档案包括的内容:特种设备的设计文件、制造单位、产品质量合格证明、使用维护说明等文件以及安装技术资料;特种设备的定期检验和定期自行检查的记录;特种设备的日常使用状况记录;特种设备及其安全附件、安全保护装置、测量调控装置及有关附属仪器仪表的日常维护保养记录;特种设备运行故障和事故记录;高耗能特种设备的能效测试报告、能耗状况记录以及节能改造技术资料。

## 五、定期检验

(1)生产经营单位应当在检验有效期满1个月前向特种设备检验检测机构申报定期检验。

(2)生产经营单位申报定期检验前应当进行自检,或者委托有能力的专业技术服务机构进行自检,确保设备安全性能符合有关安全技术规范的要求。

(3)生产经营单位不得使用未经定期检验或检验不合格的特种设备。

## 六、应急管理

(1)特种设备安全监督管理部门应当制定特种设备应急预案。特种设备使用单位应当制定事故应急专项预案,并定期进行事故应急演练。

(2)特种设备事故发生后,事故发生单位应当立即启动事故应急预案,组织抢救,防止事故

扩大，减少人员伤亡和财产损失，并及时向事故发生地县以上特种设备安全监督管理部门和有关部门报告。

(3)电梯的日常维护保养单位，应当对其维护保养的电梯的安全性能负责。接到故障通知后，应当立即赶赴现场，并采取必要的应急救援措施，有关约定应当在维保合同中明确。

### 七、报　废

特种设备存在严重事故隐患，无改造、维修价值，或者超过安全技术规范规定使用年限，生产经营单位应当及时予以报废，并应当向原登记的特种设备安全监督管理部门办理注销。没有报废期限规定但超过设计使用年限的特种设备，生产经营单位应当申请有相应资质的检验检测机构对设备的主要承压部件或者主要受力部件以及控制部件进行安全评估和延寿分析，对评估分析合格的特种设备可适当延长使用年限，同时可以根据情况在评估报告中附加缩短检验周期、实行监控使用等限制条件。

## 第九节　劳动防护用品管理

劳动防护用品是指由生产经营单位为从业人员配备的，使其在劳动过程中免遭或者减轻事故伤害及职业危害的个人防护装备。使用劳动防护用品，是保障从业人员人身安全与健康的重要措施，也是生产经营单位安全生产日常管理的重要工作内容。

### 一、劳动防护用品种类

劳动防护用品种类很多，主要按防护用品性能、保护部位、防护用途 3 种分类方法。

### 二、劳动防护用品的配置

《中华人民共和国安全生产法》(主席令第 70 号)第三十七条规定："生产经营单位必须为从业人员提供符合国家标准或者行业标准的劳动防护用品，并监督、教育从业人员按照使用规则佩戴、使用。"

《中华人民共和国职业病防治法》规定："用人单位必须为劳动者提供个人使用的职业病防护用品。"

#### (一)选用原则

生产经营单位选用劳动防护用品时，应根据国家标准、行业标准或地方标准的相关要求，针对生产作业环境、劳动强度以及生产岗位性质，结合劳动防护用品的防护性能以及穿戴舒适方便不影响工作等因素，综合分析后选用。

#### (二)劳动防护用品发放要求

南京长江第四大桥依据 2000 年国家经贸委颁布的《劳动防护用品配备标准(试行)》(国经贸安全[2000]189 号)国家工种分类目录中的 116 个典型工种的劳动防护用品配备标准。用人单位应当按照有关标准，根据不同工种和劳动条件发给职工个人劳动防护用品。

生产经营单位发放劳动防护用品的责任：

(1)用人单位应根据工作场所中的职业危害因素及其危害程度，按照法律、法规、标准的规定，为从业人员免费提供符合国家规定的劳动防护用品。不得以货币或其他物品替代应当配备的护品。

(2)用人单位应到定点经营单位或生产企业购买特种劳动防护用品。特种劳动防护用品必须具有"三证"和"一标志"。即生产许可证、产品合格证、安全鉴定证和安全标志。购买的特种劳动防护用品须经本单位安全管理部门验收，并应按照特种劳动防护用品的使用要求，在使用前对其防护功能进行必要的检查。

(3)用人单位应教育从业人员，按照劳动防护用品的使用规则和防护要求正确使用劳动防护用品，使从业人员做到"三会"：会检查劳动防护用品的可靠性，会正确使用劳动防护用品，会正确维护保养劳动防护用品。用人单位应定期进行监督检查。

(4)用人单位应按照产品说明书的要求，及时更换、报废过期和失效的劳动防护用品。

(5)用人单位应建立健全劳动防护用品的购买、验收、保管、发放、使用、更换、报废等管理制度和使用档案，并进行必要的监督检查。

## 三、劳动防护用品的使用管理

(1)采购验收。生产经营单位应统一进行劳动防护用品的采购，到货后应由安全管理部门组织相关人员按标准进行验收，一是验收"三证一标志"是否齐全有效；二是对相关劳动防护用品作外观检查，必要时应进行试验验收。

(2)使用前检查。从业人员每次使用劳动防护用品前应对其进行检查，生产经营单位可制定相应检查表见表4-9-1，供从业人员检查使用，防止使用功能损坏的劳动防护用品。

**安全带检查表** 表4-9-1

| 序号 | 检 查 内 容 |
|---|---|
| 1 | 组件完整，无短缺，无破损 |
| 2 | 绳索、编织带无脆裂、断股或扭结 |
| 3 | 皮革配件完好、无伤残 |
| 4 | 金属配件无裂纹、焊接无缺陷、无严重锈蚀 |
| 5 | 挂钩的钩舌咬口平整不错位，保险装置完整可靠 |
| 6 | 活梁卡子的活梁灵活，表面滚花良好，与边框间距符合要求 |
| 7 | 铆钉无明显偏位，表面平整 |
| 8 | 定期检查合格，有记录，未超期使用 |
| 9 | 配备的防坠器应制动可靠 |

(3)使用中检查。安全生产管理部门在组织开展安全检查时，将劳动防护用品的检查列入检查表，进行经常性的检查。重点是必须在其性能范围内使用，不超极限使用等。

(4)正确使用。从业人员应严格按照使用说明书正确使用劳动防护用品。生产经营单位的领导及安全生产管理人员应经常深入现场，检查指导从业人员正确使用劳动防护用品。

# 第五章 安全生产标准化建设

## 第一节　安全生产标准化建设概述

2004年，国务院颁布实施了《国务院关于进一步加强安全生产工作的决定》，提出了“强化管理、落实生产经营单位安全生产主体责任制”，要求在重点行业和领域内开展安全标准化活动。同年5月，国家安全监管总局下发了《关于开展安全质量标准化活动的指导意见》。为进一步落实企业安全生产主体责任，加强企业安全生产规范化建设，国家安全监管总局发布了《企业安全生产标准化基本规范》（AQ/T 9006—2010，以下简称《基本规范》），自2010年6月1日起实施。《基本规范》是在总结近年安全生产监管工作经验的基础上，制定的全面规范企业安全生产工作的行业标准。《基本规范》的发布实施，对加强企业安全生产规范化建设，促进安全生产工作具有重要意义。一是有利于进一步落实企业安全生产的主体责任。《基本规范》采用了国际通用的策划、实施、检查、改进动态循环的现代安全管理模式，对企业安全生产工作的组织机构、安全投入、安全管理制度、隐患排查和治理、重大危险源监控、绩效评定和持续改进等方面的内容作了具体规定，进一步明确了企业安全生产工作干什么和怎么干的问题，能够更好地引导企业落实安全生产主体责任，建立安全生产长效机制。二是有利于进一步推进企业安全生产标准工作。近年来，各地区按照国家安全监管总局的要求，结合本地区企业安全生产实际，在煤矿、金属非金属矿山、危险化学品、烟花爆竹等高危行业开展了安全生产标准化创建活动，加强了安全生产基础工作。《基本规范》总结了企业安全生产工作的特点，对“安全生产标准化”进行了规范化定义，对各行业、各领域具有广泛使用性，能够促进安全生产标准化工作在各行业的普遍开展。三是有利于进一步促进安全生产法律法规的贯彻落实。安全生产法律法规对安全生产工作提出了原则要求。《基本规范》是对这些法律原则和法律制度内容的具体化和系统化，并通过运行使之成为企业的生产行为规范，从而更好地促进安全生产法律法规的贯彻落实。同时，《基本规范》要求企业对安全生产标准化工作进行自主评定和申请外部评审定级，也能增强企业贯彻落实安全生产法律法规的积极性和主动性。

安全生产标准化是指通过建立安全生产责任制，制定安全管理制度和操作规程，排查治理隐患和重大危险源，建立预防机制，规范生产行为，使各生产环节符合有关安全生产法律法规和标准规范的要求，人、机、物、环境处于良好的生产状态，并持续改进，不断加强企业安全生产规范化建设。

所谓安全生产标准化建设，就是用科学的方法和手段，提高人的安全意识，创造人的安全环境，规范人的安全行为，使人—机—环境达到最佳统一，从而实现最大限度地防止和减少伤亡事故的目的。安全生产标准化建设的核心是人——企业的每个员工。因此，它涉及的面很广，既涉及人的思想，又涉及人的行为，还涉及人所从事的环境，所管理的机械设备、物体材料等方面的内容。

开展安全生产标准化工作，要遵循“安全第一、预防为主、综合治理”的方针，以隐患排查治理为基础，提高安全生产水平，减少事故发生，保障人身安全健康，保证生产经营活动的顺利进行。

生产经营单位安全生产标准化工作采用“策划、实施、检查、改进”动态循环的模式，结合自身的特点，建立并保持安全生产标准化系统。通过自我检查、自我纠正和自我完善，建立安全绩效持续改进的安全生产长效机制。

## 第二节　办公区、生活区标准化建设

**1. 实施方案**

为了规范南京四桥建设的文明施工管理，有效地促进施工现场的文明有序，不断提高建设和施工管理水平，从而优质高效地完成南京四桥的建设任务，现根据南京市相关文件的要求，结合工程项目的实际特点，编制文明工地指导规范。

**2. 总体要求**

按照“靠前指挥、贴近现场”的要求，施工单位临时办公区、生活区等设施，原则上要求靠近施工现场新建。新建临时设施原则上采用新彩钢板房，并需考虑防台风、大风措施。若采用砖房，需内外粉刷成白色；如考虑租借当地既有设施，需有良好的封闭工作、生活环境，设施、设备整洁，具有一定场地和绿化条件，并经建设单位同意后方可租用。大型临时驻地应有绿化（绿化面积不小于 $20m^2$），环境整洁优美、场地平整，材料、物品堆放整齐。图 5-2-1 为绿化效果图。

施工区域与办公区、生活区应明显分隔。办公区、生活区应布置合理、排水通畅、垃圾入箱、泔水入桶，环境整洁美化，照明设施完好，灭灾措施落实，基本生活设施齐全，符合卫生标准。工地办公区域和生活区域消防设施齐全，驻地内危险品如燃气等按照国家和行业规定要求管理。图 5-2-2 为办公区环境图。

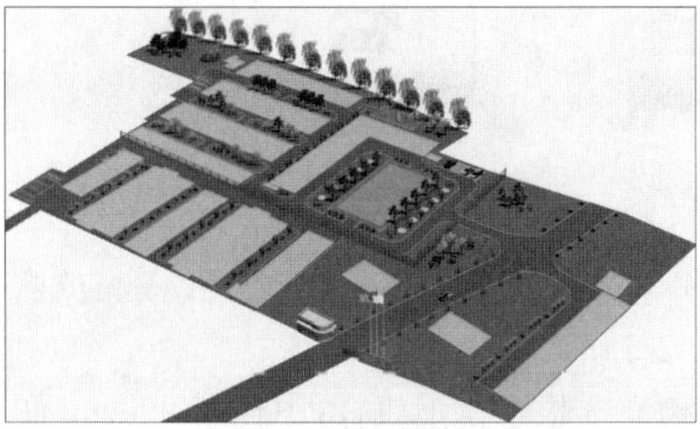

图 5-2-1　绿化效果图

图 5-2-2　办公区

**3. 具体实施**

(1)工地大门。新建临时设施大门采用伸缩移动门，宽度大于 6m。场地大门右侧围墙设置一块 4～6m 宽、1.5～1.8m 高的项目部名称墙，采用瓷砖贴面(最好采用绛红色)，字体采用金色，字高 30cm 左右；门头字排列格式为：第一排为施工单位名称，第二排为项目部名称，即：××工程××标段项目经理部。基本形式如图 5-2-3 所示。

图 5-2-3　工地大门

(2)门卫值班室门卫要求设置标准岗亭，24h 值班。岗亭墙体采用灰白色彩板，屋顶及屋檐为红色或蓝色彩板。屋顶采用单坡建筑形式，可根据实际情况确定坡度。门卫室内应张贴责任制度图牌，形式尺寸等同于办公室内图。设置形式如图 5-2-4 所示。

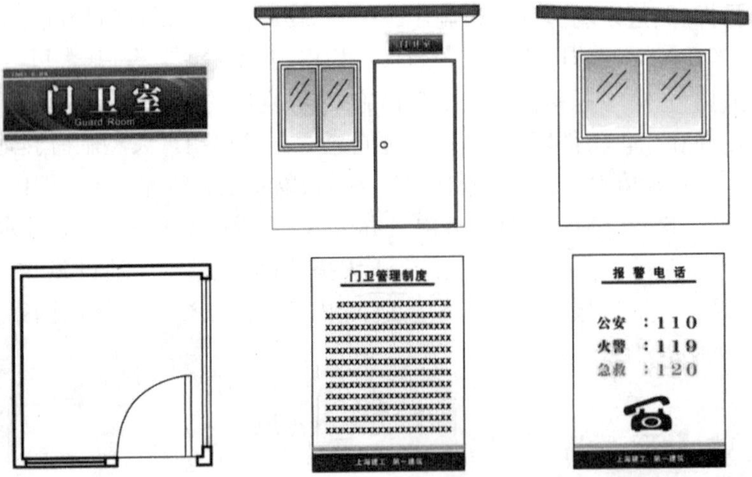


图 5-2-4　门卫值班室

(3)围挡、围墙。办公区域和生活区域要有效分隔。围墙采用铸铁栏杆形式或绿色钢丝网，每隔 3m 左右设置一道立柱。如图 5-2-5 和图 5-2-6 所示。

(4)旗杆、旗帜。办公生活区域必须设置旗坛，树立 3 根不锈钢旗杆，中杆高 900cm，侧杆高 850cm，旗杆间距 120cm，旗帜为 3 号旗(192cm×128cm)。

图 5-2-5　围挡、围墙

图 5-2-6　围挡、围墙

旗墩上可安装“安全生产天数”、“安全无重大伤亡事故　第×××天”、材料为金色不锈钢立体字。如图 5-2-7 所示。

(5)会议室。会议室原则上最少能容纳 40 人，基本布置形式如图 5-2-8 所示。施工单位还可根据实际情况在会议室内设置获奖展示柜或张挂其他图牌等。

图 5-2-7　旗杆、旗帜

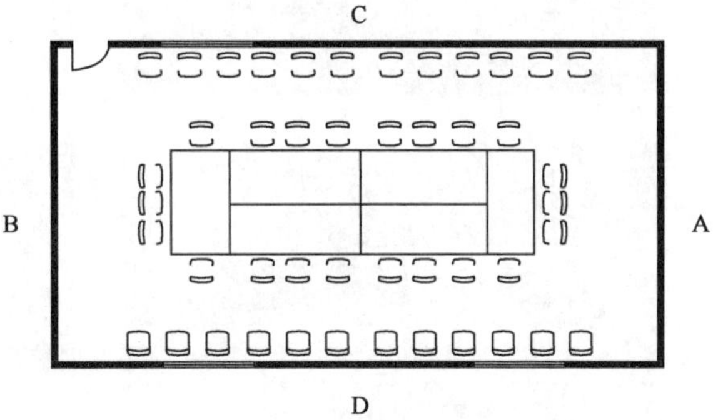


图 5-2-8　会议室

(6)告示栏。在项目部驻地醒目位置应设置不锈钢架告示栏，应基本包括：项目部廉政建设责任人公示牌、项目部安全责任人公示牌、项目部质量责任人公示牌、安全生产现场应急救援组织体系公示牌、安全生产工作目标指标、安全生产纪律、安全技术措施、防火须知牌、消防平面布置图等。如图 5-2-9 所示。

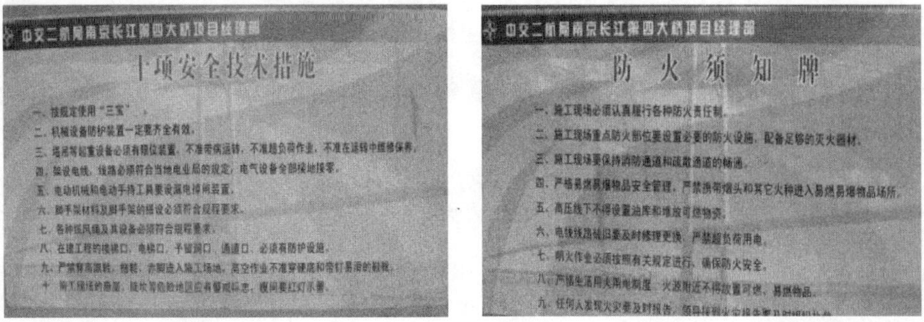


图　5-2-9

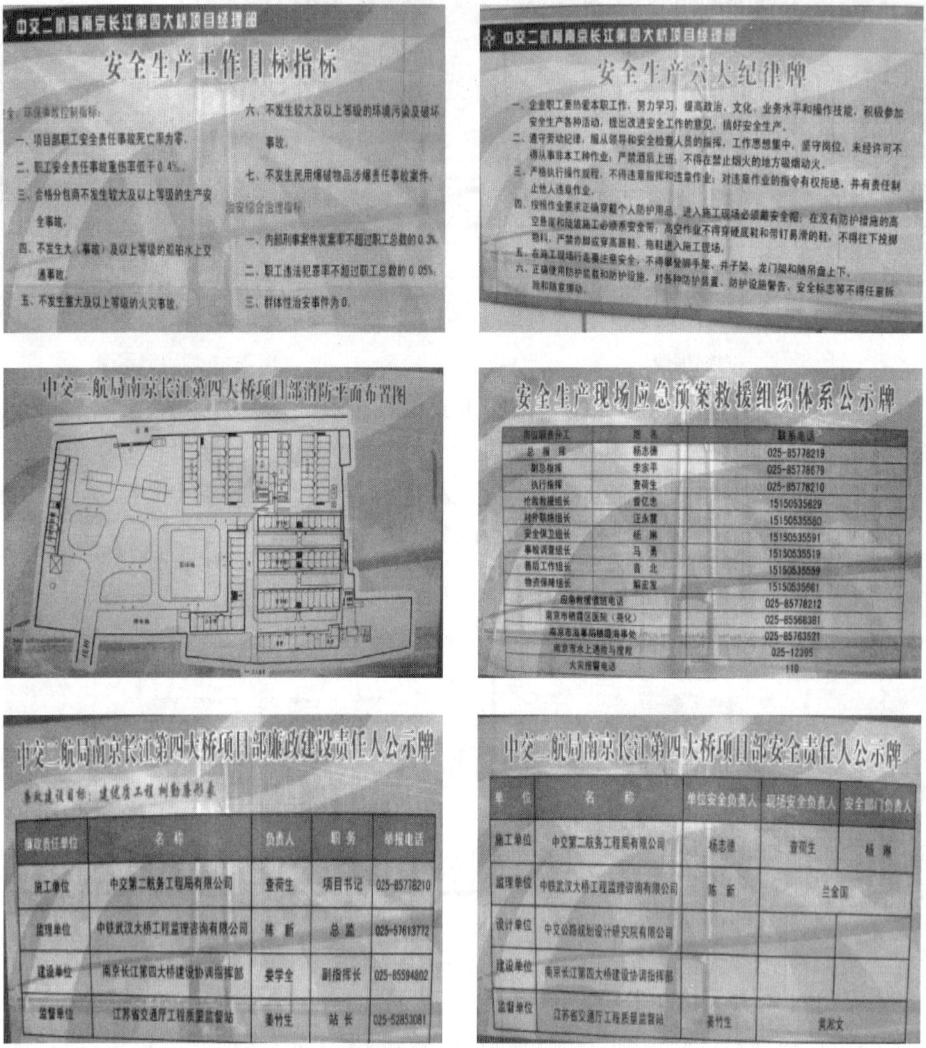


图 5-2-9　告示栏

(7)宣传栏。施工单位可在适当位置设置宣传栏或黑板报等,具体样式可根据驻地实际情况而定。如图 5-2-10 所示。

图 5-2-10　宣传栏

(8)廉政建设。为了加强工程中的廉政建设,提高干部员工反腐倡廉意识,要求在建设项目中建立廉洁风险防控体系,对各种廉洁风险采取必要的防范措施,在醒目位置设置廉政举报箱,并公开举报电话。如图 5-2-11 所示。

图 5-2-11　廉政建设

(9)室外企业形象展示牌。施工单位应展示良好的企业形象和施工实力,可将该公司以往的工程成果图片制作成展示牌张贴于建设项目办公用房外墙或者施工区域邻边围栏。如图 5-2-12所示。

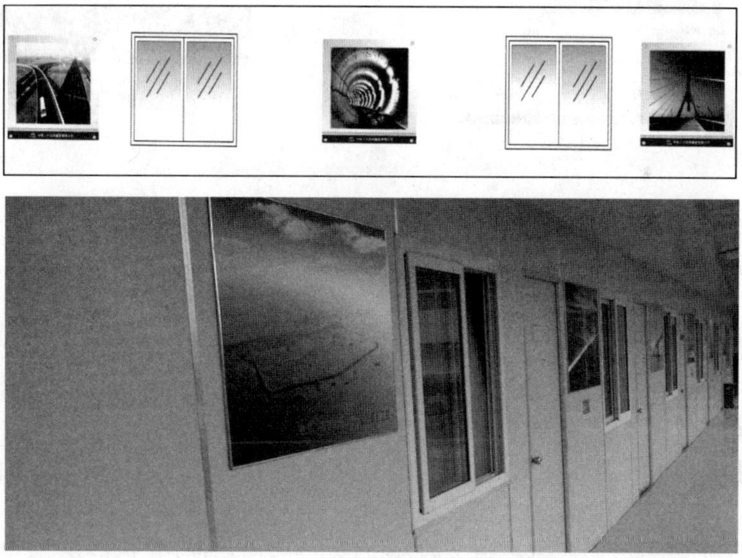

图 5-2-12　室外企业形象展示牌

(10)宿舍。宿舍内生活用品放置整齐,宿舍周围环境卫生整洁、安全,生活区内生活垃圾应装入有盖容器,并及时清理。宿舍的搭设必须在施工的前期完成,并经过验收合格,方可使用。同时,用电设施应符合安全临时用电标准,按照创建"节约型工地"要求,办公区域及宿舍内必须使用节能灯,每个房间必须独立设置漏电保护器,并张贴用电管理制度。如图 5-2-13 所示。

①宿舍标准化配置。宿舍内必须实行统一管理,做到整体规划。应采用统一尺寸铁制床架,被褥、蚊帐、被单等床上用品统一色彩和规格。更衣箱、面盆、毛巾、箱包架统一布置,实行

规范化管理。

图5-2-13 宿舍

②宿舍内务管理：

a. 工地宿舍必须牢固，窗户齐全，通风明亮，宿舍门窗玻璃不得涂制油漆。宿舍内安装2只吸顶风扇，有条件的可以安装空调，宿舍内必须设置双层铁制结构标准床，每间房住宿人员人均面积不小于3m²。高度不低于2.5m，二楼两端应有水池及漏水管设施。大于6间或长度超过15m的，应设置两道楼梯。床铺上被褥必须整洁，夏季有凉席，其他季节必须垫床铺。宿舍人员每天必须整理内务，严格管理。

b. 每张床下必须放置鞋子的搁板，每块搁板放置鞋子最多不超过6双。面盆、口杯、饭碗必须摆放整齐，宿舍内不得放置施工器具和其他施工材料，尤其是危险物品。

c. 宿舍内必须保持整洁，严禁在宿舍内乱拉接电线，严禁使用“热得快”、电炉、电饭煲、电炒锅、电取暖器等大功率电器。

d. 制定宿舍管理制度(包括用电制度)、卫生责任人、卫生值日表，务工人员相关信息应统一制作成“工地宿舍人员一览表”张贴在宿舍外墙。

(11)工地食堂。施工单位在驻地应设立工地食堂，并同时申请办理食堂《临时卫生许可证》，工地食堂应有食物储藏室、加工室、二次更衣室、熟食间和就餐厅，加工室和熟食间要安装紫外线消毒灯，食堂应配置冰柜或冰箱以储存一定的肉类、鱼类和食品的保鲜，食品采购验收记录、冰箱清洗记录、留样菜记录和灭四害记录。

食堂餐具应使用不锈钢制品，严格使用再生塑料制品，食堂工作人员工作时严禁佩戴饰品。

工地食堂厨房必须有纱门、纱窗，地面应水泥抹光或铺有地砖，墙面应贴白色瓷砖，顶棚进行防尘、防雨、防漏处理。

食堂炊事人员必须持有卫生部门核发的健康证，穿戴工作服、帽、口罩（三白），保持个人卫生；餐具放置整齐有序，生熟分开、及时消毒；保证供应合格卫生的饮用水，菜饭应卫生、新鲜。

食堂必须建立健全各项管理制度，并上墙公示。如图 5-2-14 所示。

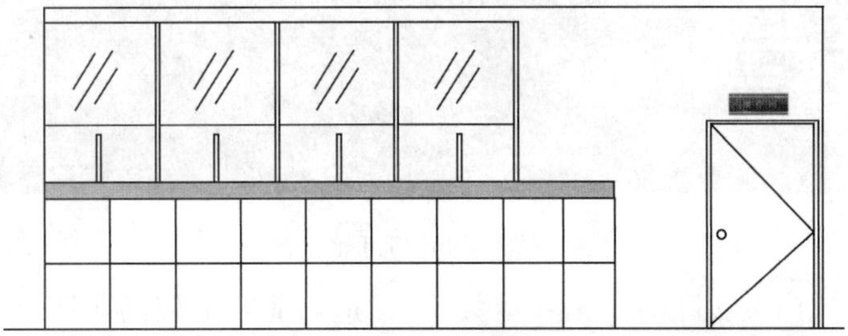

售饭窗口立面示意图

图 5-2-14　工地食堂

（12）浴室。施工单位进场后，必须建造工地浴室，供施工人员使用。如图 5-2-15 所示。

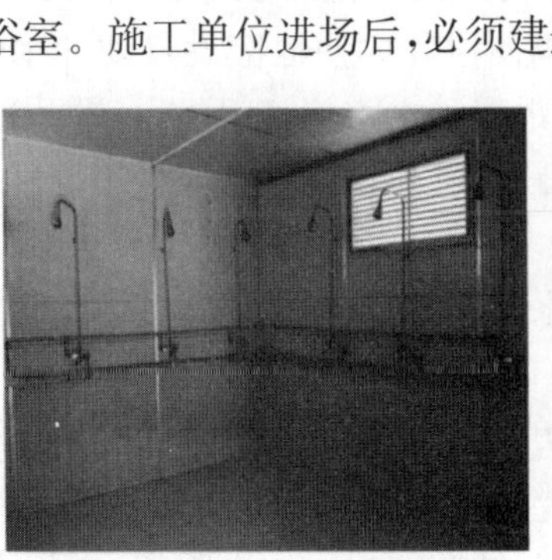

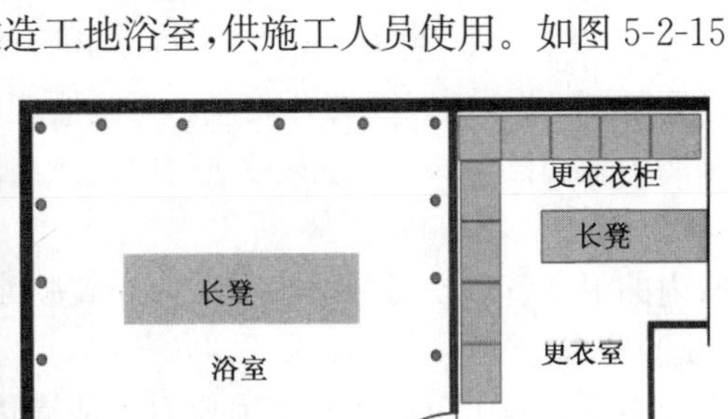


图 5-2-15　浴室

①浴室结构。浴室建造必须结构牢固、通风，顶部的水箱承重必须可靠。淋浴应贴有1.8m以上的瓷砖，地下铺有防滑地砖，有下水沟槽，外设更衣间，更衣室内有摆衣凳、挂衣架，电加热淋浴设备必须符合安全用电规定，绝缘设施必须安全可靠。浴室的用电布置及取暖设备有漏电保护措施。浴室的照明和开关应选用防潮、防爆功能的产品。

②浴室管理。浴室应建立管理制度，有专人值班定期清洁，保持清洁文明。

(13)洗手池。生活区域应配置相应的洗手池，洗手池应用白瓷砖外包，洗手池的上部应有遮雨棚，洗手池的墙面应有相关的卫生宣传用语及节能提示。洗手池的下部要定期清理剩余垃圾、饭菜等杂物，并定期喷洒消毒药水。如图 5-2-16 所示。

图 5-2-16 洗手池

(14)厕所。工地应按实际的施工人员数量，建造与此相适应的厕所，男厕所应设立小便池，在场地有限时应设标准的移动式厕所，厕所的建造应避开更衣室和办公地点，距离工地食堂 30m 以外，必须做到方便、卫生、文明。如图 5-2-17 所示。

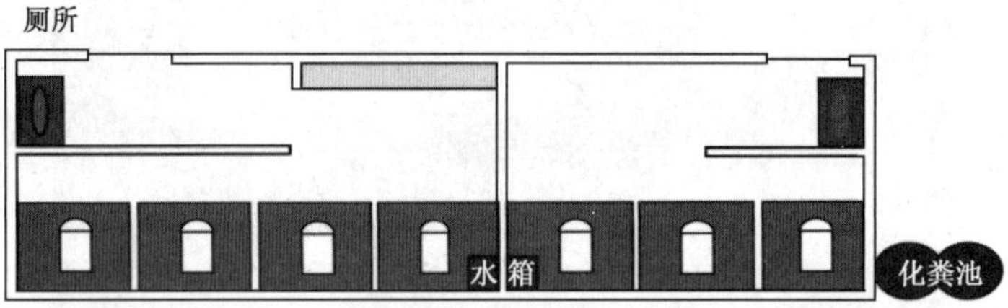


图 5-2-17 厕所

①厕所的结构。厕所必须结构牢固，通风明亮。厕所内便池必须贴瓷砖，高度不得小于 1.2m。大便池应设立独立的蹬位和门(不得敞开)，小便池和大便池应设自动冲水箱。同时，厕所内应设置防潮、防爆的照明灯开关盒。女厕所应设置独立蹬位和门(不得敞开)，应有自动冲水箱。厕所内地面贴瓷砖，厕所内必须用白色涂料粉刷。移动式厕所应采用标准、规范化的产品。

②厕所内的卫生管理。男厕所小便器应布置喷水装置，男女厕所内都要设置卫生球及驱臭香，定期喷洒药水。

(15)医疗卫生。施工单位在开工前要对工地周边的医疗单位进行调研，了解员工就诊和急救的医院名称和地址。并与当地二级以上甲等医院签订绿色通道协议。

施工现场必须设置应急救援担架、绷带、医用棉球、纱布、夹板、止血胶带、红药水、碘酒、防烫油膏等，供施工人员使用。医疗卫生箱内应放置常用的药物，如发热、消炎、腹泻、消毒药水等。有条件的工地还可配置专职医务人员或经过培训的急救人员。

施工单位每年必须开展卫生防疫、防病自救、互救、急救的宣传教育，每年对施工人员的健康状况进行检查，通过宣传栏或黑板报的形式，组织施工人员学习，并留下内业资料记录。如图 5-2-18 所示。

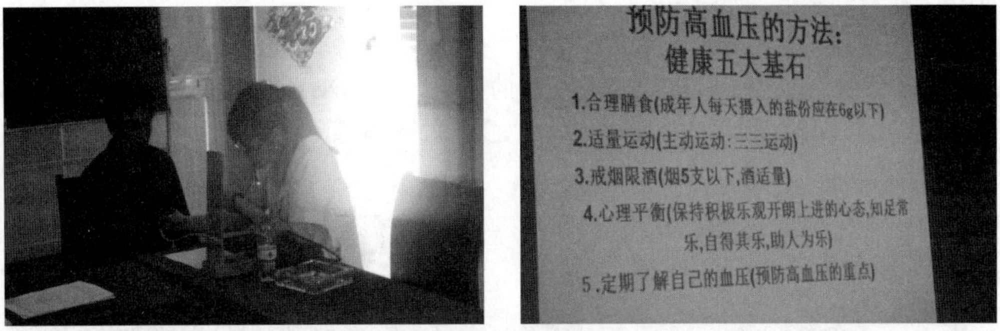


图 5-2-18　医疗卫生

(16)饮用水。生活区配备电加热箱，保证茶水供应。办公室有使用饮水器的，要定期对内胆进行清洁。夏季施工现场应配有茶水桶，茶水桶必须定期清洗，夏季必须发放清凉饮料，如大麦茶、绿茶等，供一线工人饮用。如图 5-2-19 所示。

图 5-2-19　饮用水(茶水亭)

(17)车辆停放。生活区应考虑车辆停放，并划分停车线位，条件许可应搭设专用车棚，车棚呈长方形，宽度不大于 2.5m，自行车、助动车必须呈单排停放，方向一致。如图 5-2-20 所示。

图 5-2-20　车辆停放

(18)工地文化活动室。生活区内应设置工地文化活动室，配置相应的娱乐活动器材和设施，供施工人员休闲娱乐之用。如确因场地限制，夜间可开放会议室供施工人员在业余时间学习、娱乐、文化活动之用。如图 5-2-21 所示。

(19)民工学校。工地应建立民工学校,成立由项目部上级单位分管教育负责人为校长的学校组织机构,项目经理和项目总工是该机构的主要负责人,项目部应落实民工学校的教育培训场地和教学器材,制定年度的教育培训计划、教学大纲,定期对一线施工人员进行培训教育,保存影像资料。如图 5-2-22 所示。

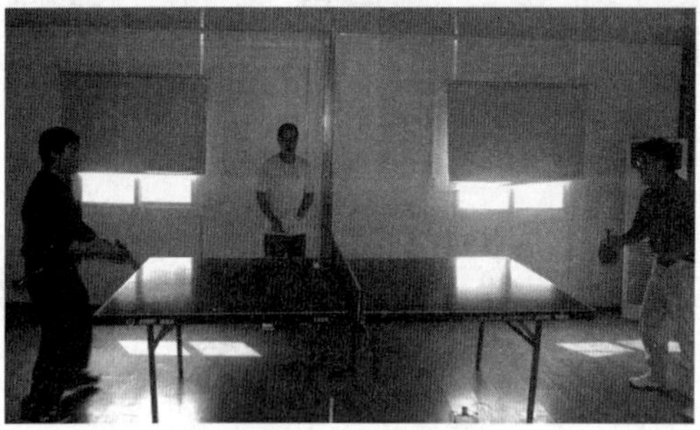

图 5-2-21　工地文化活动室

图 5-2-22　民工学校

(20)其他。生活区必须有灭苍蝇、灭蚊子、灭蟑螂、灭老鼠的各类措施,宿舍、更衣室及周边区域排水沟等处必须定期喷药。喷洒药物要有专人负责管理。如图 5-2-23 所示。

工地应开展节约型工地创建活动,如考虑使用太阳能热水器、节能灯,新型绿色环保材料、循环水池等。为增强创建节约型工地氛围,应制作节能提示标牌。

图 5-2-23　其他

# 第三节　施工区域标准化建设

## 一、总　　则

(1)为统一交通基本建设工程施工现场安全防护设施要求,保障现场人员生命安全和职业健康,避免或减少生产安全事故发生而制定。

(2)适用于公路、水运工程施工现场的安全防护设施的设计、制作、安装、设置。

(3)施工现场的安全防护设施除应符合本标准规定外,并须符合相关法律、法规和标准等的规定。

## 二、术 语

**1. 安全防护设施**

建筑施工现场为预防施工中发生人员伤亡事故而设置的各类设施、设备、器具等。

**2. 施工现场**(工地)

从事施工中任何工序或作业的场地。

**3. 施工用电**(临时用电)

由施工现场提供,工程施工完毕即行拆除的电力,并专用于工程施工的电力线路与电气设施。

**4. 危险区域**

可能造成人员伤害、财产损失的工作场所。

**5. 工作场所**

从事施工的任何人员因工作原因必须停留或前往的一切场所。

**6. 临边作业**

施工现场工作面边沿无围护设施或围护设施高度低于 80cm 的高处作业。

**7. 洞口作业**

孔与洞口边的作业,包括施工现场及通道旁深度在 2m 以上(含 2m)的桩孔、人孔、沟槽与管道、孔洞等边沿上的作业。

**8. 高处作业**

凡在坠落高度基准面 2m 以上(含 2m)有可能坠落的高处进行的作业。

**9. 悬挑式支架**

搁置于码头边的用于支设、拆除模板等作业的悬挑形式的钢构件制作的操作平台。

**10. 营地**

驻地,工程项目建设人员工作生活的区域。

**11. 五牌一图**

“五牌”为工程概况牌、管理人员名单及监督电话牌、消防保卫牌、安全生产牌、文明施工牌，“一图”是指施工现场总平面图。

**12. 定置管理**

是对生产现场中的人、物、场所三者之间的关系进行科学的分析研究，使之达到最佳结合状态的一门科学管理方法，它以物在场所的科学定置为前提，以完整的信息系统为媒介，以实现人和物的有效结合为目的，通过对生产现场的整理、整顿，把生产中不需要的物品清除掉，把需要的物品放在规定位置上，使其随手可得，促进生产现场管理文明化、科学化，达到高效生产、优质生产、安全生产。

**13. 定置管理标牌**

是指定置物所处状态、标志区域、指示定置类型的标志，包括建筑物标牌，货架、货柜标牌，原材料、在制品、成品标牌等。

**14. 劳动防护用品**

是指由生产经营单位为从业人员配备的，使其在劳动过程中免遭或者减轻事故伤害及职业危害的个人防护装备。

**15. 警告标志**

警告车辆、行人注意危险地点的标志。

**16. 禁令标志**

禁止或限制车辆、行人交通行为的标志。

**17. 指示标志**

指示车辆、行人行进的标志。

**18. 指路标志**

传递道路方向、地点、距离信息的标志。

**19. 道路施工安全标志**

通告道路施工区通行的标志。

**20. 安全标志**

是用以表达特定安全信息的标志，由图形符号、安全色、几何形状（边框）或文字构成。

**21. 三区**

办公区、生活区和施工作业区。

**22. 个人防护用品**

为使职工在职业活动过程中免遭或减轻事故和职业危害因素的伤害而提供的个人穿戴用品。

**23. 塑料水马**

材料采用高强度环保线性聚乙烯加入颜料及独特添加剂配方制成，不易褪色，美观耐用。水马中空灌水，具有缓冲弹性，能有效吸收强大撞击力，降低交通事故；组合使用，整体承受力更强，更加稳固。

**24. 路面作业交通安全标志**

是用图案、符号、文字通告道路路面施工作业区通行的标志，传递交通管理信息，用以管制及引导交通的一种安全管理设施。

**25. 锚碇**

一般指主缆索的锚固系统。包括锚块、鞍部及其他附属构造的锚体和基础的总称。

**26. 索塔**

悬索桥或斜拉桥支承主索的塔形构造物。

**27. 施工猫道**

用于主缆牵引架设等工艺的临时通道和承重结构。

## 三、文 明 施 工

**1. 围墙**

（1）工地四周应根据工程安全和文明施工的整洁、美观需要，设置连续、密闭的围挡。围挡可按照工程进度分段设置，或者按规定使用统一的连续性护栏设施。围挡应始终保持连续、美观、牢固和整洁。

（2）格栅结构。墙体高度不低于1850mm，基础高度不低于250mm。见图5-3-1。

（3）砖混结构。墙体高度不低于2200mm，基础高度不低于250mm。见图5-3-2。

（4）其他结构。墙体采用其他结构形式时，墙体高度不得低于2200mm，见图5-3-3。

**2. 五牌一图**

（1）施工现场入口处的明显位置应设置整齐的“五牌一图”。

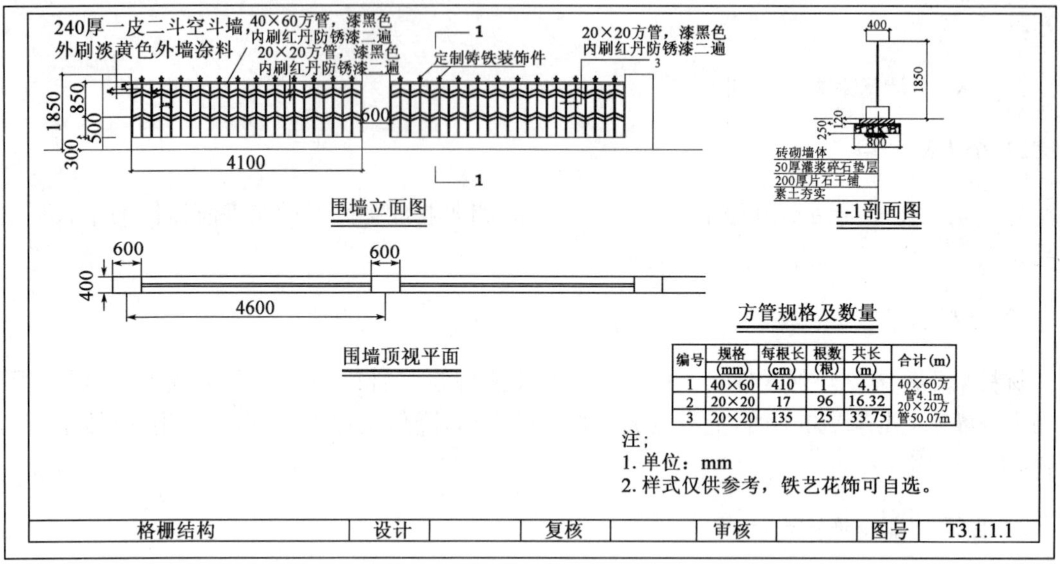


| 编号 | 规格(mm) | 每根长(cm) | 根数(根) | 共长(m) | 合计(m) |
|---|---|---|---|---|---|
| 1 | 40×60 | 410 | 1 | 4.1 | 40×60方管4.1m |
| 2 | 20×20 | 17 | 96 | 16.32 | 20×20方管50.07m |
| 3 | 20×20 | 135 | 25 | 33.75 | |

图 5-3-1　围墙—格栅结构

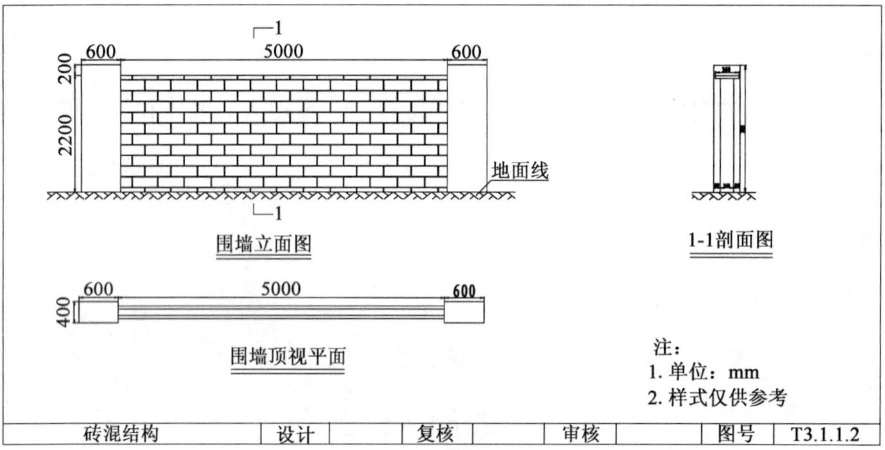


图 5-3-2　围墙—砖混结构

图 5-3-3　其他结构

(2)“五牌”为工程概况牌、管理人员名单及监督电话牌、消防保卫牌、安全生产牌、文明施工牌,“一图”是指施工现场总平面图;各地区也可根据具体情况再增加其他图、牌,如工程效果图、重大危险源告知牌等。

(3)“五牌一图”尺寸为每块 1.4m × 1.0m,标牌底距地 1.2m,材质为不锈钢制品,宜挂设在施工现场入口处的明显位置一侧,并一字排开成整体。见图 5-3-4。

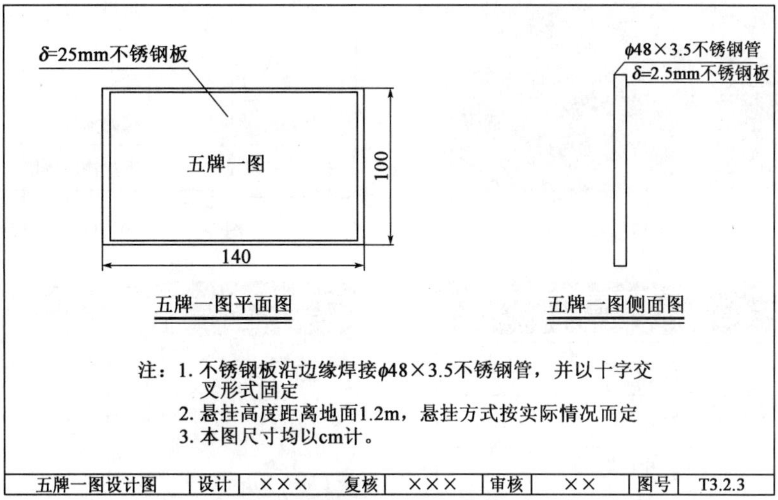


图 5-3-4　五牌一图

**3. 企业标识**

按照各企业自行的规定执行。

**4. 定置管理标牌**

(1)区域标牌。项目部应在施工现场醒目处设置相应的区域标牌,主要有钢筋加工场、预制场、混凝土拌和站、沥青拌和站、木工加工场(车间)、钢结构加工场、机械设备停置场、机械设备维修保养场等。

区域标牌材质为钢结构底板,表面喷塑,尺寸为 1000mm×760mm(宽×高)。见图 5-3-5。

(2)施工机械管理标牌。固定式或小范围内移动的大型及特种设备应设立施工机械管理标牌。材质为钢结构底板,表面喷塑,尺寸为 1000mm×760mm(宽×高)。见图 5-3-6。

(3)材料标牌。露天堆放的材料应在材料堆放地设立材料标牌。材质为钢结构底板,表面喷塑,尺寸为 1000mm×760mm(宽×高)。见图 5-3-7。

**5. 安全操作规程牌**

施工现场机具或适当位置,应设置相应工种安全操作规程牌。材质为钢结构底板,表面喷塑,尺寸为 1200mm×1000mm(长×宽)。见图 5-3-8。

**6. 刀旗**

在工地围栏、便道或路基等人流量集中的地段,应插设刀旗。在人流集中地段的工地围栏上每 8m 左右要求插设一面旗帜，在非人流量集中地段的工地施工便道或路基上每 15m 左右要求插设一面旗子，刀旗尺寸为 60cm×130cm，样式如图 5-3-9 所示。施工现场刀旗见图 5-3-10所示。

图 5-3-5　区域标牌

| | | | |
|---|---|---|---|
| 名称 | | 规格型号 | |
| 责任人 | | 登记(管理)编号 | |
| 状态 | | 检验证号 | |
| 生产厂家 | | 下次检验日期 | |

图 5-3-6　施工机械管理标牌

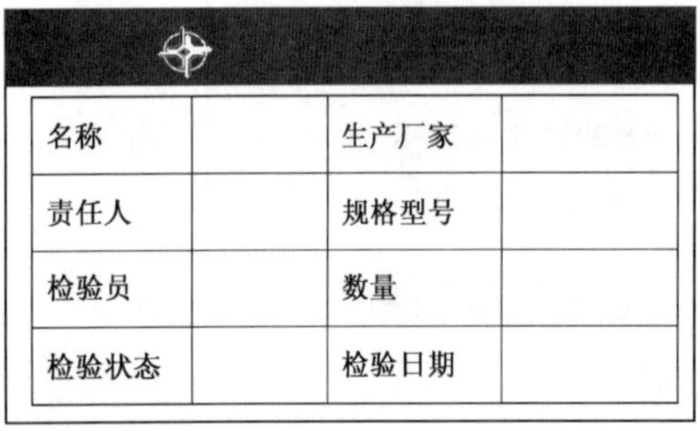

| | | | |
|---|---|---|---|
| 名称 | | 生产厂家 | |
| 责任人 | | 规格型号 | |
| 检验员 | | 数量 | |
| 检验状态 | | 检验日期 | |

图 5-3-7　材料标牌

图 5-3-8　安全操作规程牌

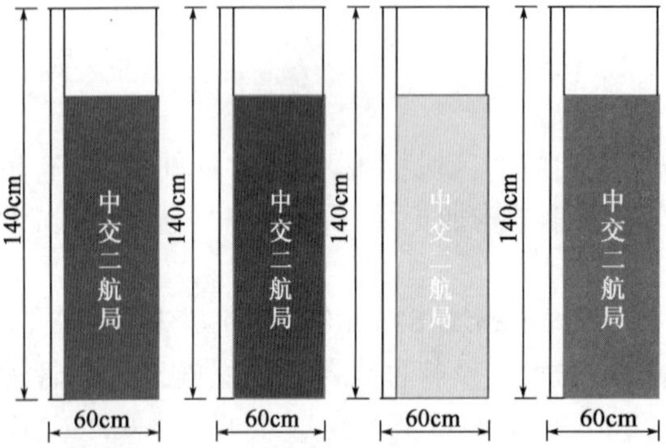


图 5-3-9　刀旗

图 5-3-10　施工现场刀旗

### 7. 标语

为了规范四桥建设的宣传，创建和谐、双赢的文明施工环境，展示四桥建设的新形象，要求参建各单位加强在项目管理区域内的宣传力度，要把安全和质量作为长期的宣传主题。

(1)横幅标语。横幅标语由于一般文字较多，长度大，可选择设置在便道、栈桥等位置，一般宽度不小于 90cm，大型结构高支架等处横幅宽度应在 200cm 以上，长度视具体情况而定，具体样式参见图 5-3-11、图 5-3-12。

图 5-3-11　施工现场横幅标语

图 5-3-12　施工横幅标语

(2)标牌标语。标牌标语由于尺寸较为灵活,可设置的范围较广,立柱采用不锈钢材料,高度不低于1.8m,标语牌尺寸一般为 1.2m×1m(长×宽),具体样式可见图 5-3-13、图 5-3-14。

图 5-3-13　施工现场标牌标语

图 5-3-14　施工现场标牌标语

(3)常用标语:

①安全质量类:

始终坚持质量与安全双轨驱动;

安全奠定基础,质量赢得尊严;

严把质量关、宽广企业路;

质量重于泰山;

以百分之百的细致、创百分之百的优良;

百年大计、质量第一;

科学管理、精心施工;

严格质量、优良出品;

树立质量法制观念、提高全员质量意识;

加强质量教育、提高质量意识;

安全第一、质量为本;

质量是企业的生命线;

以管理保质量、以质量保进度、以进度求效益;

精心组织、科学施工、争创一流;

加大质量管理力度、提高全员质量意识;

科学管理、施工规范；
树名牌意识、创精品工程；
完善质量体系、强化工程质量；
百年大计质量先、安全生产记心间；
学习文化打基础、技术能力勤钻研；
遵纪守法好公民、做到“七不”讲文明；
生命是个宝、健康最重要；
为己为家为国、安全必须牢记；
安全三个宝、上班莫忘了；
正确使用它、事故就少了；
搅拌投料按规定、铁锹勿伸料斗里；
工地小型机械多、要安漏电保护器；
接地接零装置好、搬运断电戴手套；
遵守规程不违章、由上而下有顺序。
②安全生产“心连心”：
安全生产是核心，学习规章要用心，培训教育多费心；
安全思想要铁心，现场作业要上心，臆测行车不省心；
当班人员是中心，接发列车责任心，消灭违章下狠心；
调车作业要当心，动静防溜要细心，面对隐患有戒心；
提醒他人是好心，保护自己要小心，遵章守纪有恒心；
客货服务有信心，职业道德讲良心，路风事件莫动心；
大家切不可轻心，坚守岗位有决心，确保安全靠齐心。
③“平安工地”创建：
全力开展“平安工地”创建活动，努力提高应急救援能力和安全技术保障能力；
把安全生产工作抓紧、抓实、抓细、抓好，促进企业快速高效安全绿色发展；
结合隐患排查治理和日常安全监控工作，确保“平安工地”创建活动取得成效；
落实安全规章制度，强化安全防范措施。

## 四、个 体 防 护

(1)现场作业人员均应配置安全帽、棉质工作服、雨衣、橡胶雨靴、防滑鞋、帆布手套等基本劳动防护用品，并应按有效使用时间定期更换。见图 5-3-15。

(2)机动车驾驶员和机械操作工，应配棉纱手套。见图 5-3-16。

(3)钢筋工、搬运工宜配过胶防滑棉纱手套。见图 5-3-16。

(4)电气焊工必须配皮质电焊手套，电焊作业必须配焊接面罩，气焊作业必须配焊接防护眼镜。见图 5-3-17。

(5)混凝土工在进行振捣作业时，应佩带防噪音耳塞；在进行混凝土凿毛或修饰作业时，应佩戴防尘口罩。见图 5-3-18。

(6)电工必须配置电绝缘鞋。见图 5-3-19。

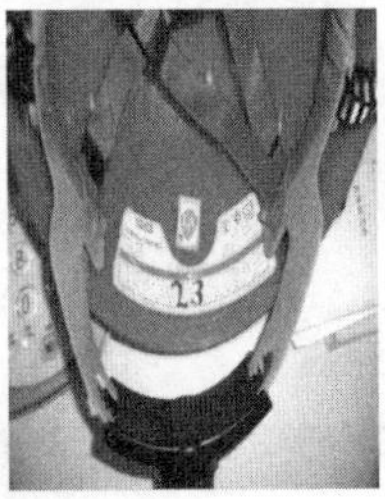

安全帽(特种劳动防护用品标识)

棉质工作服

雨衣

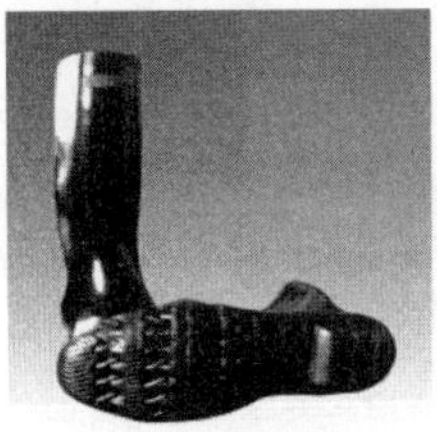

耐酸绝缘胶

防滑鞋

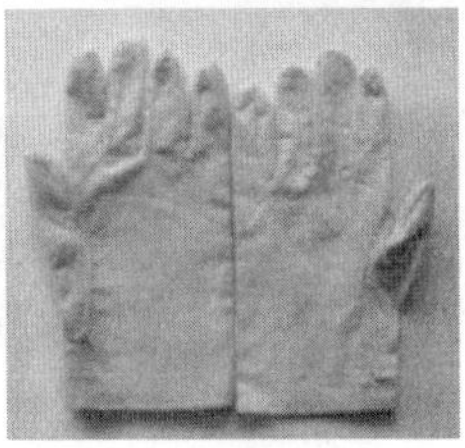

帆布手套

图 5-3-15 现场施工人员基本劳动防护用品

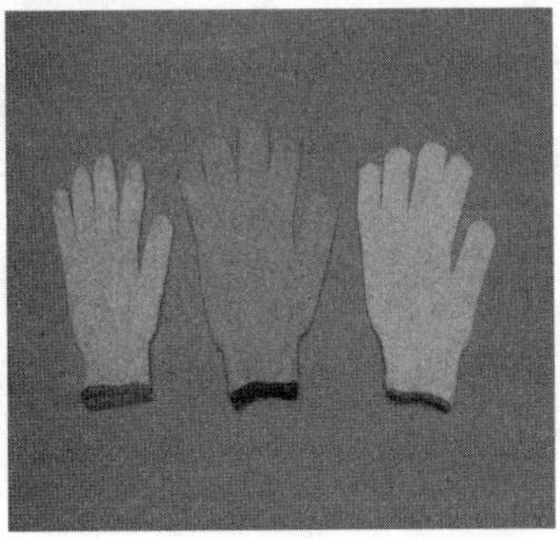

棉纱手套

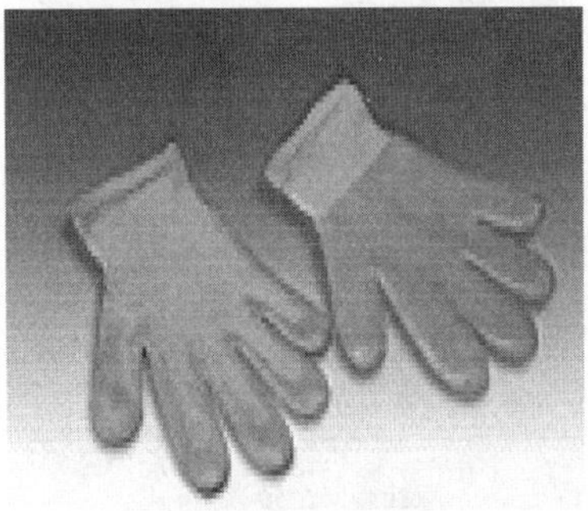

过胶棉纱手套

图 5-3-16 机械操作人员、钢筋工、搬运工防护用品

电焊手套

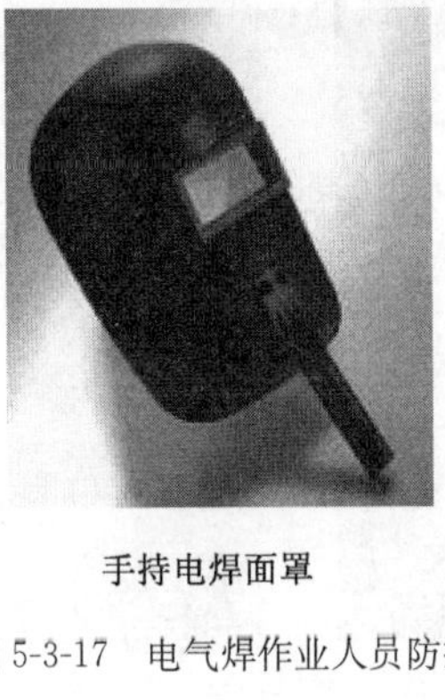

手持电焊面罩

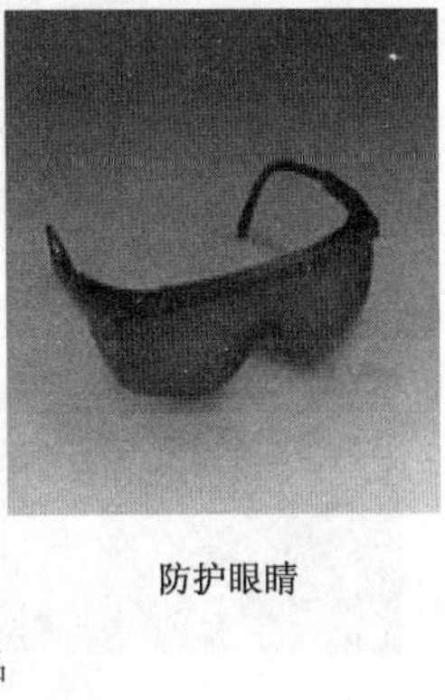

防护眼睛

图 5-3-17 电气焊作业人员防护用品

(7)进入高处临边作业的人员必须按规定佩戴和使用安全带。见图 5-3-20。

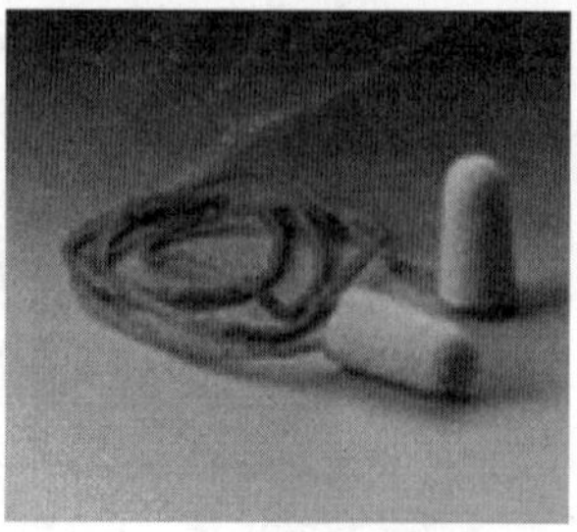
耳塞

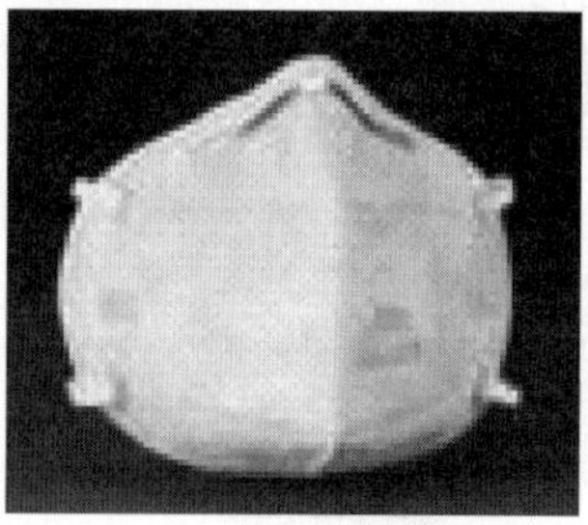
防尘口罩

图 5-3-18　混凝土作业人员防护用品

皮质绝缘鞋

胶底绝缘鞋

图 5-3-19　电气作业人员防护用品

双挂点安全带

速差式安全带

图 5-3-20　高处作业人员防护用品

(8)进入水上施工作业的人员，必须按规定穿戴救生衣。见图 5-3-21。

普通式及充气式救生衣

图 5-3-21　水上作业人员防护用品

(9)高处作业现场临边和登高爬梯外侧，必须满挂密目式安全网，高处和悬空作业，应按行业规定或设计要求张挂安全网。见图 5-3-22 和图 5-3-23。

安全平网

密目式安全立网

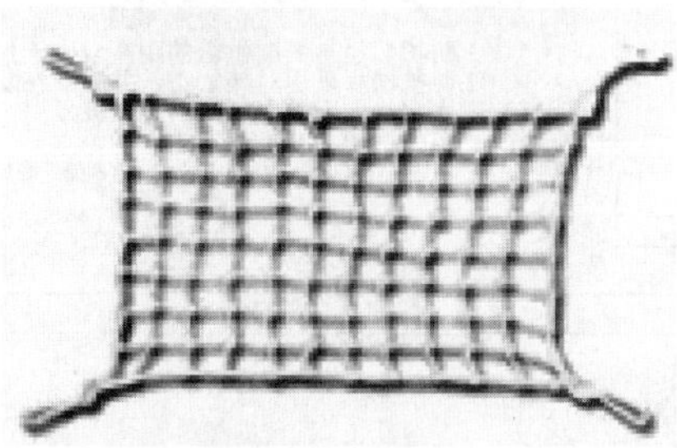

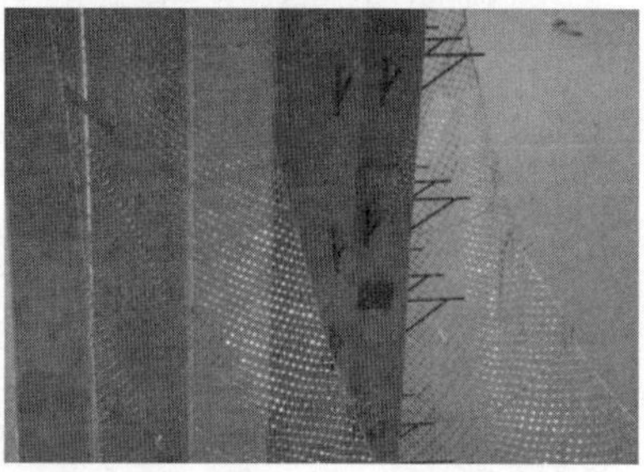

高空安全网

图 5-3-22 高处临边防护用品

图 5-3-23 工地高处临边防护

## 五、施工现场临时用电

### 1. 配电线路

(1)施工现场配电线路应严格执行《施工现场临时用电安全技术规范》(JGJ 46—2005)标准，并设置安全防护设施。

(2)栅栏。施工现场内的变、配电站均应设置栅栏围护，栅栏宜用钢筋、金属方管制作。栅栏四周应各悬挂一块“当心触电”的警告标志。见图 5-3-24 所示。

(3)防护隔离棚。施工现场架空线路与施工机具、车辆及行人的间距均应不得小于安全距

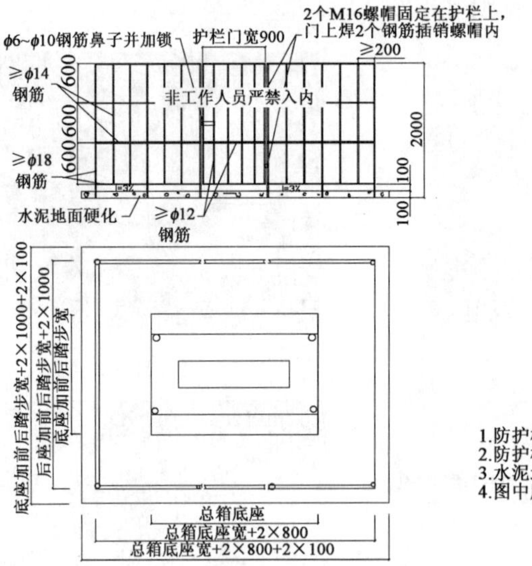


说明

1.防护栅栏与变配电箱的距离应大于1.0m；
2.防护栅栏采用焊接加工，并安装在硬化水泥地面上；
3.水泥地面应设有一定的排水坡度
4.图中所注尺寸单位均为mm。

材料表(每延米)

| 序号 | 名称 | 规格 | 单位 | 数量 |
|---|---|---|---|---|
| 1 | 栅栏立杆、横杆 | >ϕ14mm钢筋 | m | 12 |
| 2 | 栅栏支架立杆 | >ϕ18mm钢筋 | m | 5 |
| 3 | 栅栏门立、横杆 | >ϕ12mm钢筋 | m | 5 |

| 图名 | 变配电箱防护栅栏 | 设计 | | 复核 | | 审核 | | 日期 | 2008.10.10 | 图号 | T5.1.2 |
|---|---|---|---|---|---|---|---|---|---|---|---|

图 5-3-24　变配电箱防护栅栏

离。达不到最小安全距离应设置防护隔离棚，防护隔离棚的设置应符合以下要求：

①防护棚的立柱、横杆宜用毛竹、脚手架管搭设；

②棚面应采用木板、脚手板等绝缘材料，且满铺无缝隙，固定牢固；

③防护棚覆盖面宽度应超过架空线路两侧各 0.75m，长度应超过横跨的道路两侧各 1m；

④防护棚设有明显的限高警告标志。

(4)电缆埋地防护。配电电缆采用埋地敷设时，敷设深度不应小于 0.7m，电缆紧邻上、下、左、右应铺以细砂，其厚度不得小于 50mm，并应盖砖保护或面层硬化。埋地电缆路径应设方位标志与“下有电缆、严禁开挖”的警示标志。见图 5-3-25。

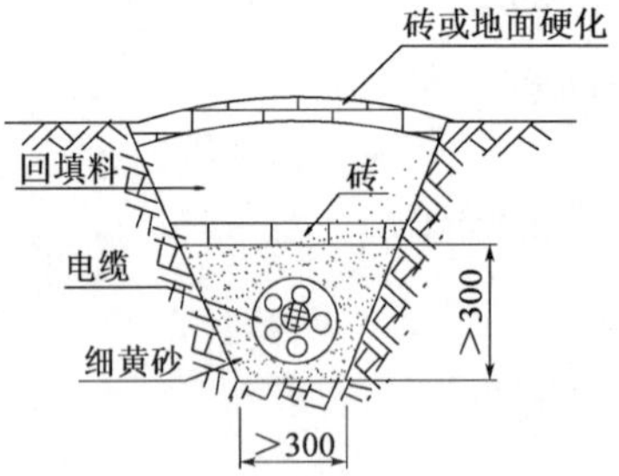


说明

本图所注尺寸单位均为mm。

材料表

| 序号 | 名称 | 规格 | 单位 | 数量 |
|---|---|---|---|---|
| 1 | 黄砂 | 细黄砂 | kg | 500 |
| 2 | 砖块 | 240mm×115mm×55mm | 块 | 50 |

| 图名 | 电缆埋设 | 设计 | | 复核 | | 审核 | | 日期 | 2008.10.10 | 图号 | T5.1.4 |
|---|---|---|---|---|---|---|---|---|---|---|---|

图 5-3-25　电缆埋设

(5)电缆槽。配电干线电缆不便直埋时,使用电缆槽沿墙角等处进行敷设,电缆槽宜用厚度为 25mm 木板制作。见图 5-3-26。

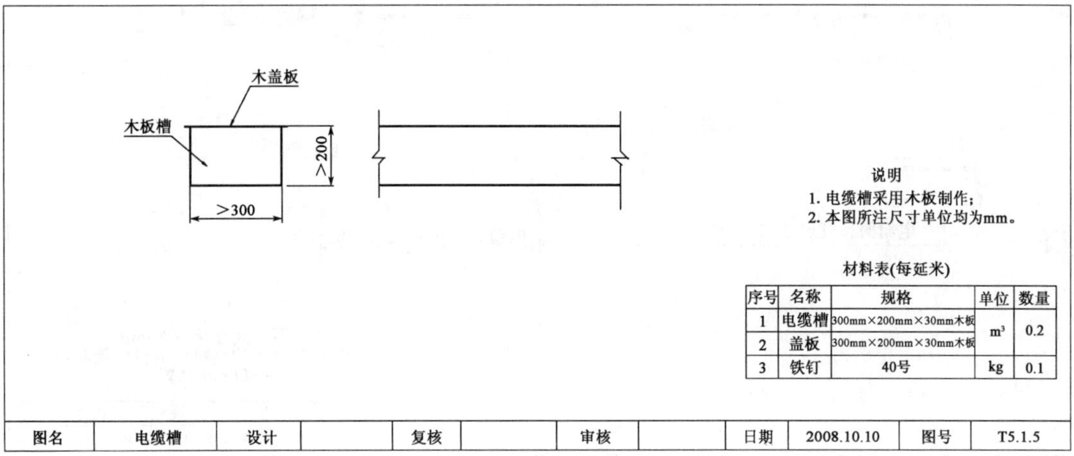


| 序号 | 名称 | 规格 | 单位 | 数量 |
|---|---|---|---|---|
| 1 | 电缆槽 | 300mm×200mm×30mm木板 | $m^3$ | 0.2 |
| 2 | 盖板 | 300mm×200mm×30mm木板 | | |
| 3 | 铁钉 | 40号 | kg | 0.1 |

| 图名 | 电缆槽 | 设计 | | 复核 | | 审核 | | 日期 | 2008.10.10 | 图号 | T5.1.5 |
|---|---|---|---|---|---|---|---|---|---|---|---|

图 5-3-26 电缆槽

(6)电缆护坎。电缆穿越道路应埋设或敷设在坚固的护坎或保护管内。见图 5-3-27。

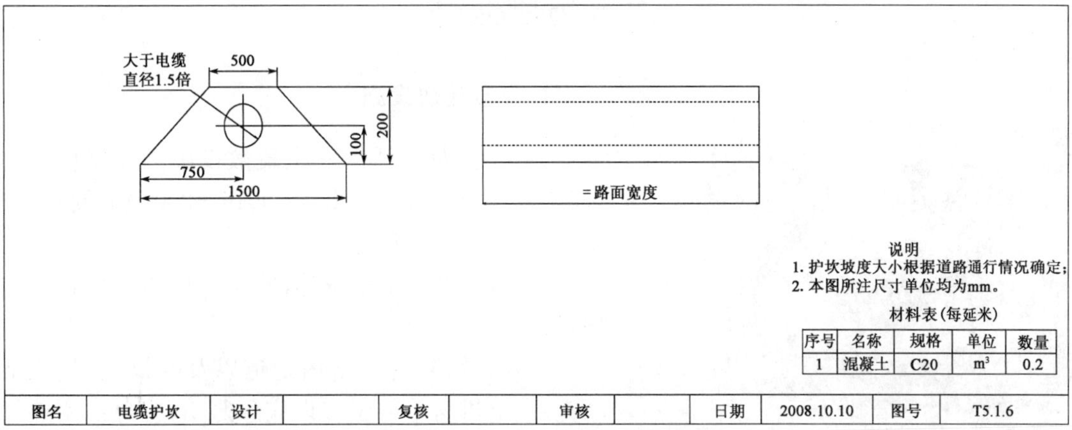


| 序号 | 名称 | 规格 | 单位 | 数量 |
|---|---|---|---|---|
| 1 | 混凝土 | C20 | $m^3$ | 0.2 |

| 图名 | 电缆护坎 | 设计 | | 复核 | | 审核 | | 日期 | 2008.10.10 | 图号 | T5.1.6 |
|---|---|---|---|---|---|---|---|---|---|---|---|

图 5-3-27 电缆护坎

**2. 配电箱**

电箱支架。施工现场应采用符合《施工现场临时用电安全技术规范》(JGJ 46—2005)标准的配电箱。并应设置配电箱支架。一、二级配电箱支架宜采用角铁或刚度相同的其他材料制作。见图 5-3-28。

**3. 开关箱**

开关箱支架。施工现场应采用符合《施工现场临时用电安全技术规范》(JGJ 46—2005)标准的开关箱。并应设置开关箱支架。见图 5-3-28。

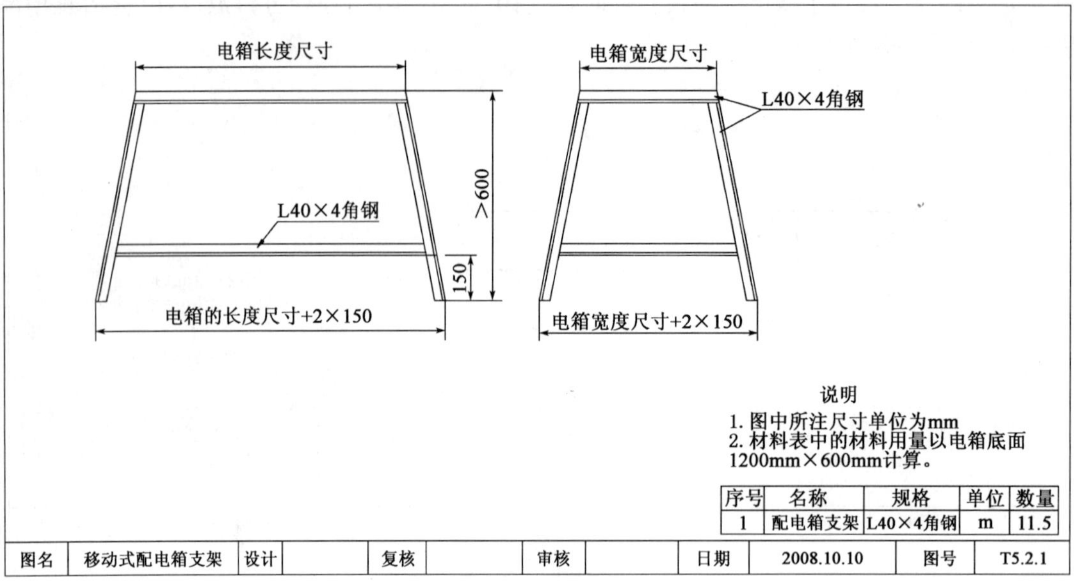


图 5-3-28　移动式配电箱支架

## 六、现场消防要求

### 1. 安全疏散设施

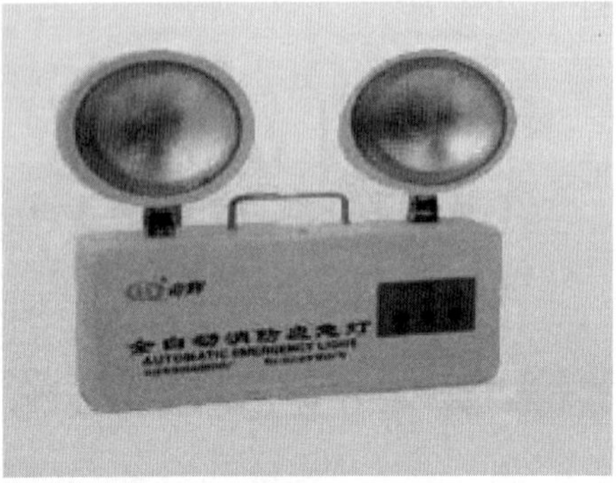


图 5-3-29　应急照明灯

(1)办公及生活区安全疏散设施的设置应符合《建筑设计防火规范》(GB 50016—2006)的要求，施工现场通道应保持通畅。

(2)办公及生活区临边疏散楼梯、走道应设置防护栏杆。

(3)疏散楼梯间、室内走道以及会议室、员工活动室、发电机房等部位应设应急照明；应急照明连续供电时间不少于20min，最低照度不应低于0.5lx。应急灯见图5-3-29。

### 2. 消防设施配置

(1)办公、生活区及施工现场配置消防设施应符合《建筑设计防火规范》、《建筑灭火器配置设计规范》(GB 50140—2005)的要求。

(2)施工现场有关火灾类别、危险等级、最大保护面积、最大保护距离参照表5-3-1。

(3)一个计算单元内配置的灭火器数量不得少于2具；每个设置点的灭火器数量不宜多于5具。

(4)灭火器应设置在位置明显和便于取用的地点，且不得影响安全疏散，摆放应稳固，其铭牌应朝外。手提式灭火器宜摆放在灭火器箱内或挂钩、托架上，其顶部离地面高度不应大于

1.50m；底部离地面高度不宜小于0.08m。

**施工现场有关场所消防设施设置参数一览表**　　表5-3-1

| 场　所 | 火灾类别 | 危险等级 | 最大保护面积($m^2$) | 最大保护距离(m) | |
|---|---|---|---|---|---|
| | | | | 手提式 | 推车式 |
| 木工车间 | A | 严重 | 50 | 15 | 30 |
| 水工施工平台、过道 | A | 中等 | 75 | 20 | 40 |
| 油库 | B | 严重 | 50 | 15 | 30 |
| 火工品库 | A | 严重 | 50 | 15 | 30 |
| 员工宿舍 | A | 中等 | 75 | 20 | 40 |
| 办公室 | A | 中等 | 75 | 20 | 40 |
| 木工车间 | A | 严重 | 50 | 15 | 30 |
| 机械修理车间 | B | 严重 | 50 | 15 | 30 |
| 气体储存车间 | B | 严重 | 50 | 15 | 30 |
| 发动机库 | A | 严重 | 50 | 15 | 30 |

(5)用可燃材料搭建的办公及生活用房、人员密集的员工宿舍、建筑面积大于$50m^2$的仓库及木工车间等适合用水扑救的场所，宜设置可在自来水供水管路上使用的消防软管卷盘或轻便消防水龙(符合《建规》规定应设消火栓的场所按其规定设置)。

**3. 消防安全标志**

(1)消防安全标志的设置应符合《消防安全标志》(GB 13495)、《消防安全标志设置要求》(GB 15630)的规定。

(2)办公及生活区人员密集场所的安全出口、疏散通道处应设置“安全出口”标志。在远离安全出口的地方，应将“安全出口”标志与“疏散通道方向”标志联合设置(标志的间距不应大于20m，袋形走道的尽头离标志的距离不应大于10m)，箭头方向必须指向通往安全出口的方向。见图5-3-30。

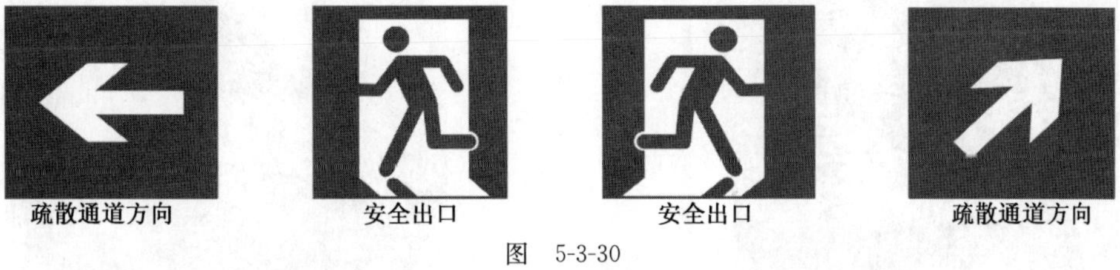


图　5-3-30

(3)施工现场的相应区域应相应的设置“禁止烟火”、“禁止燃放鞭炮”、“当心火灾——易燃物质”、“当心爆炸——爆炸性物质”等标志。见图5-3-31。需要设置此类标志的区域包括：

具有甲、乙、丙类火灾危险的仓库的入口或防火区内；汽油、柴油、油漆等甲、乙、丙类液体储罐、堆场的防火区内；乙炔、氧气等可燃、助燃气体储罐或罐区、堆场的防火区内；火工品库房、临时放置点的防火防爆区内；木工车间、机械修理车间的入口或防火区内；燃油、燃气锅炉房及油浸变压器的防火区内；甲、乙、丙类液体及其他化学危险物品的运输工具上。

禁止烟火

禁止燃放鞭炮

当心火灾——易燃物质

当心爆炸——爆炸性物质

图 5-3-31

（4）对有视线障碍的灭火器材设置点，应设置指示其位置的发光标志。见图 5-3-32。

灭火器

灭火设备

灭火设备方向

灭火设备方向

图 5-3-32

（5）消防安全标志应设置在显眼处，使大多数观察者的观察角接近 90°，尺寸大小一般为 25cm×30cm、20cm×32cm；设置时，应避免出现标志内容相互矛盾、重复的现象，尽量用最少的标志表达必须的信息。

（6）要加强对消防安全的宣传力度，定期组织相关人员对消防设施进行严格检查，及时更换失效的器材。

## 七、锅炉、压力容器

（1）锅炉房、空压机房应配置电话、声光报警器。如图 5-3-33 所示。

（2）焊接、切割作业时，应配置气瓶夹箍，防止输气管脱落。见图 5-3-34。

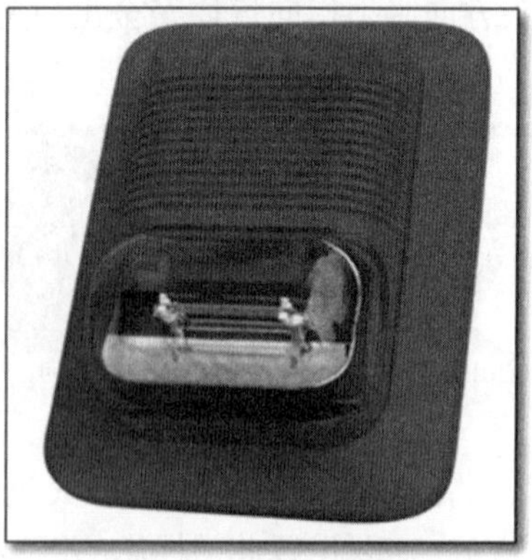

图 5-3-33　声光报警器

图 5-3-34　夹箍

（3）乙炔瓶在使用过程中应安装乙炔回火防止器。见图 5-3-35 和图 5-3-36。

（4）施工现场搬运气瓶，应使用气瓶运载车（运载箱）。见图 5-3-37、图 5-3-38 和图 5-3-39。气瓶运载车材料见表 5-3-2。

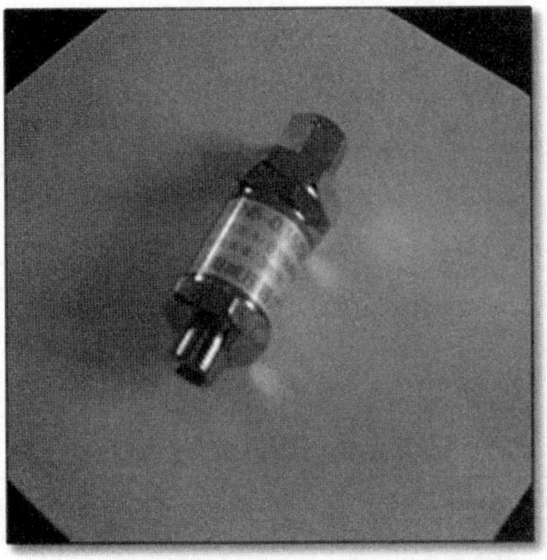

图 5-3-35　乙炔回火防止器

图 5-3-36　夹箍与乙炔回火防止器

图 5-3-37　单瓶装气瓶运载车

图 5-3-38　八瓶装气瓶运载箱且带遮阳篷

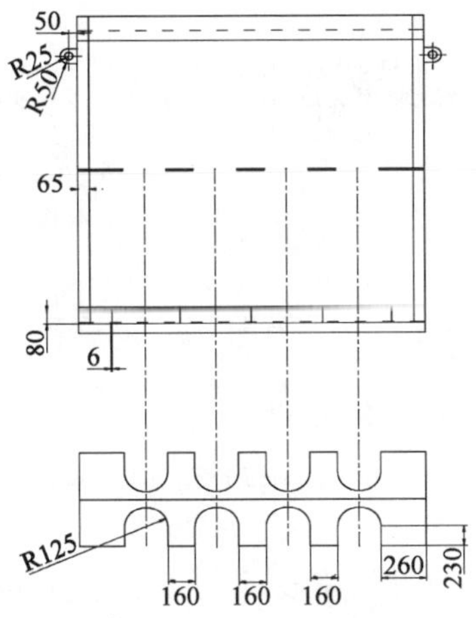


注：
图中标注尺寸均以mm为单位

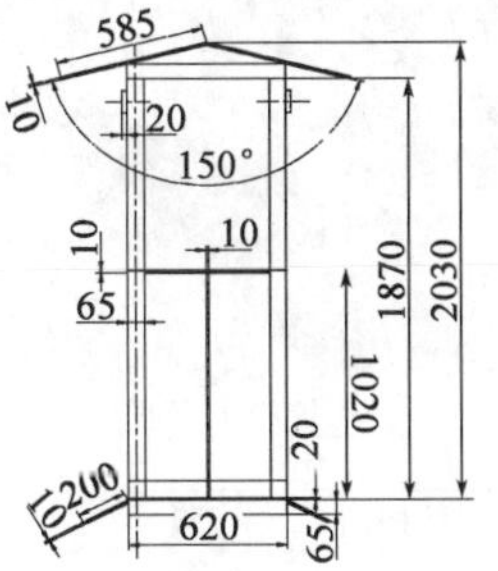


**制作八瓶装气瓶运载箱单价**

| 序号 | 工程内容 | 价格 |
|---|---|---|
| 1 | 顶板2.32m²×δ10=182.12kg | |
| 2 | 底板2.04m²×δ10=160.14kg | |
| 3 | 中间隔板2.04m²×δ10=160.14kg | |
| 4 | 中间平板1.24m²×δ6=58.40kg | |
| 5 | 框架角铁63×63×δ8=134kg | |
| 6 | 合计694.8kg×4.20元 | 2918 |
| 7 | 焊条每只消耗焊条10kg | 75 |
| 8 | 加工人工费1500元/t×0.6948 | 1042 |
| 9 | 油漆材料(防锈漆一桶，色漆一桶)、人工费每只 | 150 |
| | 制作单件总价： | 4185 |

| 八瓶装气瓶运载箱加工图 | 设计 | | 复核 | | 审核 | | 图号 | T7.0.4-2b |
|---|---|---|---|---|---|---|---|---|

图 5-3-39　八瓶装气瓶运载箱加工图

气瓶运载车材料表　　表 5-3-2

| 序　号 | 材　料 | 规　格 | 数　量 |
|---|---|---|---|
| 1 | 扁铁 | 40mm×3mm | 4m |
| 2 | 圆钢 | 直径 14mm | 2m |
| 3 | 镀锌管 | 直径 13mm | 1m |
| | | 直径 20mm | 1m |
| 4 | 彩板 | 厚 0.6mm | 12000mm×500mm |
| 5 | 车轮 | 半径 300mm | 2 个 |

## 八、场 内 交 通

### 1. 现场道路临边防护

(1)波形护栏。在以通行车辆为主的道路较为危险的地带距道路边缘 50cm 的路肩上设置，见图 5-3-40。

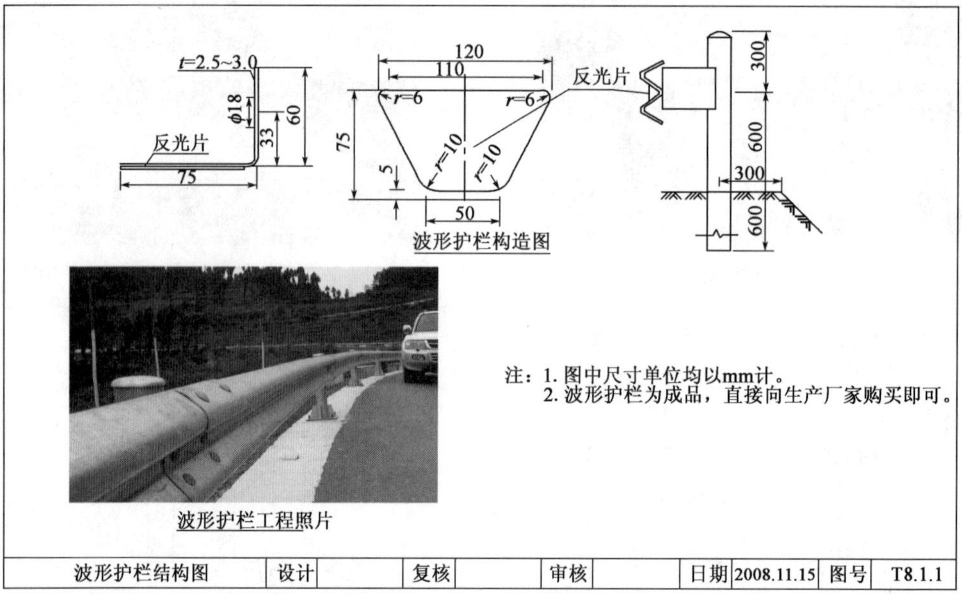


图 5-3-40　波形护栏

(2)水泥墩钢管护栏。设在一般道路，危险度一般的路段，在距路缘 50cm 的路肩上设置，见图 5-3-41。

(3)钢丝网护栏。设于需要防止无关人员、动物等通过的路段，设于路肩上或路基坡脚外侧 1m 处。见图 5-3-42。

(4)彩钢板护栏。用于较为重要的道路，需将道路同外围完全封闭，进行全封闭施工管理的路段，设在距道路边缘 30cm 处的稳固路肩上，见图 5-3-43。

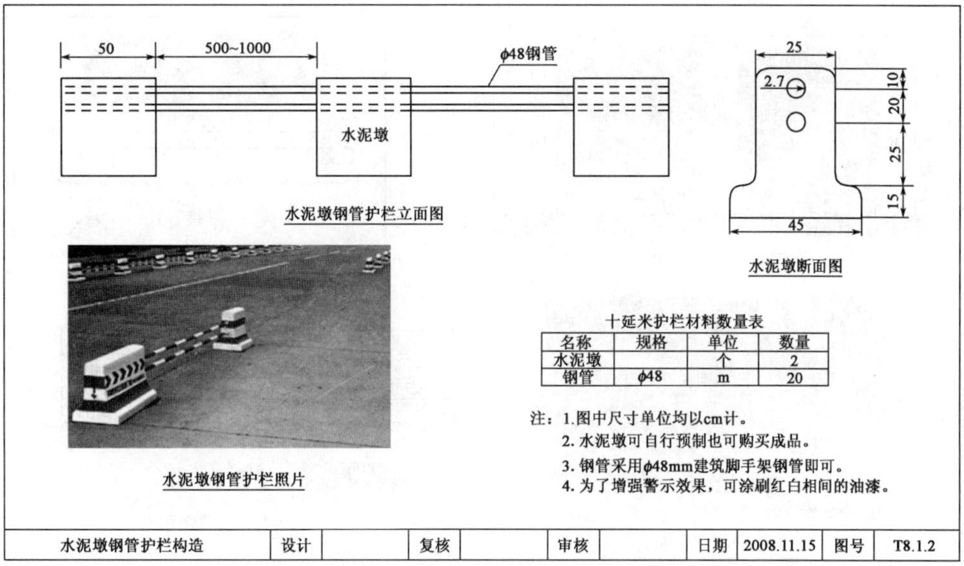


图 5-3-41　水泥墩钢管护栏

图 5-3-42　钢丝网护栏

(5)锥形桶护栏。设于需要进行临时管制的路段。在距路缘 50cm 的路肩上设置，见图5-3-44。

**2. 现场交通标志**

(1)警告标志。警告标志见图 5-3-45。

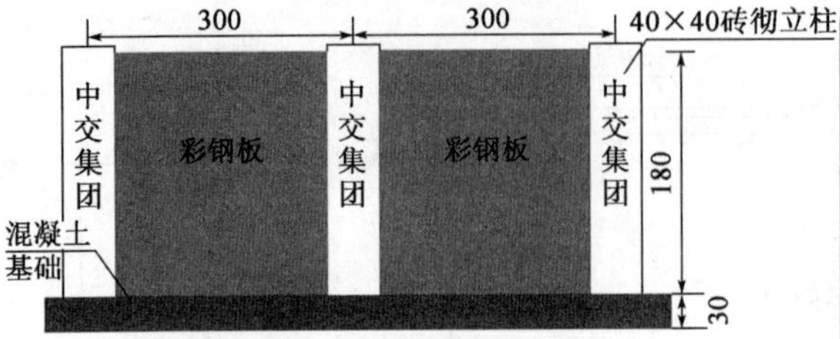


彩钢板护栏尺寸图

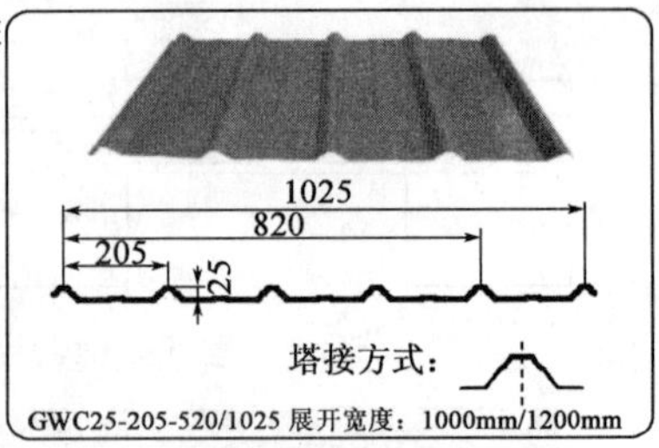


彩钢板结构图

彩钢板护栏正面照片

三延米护栏材料数量表

| 名称 | 规格 | 单位 | 数量 |
|---|---|---|---|
| 红砖 | 24标准砖 | 块 | 120 |
| 砂浆 | 7.5号 | $m^3$ | 0.25 |
| 水泥混凝土 | C25 | $m^3$ | 0.63 |
| 彩钢板 | GWC25-205-820/1025 | $m^2$ | 4.68 |

注：1. 立柱采用砖砌，地面以上部分高度一般不小于1.8m。
2. 彩钢板一般采用单层的即可，若有抗风等特殊需要，也可采用内夹泡沫板的双层彩钢板。
3. 不同厂家生产的产品，结构型式略有差异，只要是合格产品，使用效果基本相同。
4. 图中尺寸单位均以cm计。

| 彩钢板护栏构造图 | 设计 | | 复核 | | 审核 | | 日期 | 2008.11.15 | 图号 | T8.1.4 |
|---|---|---|---|---|---|---|---|---|---|---|

图 5-3-43 彩钢板护栏

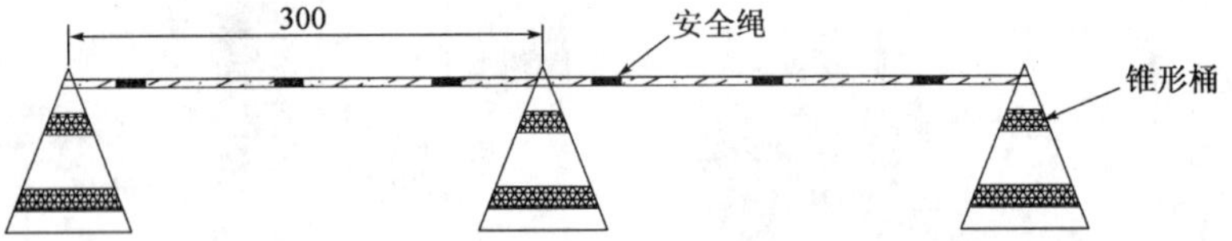


锥形桶护栏

3延米护栏材料数量表

| 名称 | 规格 | 单位 | 数量 |
|---|---|---|---|
| 锥形桶 | | 个 | 1 |
| 安全绳 | | m | 3 |

注：1. 图中尺寸单位均以cm计。
2. 锥形桶可直接购买成品，一般根据高度不同，有50cm、70cm两种规格，可根据实际需要选用。
3. 安全绳可购买专用的安全绳，也可用普通绳索代替。

| 锥形桶护栏 | 设计 | | 复核 | | 审核 | | 日期 | 2008.11.15 | 图号 | T8.1.5 |
|---|---|---|---|---|---|---|---|---|---|---|

图 5-3-44 锥形桶护栏

①十字交叉路口标志。用以警告车辆驾驶人谨慎慢行，注意横向来车相交。设在视线不良的平面交叉路口驶入路段的适当位置。

②急弯路标志。用以警告车辆驾驶人减速慢行，分为向左、向右急弯路标志。

③陡坡标志。用以提醒车辆驾驶人小心驾驶，分上陡坡和下陡坡标志。

④窄路标志。用以促使车辆驾驶人注意前方车行道或路面狭窄情况，遇有来车应予减速避让。

⑤窄桥标志。用以警告车辆驾驶人前方桥面宽度变窄，谨慎驾驶。

⑥注意行人标志。用以促使车辆驾驶人减速慢行，注意行人。

⑦注意落石标志。用以促使车辆驾驶人注意落石。使用时应根据落石的不同方向选择左

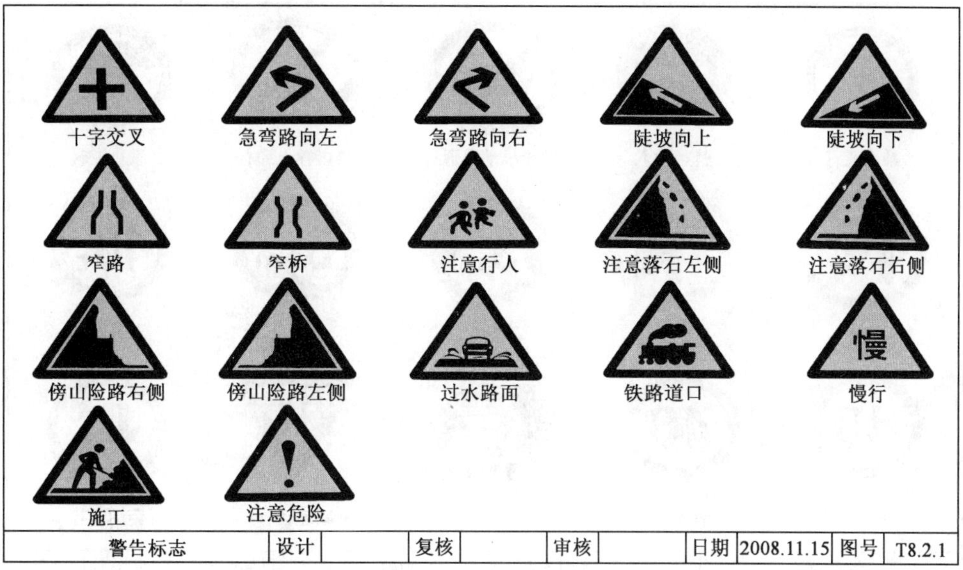


图 5-3-45 警告标志

侧或右侧落石标志。

⑧傍山险路标志。用以促使车辆驾驶人小心驾驶。使用时应根据傍山险路的不同朝向选择左侧或右侧道路外侧为陡壁、悬崖危险的路段以前适当位置。

⑨过水路面(或漫水桥)标志。用以促使车辆驾驶人谨慎慢行,此标志设在过水路面或漫水桥路段以前适当位置。

⑩铁路道口标志。用以警告车辆驾驶人注意慢行或及时停车。分有人看守铁路道口和无人看守铁路道口,此标志设在铁路道口以前适当位置。

⑪慢行标志。用以促使车辆驾驶人减速慢行,此标志设在前方需要减速慢行的路段以前适当位置。

⑫施工标志。用以告示前方道路施工,车辆应减速慢行或绕道行驶。该标志可以作为临时标志支设在施工路段以前适当位置。

⑬注意危险标志。用以促使车辆驾驶人谨慎驾驶,设在以上标志不能包括的其他危险路段以前适当位置。

(2)禁令标志。禁令标志见图 5-3-46。

①禁止通行标志。表示禁止一切车辆和行人通行。

②禁止驶入标志。表示禁止车辆驶入。设在禁止驶入的路段入口,或单行路的出口处。

③禁止机动车通行标志。表示禁止各类机动车通行。设在禁止机动车通行路段的入口处。

④禁止行人通行标志。表示禁止行人通行。设在禁止行人通行的地方。

⑤禁止向左(或向右)转弯标志。表示前方路口禁止一切车辆向左(或向右)转弯。设在禁止向左或向右转弯的路口以前适当位置。

⑥禁止直行标志。前方路口禁止一切车辆直行。设在禁止直行的路口以前适当位置。

⑦限制宽度标志。表示禁止装载宽度超过标志所示数值的车辆通行。设在最大容许宽度

图 5-3-46　禁令标志

受限制的地方。

⑧限制高度标志。表示禁止装载高度超过标志所示数值的车辆通行。设在最大容许高度受限制的地方。

⑨限制质量标志。表示禁止总质量超过标志所示数值的车辆通行。设在需要限制车辆质量的桥梁两端。

⑩限制速度标志。表示该标志至前方解除限制速度标志的路段内，机动车行驶速度(单位为 km/h)不准超过标志所示数值。设在需要限制车辆速度的路段的起点。

⑪解除限制速度标志。表示限制速度路段结束。设在限制车辆速度路段的终点。

⑫停车让行标志。表示车辆必须在停止线以外停车瞭望，确认安全后，才准许通行。停车让行标志在下列情况下设置：

a. 与交通量较大的干路平交的支路路口；

b. 无人看守的铁路道口；

c. 其他需要设置的地方。

⑬减速让行标志。表示车辆应减速让行，告示车辆驾驶人必须慢行或停车，观察干道行车情况，在确保干道车辆优先的前提下，认为安全时方可续行。设于视线良好交叉道路次要道路路口。减速让行标志在下列情况下设置：

a. 与交通量不大的干路交叉的支路路口；

b. 其他需要设置的地方。

⑭会车让行标志。表示车辆会车时，必须停车让对方车先行。会车让行标志在下列情况下设置：

a. 会车有困难的狭窄路段的一端；

b. 由于某种原因只能开放一条车道，作双向通行路段的一端。

(3)指示标志。指示标志见图 5-3-47。

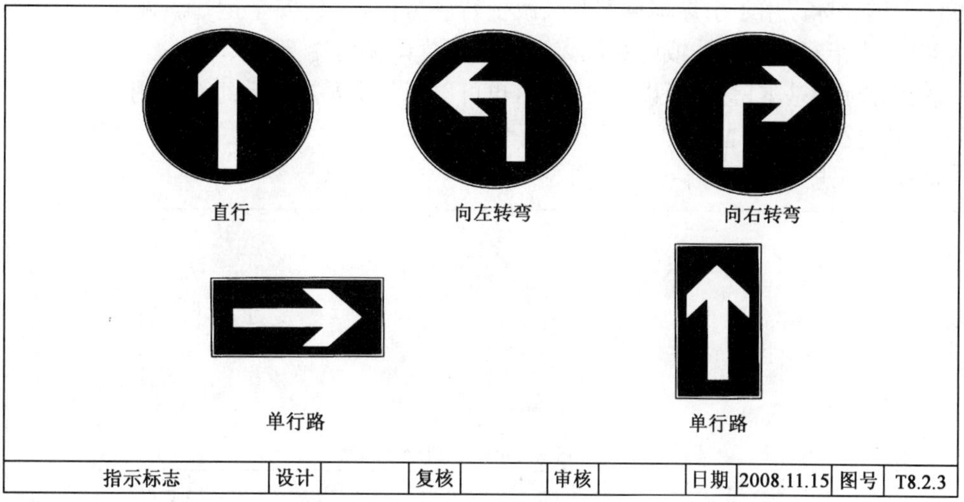


图 5-3-47　指示标志

①直行标志。表示只准一切车辆直行。设在必须直行的路口以前适当位置。

②向左(或向右)转弯标志。表示只准一切车辆向左(或向右)转弯。设在车辆必须向左(或向右)转弯的路口以前适当位置。

③单行路标志。表示一切车辆单向行驶。设在单行路的路口和入口处的适当位置。

(4)指路标志。指路标志见图 5-3-48。

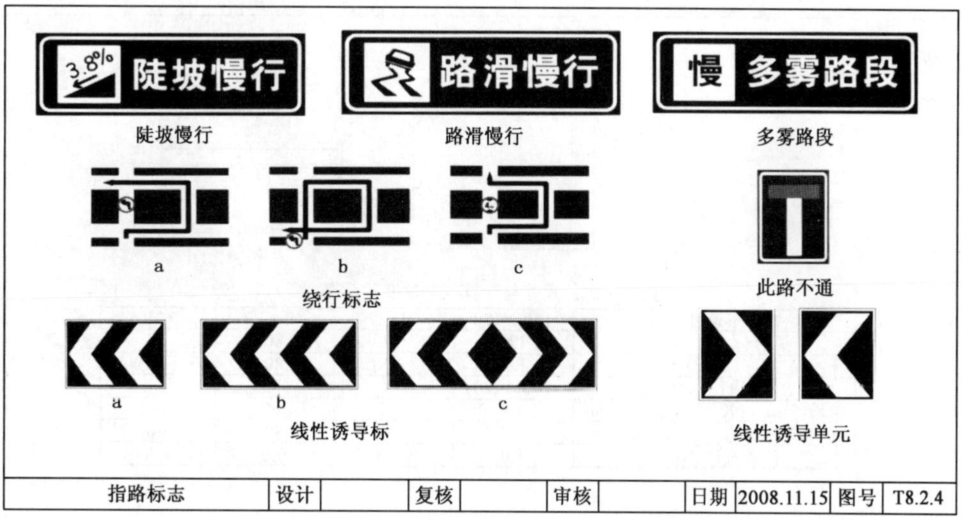


图 5-3-48　指路标志

①路滑慢行。设在雨天路滑、路面磨光、泛油及路面结冰、积雪等路段前适当位置。

②陡坡慢行。设在坡度较大,视线不良,宜提示司机谨慎慢行的路段前适当位置。

③多雾路段。设在局部多雾路段以前适当位置。

④绕行标志。用于指示前方路口车辆绕行的正确行驶路线,绕行路线得随实际路况而作调整。

⑤此路不通标志。用以指示前方道路为死胡同，无出口、不能通行。

⑥线形诱导标。用于引导车辆驾驶人改变行驶方向，促使安全运行。视需要设于易肇事之弯道路段，小半径匝道曲线或中央隔离设施及渠化设施的端部。

线形诱导标的基本单元，可以单独使用，也可以把几个基本单元组合使用。

(5)道路施工安全标志

交通安全标志尺寸见图 5-3-49～图 5-3-53。

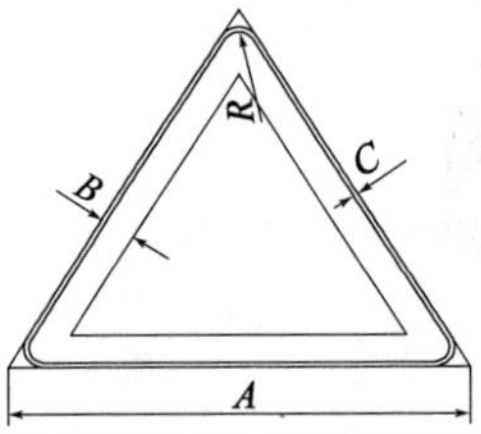


禁令标志尺寸与计算行车速度表

| 计算行车速度(km/h) | 100～120 | 71～99 | 40～70 | <40 |
|---|---|---|---|---|
| 三角形边长A(cm) | 130 | 110 | 90 | 70 |
| 黑边宽度B(cm) | 9 | 8 | 6.5 | 5 |
| 黑边圆角半径R(cm) | 6 | 5 | 4 | 3 |
| 衬底边宽度C(cm) | 1.0 | 0.8 | 0.6 | 0.4 |

警告标志到危险地点距离表

| 计算行车速度(km/h) | 100～120 | 71～99 | 40～70 | <40 |
|---|---|---|---|---|
| 标志到危险地点距离(m) | 200～250 | 100～200 | 50～100 | 20～50 |

| | | | | | | | | | | |
|---|---|---|---|---|---|---|---|---|---|---|
| 交通安全标志尺寸图(一) | 设计 | | 复核 | | 审核 | | 日期 | 2008.11.15 | 图号 | T8.2-1 |

图 5-3-49　交通安全标志尺寸图(一)

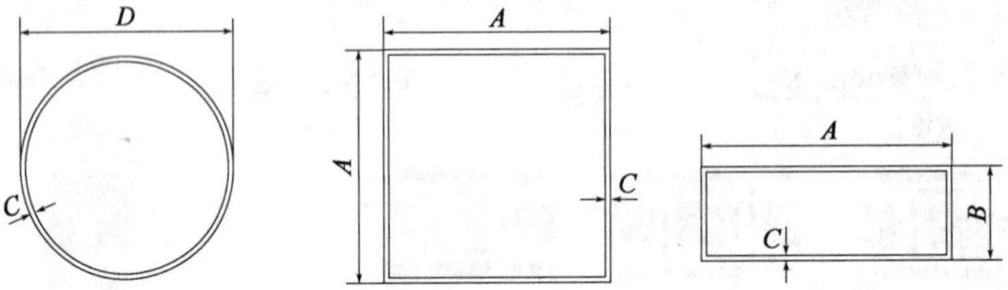


指示标志的尺寸与计算行车速度关系表

| 计算行车速度(km/h) | 100～120 | 71～99 | 40～70 | <40 |
|---|---|---|---|---|
| 圆形(直径)D(cm) | 120 | 100 | 80 | 60 |
| 正方形(边长)A(cm) | 120 | 100 | 80 | 60 |
| 长方形(边长)A×B(cm) | 190×140 | × | × | — |
| 单地线标志(长方形)A×B(cm) | 120×60 | × | × | 60× |
| 会车先行标志(正方形)A(cm) | — | — | 80 | 60 |
| 衬边宽度C(cm) | 1.0 | 0.8 | 0.6 | 0.4 |

| | | | | | | | | | | |
|---|---|---|---|---|---|---|---|---|---|---|
| 交通安全标志尺寸图(二) | 设计 | | 复核 | | 审核 | | 日期 | 2008.11.15 | 图号 | T8.2-2 |

图 5-3-50　交通安全标志尺寸图(二)

①路栏。用以阻挡车辆及行人前进或指示改道。设在道路施工、养护、落石、塌方而致交通阻断路段的两端或周围。见图 5-3-54。

②锥形交通路标。与路栏配合，用以阻挡或分隔交通流。设在需要临时分隔车流，引导交

通，指引车辆绕过危险路段，保护施工现场设施和人员等场所周围或以前适当地点。见图5-3-54。

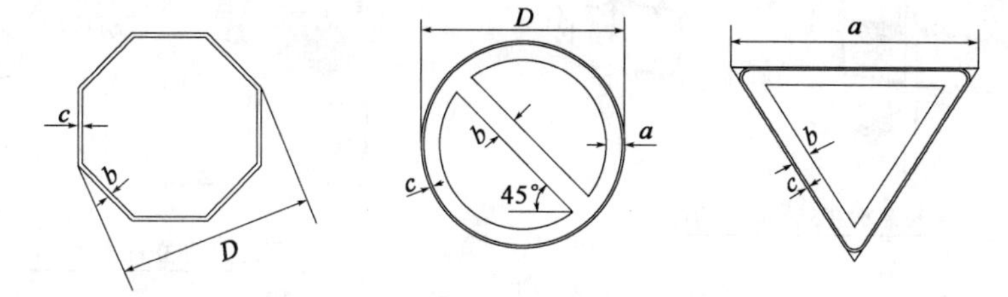


禁令标志尺寸与计算行车速度表

| 计算行车速度(km/h) | | 100～120 | 71～99 | 40～70 | <40 |
|---|---|---|---|---|---|
| 圆形标志 | 标志外径$D$(cm) | 120 | 100 | 80 | 60 |
| | 红边宽度$a$(cm) | 12 | 10 | 8 | 6 |
| | 红杠宽度$b$(cm) | 9 | 7.5 | 6 | 4.5 |
| | 衬边宽度$c$(cm) | 1.0 | 0.8 | 0.6 | 0.4 |
| 三角形标志 | 三角形边长$a$(cm) | — | — | 90 | 70 |
| | 红杠宽度$b$(cm) | — | — | 9 | 7 |
| | 衬边宽度$c$(cm) | — | — | 0.6 | 0.4 |
| 八角形标志 | 标志外径$D$(cm) | — | — | 80 | 60 |
| | 白边宽度$b$(cm) | — | — | 3.0 | 2.0 |
| | 衬边宽度$c$(cm) | — | — | 0.6 | 0.4 |

| 交通安全标志尺寸图(三) | 设计 | | 复核 | | 审核 | | 日期 | 2008.11.15 | 图号 | T8.2-3 |
|---|---|---|---|---|---|---|---|---|---|---|

图 5-3-51　交通安全标志尺寸图(三)

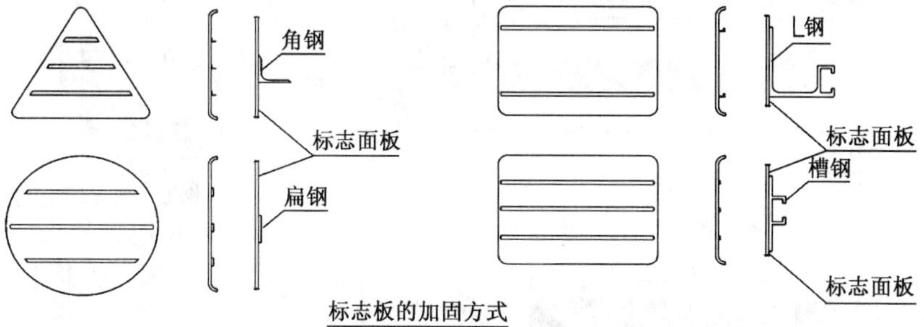


标志板的加固方式

标志板厚度表

| 标志名称 | | 铝合金板 | 合成树脂板 |
|---|---|---|---|
| 警告标志 | 小型 | 1.5 | 3 |
| | 大型 | 2.0 | 4 |
| 禁令标所 | 小型 | 1.5 | 3 |
| | 大型 | 2.0 | 4 |
| 指示标志 | 小型 | 1.5 | 3 |
| | 大型 | 2.0 | 4 |
| 指路标志 | 小型 | 2.0～3.0 | 4 |
| | 大型 | 3.0～3.5 | 5 |
| 辅助标志 | | 1.5 | 3 |

| 交通安全标志尺寸图(四) | 设计 | | 复核 | | 审核 | | 日期 | 2008.11.15 | 图号 | T8.2-4 |
|---|---|---|---|---|---|---|---|---|---|---|

图 5-3-52　交通安全标志尺寸图(四)

③施工警示灯。用以警告车辆驾驶人前方道路施工，应减速慢行。设于夜间施工路段附近。

灯号分闪光灯号及定光灯号两种，按供电方式又分为太阳能式和非太阳能式，具体的形式较为多样，一般均为工厂生产的定型产品，施工中根据需要购置即可，安装于路栏或独立活动支架上，高度以 120cm 为度。其镜面闪烁频率、光度及适用地点，应符合表 5-3-3 的规定。具体的形式见图 5-3-55。

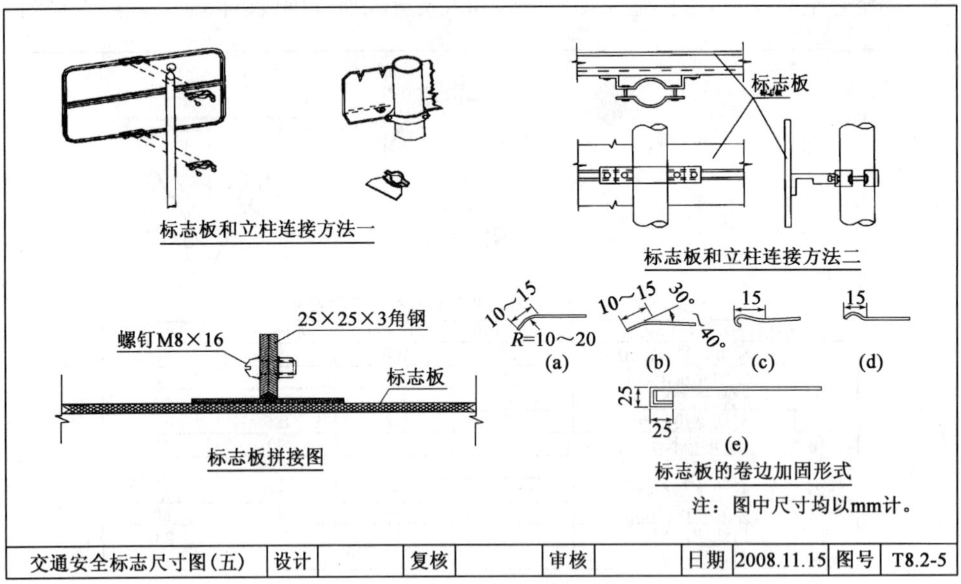


图 5-3-53　交通安全标志尺寸图(五)

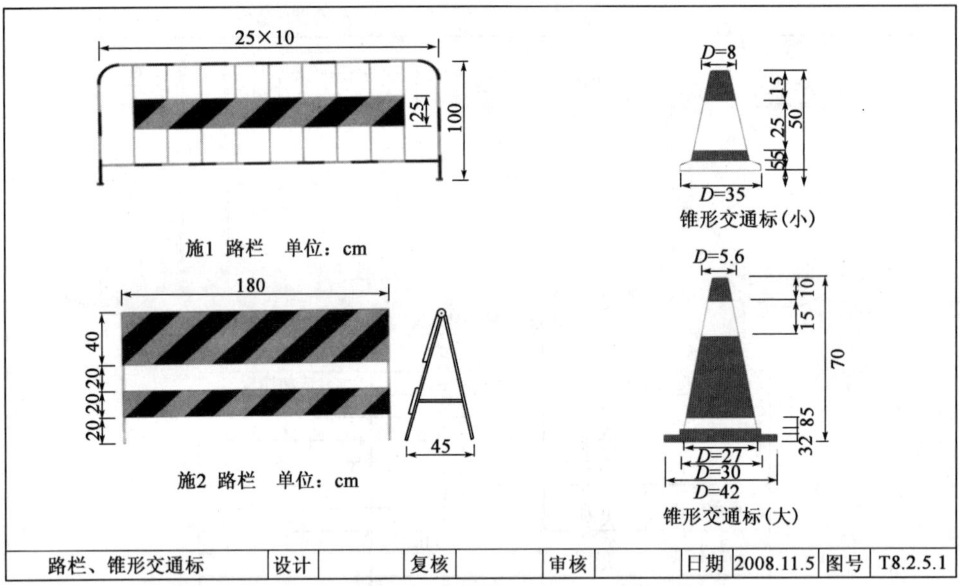


图 5-3-54　路栏、锥形交通标志

**施工警告灯技术指标表**　　　　表 5-3-3

| 种　　类 | 闪光灯号(黄色) | 定光灯号(红色) |
|---|---|---|
| 镜面数 | 单面或双面 | — |
| 闪烁频率(次/min) | 55～75 | 定光 |
| 发光强度(cd) | 2～0 | 5～10 |
| 适用地点 | 施工区段或危险地点的起点以前 | 用于导向车辆行驶 |

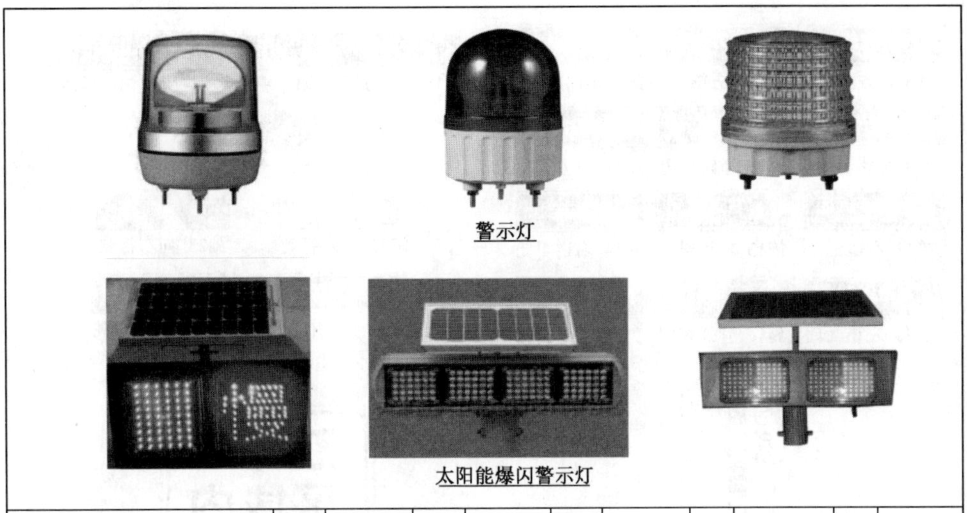


| | | | | | | | | | | |
|---|---|---|---|---|---|---|---|---|---|---|
| 警示灯 | 设计 | | 复核 | | 审核 | | 日期 | 2008.11.15 | 图号 | T8.2.5.3 |

图 5-3-55　施工警示灯

④减速丘。用于强行迫使车辆减速慢行，一般设于施工区前方 20m 外，可根据需要设一道或多道，每道间距约 2～5m。减速丘形式多样，一般常用的是橡胶减速丘，每个生产厂家的产品均有所差别，但整体来说大同小异，根据实际需要选取即可。图 5-3-56 中提供了一些常见的减速丘样式，可供选择时参考。

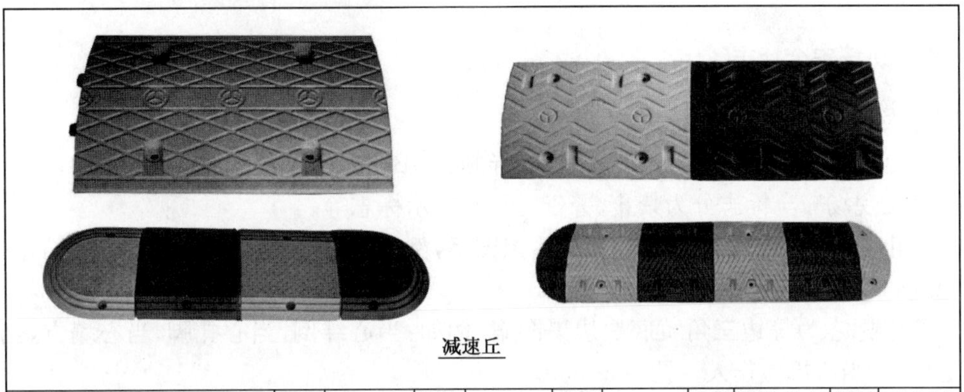


| | | | | | | | | | | |
|---|---|---|---|---|---|---|---|---|---|---|
| 减速丘 | 设计 | | 复核 | | 审核 | | 日期 | 2008.11.15 | 图号 | T8.2.5.4 |

图 5-3-56　减速丘

⑤道口标志。用来提醒主线车辆提高警觉，防范小路口车辆突然出现而造成意外。设在公路沿线较小交叉路口两侧。见图 5-3-57。

⑥施工区标志。用以通告高速公路及一般道路交通阻断、绕行等情况。设在道路施工、养护等路段前适当位置。见图 5-3-57。

⑦辅助标志。凡主标志无法完整表达或指示其规定时，为维护行车安全与交通畅通之需要，应设置辅助标志。见图 5-3-57。

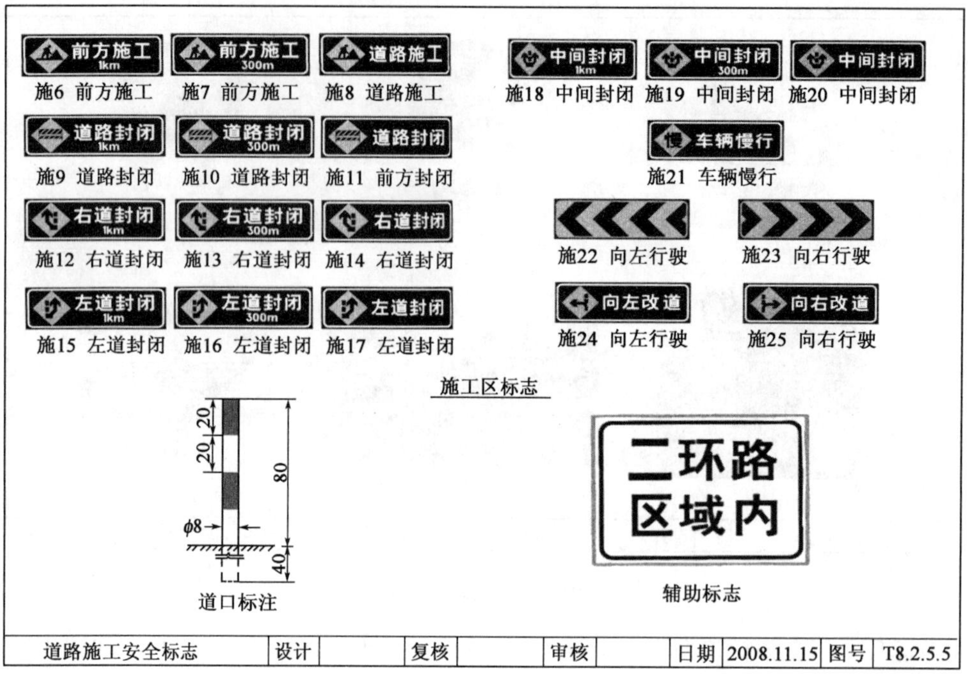


图 5-3-57　道路施工安全标志

## 九、总体施工准备

### 1. 施工现场安全标志

(1)施工现场应设置安全标志。

(2)安全标志应符合《安全标志及其使用导则》(GB 2894—2008)的规定。

(3)施工现场安全标志分为禁止、警告、指令、提示标志等。

(4)禁止标志为带斜杠的圆形白底红边黑图案,例如:禁止抛物,禁止跨越,禁止合闸,禁止通行。见图 5-3-58。

(5)警告标志为等边三角黄底黑边黑图案,例如:当心绊倒,当心扎脚,当心塌方,当心落物,当心触电,当心机械伤人。见图 5-3-59。

(6)指令标志为圆形蓝底白图案,例如:必须戴安全帽,必须系安全带。见图 5-3-60。

(7)提示标志为正方形绿底白图案,例如:可动火区。见图 5-3-61。

### 2. 栈桥安全防护设施

(1)栈桥防护栏杆

栈桥桥面边缘处应设置安全防护栏杆,栏杆高 1.2m,采用 $\phi$48 焊接钢管焊接。

(2)栈桥运营阶段的安全措施

①栈桥的入口处应设置栈桥管理规定牌、安全标志牌等安全设施。管理规定牌应与本章的操作规程牌相一致;安全标志可参考本章施工现场安全标志的相关内容。

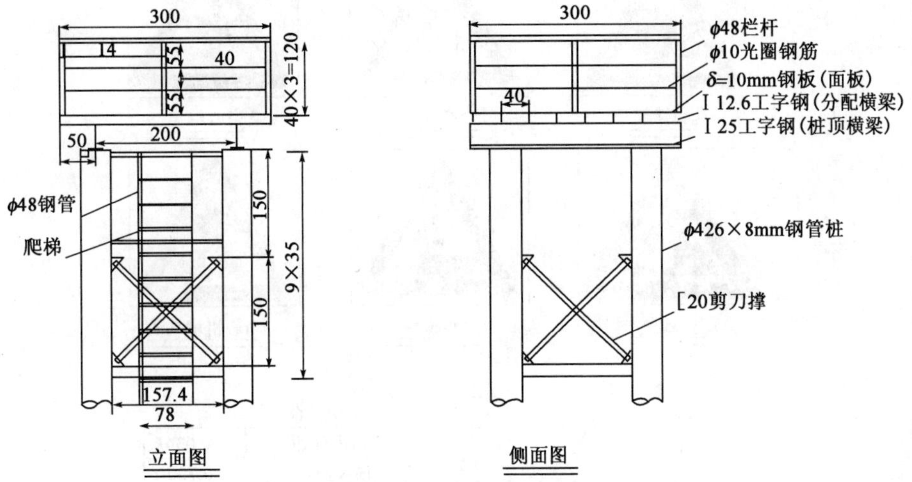


注：本图尺寸均以cm计。

| | | | | | | | |
|---|---|---|---|---|---|---|---|
| 测量平台安全防护示意图 | 设计 | | 复核 | | 审核 | 图号 | T9.4.2 |

图 5-3-58　测量平台安全防护

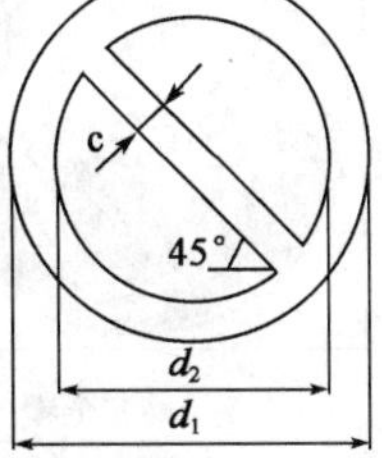


标志设计尺寸

| | |
|---|---|
| 标志外径 | $d_1$=0.025$L$ |
| 标志内径 | $d_2$=0.800$d_1$ |
| 斜杠宽 | $c$=0.800$d_1$ |
| $L$为观察距离 | |

| | | | | | | | |
|---|---|---|---|---|---|---|---|
| 禁止标志设计图 | 设计 | | 复核 | | 审核 | 图号 | T9.1.4 |

图 5-3-59　禁止标志

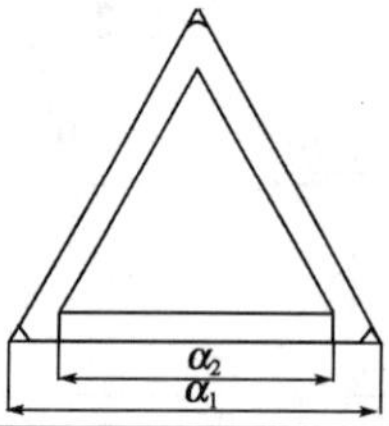


标志设计尺寸

| | |
|---|---|
| 标志外边 | $\alpha_1=0.034L$ |
| 标志内边 | $\alpha_2=0.700\alpha_1$ |
| 边框外角圆弧半径 | $r=0.034\alpha_2$ |
| *L*为观察距离 | |

| | | | | | | | |
|---|---|---|---|---|---|---|---|
| 警告标志设计图 | 设计 | | 复核 | | 审核 | 图号 | T9.1.5 |

图 5-3-60　警告标志

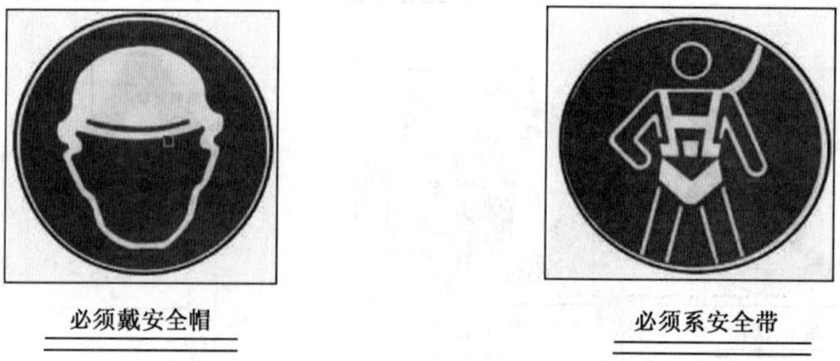


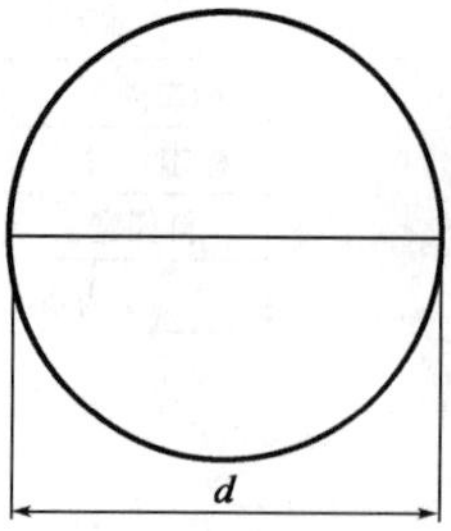


标志设计尺寸

| | |
|---|---|
| 标志直径 | $d=0.025L$ |
| *L*为观察距离 | |

| | | | | | | | |
|---|---|---|---|---|---|---|---|
| 指令标志设计图 | 设计 | | 复核 | | 审核 | 图号 | T9.1.6 |

图 5-3-61　指令标志

②钢板桥面应根据需要每间隔 20cm 设置 $\phi10$ 光圆钢筋防滑条。

③栈桥上每 100m 放置一个灭火器，每 50m 放救生圈一个，每 300m 安置高音喇叭一个，有紧急情况时，栈桥管理人员通过通信喇叭通知栈桥人员采取紧急安全措施。每 300m 安装监控器一个，以方便栈桥管理人员随时观察栈桥上的情况。

**3. 施工现场平面布置**

(1)施工现场必须按照规定划分为办公区、生活区、施工作业区，做到“三区分离”。施工现场的临建设施必须避开泥沼、悬崖、陡坡、泥石流、雪崩等危险区域，选在水文、地质良好的地段。

(2)施工现场应按图布置，做到布置合理、分区明确，材料定置堆放整齐，场地平顺，道路排水畅通，照明、通风状态良好。

(3)“三区”宜采用高度不低于 1.8m 的铁栅栏或砖墙进行隔离。

(4)“三区”的临时用电必须满足本章施工临时用电的相关要求。

(5)“三区”的防火、防爆必须满足本章现场消防要求的相关要求。

**4. 施工测量**

(1)施工测量人员必须按规定佩戴个人防护用品。

(2)水上测量平台，应设防护栏杆、爬梯和救生设备。见图 5-3-58。

**5. 试验室**

(1)每台试验设备应配备安全操作规程牌。

(2)试验室内临时用电必须满足本章施工临时用电的相关要求。

(3)试验室必须按面积和防火等级配备消防设施，防火、防爆用品必须满足现场消防要求的相关要求。

(4)试验员必须按规定佩戴个人防护用品。

**6. 拌和站**

(1)拌和站宜设围墙，围墙设置应满足本章的要求。

(2)拌和场施工区域内应设置安全标志牌和安全操作规程牌。安全标志牌见图 5-3-59、图 5-3-60、图 5-3-61 和图 5-3-62。

(3)拌和站蓄水池、积水井边缘要设安全护栏，安全护栏应设在拌和站蓄水池、积水井边缘的牢固地点。

(4)拌和站的临时用电，必须满足本章施工临时用电的相关要求。

(5)拌和站的消防设施、防火、防爆用品必须满足本章现场消防要求的相关要求。

(6)拌和站的作业人员必须按规定佩戴个人防护用品。

可动火区

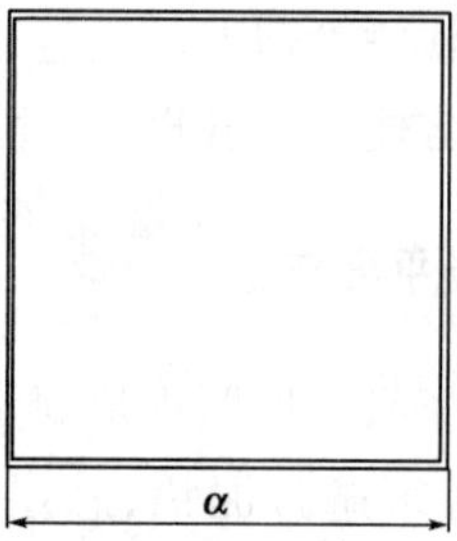


标志设计尺寸

| | |
|---|---|
| 标志边长 | $\alpha=0.025L$ |
| $L$为观察距离 | |

| | | | | | | | | | |
|---|---|---|---|---|---|---|---|---|---|
| 提示标志设计图 | 设计 | | 复核 | | 审核 | | 图号 | T9.1.7 |

图 5-3-62　提示标志

## 十、施工通用安全防护设施

### 1. 施工现场危险区域防护设施

(1)施工现场应设置危险源告知牌，对施工中关键区域和危险区域，必须设置警示标志，警示标志宜采用警示带、遮栏、围栏。

(2)施工区域危险源告知牌宜用塑料、不锈钢等材料制作，并应安装在现场显著位置。见图 5-3-63。

(3)施工中的临时性危险区域四周与吊臂旋转半径外 1m，应设置移动式警示带、警示链、警示围栏。见图 5-3-64、图 5-3-65、图 5-3-66、图 5-3-67。

①移动式警示带、警示链、警示围栏支架底座采用混凝土块、$\phi$16mm 的圆钢制作；

②支架立杆采用 Q235 钢管制作，并刷红、白油漆相间警示色；

③警示围栏支架采用 Q235 钢管制作。

### 2. 临边防护设施

(1)防护栏杆：

①施工现场内的作业区、作业平台、人行通道、施工通道、基坑周边等施工活动场所，如临边离基准面高差达到或超过 2m，必须沿周边设置防护栏杆。防护栏杆应能承受 1000N 以上的可变荷载。

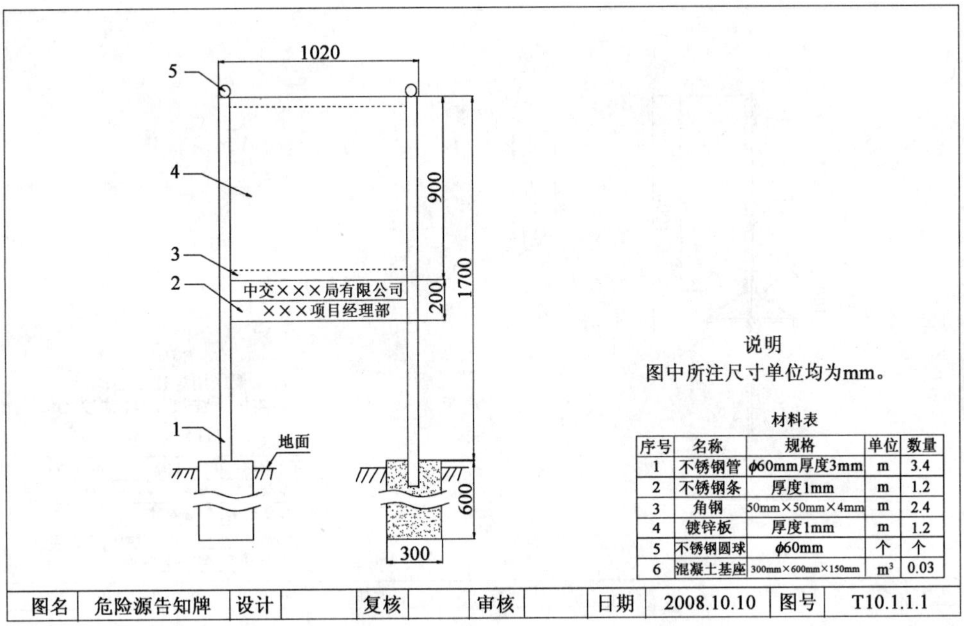


| 序号 | 名称 | 规格 | 单位 | 数量 |
|---|---|---|---|---|
| 1 | 不锈钢管 | φ60mm厚度3mm | m | 3.4 |
| 2 | 不锈钢条 | 厚度1mm | m | 1.2 |
| 3 | 角钢 | 50mm×50mm×4mm | m | 2.4 |
| 4 | 镀锌板 | 厚度1mm | m | 1.2 |
| 5 | 不锈钢圆球 | φ60mm | 个 | 个 |
| 6 | 混凝土基座 | 300mm×600mm×150mm | $m^3$ | 0.03 |

图 5-3-63　危险源告知牌

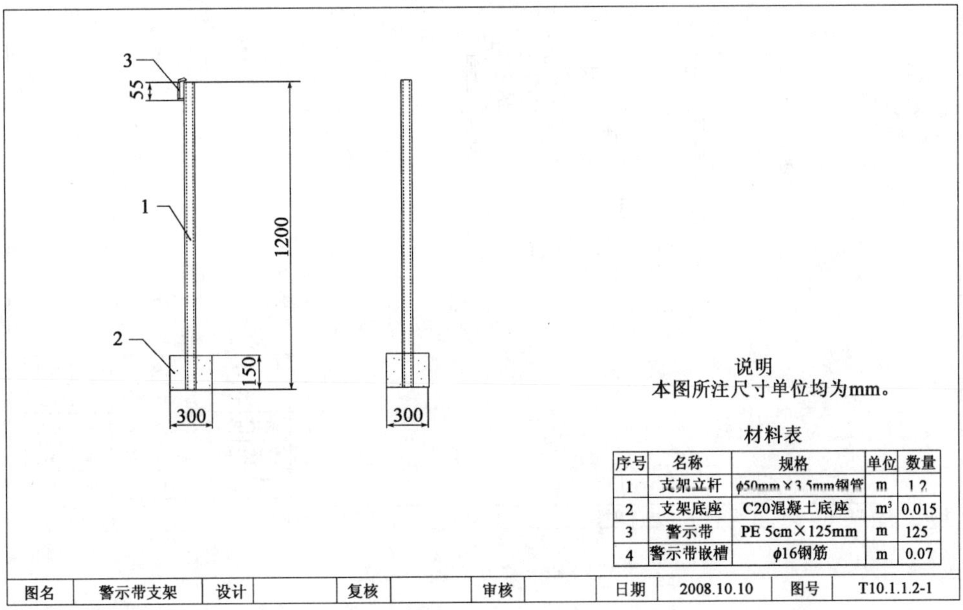


| 序号 | 名称 | 规格 | 单位 | 数量 |
|---|---|---|---|---|
| 1 | 支架立杆 | φ50mm×3.5mm钢管 | m | 1.2 |
| 2 | 支架底座 | C20混凝土底座 | $m^3$ | 0.015 |
| 3 | 警示带 | PE 5cm×125mm | m | 125 |
| 4 | 警示带嵌槽 | φ16钢筋 | m | 0.07 |

图 5-3-64　警示带支架

②防护栏杆下方有人员通行或作业的，应在防护栏杆下边设置高度不小于 0.2m 的挡脚，并挂密目安全立网封闭。

③临水面的作业区、基坑周边必须设置防护栏杆。

(2)防护栏杆设置方式，见图 5-3-68、图 5-3-69。

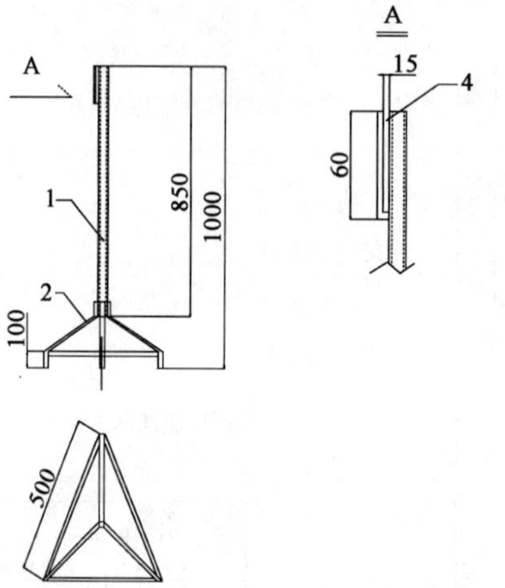


说明
1. 支架采用焊接工艺；
2. 本图所注尺寸单位均为mm。

材料表

| 序号 | 名称 | 规格 | 单位 | 数量 |
|---|---|---|---|---|
| 1 | 支架立杆 | 方管40mm×20mm×2mm | m | 1 |
| 2 | 支架底座 | $\phi$16钢筋 | m | 3 |
| 3 | 警示带 | PE 5cm×125mm | m | 125 |
| 4 | 警示带嵌槽 | 扁铁4mm×25mm | m | 0.08 |

| 图名 | 警示带支架 | 设计 | | 复核 | | 审核 | | 日期 | 2008.10.10 | 图号 | T10.1.1.2-2 |
|---|---|---|---|---|---|---|---|---|---|---|---|

图 5-3-65 警示带支架

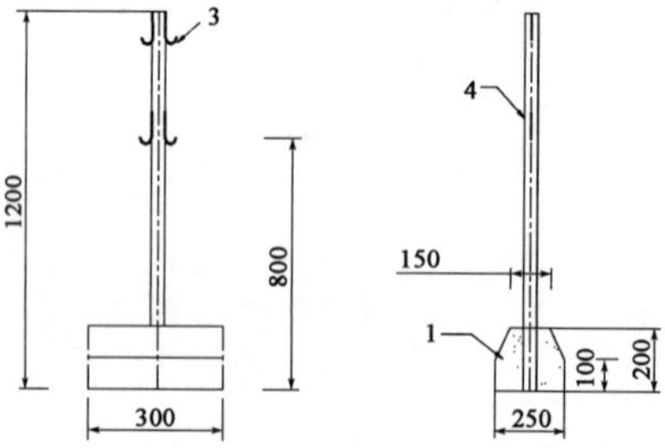


说明
图中所注尺寸单位均为mm。

材料表

| 序号 | 名称 | 规格 | 单位 | 数量 |
|---|---|---|---|---|
| 1 | 立柱 | $\phi$50mm钢管 | m | 1.2 |
| 2 | 混凝土座 | C20混凝土 | $m^3$ | 0.02 |
| 3 | 软链挂钩 | $\phi$8mm钢筋 | m | 0.4 |
| 4 | 警示链 | 直环链 | m | 1.6/根 |

| 图名 | 移动式警示链支架 | 设计 | | 复核 | | 审核 | | 日期 | 2008.10.10 | 图号 | T10.1.1.2-3 |
|---|---|---|---|---|---|---|---|---|---|---|---|

图 5-3-66 移动式警示链支架

①防护栏杆由上下两道横杆及栏杆立柱组成，上杆离防护面高度不低于 1.2m，下杆离防护面高度不低于 0.6m，栏杆立柱间距不得大于 2m。所有栏杆应刷红白漆相间警示色，红、白漆间距均为 300mm。

②防护栏杆采用 $\phi$48～51×3.5mm 的钢管；

③防护栏杆可采用扣件连接、丝扣连接、螺栓连接、焊接或其他可靠连接方式连接。见图 5-3-70。

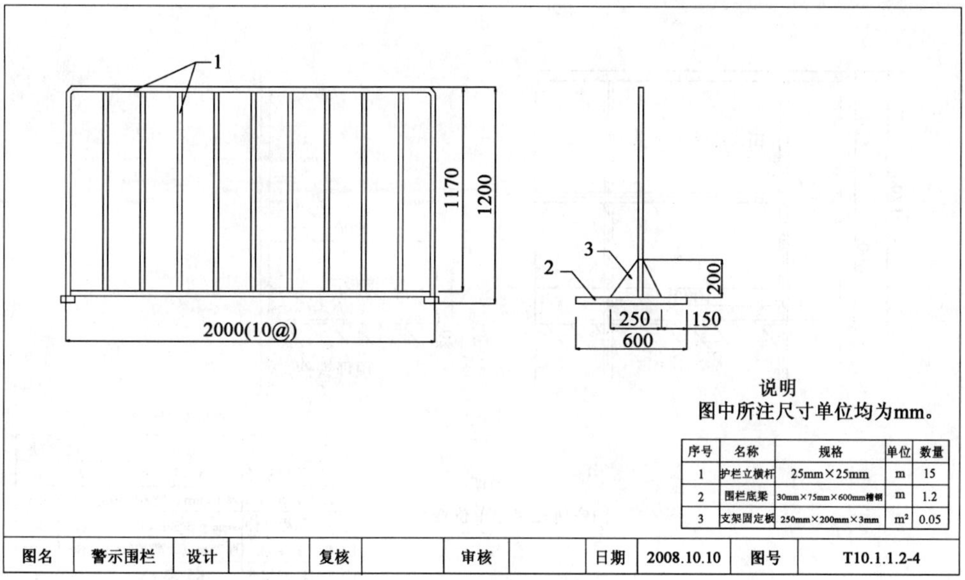


图 5-3-67 警示围栏

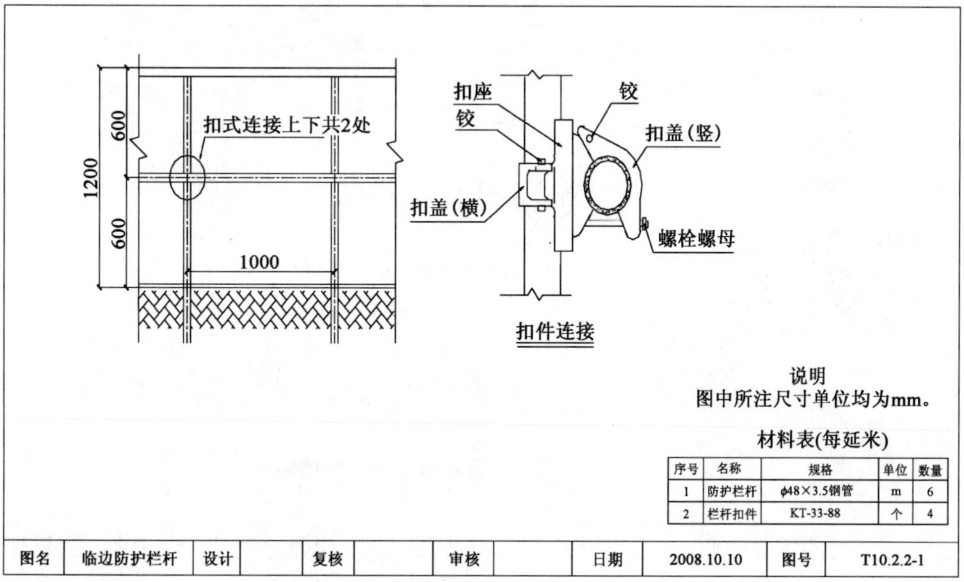


图 5-3-68 临边防护栏杆

a. 在泥石地面固定时，立杆打入地面 0.5～0.7m，离坡肩边口的距离应不小于 0.5m；

b. 在坚固的混凝土面固定时，可用预埋件与钢管或钢筋栏杆柱焊接；

c. 在操作平台、通道、栈桥等处固定时，应与平台、通道杆件焊接或绑扎牢固。

**3. 洞口防护设施**

(1)因工程本身存在或因工序需要而形成的洞口，必须设置稳固的盖板或防护栏杆及安全

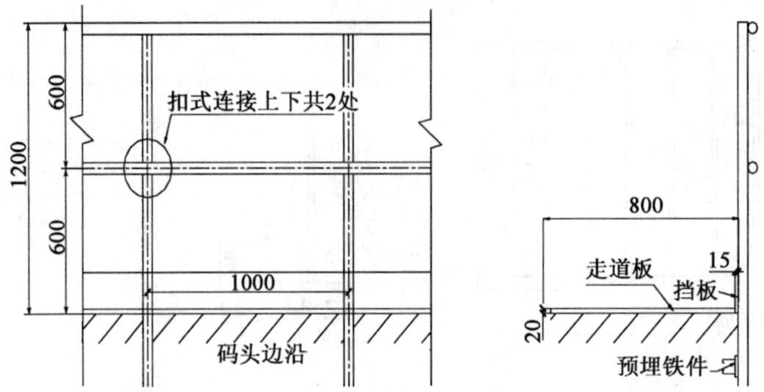


说明
图中所注尺寸单位均为mm。

材料表(每延米)

| 序号 | 名称 | 规格 | 单位 | 数量 |
|---|---|---|---|---|
| 1 | 防护栏杆 | φ48×3.5钢管 | m | 6 |
| 2 | 走道板 | 厚40mm、宽800mm | m³ | 0.1 |
| 3 | 预埋铁件 | 3mm×250mm×250钢板 | 件 | 2 |
| 4 | 挡脚板 | 厚25mm、宽200mm | m³ | 0.01 |
| 5 | 栏杆扣件 | KT-33-88 | 个 | 4 |

| | | | | | | | | | | | |
|---|---|---|---|---|---|---|---|---|---|---|---|
| 图名 | 临边防护栏杆 | 设计 | | 复核 | | 审核 | | 日期 | 2008.10.10 | 图号 | T10.2.2-2 |

图 5-3-69　临边防护栏杆

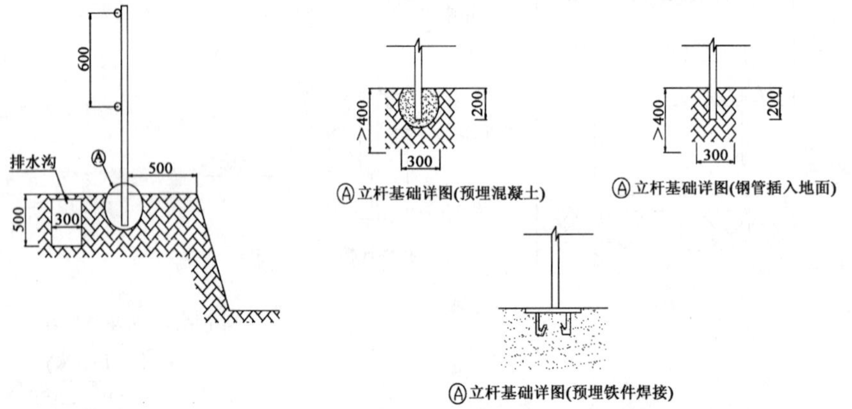


| | | | | | | | | | | | |
|---|---|---|---|---|---|---|---|---|---|---|---|
| 图名 | 临时防护栏杆固定 | 设计 | | 复核 | | 审核 | | 日期 | 2008.10.10 | 图号 | T10.2.2.3 |

图 5-3-70　临边防护栏杆固定

网或其他防护设施。

(2)施工现场通道附近的各类洞口与坑槽等处,应设置防护设施与安全标志,夜间应设置红灯警示。

(3)防护方式

①施工区域内,边长 250～500mm 的洞口、安装预制构件时的洞口以及其他各类洞口,应使用竹、木等材料作盖板,均衡搁置盖住洞口并牢固固定。

②施工区域内，边长 500～1500mm 的洞口，应设置以扣件连接钢管而成的 1000mm×1000mm 的网格，并在其上满铺竹笆或脚手板。见图 5-3-71。

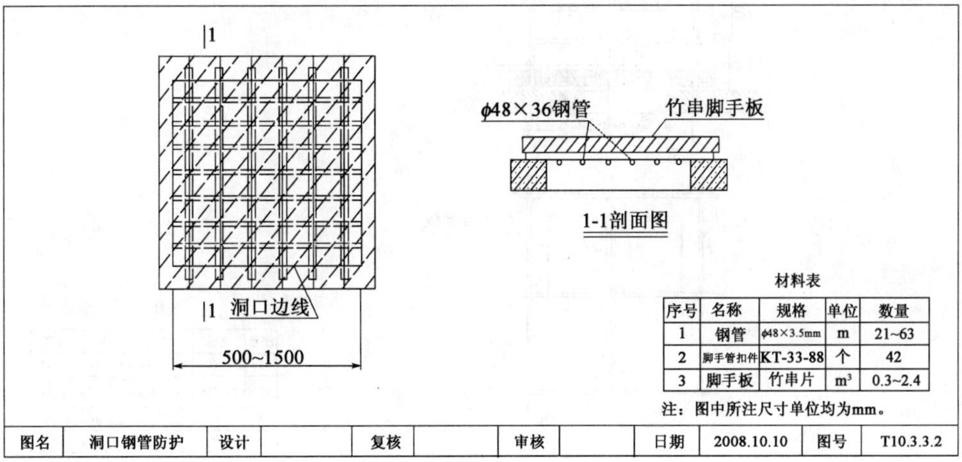


图 5-3-71　洞口钢管防护

③施工区域内，边长 1500mm 以上的洞口，四周应设置符合相关标准规定的防护栏杆。洞口下有人通行或作业的应张挂安全平网。见图 5-3-72、图 5-3-73。

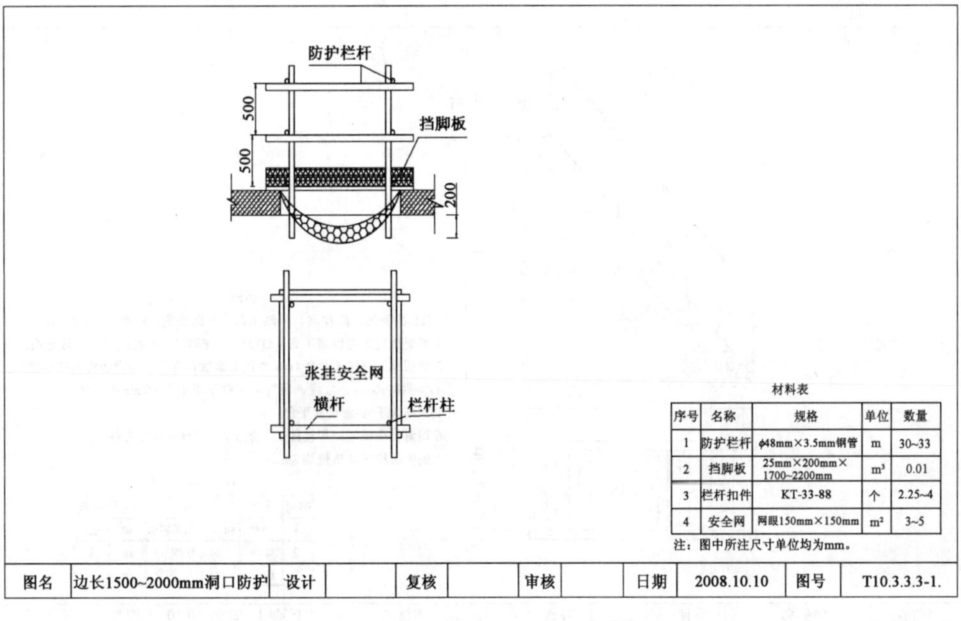


图 5-3-72　边长 1500～2000mm 洞口防护一

**4. 登高作业安全防护设施**

登高作业人员上下应根据现场情况选用钢斜梯、钢爬梯、简易木梯，扶梯的设置应符合规定：

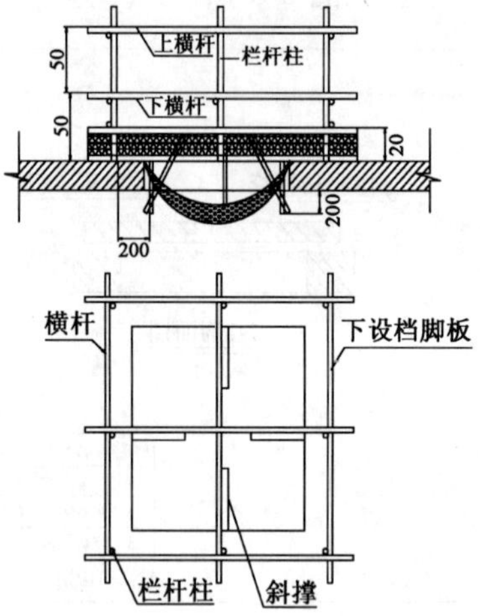


材料表

| 序号 | 名称 | 规格 | 单位 | 数量 |
|---|---|---|---|---|
| 1 | 防护栏杆 | $\phi$48×3.5mm钢管 | m | 36~44 |
| 2 | 挡脚板 | 25mm×200mm×2000mm | $m^3$ | 0.01 |
|  |  | 25mm×200mm×4000mm |  | 0.02 |
| 3 | 安全网 | 网眼150mm×150mm | $m^2$ | 4~16 |
| 4 | 栏杆扣件 | KT-33-88 | 个 | 50 |

注：图中所注尺寸单位均为mm。

| 图名 | 边长2000~4000mm洞口防护 | 设计 |  | 复核 |  | 审核 |  | 日期 | 2008.10.10 | 图号 | T10.3.3.3-2 |
|---|---|---|---|---|---|---|---|---|---|---|---|

图 5-3-73　边长 2000～4000mm 洞口防护二

(1)钢斜梯,见图 5-3-74。

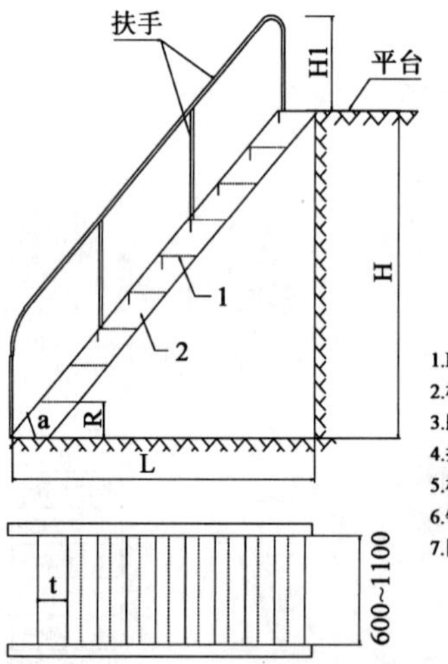


说明

1.H1-扶手高、H-梯高、R-踏步高、T-踏步宽、a-坡度、L-梯跨；
2.梯梁钢材采用性能不低于Q235-A。F钢材，其截面尺寸经计算确定；
3.踏板采用厚度不小于4mm的花文钢板，并与小角钢组焊成踏板槽口；
4.扶手高90mm，立柱、斜杆采用壁厚不小于2.5mm的管材；
5.梯高大于5m要设置平台；
6.钢斜梯全部采用焊接加工，加工应符合GBJ205之要求；
7.图中所注尺寸单位均为mm。

材料表(每延米)

| 序号 | 名称 | 规格 | 单位 | 数量 |
|---|---|---|---|---|
| 1 | 踏板 | 4mm厚花文钢板 | $m^2$ | 0.5 |
| 2 | 梯梁 | 24号槽钢 | m | 3 |
| 3 | 扶手 | $\phi$48×3.5钢管 | m | 6 |

| 图名 | 钢斜梯 | 设计 |  | 复核 |  | 审核 |  | 日期 | 2008.10.10 | 图号 | T10.4.1.1 |
|---|---|---|---|---|---|---|---|---|---|---|---|

图 5-3-74　钢斜梯

①梯梁采用工字钢或槽钢,截面尺寸应通过计算确定；

②踏脚板应采用不小于 $\phi$20mm 的钢筋 3 根与小角钢或 25mm×4mm 扁钢与小角钢组焊成的格子板,踏脚板的宽度为 0.1m,踏脚板间距宜为 0.3m 等距离分布；

③边缘扶手栏杆高不应小于 1m,扶手立柱间距不宜大于 2m,均采用外径不小于 30mm、

壁厚不小于 2mm 的管材；

④梯宽度不小于 0.6m；

⑤扶梯高度大于 5m 时，宜设梯间平台，分段设梯；

⑥扶梯焊接、安装应牢固可靠。

(2)钢爬梯，见图 5-3-75。

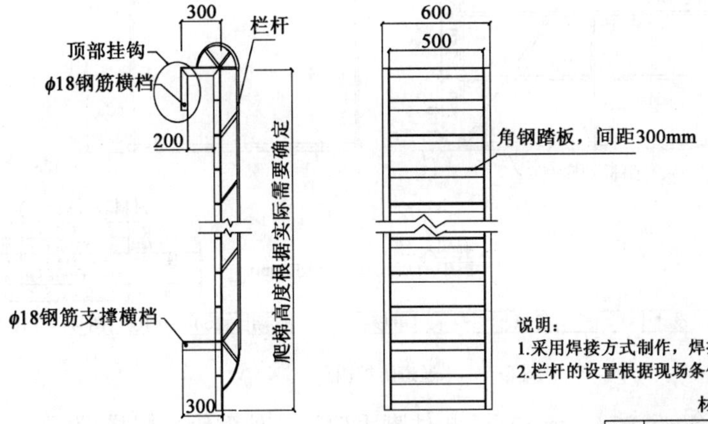


说明：
1.采用焊接方式制作，焊接必须满足焊接工艺要求；
2.栏杆的设置根据现场条件确定。

材料表(每延米)

| 序号 | 名称 | 规格 | 单位 | 数量 |
|---|---|---|---|---|
| 1 | 爬梯立柱 | 50mm×50mm角钢 | m | 2.2 |
| 2 | 栏杆 | φ18mm钢筋 | m | 6 |
| 3 | 支撑横档 | φ18mm钢筋 | m | 1.5 |
| 4 | 爬梯踏板 | 50mm×50mm角钢 | m | 1.75 |

| 图名 | 钢爬梯 | 设计 | | 复核 | | 审核 | | 日期 | 2008.10.10 | 图号 | T10.4.1.2 |
|---|---|---|---|---|---|---|---|---|---|---|---|

图 5-3-75　钢爬梯

①梯梁宜采用不小于∟ 50×50mm 角钢或不小于 $\phi$30mm 的钢管；

②踏棍宜采用不小于 $\phi$20mm 的圆钢，间距宜为 30mm 等距离分布；

③爬梯与建筑物或设备之间的净距离不得小于 150mm；

④梯段高度超过 5.0m，后侧临空面应设置与用途相适应的护笼；

⑤超长直爬梯，每隔 8.0m 应设置梯间平台；

⑥爬梯宽度不宜小于 0.6m；

⑦爬梯焊接、安装应牢固可靠。

(3)简易木梯：

①木梯长度不宜超过 3m，宽度不宜小于 0.5m；

②梯梁截面尺寸不得小于 50mm×80mm，圆木梢径不得小于 80mm，踏棍间距不宜大于 300mm；

③安放立梯工作角度以 70°±5°为宜，应固定稳固。

**5. 通道、设备防护棚**

(1)当临街通道、场内通道、出入建筑物通道处于物体可能坠落半径内或起重机臂回转范围内时，必须设置防护棚。见图 5-3-76。

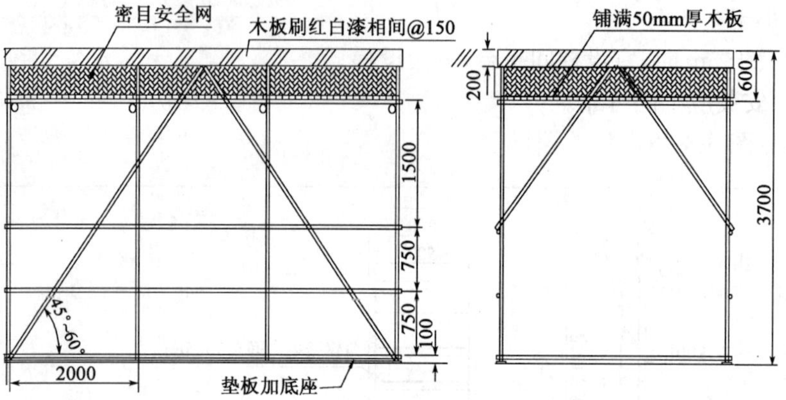


材料表(每延米)

| 序号 | 名称 | 规格 | 单位 | 数量 |
|---|---|---|---|---|
| | 防护棚架 | $\phi$50×35钢管 | m | 30 |
| 2 | 棚顶隔板 | 厚50mm木板 | $m^3$ | 0.3 |
| 3 | 挡架板 | 厚30mm宽200mm木板 | $m^3$ | 0.01 |
| 4 | 安全网 | 密目安全网 | $m^2$ | 1.5 |

说明：
图中所注尺寸单位均为mm。

| 图名 | 通道防护棚 | 设计 | | 复核 | | 审核 | | 日期 | 2008.10.10 | 图号 | T10.5.1 |
|---|---|---|---|---|---|---|---|---|---|---|---|

图 5-3-76 通道防护棚

①防护棚应采用 $\phi$48～51×3.5mm 钢管扣件脚手架或其他型钢材料搭设，严禁采用竹木杆件搭设。

②防护棚的顶部严密铺设双层正交竹串片脚手板或双层正交 50mm 厚木模板及封闭的防护立网或挡板。

③防护棚的搭设：

a. 防护棚净空高度和宽度应根据通道所处位置及人、车通行要求确定，高度一般不低于 3.5 m，宽度一般不小于 3m。见图 5-3-76。

b. 立杆基础须作硬化处理，立杆必须沿通行方向设置扫地杆和剪刀撑。

c. 立杆纵距不应超过 1.2m，防护棚悬挑尺寸为 0.3～0.5m。

d. 宽度超过 3.5 m 或高度超过 4 m 的防护棚，立杆间距应加密或使用双立杆、型钢、脚手架、管格构式立柱，纵向横杆应采用型钢制作或搭设承重脚手架。

e. 防护棚两侧边应设置隔离栏杆，引导行人从安全通道内通过，必要时满挂密目网封闭。

(2)施工设备置于室外，应搭设防雨棚。见图 5-3-76。

**6. 起重作业**

(1)起重作业时，必须设置安全警戒区、安全警示标志。具体规定见本章规定。

(2)起重机械防护设施

①轨道式起重机缆风绳。应使用 $\phi$8 以上钢丝绳，且每条接头不能多于一个，与地面夹角 45°～60°，每根缆风绳应有独立的地锚，缆风绳与地锚应用紧张器调整松紧。见图 5-3-77。

②流动式起重机作业时，支腿垫木垫实，支腿所用垫木要用坚实木材制作，两端包以铁箍，装设提环。

③起重臂应设有“起重臂下严禁站人”的警示标志。

④水上起重设备进行起重作业时，应按规定显示号灯或号型。

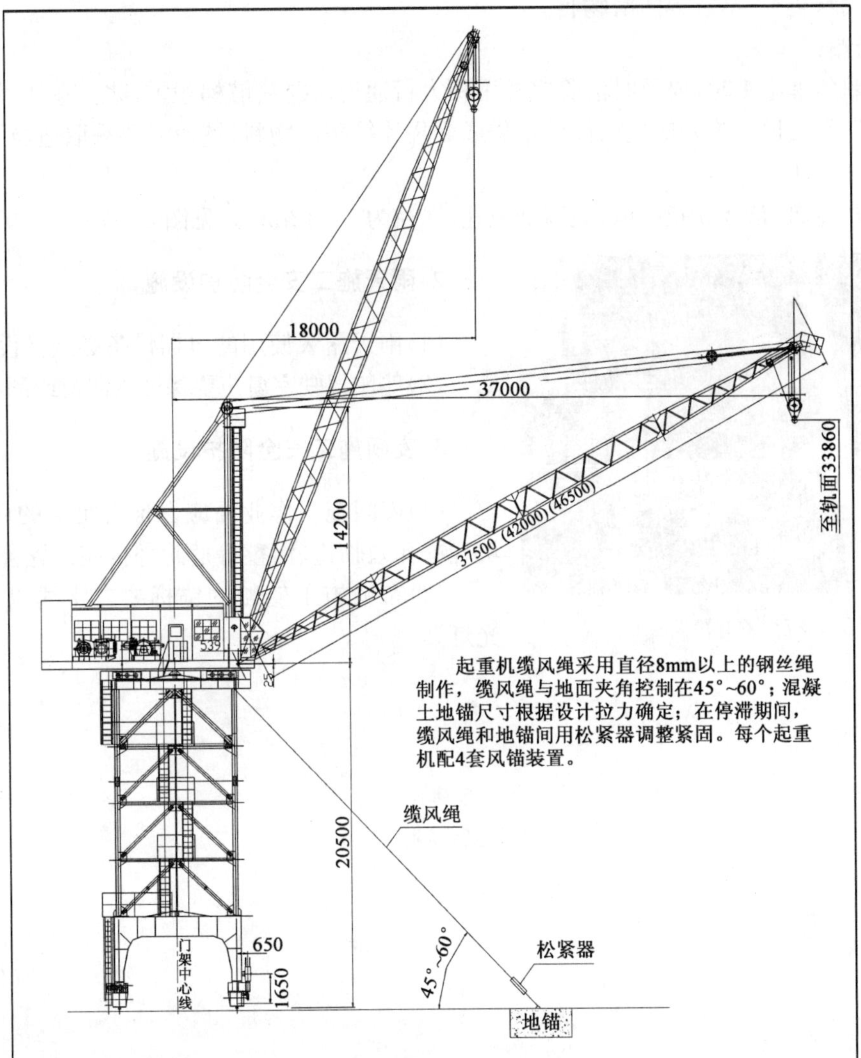


起重机缆风系统主要材料：

[1] 直径8mm以上的钢丝绳制120m；
[2] 松紧器（花篮螺栓）+卡环4套；
[3] C30混凝土地锚12m³

| 轨道式起重机缆风绳、地锚、松紧器示意图 | 设计 | | 复核 | | 审核 | | 图号 | T10.6.2.1 |
|---|---|---|---|---|---|---|---|---|

图 5-3-77　轨道式起重机缆风绳、地锚、松紧器示意图

## 十一、冬季、雨天、夜间安全施工

### 1. 冬季施工安全防护设施

冬季施工应具备防滑设施。防滑设施应包括：

(1)陆地:下雪(霜)后应及时清理场地,尤其是高处作业的平台、脚手架、楼梯、爬梯、通道等处应铺设麻袋片、草袋等防滑物料。

(2)船舶:

①船舶冬季施工时,要及时清除室外甲板人行通道、楼梯、舷梯积雪、冰。室外甲板人员通道、作业场所、舷梯口等处应提前铺设草袋或麻袋片等防滑物料,铺设时要采取适当固定措施,损坏要及时更新。

②室外楼梯踏板要用麻(棕)绳缠绕包扎,绳径为8~12mm。见图5-3-78。

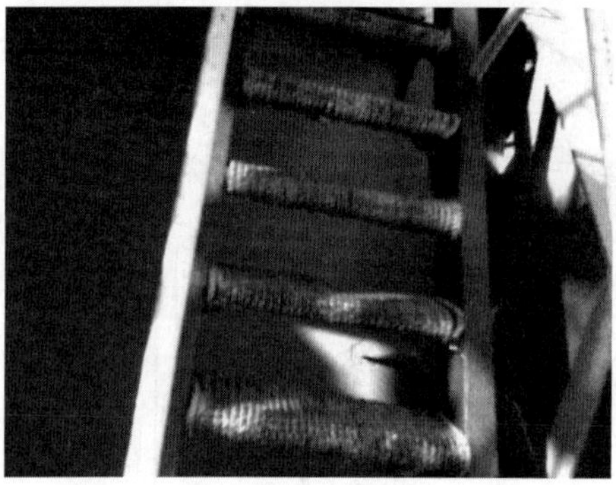

图5-3-78 楼梯踏板包扎

**2. 雨天施工安全防护设施**

(1)雨天露天使用的电器设备必须搭设防雨棚。

(2)船舶驾驶室窗户要保证旋回窗或刮水器有效。

**3. 夜间施工安全防护设施**

(1)夜间施工作业面应保证有足够的照明设施,坑、洞(孔)、临边、沟壑等危险部位应设置警示灯。

(2)布锚施工船舶的锚标要在水线以上安装闪光灯。

# 第六章 施工现场环境治理

## 第一节　施工现场环境防控要求

南京长江第四大桥建设施工期间的环境管理，根据《中华人民共和国环境影响评价法》和《中华人民共和国环境噪声污染防治法》，以及省、市有关规定，通过实施工地扬尘、渣土运输和道路扬尘等污染防治措施，严格执行"六个必须"和"六个不准"，即：道路必须硬化、工地必须围挡、地区门口必须配置冲淋设备、保洁人员必须配齐、场地必须定期打扫；泥土不准出门、车辆不准超载、沿途不准抛洒、混凝土拌和不准在现场、现场不准焚烧、场区不准有积水。坚持长效管理，强化督察考核，有效降低了施工环境污染。

### 一、施工对环境的负面影响

南京长江第四大桥的施工对周围环境主要产生的负面影响：

(1)破坏地表，造成水土流失。公路施工中必然开挖地面，破坏地表和地表植被，使地面裸露，最易引起水土流失。如不及时加以防治，泥土易被冲走，造成沟渠中泥沙沉积，从而水源也受到污染。

(2)空气污染。堆放石灰或砂石料场、沥青或水泥混凝土料拌和厂会产生大量灰尘；建筑材料在运输过程中若防护不当也易产生灰尘或粉尘。此外，在干燥季节，路基施工过程中泥土、石灰或粉煤灰因干燥会产生扬尘。这些都会造成空气污染。

(3)水污染。包括施工过程中的水污染，如冲洗建筑材料、清洗施工机械、施工油料和燃料的污染。

(4)噪声污染。主要是施工区域靠近居民区时，施工机械工作过程中所产生的噪声对居民生活产生的影响，还有公路工程加工场所产生的噪声等。

### 二、环境保护工作要求

#### (一)生态环境保护

施工时尽量不破坏原有生态，重点监控临时工程及设施、清理现场、桥涵基础、隧道洞口的施工，施工不流土、完工不露土、少挖少填，不乱砍风景林和名贵树木，不扰乱山洪水系，隐蔽取土场、弃土场、拌和场、采石场和建筑垃圾场。

(1)控制破坏植被的面积，尽量保护公路用地范围外的绿色植被，若因修建临时工程破坏了绿色植被，则在拆除临时工程时予以恢复。保护公路两旁的古树名木和法定保护的树种，处在公路用地范围内也尽量保护，边施工边绿化。

(2)控制临时用地的数量，施工便道、各种料场、预制场尽量设置在公路用地范围内或利用荒坡、废弃地解决，避免高填深挖、占用或污染农田。建设完成后对取(弃)土场、拌和场、临时道路等场所进行生态恢复。

(3)减少水土流失措施包括：

①根据实际填挖土质，合理设置边坡的坡度；合理设置土石方填挖施工现场临时排水系统，及时疏导雨水，以减少雨水对挖填土坡坡面的冲蚀，填方坡面应及时夯实并进行边坡绿化；合理确定借土弃土位置；合理开采砂石料场，注意料场弃土弃渣分离处理。

②在选择土石方堆放位置时，多余的土方尽量就地用来整理坡面，当不得不外运时，应该运至无自然保护价值的规定场所，弃土不得破坏或掩埋地表植物，弃土场应进行绿化设计，以便及早恢复植被，减少水土流失。当弃土堆高度较高时还应进行护面设计并应设挡土构造物以免将来发生坍塌。

### (二)重点施工项目的生态防护

南京四桥工程建设以跨江大桥、路基边坡、隧道进出口、互通立交、服务区等的生态防护、环保景观等施工为重点，把对自然资源和环境的影响降到最低。

(1)边坡生态防护。边坡尤其是路堑挖方边坡的生态防护是重要内容之一，土质和软质岩石边坡将坡顶、坡脚和两端修成具有自然风格的圆弧形；坚硬岩石挖方边坡宜采用直线式边坡，坡脚、坡顶用折角。采用“植物＋工程”一体化防护模式和新的边坡绿化技术，如植生带法、普通液压喷播植被建植法、三维植被网法、土工格室绿化法、客土喷播法及预应力锚索框架植被法等。在现有植被群落的基础上，对不同段落、不同地质条件，以及不同坡率坡向的边坡，采用森林型、草灌型、草本型、观赏型等不同的植物群落。

(2)跨江大桥的环保。合理设置现场临时排水系统，及时疏导施工用水、雨水，防止施工泥浆、施工用水、直接排入江中；并且设置废物收集箱，集中处理施工废料及垃圾。

(3)隧道进出口的绿化。洞口开挖时尽量保护坡体及植被，对“削竹式”洞口，开挖后的仰坡尽量回填好土并恢复植被绿化；端墙式洞口可采取栽植攀缘植物并点缀自然石块的方式。

(4)桥梁工程和互通立交的环保。对跨越河道的桥梁工程，为避免污染河道，采用筑坝施工，建造净化池，配置消毒设备，保证当地居民用水安全。自然环境较好的互通立交采用乔灌木，尽量减少草坪用量，对互通区内原有植被加以保护和利用。

### (三)施工噪声和大气污染的防治

(1)各种临时设施和场地如堆料场、加工厂与居民区距离大于300m时，设于主要风向的下风处。保养好机械设备，使噪声最低，工地与居民住宅区距离小于150m时，避免在夜间安排噪声大于55dB的机械施工，确需夜间施工则采取降噪措施。施工场地噪声符合《建筑施工场界噪声限值》(GB 12523—1990)的规定，配备便携式声级计，对施工点特别是敏感处的噪声级进行常规监测。

(2)施工中产生的大气污染，主要是施工扬尘和运输车辆及施工机械产生的扬尘，配备一定数量的洒水车，在干旱无雨和大风天气，在施工区域内随时洒水消尘，以免出现明显的降尘；施工现场垃圾要及时清运，严禁随意抛洒而造成扬尘；临时施工道路面层可采用礁渣、细石沥青或混凝土以减少道路扬尘，同时要随时修复因施工而损坏的路面，防止浮尘产生。

水泥、砂等易洒落散装物料的运输和易洒落粉状物料的堆场，予以遮盖或适当洒水润湿，运输时用帆布、盖套及类似遮盖物覆盖。尽量采取库内存放，如露天存放应严密遮盖，卸运时需采取措施以减少扬尘；现场搅拌设备，必须设封闭式围挡及安装喷雾除尘装置，水泥混凝土拌和站等投料器配置防尘设备。

### (四)施工营地的环境保护

施工物料如水泥、油料、化学品等妥善堆放，防止在雨季或暴雨时将物料随雨水径流排入地表及附近水域造成污染。施工期间和完工后对施工区域和砂石料场进行处理，以减少对河道、溪流的侵蚀，防止沉渣进入河道或溪流。冲洗集料或含有沉积物的操作用水，采取过滤、沉淀池处理或其他措施达标后排放。防止施工机械严重漏油，机械维修和运转中产生的油污水经处理后排放。

配备临时污水汇集设施，防止污水直接排入农田、灌溉渠及饮用水源，施工及生活中产生的污水废水集中处理，经检验符合《污水综合排放标准》(GB 8978—1996)后排放到河流或沟溪中，避免将含有污染物或可见悬浮物的水排入河流、水道或灌溉系统中。排水时不应增加河流或水道中的悬浮物，或造成河道冲刷、水流污染。

定期收集施工营地的废物弃至指定地点，避免阻塞河流或泄洪系统、污染水源，并防止汛期淹没农田村庄。如无法及时处理或运走则设法防止散失。

### (五)水土保持措施

水土保持是该项工程建设中的重要内容之一，主要采取的水土保持措施包括：

#### 1. 防水排水

施工期间保持工地的排水状态良好，修建必要的临时排水渠道，并与永久性排水设施相连接，不应引起淤积和冲刷，临时排水系统能最大限度地减少水土流失及水文状态的改变。雨季填筑路堤随挖、随运、随填、随压实，依次进行；每层表面筑成适当的横坡以免积水。

#### 2. 防止冲刷与淤积

防止施工所占用的土地或临时使用的土地受到冲刷，防止开挖的土石材料对河流、水道、灌溉渠或排水系统产生淤积或堵塞。开挖或填筑的土质路基边坡时，防止雨季到来时水流对坡面的冲刷而影响排水系统的功能，减少对附近水域的污染。尽量不干扰河道、水道、现有灌溉或排水系统的自然流动，以免发生冲刷与淤积。

**3. 弃土、取土的处理**

妥善处理废方，山坡弃土尽量避免破坏或掩埋路基下侧的林木农田及其他工程设施。沿河弃土应避免壅塞河道、改变水流方向和抬高水位而淹没或冲毁农田房屋。注重弃土堆的复垦，宜在弃土堆顶面绿化或整平为耕地。桥梁施工中的泥浆及废弃物等用封闭的专用车辆运至指定地点废弃，施工场地在工程完工时清除干净，以免堵塞河道、妨碍交通。

避免在多年经济作物区或重要绿化带设取土坑。取土坑选在高地、荒地上，尽量不占耕地，确需从耕地取土时将表面种植土铲除，集中成堆保存，工程交工前做好还地工作，深而宽的取土坑可根据当地需要用作蓄水池或水塘。

取土场在取土结束后进行整治或覆土，加以改造利用，并根据整治后土地的位置、坡度、质量条件等因素确定其用途。开挖取土场形成的开挖边坡，可根据取土场的位置、坡高、土地质量和取土场整治后的土地利用方向，结合土体开挖进行削坡。取土场开挖时边坡坡高 $H \leqslant 3m$ 时，边坡坡度控制在 1∶1.5 以下，土质好的改造为农业用地，土质差的改造为林业用地，造林种草，重建植被；取土场开挖边坡坡高 $H > 3m$ 时，边坡坡度控制在 1∶2以下，其高度≤5m 时采用满铺草皮护坡。

取弃土场的恢复绿化，可参考边坡坡面的防护绿化措施，种植速生乡土植物，尽快满足坡面防护的目的，减少水土流失。

**4. 大型弃方场地的水土保持**

对于挖方工程及隧道工程的大型弃方场地，统筹安排废方堆放点，堆放点远离河道，尽量避免压盖植被，尽可能选择荒地；为防止水土流失、美化环境，及时压实弃方，并在表面覆盖植被，可种植草皮、灌木或树木；尽量把弃土方整治后用作耕地。隧道工程弃渣点选择在植被稀疏的荒地，弃渣的下部和边角宜砌筑拦渣坝或墙，以防水土流失。

## 第二节　施工现场环境综合整治措施

南京长江第四大桥全线长 28.996km，是一项建设周期长、工程量大的工程，因其不仅横跨长江，而且还有 23.548km 的连接线，改变了原有地形、地貌，对周围环境影响较大。主要表现在：破坏地表，容易造成水土流失；污染水源；施工期间，施工机械噪声影响周围居民生活；建筑材料存放、运输易造成空气污染等。

### 一、施工中环保管理工作措施

南京长江第四大桥施工的环保控制在南京市政府的指导下，各单位高度重视，严格管理。在施工阶段，建设单位组织开展环境监测工作，与监理工程师配合，根据环境保护设计的要求，指导、监督施工单位的施工活动，确保施工计划与进度、环保投资使用、环保施工质量符合要求，防止施工活动对周围环境的污染和破坏。

### (一)建立环保领导机构

建设单位主动与环保行政职能部门相配合,成立环境保护管理领导小组,负责对施工单位施工阶段的环境保护措施及其实施情况进行检查和监督,对于不利于环保的措施和操作程序提出意见,并监督进行整改。

### (二)进行施工期间的环保监控

施工期间,建设单位、监理单位对施工过程中的用地占地、水质污染、水土流失、噪音污染、大气污染、景观破坏等情况进行实时监督控制,对于出现超标或不利于环保的行为及时通知施工单位整改,采取补救措施,严重者追究领导者的责任。

### (三)发挥监理工程师的监督作用

监理工程师在环保管理中,不仅要抓好合同、进度、质量和建设资金使用的管理,还要负责对施工单位的环保工作的实施情况进行监督;检查工程施工中不利于环保的各种工程隐患;检查环保工程设计是否得以实施、质量是否达到要求;检查环保工程资金的使用是否落到实处;配合环保职能部门做好施工期间的环保检测和监督工作。此外,对于施工单位存在的造成环境严重破坏和污染的施工活动,监理工程师必须依据相关环保法规、政策规定加以严格控制,并责成施工单位采取有效措施进行整改。

### (四)落实责任,管防结合

南京长江第四大桥地处城郊结合部,全长近 30km,沿线村镇众多,建设施工工地环境综合整治,重点是加强沿线施工区域扬尘和噪声控制,特别是施工区域处在人员居住区、景观区域、交通繁忙区的地段,其施工作业场所环境污染控制措施必须符合环境影响评价文件批复要求和相关法律规定,落实扬尘、噪声环境治理和管理措施,同时提交《建设施工环境污染防控保证书》和《建设施工环境污染防控自查表》等材料,经施工所在地环保部门现场核查确认并签署预审意见,报市环保局签章备案同意后,按照辖区环保部门核发的《核准书》要求,才能组织施工。

## 二、施工中防止环境污染措施

施工单位在南京长江第四大桥的施工过程中,从工地围挡、工地运输、工地交通、工地搭临、建材堆放、工地对外影响等 6 个方面,实施有效的工地扬尘污染控制。

(1)通过围挡、洒水喷淋与规范作业等措施,严格控制房屋拆迁工地、集体土地上的拆迁工地与违建拆除工地扬尘污染。

(2)强化公路、便道等交通建设工程施工场地监管措施。通过围挡、洒水、冲洗、遮盖、清运等多种手段,有效控制交通施工场地扬尘污染。

(3)对生活垃圾、建筑垃圾、工程渣土(泥浆)实施全密闭运输,定期组织渣土运输专项整治行动,整治渣土运输违法违规行为,控制渣土在装载、运输和弃置过程中产生的扬尘污染。

(4)创新优化道路清扫保洁方式,加大道路机械化清扫、冲洗、洒水和保洁频率,晴好天气,主干道每天至少洒水 2 次，支次道路每天洒水 1 次，并辅以定期冲水清洗。对渣土洒落路面清理后，及时进行冲洗。

(5)对于粉煤炭、石灰、水泥、白灰等料堆以及装卸作业频繁的原料堆，应在密闭场所中进行，避免作业起尘和风蚀起尘。露天堆放场所要采取适宜的洒水、喷淋稳定、覆盖、防风围挡、硬化稳定等抑尘措施。

(6)硬化处理场地地表、平整场地、设置排水设施，确保地表无大面积积水，保持施工现场场容整洁。

(7)设置沉淀池，妥善处置泥浆、废水排放。

(8)施工现场进出口设置清理设施，清洗进出的车辆，净车出场。设置的冲洗台长不得少于 6m，宽不得少于 4m。

具体的环境整治防控措施包括：

### (一)施工驻地房屋建筑和场地建设

(1)施工驻地四周设置不低于 1.8m 的硬质密闭围挡，围挡下方设置不低于 0.2m 的防溢座。

(2)施工现场要在施工前做好施工道路的规划和设置，可利用设计中永久性的施工道路。如采用临时施工道路，现场施工车辆行驶地面硬化处理，宽度不少于 3m，弧度能承受通行车辆的最大荷载量，并随时洒水，减少道路扬尘。

(3)施工现场进出口处设置长度不少于 6m，宽度不少于 4m 的冲洗台和清洗设施以及配套的污水、尘沉沙收集池。

(4)施工现场设有专职保洁员岗位，车辆驶离工地前，应在洗车平台清洗轮胎及车身，不得带泥土上路。工地出口处铺装道路上可见黏带泥土不得超过 10m，并应及时清扫冲洗。

(5)土方开挖、运输和填筑等干燥、易起尘作业时，应辅以洒水压尘，尽量缩短起尘操作时间。遇到四级或四级以上大风天气，应停止土方作业，同时作业处覆以防尘网。

(6)进入主体施工后，工地内从建筑上层将具有粉尘逸散性的物料、渣土或废弃物输送至地面时，应使用密闭装载或打包装搬运，不得凌空抛洒。

(7)应在工地建筑结构脚手架外侧设置有效抑尘的密目防尘网(不低于 2000 目/100$cm^2$)或防尘布。

(8)施工现场不得使用混凝土搅拌机、砂浆机。

(9)施工过程中使用水泥、石灰、砂石、涂料、铺装材料等易产生扬尘的建筑材料，应采用防尘布遮盖等有效防尘措施。集中堆放工程渣土和建筑垃圾，应覆盖防尘布或防尘网并及时清运。

(10)基础工程施工周期在 2 个月以上的，必须在工地进出口设置并使用车辆自动冲洗设施。

### (二)房屋拆迁

(1)涉及沿线房屋拆迁时，拆迁工地周围应设置高度不低于 2m 的围挡。城市主干道、景观区域、繁华区域的拆除工程应全封闭，工地周围设置拆除警示标志。

(2)拆迁作业时,应辅以持续加压洒水,以抑制扬尘飞散。

(3)须爆破作业的拆除工程,可根据爆破规模,在爆破作业区域外围洒水喷湿。风速达到四级以上时不得爆破。

(4)拆除施工中的土方作业、建筑垃圾管理与运输、工地保洁等应采取洒水压尘、覆盖、清扫、车辆冲洗等的防尘措施。

### (三)施工便道及场内道路建设

(1)涉及与外界区域相交施工时,比如旧路改造、跨线施工等,施工单位作业区域内两侧应设置高度不低于1.8m的专用硬质围挡。

(2)施工便道应压实固化。

(3)施工现场破碎、切割、清扫、铣刨路面等施工作业,应湿法作业,及时喷洒降尘。摊铺沥青时严禁鼓风机吹扫清灰。

(4)施工工地现场不得搅拌混凝土、二灰碎石、水泥稳定碎石等,应集中拌制。

(5)从事道路施工与管线敷设施工,开挖工程完工后在5日内完成土方回填,有特殊施工技术要求的在7日内完成土方回填,并恢复原状。

(6)道路或各类管线敷设工程完工后,一周内要恢复路面或景观,不得留裸土地面。

(7)道路绿化植物材料栽种前临时堆放时,下方必须铺垫材料布。土方回填和植物栽植完成后,须及时清理现场作业垃圾,清洁路面。浇水时要防止泥土溢出地面,如有污染路面现象,需及时清理。

### (四)道路运输

进出工地的物料、渣土、垃圾运输车辆,必须使用全封闭运输装置的车辆进行装载运输,物料、垃圾、渣土的装载高度不得超过车辆槽帮上沿,确保渣土、砂石等散装物料不遗撒外漏。非限制区域内的砂石、渣土等散装物料运输车无全密闭运输装置的,物料、垃圾、渣土的装载高度仍不得超过车辆槽帮上沿,并用苫布遮盖严实,苫布边缘至少要遮住槽帮上沿以下15cm,确保物料、垃圾、渣土等不外露、不遗撒。

### (五)道路积尘

(1)道路积尘应使用湿法吸尘或水冲洗的方法清洁道路积尘,不得在未实施洒水等抑尘措施情况下直接清扫。

(2)道路两侧和中间隔离带应进行草、灌木、乔木相结合立体绿化,采取绿化和硬化相结合的防尘措施。路肩及道路中间分隔带绿化时,其内土面应低于路侧围砌。

(3)破损路面应及时采取防尘措施,并在15日内修复。

(4)运送易产生扬尘物质的车辆应符合密闭运输,严禁在运输过程中因物料遗撒或泄漏而产生扬尘。

### (六)堆场

(1)对于砂石料、矿石、建筑材料、水泥白灰、生产原料、泥土、粉煤灰等物料,应利用仓库、储存罐、封闭或半封闭堆场等形式，避免作业起尘和风蚀起尘。

(2)对于装卸作业频繁的原料堆，应在密闭车间内进行。对于少量的搅拌、粉碎、筛分等作业活动，应在密闭条件下进行。

(3)堆场露天装卸作业时，应采取洒水或喷淋稳定剂等抑尘措施。堆料场区和道路界限应明确划分，及时清除散落物料保持道路清洁。

(4)对易产生扬尘的物料堆、渣土堆、废渣、建材等，应采用防尘网和防尘布覆盖，必要时进行喷淋、固化处理。

(5)临时性废弃物堆、物料堆、散货堆场，应设置高于废弃物堆的围挡、防风网、挡风屏等；长期存在的废弃物堆，可构筑围墙或挖坑填埋。

(6)对于露天堆场的坡面、场坪、路面、码头及货运堆场、采石采矿场所等，可采取铺装、硬化、定期喷洒抑尘剂或稳定剂等措施。

在工程建设中，由于环境保护和水土保持措施有力，效果显著，使南京长江第四大桥与自然、人文环境和谐、协调、统一，成为理念新、环境美、特色强的典范。

# 第七章 安全生产应急救援管理

## 第一节　安全生产应急管理体系及要求

在工程建设过程中,涉及安全的不确定因素不断增大,一旦发生重大事故,很容易导致严重的生命、财产损失和环境破坏。由于各种原因,当事故的发生难以完全避免时,建立重大事故应急管理体系,组织及时有效的应急救援行动,已成为抵御事故风险或控制灾害蔓延、降低危害后果的关键手段。

### 一、事故应急救援的基本任务及特点

#### (一)事故应急救援的基本任务

事故应急救援的总目标是通过有效的应急救援行动,尽可能地降低事故的后果,包括人员伤亡、财产损失和环境破坏等。事故应急救援的基本任务包括 4 个方面:

(1)立即组织营救受害人员,组织撤离或者采取其他措施保护危害区域内的其他人员。抢救受害人员是应急救援的首要任务。在应急救援行动中,快速、有序、有效地实施现场急救与安全转送伤员.是降低伤亡率、减少事故损失的关键。由于重大事故发生突然、扩散迅速、涉及范围广、危害大,应及时指导和组织群众采取各种措施进行自身防护,必要时迅速撤离出危险区或可能受到危害的区域。在撤离过程中,应积极组织群众开展自救和互救工作。

(2)迅速控制事态,并对事故造成的危害进行检测、监测,测定事故的危害区域、危害性质及危害程度。及时控制住造成事故的危险源是应急救援工作的重要任务。只有及时地控制住危险源,防止事故的继续扩展,才能及时有效地进行救援。

(3)消除危害后果,做好现场恢复。针对事故对人体、结构物等造成的现实危害和可能的危害,迅速采取封闭、隔离、监测等措施。防止对人的继续危害。及时清理废墟和恢复基本设施,将事故现场恢复至相对稳定的状态。

(4)查清事故原因,评估危害程度。事故发生后应及时调查事故的发生原因和事故性质,评估出事故的危害范围和危险程度,查明人员伤亡情况,做好事故原因调查.并总结救援工作中的经验和教训。

## (二)事故应急救援的特点

事故应急救援具有不确定性、突发性、复杂性以及后果、影响易猝变、激化、放大等特点。

### 1. 不确定性和突发性

不确定性和突发性是各类公共安全事故、灾害与事件的共同特征,大部分事故都是突然爆发,爆发前基本没有明显征兆,而且一旦发生,发展蔓延迅速,甚至失控。因此,要求应急行动必须在极短的时间内在事故的第一现场作出有效反应,在事故产生重大灾难后果之前采取各种有效的防护、救助、疏散和控制事态等措施。

为保证迅速对事故作出有效的初始响应,并及时控制住事态,强调应急准备工作,包括建立全天候的昼夜值班制度,确保报警、指挥通信系统始终保持完好状态,明确各部门的职责。确保各种应急救援的装备、技术器材、有关物资随时处于完好可用状态,制定科学有效的突发事件应急预案等措施。

### 2. 应急活动的复杂性

应急活动的复杂性主要表现在:事故、灾害或事件影响因素与演变规律的不确定性和不可预见的多变性;众多来自不同部门参与应急救援活动的单位,在信息沟通、行动协调与指挥、授权与职责、通信等方面的有效组织和管理;应急响应过程中公众的反应和恐慌心理、公众过急等突发行为的复杂性等。这些复杂因素的影响.给现场应急救援工作带来了严峻的挑战,应对应急救工作中各种复杂的情况作出足够的估计,制定随时应对各种复杂变化的相应方案。

应急活动的复杂性另一个重要特点是现场处置措施的复杂性。重大事故的处置措施往往涉及较强的专业技术支持,包括易燃、有毒危险物质以及复杂危险工艺等。对每一行动方案、监测以及应急人员防护等都需要在专业人员的支持下进行决策。因此,针对生产安全事故应急救援的专业化要求.必须高度重视建立和完善重大事故的专业应急救援力量、专业检测力量和专业应急技术与信息支持等的建设。

### 3. 后果、影响易猝变、激化和放大

有些安全事故、灾害与事件虽然是小概率事件,涉及公众安全,但造成后果一般比较严重,能造成广泛的公众影响。应急处理稍有不慎.就可能改变事故、灾害与事件的性质,使平稳、有序、和平状态向动态、混乱和冲突方面发展,引起事故、灾害与事件波及范围扩展,卷入人群数量增加和人员伤亡与财产损失后果加大,猝变、激化与放大造成的失控状态,不但迫使应急呼应升级,甚至可导致社会性危机出现,使公众立即陷入巨大的动荡与恐慌之中。因此。重大事故(件)的处置必须坚决果断,而且越早越好,防止事态扩大。

因此,为尽可能降低重大事故的后果及影响,减少重大事故所导致的损失,要求应急救援行动必须做到迅速、准确和有效。所谓迅速,就是要求建立快速的应急响应机制,能迅速准确地传递事故信息,迅速地调集所需的大规模应急力量和设备、物资等资源,迅速地建立起统一指挥与协调系统,开展救援活动。所谓准确,要求有相应的应急决策机制。能基于事故的规模、性质、特点、现场环境等信息,正确地预测事故的发展趋势,准确地对应急救援行动和战术

进行决策。所谓有效，主要指应急救援行动的有效性，很大程度取决于应急准备的充分与否，包括应急队伍的建设与训练、应急设备(施)、物资的配备与维护、预案的制定与落实以及有效的外部增援机制等。

## 二、事故应急管理主要内容

突发事件应急管理应强调全过程的管理。突发事件应急管理工作涵盖了突发事件发生前、中、后的各个阶段，包括为应对突发事件而采取的预先防范措施、事发时采取的应对行动、事发后采取的各种善后措施及减少损害的行为，包括预防、准备、响应和恢复等各个阶段，并充分体现“预防为主、常备不懈”的应急理念。

应急管理是一个动态的过程，包括预防、准备、响应和恢复 4 个阶段。尽管在实际情况中这些阶段往往是交叉的，但每一阶段都有其明确的目标，而且每一阶段又是构筑在前一阶段的基础之上，因而预防、准备、响应和恢复的相互关联，构成了重大事故应急管理的循环过程。

### 1. 预防

在应急管理中预防有两层含义，一是事故的预防工作，即通过安全管理和安全技术等手段，尽可能地防止事故的发生，实现本质安全；二是在假定事故必然发生的前提下，通过预先采取的预防措施，达到降低或减缓事故的影响或后果的严重程度，如设置防护设施、开展公众教育等。从长远看，低成本、高效率的预防措施是减少事故损失的关键。

### 2. 准备

应急准备是应急管理工作中的一个关键环节。应急准备是指为有效应对突发事件而事先采取的各种措施的总称，包括意识、组织、机制、预案、队伍、资源、培训演练等各种准备。应急准备工作涵盖了应急管理工作的全过程，并不仅仅针对应急响应，它为预防、监测预警、应急响应和恢复等各项应急管理工作提供支撑，贯穿应急管理工作的整个过程。从应急管理的阶段看，应急准备工作体现在预防工作所需的意识准备和组织准备，监测预警工作所需的物资准备，响应工作所需的人员准备，恢复工作中所需的资金准备等各阶段的准备工作。从应急准备的内容看，其组织、机制、资源等方面的准备贯穿整个应急管理过程。

### 3. 响应

应急响应是指在突发事件发生以后所进行的各种紧急处置和救援工作。及时响应是应急管理的又一项主要原则。

应急响应是应对突发事件的关键阶段、实战阶段，考验着业主和企业的应急处置能力，尤其需要解决好 3 个方面的问题：一是要提高快速反应能力。响应速度越快，意味着越能减少损失。由于突发事件发生突然、扩散迅速，只有及时响应，控制住危险状况，防止突发事件的继续扩展，才能有效地减轻造成的各种损失。经验表明，建立统一的指挥中心或系统将有助于提高快速反应能力。二是加强协调组织能力。应对突发事件，特别是重大、特别重大突发事件，需要具有较强的组织动员能力和协调能力，使各方面的力量都参与进来，相互协作，共同应对。三是要为一线应急救援人员配备必要的防护装备，以提高危险状态下的应急处置能力，并保护好一线应急救援人员。

**4. 恢复**

恢复是指突发事件的威胁和危害得到控制或者消除后所采取的处置工作。恢复阶段应注意：一是要强化有关部门. 如安监、公安、消防、医疗、保险等部门的介入，尽快做好灾后恢复工作；二是要进行客观的事故调查，分析总结应急处置与应急管理的经验教训，这不仅可以为今后应对类似事件奠定新的基础. 而且也有助于促进制度和管理革新。

## 三、事故应急管理体系构建

### （一）事故应急救援体系的基本构成

由于各种事故种类繁多，情况复杂，突发性强，覆盖面大，应急活动又涉及从高层管理到基层人员各个层次，从安监、公安到消防、医疗等不同领域，这都给日常应急管理和事故应急救援指挥带来了许多困难。解决这些问题的唯一途径是建立起科学、完善的应急管理体系和实施规范有序的运作程序。

根据有关应急管理体系基本框架结构理论，并针对目前安全生产应急管理方面存在的主要问题，通过各级政府、建设、监理和施工单位的共同努力，建设一个统一协调指挥、结构完整、功能齐全、反应灵敏、运转高效、资源共享、保障有力、符合南京四桥实际的安全生产应急管理体系，以有效应对各类安全生产事故灾难，并为应对其他突发事件的应对提供有力的支持。按照《全国安全生产应急救援体系总体规划方案》的要求，全国安全生产应急管理体系主要由组织体系、运行机制、支持保障系统以及法律法规体系等部分构成。应急救援体系的构成如图 7-1-1所示。

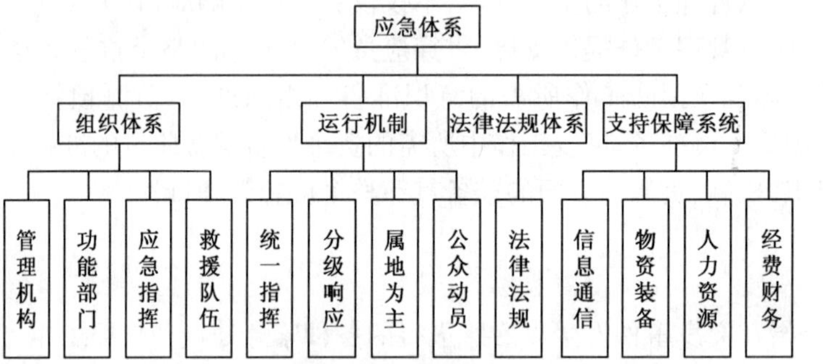


图 7-1-1　应急救援体系基本框架结构

**1. 组织体系**

组织体系是安全生产应急管理体系的基础，主要包括应急管理的领导决策层、管理与协调指挥系统以及应急救援队伍。应急救援体系的组织体系中的管理机构是指维持应急日常管理的负责部门；功能部门包括与应急活动有关的各类组织机构，如消防、医疗机构等；应急指挥是在应急预案启动后，负责应急救援活动场外与场内指挥系统；而救援队伍则由专业和志愿人员组成。

**2. 运行机制**

运行机制是安全生产应急管理体系的重要保障，目标是实现统一领导、分级管理，条块结合、以块为主，分级响应、统一指挥，资源共享、协同作战，一专多能、专兼结合，防救结合，以及动员公众参与，以切实加强安全生产应急管理体系内部的应急管理，明确和规范响应程序，保证应急救援体系运转高效、应急反应灵敏、取得良好的抢救效果。

应急救援活动一般划分为应急准备、初级反应、扩大应急和应急恢复 4 个阶段，应急机制与这 4 个阶段的应急活动密切相关。应急运行机制主要由统一指挥、分级响应、属地为主和公众动员这 4 个基本机制组成。

统一指挥是应急活动的基本原则之一。应急指挥一般可分为集中指挥与现场指挥，或场外指挥与场内指挥等。无论采用哪一种指挥系统，都必须实行统一指挥的模式，无论应急救援活动涉及单位的行政级别高低还是隶属关系不同，但都必须在应急指挥部的统一组织协调下行动，有令则行，有禁则止，统一号令，步调一致。

分级响应是指在初级响应到扩大应急的过程中，实行的分级响应的机制。扩大或提高应急级别的主要依据是事故灾难的危害程度，影响范围和控制事态能力。影响范围和控制事态能力是"升级"的最基本条件。扩大应急救援主要是提高指挥级别、扩大应急范围等。

属地为主强调"第一反应"的思想和以现场应急、现场指挥为主的原则。

公众动员机制是应急机制的基础，也是整个应急体系的基础。

**3. 法律法规体系**

法律法规体系是应急体系的法制基础和保障，也是开展各项应急活动的依据，与应急有关的法律法规主要包括由立法机关通过的法律、政府和有关部门颁布的规章、规定以及与应急救援活动直接有关的标准或管理办法等。

**4. 支持保障系统**

支持保障系统是安全生产应急管理体系的有机组成部分，是体系运转的物质条件和手段，主要包括通信信息系统、培训演练系统、技术支持系统、物资与装备保障系统等。

构筑集中管理的信息通信平台是应急体系重要的基础建设。应急信息通信系统要保证所有预警、报警、警报、报告、指挥等活动的信息交流快速、顺畅、准确，以及信息资源共享；物资与装备不但要保证有足够的资源，而且还要实现快速、及时供应到位；人力资源保障包括专业队伍的加强、志愿人员以及其他有关人员的培训教育：应急财务保障应建立专项应急科目，如应急基金等，以保障应急管理运行和应急反应中各项活动的开支。

同时，应急管理体系还包括与其建设相关的资金、政策支持等，以保障应急管理体系建设和体系正常运行。

**(二)事故应急救援响应程序**

事故应急救援的响应程序按过程可分为接警、响应级别确定、应急启动、救援行动、应急恢复和应急结束等几个过程,如图 7-1-2 所示。

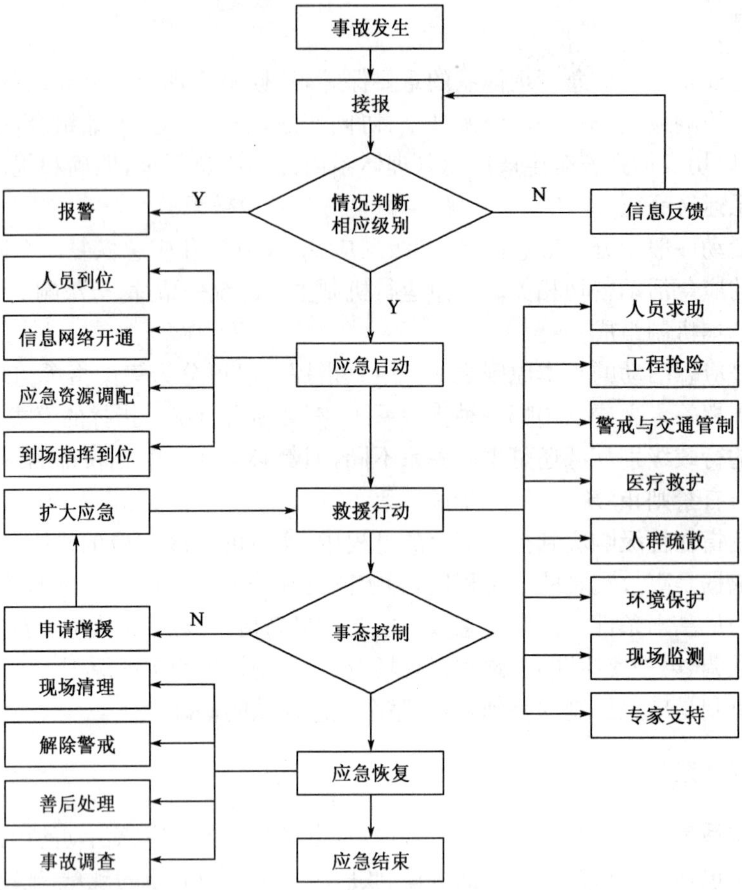


图 7-1-2　事故应急救援响应程序

**1. 接警与响应级别确定**

接到事故报警后,按照工作程序,对警情做出判断,初步确定相应的响应级别。如果事故不足以启动应急救援体系的最低响应级别,响应关闭。

**2. 应急启动**

应急响应级别确定后,按所确定的响应级别启动应急程序,例如:通知应急中心有关人员到位、开通信息与通信网络、通知调配救援所需的应急资源(包括应急队伍和物资、装备等)、成立现场指挥部等。

**3. 救援行动**

有关应急队伍进入事故现场后,迅速开展事故侦测、警戒、疏散、人员救助、工程抢险等有关应急救援工作,专家组为救援决策提供建议和技术支持。当事态超出响应级别无法得到有效控制时,向应急中心请求实施更高级别的应急响应。

**4. 应急恢复**

该阶段主要包括现场清理、人员清点和撤离、警戒解除、善后处理和事故调查等。

**5. 应急结束**

执行应急关闭程序,由事故总指挥宣布应急结束。

### (三)现场指挥系统的组织结构

重大事故的现场情况往往十分复杂,且汇集了各方面的应急力量与大量的资源,应急救援行动的组织、指挥和管理成为重大事故应急工作所面临的一个严峻挑战。应急过程中存在的主要问题有:

①太多的人员向事故指挥官汇报;

②应急响应的组织结构各异,机构间缺乏协调机制,且术语不同;

③缺乏可靠的事故相关信息和决策机制,应急救援的整体目标不清或不明;

④通信不兼容或不畅;

⑤授权不清或机构对自身现场的任务、目标不清。

对事故势态的管理方式决定了整个应急行动的效率。为保证现场应急救援工作的有效实施,必须对事故现场的所有应急救援工作实施统一的指挥和管理,即建立事故指挥系统,形成清晰的指挥链,以便及时地获取事故信息、分析和评估势态,确定救援的优先目标,决定如何实施快速、有效的救援行动和保护生命的安全措施,指挥和协调各方应急力量的行动,高效地利用可获取的资源,确保应急决策的正确性和应急行动的整体性和有效性。

现场应急指挥系统的结构应当在紧急事件发生前就已建立,预先对指挥结构达成一致意见,将有助于保证应急各方明确各自的职责,并在应急救援过程中更好地履行职责。现场指挥系统模块化的结构由指挥、行动、策划、后勤及资金/行政 5 个核心应急响应职能组成,如图 7-1-3所示。

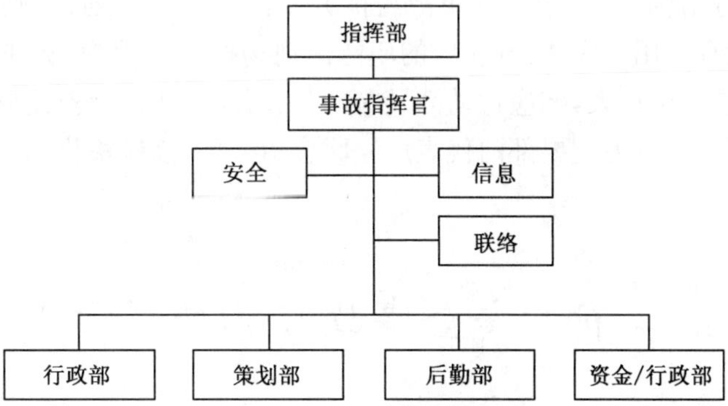


图 7-1-3 现场应急指挥系统结构示意图

**1. 事故指挥官**

事故指挥官负责现场应急响应所有方面的工作,包括确定事故目标及实现目标的策略,批准实施书面或口头的事故行动计划，高效地调配现场资源，落实保障人员安全与健康的措施，管理现场所有的应急行动。事故指挥官可将应急过程中的安全问题、信息收集与发布以及与应急各方的通信联络分别指定相应的负责人。如信息负责人、联络负责人和安全负责人。各负责人直接向事故指挥官汇报。其中，信息负责人负责及时收集、掌握准确完整的事故信息，包括事故原因、大小、当前的形势、使用的资源和其他综合事务，并向新闻媒体、应急人员及其他相关机构和组织发布事故的有关信息；联络负责人负责与有关支持和制作机构联络，包括到达现场的上级领导、地方政府领导等；安全负责人负责对可能遭受的危险或不安全情况提供及时、完善、详细、准确的危险预测和评估，制定并向事故指挥官建议确保人员安全和健康的措施，从安全方面审查事故行动计划，制定现场安全计划等。

**2. 行动部**

行动部负责所有主要的应急行动，包括消防与抢险、人员搜救、医疗救治、疏散与安置等，所有的战术行动都依据事故行动计划来完成。

**3. 策划部**

策划部负责收集、评价、分析及发布事故相关的战术信息，准备和起草事故行动计划，并对有关的信息进行归档。

**4. 后勤部**

后勤部负责为事故的应急响应提供设备、设施，物资、人员、运输、服务等。

**5. 资金/行政部**

资金/行政部负责跟踪事故的所有费用并进行评估，承担其他职能未涉及的管理职责。

事故现场指挥系统的模块化结构的一个最大优点是允许根据现场的行动规模，灵活启用指挥系统相应的部分结构，因为很多的事故可能并不需要启动策划、后勤或资金/行政模块。需要注意的是，对没有启用的模块，其相应的职能由现场指挥官承担，除非明确指定给某一负责人。当事故规模进一步扩大，响应行动涉及跨部门、跨地区或上级救援机构加入时则可能需要开展联合指挥，即由各有关主要部门代表成立联合指挥部，该模块化的现场系统则可以很方便地扩展为联合指挥系统。

## 第二节　安全事故应急处置管理

为规范南京长江第四大桥生产安全事故的应急管理和应急响应程序，及时有效地组织实施应急救援工作，最大限度地减少人员伤亡、财产损失和对工程建设的影响，提高安全管理和应急救援水平，确保工程建设工作顺利进行，结合南京四桥工程建设的特点和实际，建立了一整套行之有效的安全事故应急处理管理办法。

## 一、确立安全事故应急管理工作原则

**1. 以人为本，安全第一**

把保障施工人员的生命安全和身体健康、最大限度地预防和减少事故造成的人员伤亡和财产损失作为首要任务，充分发挥专业应急力量的骨干作用和现场施工人员的基础作用。

**2. 工程优先，统筹兼顾**

任何应急处置措施，应围绕减少事故对工程造成的影响，特别是减少对大桥主体工程和关键线路的影响优先进行，同时，还应综合考虑其他各种影响因素，力争实现当事各方合法利益最大化。

**3. 统一指挥，分级负责**

南京长江四桥生产安全事故应急工作在南京长江四桥协调指挥部的统一协调、指挥下，各项目部对本标段范围内的生产安全应急救援工作全面负责。

**4. 预防为主，防应结合**

贯彻落实“安全第一，预防为主，综合治理”的方针，坚持事故应急与预防工作相结合，做好预防、预测、预警和预报工作以及预案演练等工作，做到常备不懈。

**5. 快速反应，协调应对**

预测、预防和应急处置工作要做到反应快捷，运转有序、救助有效。项目部应服从南京长江四桥协调指挥部的统一指挥，项目部之间要加强协调，相互配合，和衷共济，充分发挥南京长江四桥现场整体应急救援优势。

## 二、明确安全事故等级

南京长江四桥事故按其可控性、严重程度和影响范围，根据国务院《生产安全事故报告和调查处理条例》分为特别重大、重大、较大和一般 4 个等级。

(1)特别重大事故，是指造成 30 人以上死亡，或者 100 人以上重伤，或者 1 亿元以上直接经济损失的事故；

(2)重大事故，是指造成 10 人以上 30 人以下死亡，或者 50 人以上 100 人以下重伤，或者 5000 万元以上 1 亿元以下直接经济损失的事故；

(3)较大事故，是指造成 3 人以上 10 人以下死亡，或者 10 人以上 50 人以下重伤，或者 1000 万元以上 5000 万元以下直接经济损失的事故；

(4)一般事故，是指造成 3 人以下死亡，或者 10 人以下重伤，或者 1000 万元以下 100 万元以上直接经济损失的事故。

本等级划分所称的“以上”包括本数，所称的“以下”不包括本数。

## 三、建立应急组织体系

### (一)应急组织体系

南京长江四桥应急组织体系由应急领导机构、现场应急指挥机构和现场应急救助力量等组成。

### (二)组织机构和主要职责

#### 1. 应急领导机构

南京长江四桥协调指挥部成立南京长江四桥事故应急指挥领导小组(以下简称领导小组),统一领导组织南京长江四桥事故应急工作。应急工作组织体系如图 7-2-1 所示。

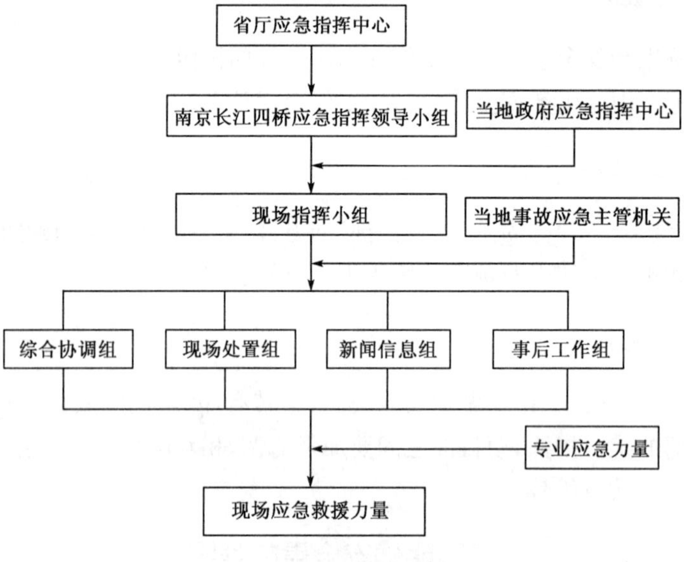


图 7-2-1　应急工作组织体系图

南京长江四桥建设协调指挥部指挥长任领导小组组长,副指挥长任副组长,驻桥纪检办、各处室主要负责人为领导小组成员。

领导小组下设办公室,成员由各处室负责人组成。办公室日常工作由安全环保处、工程处负责。

主要职责:贯彻落实省交通运输厅质监站关于生产安全事故应急管理的各项决策、部署和措施;审定《南京长江四桥生产安全事故专项应急预案》;组织实施本预案的培训和综合演练,落实指挥部应急保障资源;决定启动与终止本预案,协调、指挥南京长江四桥重大、较大事故的应急工作。

(1)安全环保处、工程处:负责制订、完善南京长江四桥应急反应预案,指导、督促施工单位建立健全项目部应急预案体系;组织实施本预案的培训和综合演练;参加现场应急反应行动,协调专业应急力量应急处置,及时报告事故及应急救援动态情况;参与事故的内部调查处理工作;参与对桥梁受损部位、机械设备等的风险评估,研究制定安全管理要求等。

(2)综合处:负责应急保障资源的调配使用,负责与新闻单位联系,统一管理发布有关事故信息等。

(3)总工办:参与对桥梁受损部位、机械设备等的风险评估,对应急处置工作提供技术支持等。

(4)计划处:参加相关工程项目的现场应急反应行动,参与相关事故内部调查处理工作,参与对相关事故受损范围进行风险评估,研究制定安全管理要求等。

(5)财务处:负责协调事故保险理赔等。

(6)驻桥纪检办:参与事故内部调查处理工作。

#### 2. 现场应急指挥机构

发生重大和较大事故时,领导小组在事发现场成立现场指挥小组,负责组织指挥所有参与应急救援的队伍和人员,及时向省交通运输厅(南京市)指挥中心报告事故发展及救援情况。现场指挥一般由领导小组组长担任,或由组长指定专人担任。

现场指挥小组下设4个应急行动小组:

综合协调组:负责与各级应急机构及人员的联络;综合观察事件形势,作出参考性决策。安全环保处、工程处、计划处、综合处负责。

现场处置组:督促指导项目部按照指挥部预案和项目部专项预案的要求开展应急救援处置。安全环保处、工程处、计划处、总工室负责。

新闻信息组:负责收集、分析、上传下达以及整理汇总与事故相关的信息,及时对外发布相关信息。综合处、安全环保处负责。

事后工作组:配合主管机关对事故原因进行调查,组织事故原因内部调查分析;指导项目部工程善后处理工作;提出相关人员责任追究的意见和建议;提出整改和防范的建议和措施等。安全环保处、工程处、计划处、驻桥纪检办、财务处、总工室负责。

#### 3. 现场应急救助力量

现场应急救助力量以项目部为主,主要由项目负责人、专职安全生产管理人员、项目部有关部门、施工队、施工班组等人员组成。项目部可参照本预案,成立若干现场应急行动小组。

主要职责:编制并不断完善项目部应急反应预案和具体应急行动方案;编制年度应急反应计划,并按计划进行培训、演练;负责各项应急反应保障措施的落实,确保人员、措施、设备等落到实处;贯彻执行现场指挥小组的各项指令,全面负责现场应急救助工作。

## 四、预测、预警和信息报送

### (一)信息监测与应急值班

南京长江四桥协调指挥部各处室、监理单位和项目部应及时监测可能引起生产安全事故的预警信息,并进行全面的整理、分析。项目部、监理单位要加强值班,确保各类安全生产事故信息早发现、早报告、早处置。

### (二)预警分级

根据事故的紧急程度、危害程度和影响范围等,南京长江四桥预警级别分为Ⅰ级预警(特别重大预警)、Ⅱ级预警(重大预警)、Ⅲ级预警(较大预警)、Ⅳ级预警(一般预警)。事故等级分为:Ⅰ级(特别重大)、Ⅱ级(重大)、Ⅲ级(较大)、Ⅳ级(一般)、Ⅴ级(较小)。

Ⅰ级预警(特别重大预警):Ⅰ级事故已经或可能发生;或Ⅱ级事故已经发生,且事故的影响范围、严重程度、可控性有进一步恶化的趋势;

Ⅱ级预警(重大预警):Ⅱ级事故已经或可能发生;或Ⅲ级事故已经发生,且事故的影响范围、严重程度、可控性有进一步恶化的趋势;

Ⅲ级预警(较大预警):Ⅲ级事故已经或可能发生;或Ⅳ级事故已经发生,且事故的影响范围、严重程度、可控性有进一步恶化的趋势;

Ⅳ级预警(一般预警):Ⅳ级或Ⅴ级事故已经或可能发生,或有发生事故的重大隐患。

### (三)信息报送

#### 1. 报送程序

项目部要及时向领导小组办公室报送有关事故的监测、预警信息和处置进展情况。发生较大及以上等级事故,或情况紧急时,事故现场有关人员可以直接向领导小组组长报告。领导小组办公室在接到报警信息后,对报警信息加以记录和核实,初步判断预警级别:属于Ⅳ级预警信息的,应在事发接警后2h内(发生Ⅳ级事故的,应在1h内)快报、24h内第一次续报省交通运输厅(南京市)应急指挥中心、安全处、质监站;初步判断可能属于Ⅰ级预警(特别重大预警)或Ⅱ级预警(重大预警)或Ⅲ级预警(较大预警)信息的,应在事发接警后30min内快报、12h内第一次续报省交通运输厅应急指挥中心、安全处、质监站。不得迟报、谎报、瞒报和漏报。

#### 2. 报送内容

(1)事故发生的时间、地点、事故类别、人员伤亡情况;

(2)事故的简要经过,应急反应情况;

(3)原因的初步分析;

(4)事故现状及发展情况,后续应急救援需求等。

## 五、应急响应和处置

南京长江第四大桥应急处置流程如图7-2-2所示。

### (一)分级响应

特别重大、重大、较大事故,由领导小组启动并实施预案。

一般事故及较小事故:由项目部启动并实施该项目部应急预案。发生一般事故,领导小组办公室视情况,有权决定启动并实施预案,并根据需要派员赶赴现场指导督办应急处置工作。

发生需要其他项目部配合或专业应急救援力量救助的事故,领导小组办公室应派员参加。

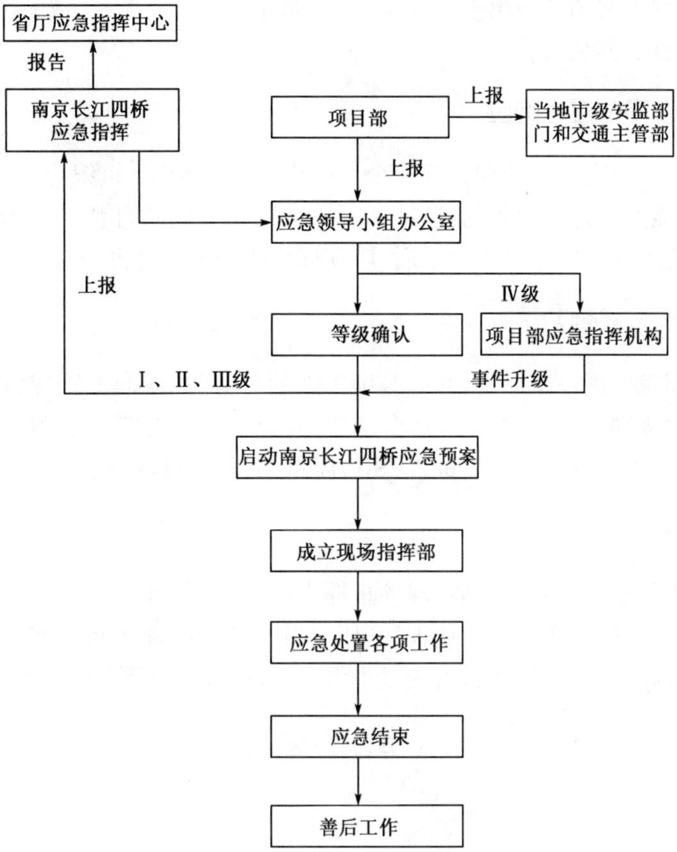


图 7-2-2　应急处置流程图

## (二)特别重大、重大、较大事故应急响应措施

(1)领导小组响应。立即决定启动南京长江四桥生产安全事故应急预案,明确现场应急指挥机构,负责协调、指挥应急处置工作。组长应迅速赶赴现场,组长无法立即赶赴现场的,应指派副组长或其他领导立即赶赴现场,指挥现场应急处置工作。在应急过程中,领导小组办公室应保持人员 24h 值班,直至应急结束。

(2)现场应急指挥小组响应。各小组成员立即投入现场应急处置,组织、协调、落实各项应急措施;加强与事发地有关应急救援机构的通讯联系,随时掌握事故发展态势;指导、监督应急救援工作,协助解决应急救援工作中的困难;根据需要配合省、市有关部门指导督办应急处置工作。

(3)应急救援力量响应。发生事故的项目部,其主要负责人应组织本项目部应急救助力量,立即赶赴现场,本人因故不能立即赶赴现场的,应征得领导小组组长同意,指定一名副经理全面负责项目部现场应急处置工作,防止事故扩大,减少人员伤亡和财产损失;其他项目部在接到领导小组配合应急救助指令后,应立即启动本项目部应急预案,按指令要求迅速开展应急救助行动。项目部要协助有关部门保护现场,维护现场秩序,妥善保管有关物证,配合有关部门收集证据。因抢救人员、防止事故扩大以及疏导交通等原因,需要移动事故现场物件时,应当做出标志，绘制现场简图并做出书面记录，妥善保存现场重要痕迹、物证，并应采取拍照或录像等直观方式反映现场原状。

**（三）一般、较小事故应急响应**

项目部主要负责人宣布启动项目部安全生产事故应急预案，组织应急救助力量立即赶赴现场，本人因故不能立即抵达现场的，应征得领导小组领导同意，指定一名副经理全面负责项目部现场应急反应工作。应急反应结束后，应立即报告领导小组办公室。

**（四）响应的升级与降级**

当事故随时间发展进一步加重，并有蔓延扩大的趋势时，应向上级应急指挥机构报告，及时提高预警和反应级别，必要时按上级应急指挥中心指令，转入扩大应急状态。对事故危害已逐步消除的，应向上级应急指挥机构报告，相应降低预警和反应级别。

**（五）应急结束**

事故隐患或相关危险因素消除后，现场指挥小组（或项目部）应及时组织有关专家进行分析论证和研判，经现场检测评价确无危害和风险，报领导小组确认和批准，适时决定和宣布应急工作结束。较大和重大等级事故，由领导小组宣布，一般及以下等级事故，由项目部宣布。

## 六、预 后 处 置

**1. 善后处置**

应急工作结束后，项目部应按有关规定，负责做好相关善后处置工作。

**2. 调查总结**

领导小组、项目部应及时对事发原因、处置经过、损失、责任单位（班组或人员）奖惩、援助需求等做出综合调查评估，各参与单位应及时总结并报领导小组办公室。

**3. 应急奖惩**

根据调查评估结果，南京长江四桥协调指挥部对在事故应急处置中有重大贡献的单位和个人，给予表彰和奖励；对在事故应急处置中瞒报、漏报、迟报信息或者有其他失职、渎职行为或处置不力的单位和个人，按有关规定予以处罚。

## 七、保 障 措 施

**1. 协调、指挥保障**

各单位要进一步整合应急保障资源，逐步建立完善监控、指挥和决策技术支持平台。要畅通现场联系渠道，确保事故信息传递迅速、准确。要加强与当地专业应急救助力量的联系，充分发挥专业应急救助力量的优势。

**2. 应急力量保障**

施工单位应制定安全生产费用使用计划，用于购置、完善、更新应急装备设施和应急处置工作，要建立应急装备信息数据库，明确装备的类型、数量、性能和存放位置，建立相应的维护、保养和调用制度，确保事发时能够应急使用。要建立一支技能熟练、素质好的应急救援队伍，确保在发生事故时能够迅速集中，有效开展应急处置工作。

### 八、宣传、培训和演习

**1. 宣传、教育和培训**

各单位要有计划、有针对性地开展事故预防和应急预案的宣传、讲解，增强防范意识，切实提高防范能力和应急反应能力。

**2. 演习**

各单位应制定各类事故的应急演习计划，编制应急演习方案，定期组织演习。

## 第三节　应急预案的演练

应急演练是应急管理的重要环节，在应急管理工作中有着十分重要的作用。南京长江第四大桥通过开展应急演练，可以实现评估应急准备状态，发现并及时修改应急预案、执行程序等相关工作的缺陷和不足；评估突发事故应急能力，识别资源需求，澄清相关机构、组织和人员的职责，改善不同机构、组织和人员之间的协调问题；检验应急响应人员对应急预案、执行程序的了解程度和实际操作技能，评估应急培训效果，分析培训需求。同时，作为一种培训手段，通过调整演练难度，可以进一步提高应急响应人员的业务素质和能力。

### 一、应急演练目的与原则

#### （一）目的

（1）检验预案。通过开展应急演练，查找应急预案中存在的问题，进而完善应急预案，提高应急预案的实用性和可操作性。

（2）完善准备。通过开展应急演练，检查应对突发事件所需应急队伍、物资、装备、技术等方面的准备情况，发现不足及时予以调整补充，做好应急准备工作。

（3）锻炼队伍。通过开展应急演练，增强演练组织单位、参与单位和人员等对应急预案的熟悉程度，提高其应急处置能力。

（4）磨合机制。通过开展应急演练进一步明确相关单位和人员的职责任务，理顺工作关系，完善应急机制。

（5）科普宣教。通过开展应急演练，普及应急知识，提高员工风险防范意识和自救互救等灾害应对能力。

### (二)原则

(1)结合实际、合理定位。紧密结合应急管理工作实际,明确演练目的,根据资源条件确定演练方式和规模。

(2)着眼实战、讲求实效。以提高应急指挥人员的指挥协调能力、应急队伍的实战能力为着眼点。重视对演练效果及组织工作的评估、考核,总结推广好经验,及时整改存在问题。

(3)精心组织、确保安全。围绕演练目的,精心策划演练内容,科学设计演练方案,周密组织演练活动,制定并严格遵守有关安全措施,确保演练参与人员及演练装备设施的安全。

(4)统筹规划、厉行节约。统筹规划应急演练活动,适当开展跨地区、跨部门、跨行业的综合性演练,充分利用现有资源,努力提高应急演练效益。

## 二、应急演练的形式

各标段根据应急演练的组织方式、演练内容和演练目的、作用等,可以对应急演练进行分类,目的是便于演练的组织管理和经验交流。

### (一)按组织方式分类的形式

应急演练按照组织方式及目标重点的不同,可以分为桌面演练和实战等。

(1)桌面演练。桌面演练是一种圆桌讨论或演习活动;其目的是使各级应急部门、组织和个人在较轻松的环境下,明确和熟悉应急预案中所规定的职责和程序,提高协调配合及解决问题的能力。桌面演练的情景和问题,通常以口头或书面叙述的方式呈现,也可以使用地图、沙盘、计算机模拟、视频会议等辅助手段,有时被分别称为图上演练、沙盘演练、计算机模拟演练、视频会议演练等。

(2)实战演练是以现场实战操作的形式开展的演练活动。参演人员在贴近实际状况和高度紧张的环境下,根据演练情景的要求,通过实际操作完成应急响应任务,以检验和提高相关应急人员的组织指挥、应急处置以及后勤保障等综合应急能力。

### (二)按演练内容分类的形式

应急演练按其内容,可以分为单项演练和综合演练两类:

(1)单项演练。单项演练是指只涉及应急预案中特定应急响应功能或现场处置方案中一系列应急响应功能的演练活动。注重针对一个或少数几个参与单位(岗位)的特定环节和功能进行检验。

(2)综合演练。综合演练是指涉及应急预案中多项或全部应急响应功能的演练活动。注重对多个环节和功能进行检验,特别是对不同单位之间应急机制和联合应对能力的检验。

### (三)按演练目的和作用分类的形式

应急演练按其目的与作用,可以分为检验性演练、示范性演练和研究性演练。

(1)检验性演练。主要是指为了检验应急预案的可行性及应急准备的充分性而组织的演练。

(2)示范性演练。主要是指为了向参观、学习人员提供示范,为普及宣传应急知识而组织的观摩性演练

(3)研究型演练。主要是为了研究突发事件应急处置的有效方法,试验应急技术、设施和设备,探索存在问题的解决方案等而组织的演练。

不同演练组织形式、内容及目的的交叉组合,可以形成多种多样的演练方式,如:单项桌面演练、综合桌面演练、单项实战演练、综合实战演练、单项示范演练、综合示范演练等。

## 三、应急演练的组织与实施

一次完整的应急演练活动要包括计划、准备、实施、评估总结和改进5个阶段。如图7-3-1所示。

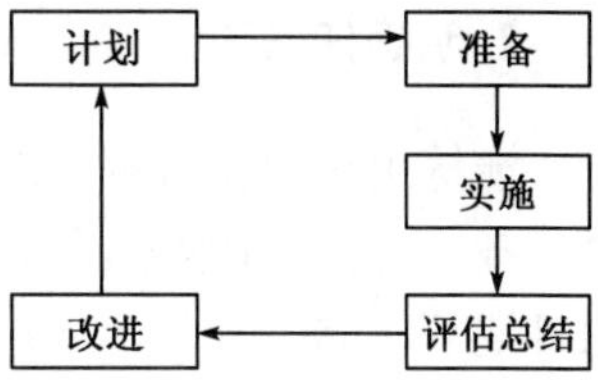


图7-3-1　应急演练基本流程

计划阶段的主要任务:明确演练需求,提出演练的基本构想和初步安排。

准备阶段的主要任务:完成演练策划,编制演练总体方案及其附件,进行必要的培训预演,做好各项保障工作安排。

实施阶段的主要任务:按照演练总体方案完成各项演练活动,为演练评估总结收集信息。

评估总结阶段的主要任务:评估总结演练参与单位,在应急准备方面的问题和不足,明确改进的重点,提出改进计划。

改进阶段的主要任务:按照改进计划由相关单位实施落实,并对改进效果进行监督检查。

### (一)计划

演练组织单位在开展演练准备工作前先制定演练计划。演练计划是有关演练的基本构想和对演练准备活动的初步安排,一般包括演练的目的、方式、时间、地点、日程安排、演练策划领导小组和工作小组构成、经费预算和保障措施等。

在制定演练计划过程中需要确定演练目的、分析演练需求、确定演练内容和范围、安排演练准备日程、编制演练经费预算等。

#### 1. 梳理需求

演练组织单位根据自身应急演练年度规划和实际情况需要,提出初步演练目标、类型、范围,确定可能的演练参与单位,并与这些单位的相关人员充分沟通,进一步明确演练需求、目标、类型和范围。

(1)确定演练目的,归纳提炼举办应急演练活动的原因、演练要解决的问题和期望达到的效果等。

(2)分析演练需求,首先是在对所面临的风险及应急预案进行认真分析的基础上,发现可能存在的问题和薄弱环节,确定需加强演练的人员、需锻炼提高的技能、需测试的设施装备、需完善的突发事件应急处置流程和需进一步明确的职责等。

然后仔细了解过去的演练情况:哪些人参与了演练、演练目标实现的程度、有什么经验与

教训、有什么改进、是否进行了验证等。

(3)确定演练范围,是根据演练需求及经费、资源和时间等条件的限制,确定演练事件类型、等级、地域、参与演练机构及人数和适合的演练方式。

事件类型、等级:根据需求分析结果确定需要演练的事件。

地域:选择一个现实可行的地点,并考虑交通和安全等因素。

演练方式:考虑法律法规的规定、实际的需要、人员具有的经验、需要的压力水平等因素,确定最适合的演练形式。

参与演练的机构及人数:根据需要演练的事件和演练方式,列出需要参与演练的机构和人员。

#### 2. 明确任务

演练组织单位根据演练需求、目标、类型、范围和其他相关需要,明确细化演练各阶段的主要任务,安排日程计划,包括各种演练文件编写与审定的期限、物资器材准备的期限、演练实施的日期等。

#### 3. 编制计划

演练组织单位负责起草演练计划文本,计划内容应包括:演练目的需求、目标、类型、时间、地点、演练准备实施进程安排、领导小组和工作小组构成、预算等。

#### 4. 计划审批

演练计划编制完成后,应按相关管理要求,呈报上级主管部门批准。演练计划获准后,按计划开展具体演练准备工作。

### (二)准备

演练准备阶段的主要任务是根据演练计划成立演练组织机构,设计演练总体方案,并根据需要,针对演练方案进行培训和预演,为演练实施奠定基础。

演练准备的核心工作是设计演练总体方案。演练总体方案是对演练活动的详细安排。

演练总体方案的设计一般包括确定演练目标、设计演练情景与演练流程、设计技术保障方案、设计评估标准与方法、编写演练方案文件等内容。

#### 1. 成立演练组织机构

演练应在相关预案确定的应急领导机构或指挥机构领导下组织开展。演练组织单位要成立由相关单位领导组成的演练领导小组,通常下设策划部、保障部和评估组。对于不同类型和规模的演练活动,其组织机构和职能可以适当调整。演练组织机构的成立是一个逐步完善的过程,在演练准备过程中,演练组织机构的部门设置和人员配备及分工可能根据实际需要随时调整,在演练方案审批通过之后,最终的演练组织机构才得以确立。

(1)演练领导小组。演练领导小组负责应急演练活动全过程的组织领导,审批决定演练的重大事项。演练领导小组组长一般由演练组织单位或其上级单位的负责人担任。副组长一般由演练组织单位或主要协办单位负责人担任。小组其他成员一般由各演练参与单位相关负责人担任。

(2)策划部。策划部负责应急演练策划、演练方案设计、演练实施的组织协调、演练评估总结等工作。策划部设总策划、副总策划,下设文案组、协调组、控制组、宣传组等。

(3)保障部。保障部负责调集演练所需物资装备,购置和制作演练模型、道具、场景,准备演练场地,维持演练现场秩序,保障运输车辆,保障人员生活和安全保卫等。其成员一般是演练组织单位及参与单位后勤、财务、办公等部门人员。

(4)评估组。评估组负责设计演练评估方案和编写演练评估报告,对演练准备、组织、实施及其安全事项等进行全过程、全方位评估,及时向演练领导小组、策划部和保障部提出意见、建议。其成员一般是应急管理专家、具有一定演练评估经验和突发事件应急处置经验的专业人员,常成为演练评估人员。评估组可由上级部门组织,也可由演练组织单位自行组织,或由受邀承担评估工作的第三方机构组织。

(5)参演队伍和人员。参演队伍包括应急预案规定的有关应急管理部门(单位)工作人员及各类专兼职应急救援队伍等。参演人员承担具体演练任务,针对模拟事件场景做出应急响应行动。

演练组织机构的部门设置和人员配备及分工可能根据实际需要随时调整,在演练方案审批通过之后,最终的演练组织机构才得以确立。

### 2. 确定演练目标

演练目标是为实现演练目的而需完成的主要演练任务及其效果。演练目标一般需说明“有谁在什么情况下完成什么任务,依据什么标准或取得什么效果”。

演练组织机构召集有关方面和人员,商讨确认范围、演练目的需求、演练目标以及各参与机构的目标,并进一步商讨,为确保演练目标实现而在演练场景、评估标准和方法、技术保障及对演练场地等方面满足的要求。

演练目标应简单、具体、可量化、可实现。一次演练一般有若干项演练目标,每项演练目标都要在演练方案中有相应的事件和演练活动予以实现,并在演练评估中有相应的评估项目判断该目标的实现情况。

### 3. 演练情景事件设计

演练情景事件设计是为演练而假设的一系列突发事件,为演练活动提供了初始条件并通过一系列的情景事件,引导演练活动继续直至演练完成。其设计过程包括:确定原生突发事件类型、请专家研讨、收集相关素材,结合演练目标设计备选情景事件,研讨修改确认可用的情景事件,各情景事件细节的确定。

演练情景事件设计必须做到真实合理,在演练组织过程中需要根据实际情况不断修改完善。演练情景可通过《演练情景说明书》和《演练情景事件清单》加以描述。

### 4. 演练流程设计

演练流程设计是按照事件发展的科学规律,将所有情景事件及相应应急处置行动按时间顺序有机衔接的过程。其设计过程包括:确定事件之间演化衔接关系;确定各时间发生与持续时间;确定各参与单位和角色在各场景中的期望行动以及期望行动之间的衔接关系;确定所需注入的信息及注入形式。

**5. 技术保障方案设计**

为保障演练活动顺利实施,演练组织机构应安排专人根据演练目标、演练情景事件和演练流程的要求,预先进行技术保障方案设计。当技术保障因客观原因确难实现时,可及时向演练组织机构相关负责人反映,提出对演练情景事件和演练流程的相应修改建议。当演练情景事件和演练流程发生变化时,技术保障方案必须根据需要进行适当调整。

**6. 评估标准和方法选择**

演练评估组召集有关方面和人员,根据演练总体目标和各参与机构的目标以及演练的具体情景事件,演练流程和技术保障方案,商讨确定演练评估标准和方法。

演练评估应以演练目标为基础。每项演练目标都要设计合理的评估项目方法、标准。根据演练目标的不同,可以用选择项(如:是/否判断,多项选择)、主观评分(如:1—差、3—合格、5—优秀)、定量测量(如:响应时间、被困人数、获救人数)等方法进行评估。

为便于演练评估操作,通常事先设计好评估表格,包括演练目标、评估方法、评价标准和相关记录项等。有条件时还可以采用专业评估软件等工具。

**7. 编写演练方案文件**

文案组负责起草演练方案相关文件。演练方案文件主要包括演练总体方案及其相关附件。根据演练类别和规模的不同,演练总体方案的附件一般有演练人员手册、演练控制指南、技术保障方案和脚本、演练评估指南、演练脚本和解说词等。

**8. 方案审批**

演练方案文件编制完成后,应按相关管理要求,报总监办或指挥部审批。对综合性较强或风险较大的应急演练,在方案报批之前,要由评估组组织相关专家对应急演练方案进行评审,确保方案科学可行。

演练总体方案获准后,演练组织机构应根据领导出席情况,细化演练日程,拟定领导出席演练活动安排。

**9. 落实各项保障工作**

为了按照演练方案顺利安全实施演练活动,应切实做好人员、经费、场地、物资器材、技术和安全方面的保障工作。

(1)人员保障。演练参与人员一般包括演练领导小组、演练总指挥、总策划、文案人员、控制人员、评估人员、保障人员、参演人员、模拟人员等,有时还会有观摩人员等其他人员。在演练的准备过程中,演练组织单位和参与单位应合理安排工作,保证相关人员参与演练活动的时间;通过组织观摩学习和培训,提高演练人员素质和技能。

(2)经费保障。演练组织单位每年要根据具体应急演练方案规划编制应急演练经费预算，纳入该单位的财务预算，并按照演练需要及时拨付经费。

(3)场地保障。根据演练方式和内容，经现场勘查后选择合适的演练场地。桌面演练一般可选择会议室或应急指挥中心等；实战演练应选择与实际情况相似的地点，并根据需要设置指挥部、集结点、接待站、供应站、救护站、停车场等设施。演练场地应有足够的空间，良好的交通、生活、卫生和安全条件，尽量避免干扰公众生产生活。

(4)物资和器材保障。根据需要，准备必要的演练材料、物资和器材，制作必要的模型设施等，要包括：信息材料、物资设备、通信器材和演练情景模型等。

(5)技术保障。根据技术保障方案的具体要求，保障应急演练所涉及的有线通信、无线调度、异地会商、移动指挥、社会面监控、应急信息管理系统等技术支撑系统的正常运转。

(6)安全保障。应急演练组织单位要高度重视应急演练组织与实施全过程的安全保障工作。在应急演练方案编制中，应充分考虑应急演练实施中可能面临的风险，制定必要的应急演练安全保障措施或方案。大型或高风险应急演练活动要按规定制定专门应急预案，采取预防和控制措施。

**10. 培训**

为了使演练相关策划人员及参演人员熟悉演练方案和相关应急预案，明确其在演练过程中的角色或职责，在演练准备过程中，可根据需要对其进行适当培训。

在演练方案获准后至演练开始前，所有演练参与人员都要经过应急基本知识、演练基本概念、演练现场规划、应急预案、应急技能及个体防护装备使用等方面的培训。对控制人员要进行岗位职责、演练过程控制和管理等方面的培训；对评估人员要进行岗位职责、演练评估方法、工具使用等方面的培训；对参演人员要进行应急预案、应急技能及个体防护装备使用等方面的培训。

**11. 预演**

对大型综合性演练，为保障演练活动顺利实施，可在前期培训的基础上，在演练正式实施前，进行一次或多次预演。预演遵循先易后难、先分解后合练、循序渐进的原则。预演可以采取与正式演练不同的形式，演练正式演练的某些或全部环节。大型或高风险演练活动，要结合预先制定的专门应急预案，对关键部位和环节可能出现的突发事件进行针对性演练。

## (三)实施

演练实施是对演练方案辅助行动的过程，是整个演练程序中核心环节。

**1. 演练前检查**

演练实施当天，演练组织机构相关人员应在演练开始前提前到达现场，对演练所用的设备设施等的情况进行检查，确保其正常工作。按照演练安全保障工作安排，对进入演练场所的人员进行登记和身份核查，防止无关人员进入。

#### 2. 演练启动

演练目的和作用不同，演练启动形式也有所差异。

示范性演练一般由演练总指挥或演练组织机构相关成员宣布演练开始并启动演练活动。检验性和研究性演练，一般在到达演练时间节点，演练场景出现后，自行启动。

#### 3. 演练执行

演练组织形式不同，其演练执行程序也有差异。

(1)实战演练。应急演练活动一般始于报警消息，在此过程中，参演应急组织和人员应尽可能按实际紧急事件发生时的响应要求进行演示，即“自由演示”，由参演应急组织和人员根据自己关于最佳解决办法的理解。对情景事件作出响应行动。

(2)桌面演练。桌面演练的执行通常是 5 个环节的循环往复。演练信息注入、问题提出、决策分析、决策结果表达和点评。

(3)演练解说。在演练实施过程中，演练组织单位可以安排专人对演练过程进行解说。解说内容一般包括演练背景描述、进程讲解、案例介绍、环境渲染等。

(4)演练记录。演练实施过程中.一般要安排专门人员，采用文字、照片和音像等手段记录演练过程。文字记录一般可由评估人员完成，主要包括演练实际开始与结束时间、演练过程控制情况、各项演练活动中参演人员的表现、意外情况及其处置等内容，尤其要详细记录可能出现的人员“伤亡”及财产“损失”等情况。照片和音像记录可安排专业人员和宣传人员在不同现场、不同角度进行拍摄，尽可能全方位反映演练实施过程。

#### 4. 演练结束与意外终止

演练完毕，由总策划发出结束信号，演练总指挥或总策划宣布演练结束。演练结束后所有人员停止演练活动，按预定方案集合进行现场总结讲评或者组织疏散。保障部负责组织人员对演练场地进行清理和恢复。

演练实施过程中出现下列情况，经演练领导小组决定，由演练总指挥或总策划按照事先规定的程序和指令终止演练：

(1)出现真实突发事件，需要参演人员参与应急处置时，要终止演练，使参演人员迅速回归其工作岗位，履行应急处置职责。

(2)出现特殊或意外情况，短时间内不能妥善处理或解决时，可提前终止演练。

#### 5. 现场点评会

演练组织单位在演练活动结束后，应组织针对本次演练现场点评会。其中包括专家点评、领导点评、演练参与人员的现场信息反馈等。

### (四)评估总结

#### 1. 演练评估

演练评估是指观察和记录演练活动、比较演练人员表现与演练目标要求并提出演练发现问题的过程。演练评估目的是确定演练是否已经达到演练目标的要求，检验各应急组织指挥人员及应急响应人员完成任务的能力。要全面、正确的评估演练效果，必须在演练地域的关键地点和各参演应急组织的关键岗位上，派驻公正的评估人员。评估人员的作用主要是观察演练的进程，记录演练人员采取的每一项关键行动及其实施时间，访谈演练人员，要求参演应急组织提供文字材料，评估参演应急组织和演练人员表现并反馈演练发现。

应急演练评估方法是指演练评估过程中的程序和策略，包括评估组组成方式、评估目标与评估标准。评估目标是指在演练过程中要求演练人员展示的活动和功能。评估标准是指供评估人员对演练人员各个主要行动及关键技巧的评判指标，这些指标应具有可测量性，或力求定量化，但是根据演练的特点，评判指标中可能出现相当数量的定性指标。

情景设计时，策划人员应编制评估计划，应列出必须进行评估的演练目标及相应的评估准则，并按演练目标进行分组，分别提供给相应的评估人员，同时给评估人员提供评价指标。

**2. 总结报告**

(1)召开演练评估总结会议。在演练结束后，由演练组织单位召集评估组和所有演练参与单位，讨论本次演练的评估报告，并从各自的角度总结本次演练的经验教训，讨论确认评估报告内容，并讨论提出总结报告内容，拟定改进计划，落实改进责任和时限。

(2)编写演练总结报告。在演练评估总结会议结束后，由文案组根据演练记录、演练评估报告、应急预案、现场总结等材料，对演练进行系统和全面的总结，并形成演练总结报告。演练参与单位也可对本单位的演练情况进行总结。

演练总结报告的内容包括：演练目的，时间和地点，参演单位和人员，演练方案概要，发现的问题与原因，经验和教训，以及改进有关工作的建议、改进计划、落实改进责任和时限等。

**3. 文件归档与备案**

演练组织单位在演练结束后应将演练计划、演练方案、各种演练记录(包括各种音像资料)、演练评估报告、演练总结报告等资料归档保存。

**(五)改进**

**1. 改进行动**

对演练中暴露出来的问题，演练组织单位和参与单位应按照改进计划中规定的责任和时限要求，及时采取措施予以改进，包括修改完善应急预案、有针对性地加强应急人员的教育和培训、对应急物资装备有计划地更新等。

**2. 跟踪检查与反馈**

演练总结与讲评过程结束之后，演练组织单位和参与单位应指派专人，按规定时间对改进情况进行监督检查，确保本单位对自身暴露出的问题做出改进。

# 第八章 “平安工地”建设

## 第一节 “平安工地”建设方案

为深入贯彻党中央、国务院关于加强安全生产工作的部署和要求，认真落实2010年全国交通运输工作会议精神，切实加强交通运输建设安全生产“双基”(基层和基础)工作，促进交通建设领域安全生产形势持续稳定好转，交通运输部决定开展公路水运工程“平安工地”建设活动。于2010年3月12日将交质监发(2010)132号文《公路水运工程“平安工地”建设活动实施方案》下发。江苏省交通运输厅根据交通运输部开展全国公路水运工程“平安工地”建设活动部署，结合省厅开展的“创建平安交通示范点”和“安全管理提高年”两项活动，制定了江苏省公路水运工程“平安工地”建设活动实施方案，至使“平安工地”建设活动在南京长江第四大桥轰轰烈烈的展开。

南京长江第四大桥建设协调指挥部的“平安工地”建设方案，是根据《江苏省公路水运工程“平安工地”建设活动实施方案》的要求，结合南京长江第四大桥建设全年安全生产零事故和“平安工地”创建达标率100%，并力争产生“平安工地”示范单位的安全生产工作目标，在南京四桥全线开展为期2年的“平安工地”创建活动。

### (一)指导思想

深入贯彻落实科学发展观，坚持“安全第一，预防为主，综合治理”的安全生产方针和安全发展的科学理念，进一步强化措施，落实责任，消除隐患，夯实基础，努力营造“遵章守纪，关爱生命”的安全生产工作氛围，努力改变长期以来实际存在的被动的安全生产免责管理局面，主动出击、以攻为守，切实做好南京四桥安全生产目标管理工作。

### (二)工作目标

(1)确保南京四桥全年生产安全零事故。

(2)确保南京四桥建设工程各个标段在江苏省公路水运工程“平安工地”建设达标考核中达标率为100%。

(3)力争根据《江苏省公路水运工程“平安工地”建设达标标准》产生1～2个省级示范

工地。

### (三)活动时间和参加范围

“平安工地”建设活动从2010年开始,至2011年结束,为期2年。第一年为创建示范年,第二年为达标推广年。

活动由南京四桥指挥部牵头,以施工合同段为单位开展,施工、监理、设计和监测等单位参加。

### (四)组织机构

为加强组织领导,成立南京长江第四大桥建设项目“平安工地”创建活动领导小组:

组　长:×××　　副指挥长

副组长:×××　　副指挥长

×××　　副指挥长

×××　　副指挥长

成　员:×××、×××、×××、×××、×××、×××、×××、×××、×××

领导小组办公室设在南京四桥指挥部安全处:

办公室主任:×××

办公室成员:×××、×××

### (五)活动依据

(1)《建设工程安全生产管理条例》(国务院393号令);

(2)《公路水运工程安全生产监督管理办法》(交通运输部2007年1号令);

(3)《公路工程施工安全技术规程》(JTJ 076—95);

(4)《水运工程施工安全防护技术规范》(JTS 205-1—2008);

(5)国家发改委等7部委发改投资[2009]3183号《关于加强重大工程安全质量保障措施的通知》;

(6)江苏省治理工程建设领域突出问题工作领导小组苏治工发[2009]4号《关于印发〈关于组织开展全省工程建设领域突出问题排查工作的意见〉的通知》;

(7)江苏省交通运输厅苏交安[2010]1号《关于印发〈全省交通运输系统创建平安交通示范点开展安全管理提高年活动实施意见〉的通知》;

(8)江苏省交通运输厅苏交质[2010]19号《江苏省公路水运工程“平安工地”建设活动实施方案》、《江苏省公路水运工程“平安工地”建设达标标准(征求意见稿)》;

(9)南京四桥指挥部四桥指安[2010]39号《关于推广实施南京长江第四大桥安全生产风险抵押金制度的通知》。

### (六)活动重点

南京四桥“平安工地”创建活动,将既有“社会主义劳动竞赛”活动和“百日生产安全无事故活动”紧密结合,各参建单位围绕4个方面扎实工作,确保活动取得实效。

(1)项目各参建单位安全生产责任制建立和落实情况;安全管理制度建立和运行情况;危险性较大的分部分项工程安全专项施工方案编制、审查和执行情况;劳动用工登记和安全培训教育及安全技术交底情况;机械设备管理和起重设备检验检测情况;隐患排查治理情况;施工场地总体布设、施工驻地建设、场容场貌、施工现场安全防护达标情况;安全专项费用落实和使用管理情况。

(2)杜绝一线工人的习惯性违规操作。继续做好三级安全生产教育工作,坚持执行“班前安全交底会和交接班会”制度,努力营造“我要安全”的生产安全氛围并切实做好施工现场安全防护工作。施工单位安全管理人员要面向一线,及时发现和不断纠正违规操作,坚持缩小习惯和规范的差距,努力让习惯符合规范、使规范成为习惯。监理单位安全管理人员要加强现场巡视和重点工程部位的旁站监督检查,对重复违规严重和现场管理薄弱的施工单位要用重典、出重拳,在监理手段许可的范围内对相关责任单位和责任人进行必要的处罚。指挥部安全处和工程处要加强对施工现场的管理,要分析问题的根源,抓住管理的命脉,从系统和体系的高度,保障操作安全和生产安全。

(3)严格执行“安全生产风险抵押金制度”,实行奖罚两条线的做法,对发生生产安全事故的施工和监理单位在抵押金一定范围内重罚;不发生生产安全事故的条件下,以抵押金同等数量的资金按照安全生产工作考评结果,分期结合“百日生产无事故活动”结果实施奖励。各参建单位应加大安全生产人员和物资的投入并将其纳入生产和管理成本,希望各单位都能将风险金变成奖金并将其全部用于施工和监理单位参建人员的奖金。要让在“平安工地”创建工作中付出辛苦的同志们得到工地平安带来的更多回报。

(4)常年开展“百日生产无事故” 活动。从今年起,每半年进行一次南京四桥“百日生产无事故” 活动,围绕不同主题、突出阶段重点,对活动进行动员、宣传、组织、评比和总结,将活动和既有社会主义劳动竞赛相结合,并运用风险抵押金手段进行评比、表彰和奖励,使南京四桥“平安工地”创建活动更有特色。

### (七)活动步骤

参照《江苏省公路水运工程“平安工地”建设活动实施方案》执行。

### (八)工作要求

(1)努力改变长期以来实际存在的被动的安全生产免责管理局面,主动出击、以攻为守,切实做好南京四桥安全生产目标管理工作。

(2)增强监理、施工单位安全管理人员的素质、数量和能力,创造条件提高其收入、地位和影响,充分发挥专职安全管理人员在现场管理工作中的作用。要充分认识当前安全生产工作的形式和安全生产管理工作的专业性、科学性、人文性、复杂性和综合性要求,把有专业、懂工程、善沟通、能管理和高素质人员充实到专职安全生产管理队伍中,并让其有认同感、荣誉感和成就感。

(3)把好新队伍进场关,对后续进场队伍要按南京四桥安全生产管理体系要求,高起点、高标准纳入管理,不留安全工作盲区。

(4)改善1%安全生产经费的支付并加强其使用监督。要对比实施该经费之前安全生产投入情况，切实保障安全经费更多用于安全教育、安全防护、专项安全方案的研究和投入等方面，让其在促进和提升安全生产管理工作方面起到实质保障作用。

(5)大力开展宣传培训教育工作，加大对“平安工地”建设活动的宣传力度，着力抓好2010年以“安全发展 预防为主”为主题的第九个“全国安全生产月”等各项宣传活动。通过召开推进会、举办培训、经验交流等方式，大力推进“平安工地”建设各阶段活动在各施工合同段扎实有效开展。各施工单位要高度重视安全培训教育工作，认真抓好对施工人员的培训教育工作，提高一线施工人员的安全防范意识，熟练掌握安全操作技能以及避险、抢险能力。

(6)各参建单位应严格对照《江苏省公路水运工程“平安工地”建设达标标准》要求进行自检并整改，并对各参建单位进行严格考核。对在活动中走过场、工作措施不得力、工程现场管理混乱的单位，要予以坚决纠正，问题严重的要予通报批评，发生责任事故的要严肃查处。南京四桥全线要以创建“平安工地”活动为契机，强化对工程安全管理的研究，提高工程安全管理的科学化、规范化水平，加强工程安全监管体制和机制建设，努力形成以项目管理为对象、以安全为核心的完整、系统、长效的工程安全监管体系，全面提升南京四桥安全生产水平。

## 第二节 “平安工地”建设达标考核标准

南京长江第四大桥平安工地建设标准以《江苏省公路水运工程“平安工地”建设达标标准》(以下简称《标准》)为依据，《标准》分别对建设单位、监理单位和施工单位制定了考核内容、考核方法及扣分标准做出了规定，共分20个工作类别58个项目进行考核。

### 一、建设单位达标考核标准

建设单位达标考核标准见表8-2-1。

**建设单位达标考核标准表** 表8-2-1

| 序号 | 类别 | 考核内容 | 考核方法 | 扣分标准 | 标准分 | 扣分 | 实得分 | 小项序号 |
|---|---|---|---|---|---|---|---|---|
| 1 | 执行政策 | 对国家、行业及上级有关工程建设安全管理工作政策、法规进行贯彻落实 | 查单位行文、会议记录和工作台账 | 未见记录者不得分；记录不全扣5～20分 | 50 | | | 1 |
| | | 制定“平安工地”建设活动贯彻实施方案 | 查单位行文 | 未见文件不得分 | 80 | | | 2 |
| | | 对“平安工地”建设活动进行部署 | 查会议台账 | 未见记录不得分 | 50 | | | 3 |
| | | 按要求参加各类会议、培训；按要求报送相关工作情况 | 查会议培训记录、汇报材料 | 不按要求参加的每次扣5分；不按照要求报送材料的每次扣5分 | 50 | | | 4 |

续上表

| 序号 | 类别 | 考核内容 | 考核方法 | 扣分标准 | 标准分 | 扣分 | 实得分 | 小项序号 |
|---|---|---|---|---|---|---|---|---|
| 2 | 责任落实 | 单位主管领导和分管领导、内部各部门安全责任明确，明确归口部门和责任人 | 查单位行文 | 责任未落实或不明确的扣10～30分 | 70 | | | 5 |
| | | 建立安全会议、检查、隐患整改及事故报告等制度 | 查单位行文 | 未行文的扣30分；制度建设少一项扣10分 | 80 | | | 6 |
| 3 | 招标管理 | 招标文件应当要求施工单位具有有效的《安全生产许可证》、按每5000万合同额配备一名C类证书专职安全员、项目负责人须持有有效的B类证书 | 查招投标文件并在对施工单位检查时进行验证 | 施工单位《安全生产许可证》被暂扣或已失效扣30分；<br>B、C类证书发现有效期已过或工作单位不符的每发现一例扣5分 | 70 | | | 7 |
| | | 在招标文件中应当对施工单位工程安全管理提出要求 | 查文件 | 未见者不得分 | 50 | | | 8 |
| | | 与中标单位签订安全生产合同 | 查合同 | 未见者不得分 | 50 | | | 9 |
| | | 单列安全专项经费 | 查合同 | 未见者不得分 | 70 | | | 10 |
| 4 | 检查考核 | 根据检查制度定期组织对项目从业单位安全检查，每次检查后形成检查通报 | 查通报 | 未见记录的不得分；不能按照要求进行检查的扣10～30分 | 80 | | | 11 |
| | | 督促从业单位对安全问题和隐患进行整改，从业单位应当及时书面反馈整改情况。对不能立即整改的隐患应要求排出整改计划及防范措施 | 查反馈意见，到现场进行核验 | 未见反馈的不得分。整改不全每少一项扣5分；整改计划及措施有效性不强扣5～30分 | 80 | | | 12 |
| | | 对于施工、监理等从业单位安全工作进行定期考核，进行奖优罚劣 | 查台账 | 未开展考核工作的不得分，考核和奖罚不及时的酌情扣10～30分 | 70 | | | 13 |
| 5 | 专项工作 | 编制项目应急预案，并根据实际情况组织演练 | 查文件和记录 | 未编预案的不得分；预案针对性差和演练不及时的酌情扣5～20分 | 50 | | | 14 |
| | | 按要求及时支付安全专项经费 | 查台账 | 不能及时或按照要求支付的扣5～20分 | 50 | | | 15 |
| | | 按要求进行事故报告及相关处置工作 | 查台账 | 未发生事故的不扣分。发现事故未按要求进行报告、处置的扣10～20分 | 50 | | | 16 |
| 合计 | | 1000 | | | | | | |

## 二、监理单位达标考核标准

监理单位达标考核标准见表 8-2-2。

监理单位达标考核标准表 表 8-2-2

| 序号 | 类别 | 考核内容 | 考核方法 | 扣分标准 | 标准分 | 扣分 | 实得分 | 小项序号 |
|---|---|---|---|---|---|---|---|---|
| 1 | 工作策划 | 制定“平安工地”建设安全监理实施方案 | 查文件 | 未见文件不得分；针对性不强酌情扣 10～30 分 | 70 | | | 17 |
| | | 编写项目安全监理大纲，制定安全监理实施细则 | 查文件 | 未见文件不得分；大纲、细则编制针对性不强、未体现阶段性特点的酌情扣 20～10 分 | 100 | | | 18 |
| 2 | 责任落实 | 明确总监、副总监及专业监理工程师、安全监理责任人的岗位职责 | 查文件 | 责任未落实或没有针对性的扣 10～30 分 | 70 | | | 19 |
| | | 建立会议、检查、方案审查、专项经费审批、隐患督促整改等工作制度 | 查文件 | 制度少一项扣 20 分；制度制定针对性可操作性不强酌情扣 10～30 分 | 100 | | | 20 |
| 3 | 审查审批 | 审查或组织审查施工单位危险性较大的分部分项工程安全专项方案和施工临时用电方案 | 查文件 | 未审查的不得分。未认真或未及时审查的酌情扣 20～40 分；方案未审查通过工程已实施扣 30 分 | 100 | | | 21 |
| | | 对施工单位申报的安全专项经费及时审批 | 查相关记录、现场检查印证 | 未认真审批的扣 10～30 分 | 70 | | | 22 |
| 4 | 安全检查 | 对施工单位内业资料检查 | 查记录，施工单位内业资料情况印证 | 未检查不得分；检查不认真或检查结果与实际不符的扣 10～30 分 | 70 | | | 23 |
| | | 对施工现场检查，填写安全监理日志 | 查记录，施工现场情况印证 | 未按规定进行检查扣 20～40 分，未填写监理日志或记录不全扣 20～60 分 | 110 | | | 24 |
| | | 对于短时间难以消除的安全隐患，排出督促整改计划，并对整改期施工现场的防范措施进行检查 | 查记录，施工现场核对 | 未按规定进行督促整改的扣 20～40 分 | 100 | | | 25 |
| 5 | 安全活动 | 安全监理例会至少每月进行一次，对当前工作进行总结、点评，对下月工作进行部署 | 查记录 | 未正常开展的扣 10～30 分 | 70 | | | 26 |

续上表

| 序号 | 类别 | 考核内容 | 考核方法 | 扣分标准 | 标准分 | 扣分 | 实得分 | 小项序号 |
|---|---|---|---|---|---|---|---|---|
| 5 | 安全活动 | 及时学习上级有关政策，对相关安全监理业务知识开展培训 | 查记录 | 未进行内部培训教育的不得分；总监（监理组长）、安全监理工程师未持交通部安全环保培训合格证书，每人次扣20分；培训教育不及时、针对性不强的扣10～30分 | 70 | | | 27 |
| | | 对内部安全监理工作进行考核 | 查记录 | 未考核的不得分；考核未全覆盖、不及时酌情扣10～30分 | 70 | | | 28 |
| 合计 | | 1000 | | | | | | |

## 三、施工单位考核达标标准

施工单位考核达标标准见表8-2-3。

**施工单位考核达标标准表** 表8-2-3

| 序号 | 类别 | 考核内容 | 考核方法 | 扣分标准 | 标准分 | 扣分 | 实得分 | 小项序号 |
|---|---|---|---|---|---|---|---|---|
| 1 | 责任落实 | 建立项目安全生产组织体系框图，框图应涵盖领导层、各部门、作业层3个层次 | 查项目部行文 | 3个层次缺少或覆盖不全扣5～10分 | 20 | | | 29 |
| | | 明确项目负责人、各部门、作业层安全生产责任 | 查项目部行文 | 责任不全或未全覆盖扣5～10分；责任表述不符合本项目实际情况扣5～10分 | 30 | | | 30 |
| | | 国家法律、行业及上级要求施工单位开展的安全工作均应建立相应的管理制度。制度建设应当具有针对性、可操作性和时效性 | 查文件 | 制度建设项目不全扣5～25分；制度“三性”不强扣5～25分 | 50 | | | 31 |
| 2 | 工作策划 | 制定本标段“平安工地”建设工作方案 | 查文件 | 未见文件不得分；针对性、可操作性不强扣10～30分 | 50 | | | 32 |
| | | 制定本标段安全工作计划并进行安全目标分解 | 查文件 | 安全计划及任务不分解、不具体扣5～10分 | 20 | | | 33 |

续上表

| 序号 | 类别 | 考核内容 | 考核方法 | 扣分标准 | 标准分 | 扣分 | 实得分 | 小项序号 |
|---|---|---|---|---|---|---|---|---|
| 3 | 安全活动 | 标段至少每月组织一次安全生产工作例会，临时性的重要工作有专门会议部署 | 查记录 | 记录不全扣5～10分 | 20 | | | 34 |
| | | 对所有进场人员实行实名登记，对新进场、转岗、复工工人开展安全培训教育 | 查台账，现场随机抽查工人进行考核证 | 未见人员登记册扣15分；安全培训教育名单与人员花名册不符或与现场人员不符扣5～10分 | 30 | | | 35 |
| | | 对于相关作业人员开展安全技术交底，项目经理部资料应包括全体作业人员 | 查台账，现场随机抽查工人进行印证 | 安全技术交底资料不全扣5～10分；安全技术交底与现场抽查人员不符扣5～10分 | 30 | | | 36 |
| 4 | 专项方案 | 对标段分部分项工程进行危险性分析，列出需编制安全专项方案的分部分项工程名称 | 查台账 | 未分析及未列出目录的不得分；不全者扣5～15分 | 30 | | | 37 |
| | | 按照要求开展危险性较大的分部分项工程编制及报审 | 查文件 | 未按照要求编制和报审扣10～20分；方案编制笼统、针对性不强或有明显错误扣10～20分 | 50 | | | 38 |
| | | 方案经监理审查通过后在现场予以实施，相应的分部分项工程方可开工 | 查台账，现场核验 | 审查通过后的方案未在现场有效实施的扣10～20分；方案未审查通过相应的分部分项工程开工的扣20分 | 40 | | | 39 |
| | | 按照要求编制应急救援预案并根据实际情况组织演练 | 查文件、台账 | 未编制预案的不得分；预案编制针对性、可操作性不强且未组织演练的扣10～20分 | 40 | | | 40 |
| 5 | 人员持证 | 项目负责人均持有效B证；每5000万配备一名持有效C证的专职安全员。证书内单位名称应当与中标单位相符且在有效期之内 | 查证件 | 发现一例未持有效证书扣5分 | 30 | | | 41 |
| | | 特殊工种均应持有效证书；证书应当按照要求进行年审，类别应当与标段内使用的机械设备、作业对应，有进出场时间 | 查台账，同时与人员在现场对应检查，现场随机抽检 | 发现一例未持有效证书扣5分；证书类别与标段实际情况不符或持证人没有进出场时间扣5～15分 | 30 | | | 42 |

续上表

| 序号 | 类别 | 考核内容 | 考核方法 | 扣分标准 | 标准分 | 扣分 | 实得分 | 小项序号 |
|---|---|---|---|---|---|---|---|---|
| 6 | 机械设备 | 标段施工机具建立分类管理台账，大型设备及模板、架设系统，建立“一机一档”，有进出场登记时间 | 查台账 | 台账不全扣5～20分 | 30 | | | 43 |
| | | 起重机械、大型提升及架设设施经法定检测或专项检测 | 查台账，现场对比 | 未检测扣40分；记录不全或与实物不符扣10～20分 | 50 | | | 44 |
| | | 具有齐全的操作规程，按照要求进行设备维护 | 查记录 | 资料不符要求或不全扣10～20分 | 30 | | | 45 |
| | | 编制临时用电方案，在现场有效实施 | 查记录、现场检查 | 不满足要求的扣5～15分 | 30 | | | 46 |
| 7 | 专项经费 | 根据安全工作计划、专项方案和规范要求开展现场安全防护、落实安全保障措施的要求，编制安全经费使用计划 | 查记录 | 未编制使用计划不得分，计划针对性不强扣10～20分 | 40 | | | 47 |
| | | 建立安全经费使用台账，为现场作业人员办理人身意外险 | 查记录，有条件的进行现场比对 | 台账不全或现场不符者扣5～15分 | 30 | | | 48 |
| 8 | 现场布设 | 施工现场布设、驻地建设满足安全规定 | 现场检查 | 不满足要求扣10～20分 | 30 | | | 49 |
| | | 临时便桥、临时房屋搭设满足要求 | 现场检查 | 不满足要求扣10～20分 | 30 | | | 50 |
| | | 各种警示警告标志、宣传告示牌操作规程牌醒目、牢固且安放位置正确 | 现场检查 | 不满足要求扣5～15分 | 20 | | | 51 |
| 9 | 安全防护 | 现场各种孔洞、高空临边防护到位，上下通道搭设满足要求 | 现场检查 | 不满足要求扣10～20分 | 30 | | | 52 |
| | | 各种作业按照规程进行、作业人员按照要求佩戴防护用品 | 现场检查 | 发现一例违规作业扣5分 | 20 | | | 53 |
| 10 | 检查整改 | 建立阶段性、可操作性强的日常安全巡查制度和安全生产大检查制度，并有相应的文书表达形式和奖惩办法 | 查台账 | 检查次数或组织形式不满足要求的扣5分 | 30 | | | 54 |
| | | 专职安全员每日组织安全巡查，至少每个月由项目领导带队组织标段安全生产大检查，并根据工作需要加密安全生产大检查的频率 | 查台账、文件 | 不全者扣10～20分 | 40 | | | 55 |

续上表

| 序号 | 类别 | 考核内容 | 考核方法 | 扣分标准 | 标准分 | 扣分 | 实得分 | 小项序号 |
|---|---|---|---|---|---|---|---|---|
| 10 | 检查整改 | 具有巡查记录、安全生产大检查应有通报并附有整改回单 | 查文件,整改完毕进现场对证 | 不满足要求的扣 10～20 分 | 40 | | | 56 |
| | | 建立隐患排查登记和防控制度,现场各种安全隐患进行有效防控直至消除 | 现场检查 | 不满足要求的扣 10～20 分行 | | | 57 | |
| | | 每月根据检查情况奖优罚劣 | 查记录 | 未进行者不得分,不全者扣 10～20 分 | 40 | | | 58 |
| 合计 | | 1000 | | | | | | |

## 四、外业部分督查要点

(1)第 35、36 小项:现场比对施工人员教育、交底情况。

(2)第 39 小项:现场方案与现场一致性对比检查。

(3)第 43、44 小项:大型设备特别是起重设施在现场搭设、使用的安全检查。

(4)第 45 小项:施工机具在现场的安全性(主要是传动装置、电路、接地、防雨等方面的要求)。

(5)第 46 小项:施工临时用电检查见表 8-2-4。

**施工临时用电检查表** 表 8-2-4

<table>
<tr><td colspan="6">①临时用电与施工用电方案的对应检查(不满足要求扣 10 分);<br>②“三级配电、两级保护”和“一机、一闸、一漏保”的要求(每发现一处不合格扣 5 分);<br>③电缆架空和入地埋设要求(每发现一处不合格扣 5 分);<br>④电箱固定、上锁、防雨等措施(不满足要求扣 5 分);<br>⑤场内照明及安全电压使用(不满足要求扣 5 分)</td></tr>
<tr><td>标准分</td><td>30 分</td><td>扣分</td><td></td><td>实得分</td><td></td></tr>
</table>

(6)第 49 项:施工现场布设、驻地建设检查见表 8-2-5。

**现场布设、驻地建设检查表** 表 8-2-5

<table>
<tr><td colspan="6">①现场办公区、生活区、施工区分开设置,生活区、办公区所用房屋满足要求(不满足要求扣 5～10 分);<br>②场内交通组织明晰,按要求设置各类围挡(不满足要求扣 5～10 分);<br>③按照消防要求配备消防器材(不满足要求扣 5～10 分)</td></tr>
<tr><td>标准分</td><td>30 分</td><td>扣分</td><td></td><td>实得分</td><td></td></tr>
</table>

(7)第 50 小项:施工临时设施检查见表 8-2-6。

**施工临时设施检查表** 表 8-2-6

<table>
<tr><td colspan="6">①模板、支架、脚手架现场搭设与专项方案的一致性(不满足要求扣 10 分);<br>②模板、支架、脚手架所使用材质的品质现场验收(不满足要求扣 5 分);<br>③施工便桥、专用通道、施工平台、拌和楼等满足安全要求(每发现一处不合格扣 5 分);<br>④高处作业脚手板满铺,脚手板宽度,厚度及固定满足要求,脚手板通道不得堆放杂物(每发现一处不合格扣 5 分);<br>⑤钢筋加工作业、电焊作业场地满足要求(不满足要求扣 5～10 分)</td></tr>
<tr><td>标准分</td><td>30 分</td><td>扣分</td><td></td><td>实得分</td><td></td></tr>
</table>

(8)第51小项:标志标牌检查见表8-2-7。

标志标牌检查表 表8-2-7

| | | | | | |
|---|---|---|---|---|---|
| ①作业区旁操作规程牌醒目、牢固(不满足要求扣5分);<br>②各种坑洞、危险作业区域警示标牌醒目、牢固(不满足要求扣5分);<br>③场内交通标志、安全宣传标牌醒目(不满足要求扣5～10分) | | | | | |
| 标准分 | 20分 | 扣分 | | 实得分 | |

(9)第52小项:现场防护、通道设置检查见表8-2-8。

现场防护、通道设置检查表 表8-2-8

| | | | | | |
|---|---|---|---|---|---|
| ①现场各个孔洞、临边、临水防护到位(每发现一处不合格扣5分);<br>②深基坑、大型基础施工、桥梁高处施工上、下通道布设满足要求(每发现一处不合格扣5分);<br>③挖孔桩施工周边防护及通风满足要求(不满足要求扣5～10分);<br>④隧道施工监测及通风满足要求(不满足要求扣5～10分);<br>⑤大型边坡开挖坡率及监测防护措施、基坑施工需要采取降水措施的满足要求(不满足要求扣5～10分) | | | | | |
| 标准分 | 30分 | 扣分 | | 实得分 | |

(10)第53小项:施工作业检查见表8-2-9。

施工作业检查表 表8-2-9

| | | | | | |
|---|---|---|---|---|---|
| ①桥梁、梁板、沉箱运输及安装满足要求(不满足要求扣5分);<br>②打桩、挖泥船作业满足安全要求(不满足要求扣5分);<br>③施工人员满足要求(不满足要求扣5分);<br>④起重吊装作业区域安全措施、信号指挥满足要求(不满足要求扣5分);<br>⑤大型模板作业及垂直升降设备作业满足要求(不满足要求扣5分) | | | | | |
| 标准分 | 20分 | 扣分 | | 实得分 | |

## 五、达标考核办法

(1)达标工地考核仅对施工单位进行,达标工程考核对项目建设、施工、监理单位综合进行。

(2)本《标准》采用千分制。评分达到600分及以上者为合格,评分达到850分及以上者为示范级。

达标工程考核分值计算为:

$$\text{建设单位得分}\times 0.1+\frac{\sum \text{项目所有监理标段得分}}{\text{监理标段个数}}\times 0.2+\frac{\sum \text{项目所有在建施工标段得分}}{\text{在建施工标段个数}}\times 0.7$$

达标示范工程除总分达到850分以上外,所有参建单位个体得分必须全部达到600分以上,且未发生伤亡事故。

(3)本《标准》各小项扣分上限值为该小项标准分。

# 第三节 “平安工地”达标标准分解与工作要求

为了更好地开展“平安工地”创建活动，便于在实际工作中操作和掌握，将“平安工地”建设达标标准进行了分解与细化，并提出工作要求，使之更便于操作。

## 一、建设单位达标标准细化及工作要求

### (一)执行政策

建设单位在执行政策方面达标标准细化见表 8-3-1。

执行政策达标标准细化表　　表 8-3-1

| 类别 | 序号 | 考核内容 | 达标标准细化及工作要求 |
|---|---|---|---|
| 执行政策 | 1 | 对国家、行业及上级有关工程建设安全管理工作政策、法规进行贯彻落实 | 主要政策法规文件：<br>(1)《中华人民共和国建筑法》(中华人民共和国主席令第 91 号)；<br>(2)《中华人民共和国劳动法》(中华人民共和国主席令第 28 号)；<br>(3)《中华人民共和国道路交通安全法》(中华人民共和国主席令第 81 号)；<br>(4)《中华人民共和国安全生产法》(中华人民共和国主席令第 70 号)；<br>(5)《中华人民共和国公路法》(中华人民共和国主席令第 19 号)；<br>(6)《中华人民共和国公路管理条例》(中华人民共和国国务院令第 543 号)；<br>(7)《建设工程安全生产管理条例》(中华人民共和国国务院令第 393 号)；<br>(8)《公路水运工程安全生产监督管理办法》(中华人民共和国交通部令 2007 年第 1 号)；<br>(9)《交通部公路水运工程质量安全督查办法》(交质监发[2008]52 号)；<br>(10)《公路建设监督管理办法》(交通部[2006]第 6 号令)；<br>(11)《江苏省工程建设管理条例》(2003 年修订)；<br>(12)《江苏省劳动保护条例(修改版)》(江苏省第十届人民代表大会常务委员会第 58 号)。<br>标准分解：<br>(1)正式行文贯彻上级部门印发或转发的工程建设安全文件；<br>(2)正式行文贯彻上级部门召开的工程建设安全会议精神；<br>(3)根据夏、冬季及防台、防汛等重要季节特点正式印发安全管理文件；<br>(4)根据春节、国庆等重要节假日的特点，强化管理，正式印发安全管理文件；<br>(5)根据工程现场管理重点部位、重点工序等特点正式印发安全管理文件；<br>(6)召开安全例会或安全专题会议进行宣传贯彻，并有台账记录(含图片资料) |
|  | 2 | 制定“平安工地”建设活动贯彻实施方案 | (1)实施方案内容及步骤须与省、市等上级部门指导方案相一致；<br>(2)突出本工程自身特点，细化活动各阶段要求；<br>(3)与重大危险源排查控制、重大隐患排查整治以及日常管理等工作相结合；<br>(4)有行文 |

续上表

| 类别 | 序号 | 考 核 内 容 | 达标标准细化及工作要求 |
|---|---|---|---|
| 执行政策 | 3 | 对"平安工地"建设活动进行部署 | (1)召开专题会议,对"平安工地"建设活动有部署、有计划、有安排;<br>(2)对"平安工地"活动进行督促、检查、指导,并有书面记录;<br>(3)对活动进行阶段性总结,分析前阶段创建工作特点,部署下阶段工作 |
| | 4 | 按要求参加各类会议、培训;按要求报送相关工作情况 | (1)制定工程年度安全培训计划;<br>(2)督促各参建单位必须组织针对本工程特点的安全生产、文明施工教育培训活动,有计划地对参建人员进行安全生产、文明施工教育培训;<br>(3)对各类活动有表彰,有总结 |

## (二)责任落实

建设单位在责任落实方面达标标准细化见表 8-3-2。

**责任落实达标标准细化表** 表 8-3-2

| 类别 | 序号 | 考 核 内 容 | 达标标准细化及工作要求 |
|---|---|---|---|
| 责任落实 | 5 | 单位主管领导和分管领导、内部各部门安全责任明确,明确归口部门和责任人 | 1.法律、法规规定的建设单位安全生产职责及相关依据<br>依据"谁建设,谁管理"的原则,我国相关法律规定,建设方作为工程项目的投资主体,应对施工各个环节负责综合管理,在整个工程建设中居于主导地位,不因工程转包或委托第三方监管而影响其安全管理职责。从事建设工程活动不得损害社会公共利益和他人的合法权益。<br>2.指挥部安全管理体系<br>指挥部安全生产的组织领导机构,由指挥长和安全管理部的负责人组成。其主要职责是:全面负责整个工程安全生产管理工作,研究制定安全生产技术措施和劳动保护计划,实施安全生产检查和监督,调查处理事故等工作。成立安全生产领导小组,安全生产小组组长由现场指挥长担任,负责领导安全生产管理监管工作,实施安全生产监督检查,确保生产安全。指挥长是指挥部安全生产的第一责任人,安全管理部负责人是本单位安全生产的主要责任人。<br>3.指挥部安全责任分解<br>(1)指挥长的安全职责<br>①贯彻执行国家、地方政府和上级主管部门的有关道路施工安全的方针、政策和法律法规,对本工程施工安全负全面责任。<br>②领导制定本工程建设施工期间安全管理工作整体规划、目标,建立健全本工程建设施工的各项安全管理制度。<br>③建立健全施工指挥部的安全组织机构,配备专职安全管理人员。<br>④提供落实本工程在建设施工期间安全管理所需要的资金、物资、技术、设施,保证安全管理目标的实施。<br>⑤定期主持召开安全例会,听取安全管理情况汇报,研究解决工程建设中存在的不安全问题,消除安全隐患。定期组织安全教育培训和安全检查。<br>⑥主持制定事故应急救援预案,建立应急救援网络。<br>⑦对施工项目安全生产费用的提取、使用进行监督。<br>⑧对发现的重大隐患,责令施工单位立即整改,对拒不整改的应通知主管部门处理。<br>⑨建设主管部门授权的其他职责 |

续上表

| 类别 | 序号 | 考核内容 | 达标标准细化及工作要求 |
| --- | --- | --- | --- |
| 责任落实 | 5 | 单位主管领导和分管领导、内部各部门安全责任明确，明确归口部门和责任人 | (2)安全管理部负责人的安全职责<br>①代表指挥部对施工过程进行安全管理，监督各参建单位建立、健全安全保证体系并确保其正常运行；负责督促、检查监理单位对安全管理的执行情况，负责检查监理、施工单位安全组织机构的运行情况。<br>②审核施工路段的交通安全组织方案并报有关部门审批。<br>③负责日常交通组织及安全管理工作的监督、检查，并做好台账。<br>④定期召开安全例会，就安全问题进行协调并做好会议记录。<br>⑤参与审查施工单位编制的各项技术方案、安全技术规程、技术交底方案。<br>⑥针对本项目特点，组织编制事故应急救援预案，并组织演练。<br>⑦组织开展安全生产大检查，督促相关单位及部门对安全隐患及时整改，并检查整改措施落实情况，发现重大安全隐患，有权勒令停工并及时上报指挥长。<br>⑧保持与相关部门的密切联系，并与指挥部各部门通力合作，确保工程安全顺利进行。<br>⑨完成主管部门和指挥长授权的其他职责。<br>(3)安全管理部办事员的安全职责<br>①协助本部门领导贯彻执行劳动保护法令、制度，综合管理日常安全生产工作。<br>②汇总和审查安全生产措施计划，并督促有关部门切实按期执行。<br>③制定、修订安全生产管理制度，并对这些制度的贯彻执行情况进行监督检查。<br>④参与开展安全生产大检查。深入现场指导生产中的劳动保护工作。遇有特别紧急的不安全情况时，有权指令停止生产，并立即报告领导研究处理。<br>⑤总结和推广安全生产的先进经验，搞好安全生产的宣传教育和专业培训。<br>⑥根据有关规定，发放符合国家标准的劳动防护用品，并监督正确佩戴和使用。<br>⑦组织有关部门研究制定防止职业危害的措施，并监督执行。<br>(4)办公室的安全职责<br>①负责指挥部机关保卫值班工作，保护单位财产、物质不受损失，做好指挥部内部的防火、防盗、防爆工作，经常检查办公楼、宿舍、食堂等场所的安全用电、消防情况，发现隐患及时整改。<br>②发生治安和刑事案件，立即采取措施，保护现场，提供线索，积极配合相关部门调查了解情况。<br>③对指挥部的公务车车辆安全负直接责任。<br>④牢固树立“安全第一、预防为主”的思想，及时掌握驾驶员的思想动态，切实加强对驾驶员安全学习和教育。<br>⑤定期对车辆技术状况检查，杜绝“带病”出车。<br>⑥及时做好安全宣传报道工作，定期发布工程施工安全管理信息，加大宣传力度。<br>⑦对指挥部保密工作负责。<br>⑧完成主管部门和指挥长授权的其他职责。<br>(5)工程部的安全职责<br>①贯彻执行有关公路安全施工技术规程、规定，参与审查施工单位编制的各项技术方案、安全技术规程、技术交底方案。 |

续上表

| 类别 | 序号 | 考核内容 | 达标标准细化及工作要求 |
|---|---|---|---|
| 责任落实 | 5 | 单位主管领导和分管领导、内部各部门安全责任明确，明确归口部门和责任人 | ②在确保质量、安全的前提下，指导施工单位合理安排工期。<br>③负责监督施工单位的技术交底情况，对新技术、新材料和新方法的使用情况进行检查。<br>④组织编制工程的施工指导意见，负责检查监理与施工单位施工组织设计和施工方案的安全技术措施执行情况。<br>⑤参与关键施工部位和关键岗位人员操作技能的考核和安全设施、设备的验收，对发现的问题，从技术角度提出意见和建议。<br>⑥参与安全检查，对施工中存在的事故隐患，从技术上提出责任认定整改意见，并予以解决，对交叉作业的工序进行指导。<br>⑦参与对一般事故的调查处理，从技术角度提出责任认定和整改意见并组织有关工作人员落实。<br>⑧危险性较大的分项工程、分包项目，应初审施工单位编制的施工安全方案，参与由施工单位组织的专家审查，上报有关部门。<br>⑨完成主管部门和指挥长授权的其他职责。<br>(6)计划(合同)部的安全职责<br>①在组织签订中标合同时，负责签订安全合同，并报安全部门备案。<br>②按照《江苏省公路施工路段管理办法》规定，足额收取施工单位安全保证金。<br>③参与检查考核，对于安全隐患未能及时整改的施工单位，按规定扣除考核分值。<br>④按照规定保证安全管理经费的正常使用，并形成记录监督使用情况。<br>⑤依据劳动竞赛方案，对施工单位安全奖惩进行记录。<br>⑥完成主管部门和指挥长授权的其他职责。<br>(7)检测中心(试验室)的安全职责<br>①认真执行上级有关安全管理规定，对各项目部(监理组检测室)的安全工作负监督责任。<br>②认真执行安全技术措施及安全操作规程，检测中心的各项工作应向操作人员进行安全技术交底，并将交底的执行情况经常检查随时纠正违章操作。<br>③经常检查各项目部(监理组)检测室的各种设备的安全状况，发现问题及时纠正解决，对重点、特殊部位，必须检查操作人员及设备、设施技术状况是否符合安全要求，落实安全技术措施，并监督其执行，做到不违章指挥。<br>④定期和不定期组织学习安全操作规程，开展安全教育活动，接受安全部门或人员安全监督检查，及时对提出的安全隐患进行整改。<br>⑤对试验用化学药品应妥善保管，切实做到防腐、防漏、防爆，发现问题，立即停止使用，做好安全防范工作。<br>⑥完成主管部门和指挥长授权的其他职责。<br>4.安全责任体系图 |
|  | 6 | 建立安全会议、检查、隐患整改及事故报告等制度 | 1.安全管理制度的制定程序<br>第一步：制度的初拟，由指挥部安全管理部门结合本工程具体的施工特点和安全管理工作的需要，提出制度制订要求。经指挥部、监理部和项目部相关的安全管理人员同意后，进行充分的调查研究，提出制度草案。<br>第二步：讨论和审查，安全管理制度草案提出后，要广泛征求相关各方的看法和意见，集思广益，充分讨论、研究的基础上，改正其中不切合实际之处，弥补疏漏，调整与其他制度矛盾、重复之处，使制度草案进一步完善化。同时对管理对象提供相应的条款解释。 |

续上表

| 类别 | 序号 | 考核内容 | 达标标准细化及工作要求 |
|---|---|---|---|
| 责任落实 | 6 | 建立安全会议、检查、隐患整改及事故报告等制度 | 第三步:试行步骤,安全管理制度草案经上级管理部门审批后,可以以文件形式下发到各监理部和项目部进行试行。试行的目的是在实践中进一步检验和完善,使之成熟化、合理化。对于新制定的制度规范,试行是必不可少的一个阶段。<br>第四步:正式执行,安全管理制度经过一段时间试行、完善后,即可稳定下来,形成正式的、具有规范性效果的制度文本,按照确定的范围和时间正式执行。与此同时,要向相关方面说明情况,报送上级管理机关备案。<br>2.安全管理制度的基本要求<br>(1)合法性:安全管理制度应严格依据国家一贯政策、法律法规及行业标准,与上级相关安全管理制度规章的要求相协调,不得与之相抵触。<br>(2)完整性:在制定过程中要充分、全面的考虑制度实行过程中会遇到的情况,尽量避免缺项和漏洞。<br>(3)适用性:要尽可能结合工程的实际情况和施工工序特点编写,力求合理性、先进性和可操作性的统一。<br>(4)准确性:文字表达准确、简明、逻辑严谨,条理清楚,要点突出,不能有重大疏漏。<br>3.安全管理制度的基本结构<br>名称、目的、依据、适用范围、关键词语解释、职责、安全管理内容和要求、解释机构。当与现行管理制度冲突时,应表明处理原则。建立的制度:<br>(1)安全工作会议制度;<br>(2)安全生产检查制度;<br>(3)安全生产隐患整改制度;<br>(4)安全生产事故报告等制度 |

## (三)招标管理

建设单位在招标管理方面达标标准细化见表8-3-3。

**招标管理达标标准细化表** 表8-3-3

| 类别 | 序号 | 考核内容 | 达标标准细化及工作要求 |
|---|---|---|---|
| 招标管理 | 7 | 招标文件应当要求施工单位具有有效的《安全生产许可证》、按每5000万元合同额配备一名C类证书专职安全员、项目负责人须持有有效的B类证书 | (1)施工单位是否具有安全生产许可证,并检查有效日期<br>(2)按照合同价的每5000万元配备一名C类安全员,并检查安全员证书情况,项目经理是否与投标文件用一致,并核对项目经理B类证书,同时核对监理单位投标文件中人员约定数量及相关人员资质证书情况 |
| | 8 | 招标文件中对施工单位安全管理要求 | (1)查招标文件中对安全生产管理所提相关要求内容,并查看执行情况;<br>(2)招标文件中应要求施工单位建立相应的安全保障体系,明确各部门安全职责,建立安全管理网络图 |
| | 9 | 安全生产合同 | 查与中标单位所签订的安全生产合同 |
| | 10 | 单列安全经费 | (1)按照工程总造价的1%进行单列,该费用在总工程造价之外进行支付;<br>(2)查中标文件中是否单列安全生产经费,支付审核情况 |

## (四)检查考核

建设单位在检查考核方面达标标准细化见表8-3-4。

**检查考核达标标准细化表**

表8-3-4

| 类别 | 序号 | 考核内容 | 达标标准细化及工作要求 |
|---|---|---|---|
| 检查考核 | 11 | 根据检查制度定期组织对项目从业单位安全检查,每次检查后形成检查通报 | (1)填写安全日志,记录日常巡查中发现的安全问题以及采取的相关措施;<br>(2)每月集中对施工、监理单位进行内业、外业进行检查,内业检查包括各参建单位的安全责任落实、安全制度的实行、日常安全工作开展的记录(人员进出场记录、人员的三级教育、技术工种的技术交底和操作证件、机械设备的进出场记录和相关机械合格证、专项安全施工方案、安全日志、安全会议记录)等各项记录台账。外业检查包括施工现场是否按要求布置安全防护设置、施工人员是否遵照三级教育和技术交底进行施工、机械操作手是否按操作规程进行作业、危险性较大的分部分项工作是否按照制定的专项安全方案进施工<br>(3)做好每次检查的详细记录,包括检查时间、检查内容。<br>(4)根据检查记录,以指挥发文的形式拟发检查通报,必要时应将检查通报抄送至参建单位所在总公司安全部门,在通报中应该明确逐条写明需要整改的事项并注明整改要求及整改回复时间 |
| | 12 | 督促从业单位对安全问题和隐患进行整改,从业单位应当及时书面反馈整改情况。对不能立即整改的隐患应要求排出整改计划及防范措施 | (1)安全隐患整改通知书和安全隐患整改回复必须做到闭合,且注意整改的时效性;<br>(2)对照从业单位上报的安全隐患整改回复检查是否整改到位;<br>(3)不能立即整改的重大安全隐患应立即停止施工,要求监理单位整理出符合实情的整改计划和防范措施,并督促施工单位实行,待安全隐患减轻消除后方可继续施工 |
| | 13 | 对于施工、监理等从业单位安全工作进行定期考核,进行奖优罚劣 | (1)每个季度的根据检查记录在履约考核当中进行考核打分;<br>(2)要求从业单位以"奖一线,罚管理"的方式进行奖优罚劣,奖励目标为一线施工人员,对于严格并持续遵照安全三级教育或技术交底进行施工的人员进行奖励;惩罚目标为中层管理人员,施工人员违反操作规程或安全三级教育进行施工,对施工人员的管理人员进行惩罚,并做好相关记录 |

## (五)专项工作

建设单位在专项工作考核方面达标标准细化见表8-3-5。

专项工作达标标准细化表 表 8-3-5

| 类别 | 序号 | 考 核 内 容 | 达标标准细化及工作要求 |
| --- | --- | --- | --- |
| 专项工作 | 14 | 编制项目应急预案，并根据实际情况组织演练 | (1)应急预案编制结合指挥部各部门职能分工。结合本单位部门职能分工，成立应急预案编制小组，明确编制任务、职责分工，制订工作计划。<br>(2)应急预案编制前收集编制所需的各种资料。包括相关法律法规、应急预案、技术标准、国内外同行业事故案例分析、本单位技术资料等。<br>(3)结合本工程特点，开展危险源与风险分析。在危险因素分析及事故隐患排查、治理的基础上，确定本工程可能发生事故的危险源、事故的类型和后果，进行事故风险分析，并指出事故可能产生的次生、衍生事故，形成分析报告，分析结果作为应急预案的编制依据。<br>(4)开展应急能力评估。对本单位应急装备、应急队伍等应急能力进行评估，并结合本单位实际，加强应急能力建设。<br>(5)根据危险源与风险进行分析。应急预案编制过程中，应注重全体人员的参与和培训，使所有与事故有关人员均掌握危险源的危险性、应急处置方案和技能。应急预案应充分利用社会应急资源，与地方政府预案、上级主管单位以及相关部门的预案相衔接。<br>(6)组织对应急预案评审与发布。应急预案编制完成后，应进行评审。评审由本单位主要负责人组织有关部门和人员进行。外部评审由上级主管部门或地方政府负责安全管理的部门组织审查。评审后，按规定报有关部门备案，并经生产经营单位主要负责人签发。<br>(7)根据实际情况组织开展应急预案演练 |
| | 15 | 按要求及时支付安全专项经费 | 1.实施依据<br>(1)公路水运工程安全生产监督管理办法(交通部 2007 年第 1 号令)第二十二条规定:施工单位在工程报价中应当包含安全生产费用，一般不得低于投标价的 1%，且不得作为竞争性报价。安全生产费用，应当用于施工安全防护用具及设施的采购和更新、安全施工措施的落实、安全生产条件的改善，不得挪作他用。<br>(2)财政部、安全生产监督管理总局联合颁发《高危行业企业安全生产费用财务管理暂行办法》财企[2006]478 号，第二章安全费用提取标准的第八条规定:公路工程施工企业以工程项目造价的 1.0%为安全费用计提标准，并规定在竞标时，不得删减。第三章安全生产费用的使用和管理第十三条提出了安全费用列支的 6 个基本范畴。<br>(3)中华人民共和国国务院令第 393 号《建设工程安全生产管理条例》已经 2003 年 11 月 12 日国务院第 28 次常务会议通过，自 2004 年 2 月 1 日起施行。第二章　建设单位的安全责任　第八条　建设单位在编制工程概算时，应当确定建设工程安全作业环境及安全施工措施所需费用。<br>2.标准细则<br>(1)制定安全经费使用计划。建设单位于每年初或工程初始阶段应根据本建设工程推进计划合理编制本年度安全生产经费计划，对项目部的安全生产经费使用作出总体安排。<br>(2)审查安全经费使用情况。制订安全专项经费使用审查制度，根据安全专项经费审查制度由建设单位内部进行初审后，交由跟踪审计单位审计并予以确认。<br>(3)支付安全专项经费 |
| | 16 | 按要求进行事故报告及相关处置工作 | 1.实施依据<br>生产安全事故报告和调查处理条例(国务院 493 号令)。<br>2.标准细化<br>参见表 8-3-2“责任落实”项中“事故报告制度” |

## 二、监理单位达标标准细化及工作要求

### (一)工作策划

监理单位在工作策划方面达标标准细化见表 8-3-6。

**工作策划达标标准细化表**　　表 8-3-6

| 类别 | 序号 | 考核内容 | 达标标准细化及工作要求 |
|---|---|---|---|
| 工作策划 | 17 | 制定“平安工地”建设安全监理实施方案 | (1)编制时间、编制人：监理单位在监理机构进场后一个月内，由总监理工程师主持，专业监理工程师参加制定。<br>(2)编制依据：国家、行业有关法律、法规以及上级部门下发的平安工地建设文件、通知及工程特点。<br>(3)编制要求：实施方案必须根据项目工程特点制定详细的实施方案措施，必须包含自身安全监理工作和对施工单位安全检查监督管理两大部分。监理机构自身安全监理工作包含标准提示监理单位部分的全部内容，对施工单位安全检查监督管理包含标准提示施工单位部分的全部内容。<br>(4)编制文件签发与报送：实施方案必须以监理部文件形式下发所监理施工单位，并抄报建设单位 |
| | 18 | 编写项目安全监理大纲，制定安全监理实施细则 | 1. 安全监理大纲<br>(1)编制时间、编制人：安全监理大纲即安全监理计划，是安全监理工作的指导性文件，监理单位在监理机构进场后一个月内，由总监理工程师主持，安全专业监理工程师参加编写。<br>(2)编制依据：根据监理合同，在项目监理计划的基础上，结合工程的具体情况，编写安全监理计划。实施过程中，根据工程实际情况进行修改和完善、调整和补充。<br>(3)编制内容：安全监理计划的编审应符合项目监理计划的有关规定，其主要内容包括：<br>①安全监理工作依据；②安全监理工作目标；③安全监理工作内容；④安全监理组织机构、岗位人员及职责；⑤安全监理工作制度；⑥安全监理程序和方法；⑦初步认定的危险性较大的分部分项工程一览表；⑧初步认定须复核安全许可验收手续的大中型施工机械和安全设施一览表；⑨初步选定的新材料、新技术、新工艺及特殊结构防止安全事故的监督控制措施；⑩初步确定须编制的专项安全监理细则一览表；⑪拟配备的必要的安全防护用品；⑫安全监理工作总体计划。<br>(4)编审要求：安全监理计划应符合监理计划编审的有关规定。安全监理计划及其修改补充文件经总监理工程师审核签署后，报监理公司审批后实施，用以指导安全监理工作。<br>(5)文件签发与报送：安全监理计划应第一次工地会议前报送建设单位一份，其修改补充文件再经总监理工程师审核后报送建设单位<br>2. 安全监理实施细则<br>(1)编制时间、编制人：在监理机构进场后，即由总监理工程师主持，安全专业监理工程师及相关专业监理工程师编写，并于安全监理计划和承包人的施工组织设计批准后 21 日内编制完成(不含对应施工单位的临时用电施工组织设计的施工现场临时用电专项安全监理细则和对应施工单位的安全专项施工方案的专项安全监理细则)。对达到《施工现场临时用电安全技术规范》 |

续上表

| 类别 | 序号 | 考 核 内 容 | 达标标准细化及工作要求 |
|---|---|---|---|
| 工作策划 | 18 | 编写项目安全监理大纲，制定安全监理实施细则 | (JGJ 46—2005)规定须单独编制临时用电施工组织设计要求的施工现场临时用电和《公路水运工程安全生产监督管理办法》(交通部2007年第1号令)规定须单独编制安全专项施工方案的危险性较大的工程，应单独编制专项安全监理细则，专项安全监理细则在施工方案批准后编制，工程开始前完成。<br>(2)实施细则体系：安全监理实施细则应形成体系，监理单位应根据监理合同、施工合同、已经批准的安全监理计划，编写安全监理实施细则，根据风险分析对危险性较大工程编写专项安全监理细则，作为安全监理实施细则的组成部分。项目规模小、危险因素少或没有危险性较大工程的监理项目，安全监理实施细则和施工现场临时用电监理细则、专项安全监理细则可以合并编写(即不单独编制施工现场临时用电监理细则和专项安全监理细则)。<br>①安全监理实施细则。安全监理实施细则是根据安全监理计划及施工组织设计编制的，是明确监理的重点、难点，对安全监理计划(大纲)中的安全监理工作的组织结构及相关安全监理职责；安全监理的工作内容、工作目标、执行标准，安全监理的工作要求、程序、方法及控制措施的进行详细阐述，以及针对施工现场临时用电施工、施工中存在安全风险的所有分部(项)工程及施工工序或监理工作的某一方面的具体情况的安全监理工作要点、计划或方案。它主要与批准的施工组织设计中的安全技术措施和安全用电技术措施与电气防火措施相呼应，是指导安全监理工作的综合性文件。<br>②专项安全监理细则。专项安全监理细则是根据安全监理计划、安全监理实施细则及临时用电施工组织设计和专项安全施工方案编制的，是针对临时用电设备在5台(含)以上或总容量在50kW(含)以上的施工现场临时用电和针对危险性较大的工程以及技术复杂、专业性较强的工程，按照设计文件与图纸、有关标准、规范、规程编写的安全监理工作要点、计划或方案。它与批准的临时用电施工组织设计、专项安全施工方案相呼应。<br>(3)编制内容：安全监理实施细则主要内容包括：<br>①危险性较大的分部、分项工程安全监理工作的特点和施工现场环境状况；②危险源状况分析及控制目标、标准；③安全监理人员安排与分工；④安全监理工作的方法、程序及控制措施：<br>a.安全技术措施审查方法、程序及控制措施(审查施工工艺方案、施工组织计划、危险因素分析评估、安全技术措施、检测监控措施)；<br>b.安全保障措施审查方法、程序及控制措施(审查组织保障措施、安全应急措施等)；<br>c.安全方案措施监督实施的程序和措施。<br>⑤安全监理工作的检查、控制要点：<br>a.安全技术措施审查要点(重点审查组织保障措施、安全技术措施、检测监控措施、安全应急措施等安全措施)；<br>b.安全保障措施审查要点；<br>c.现场检查控制要点；<br>d.资料档案检查要点；<br>e.现场监测、信息、报告、预警与报警要求。<br>⑥相关过程检查记录(表)和资料目录。<br>(4)编审要求：安全监理实施细则的编审应符合监理细则编审的有关规定。安全监理实施细则经总监理工程师(或驻地监理工程师)批准后实施，用以指导相对应的分部(项)工程及施工工序施工的安全监理工作。<br>(5)文件签发与报送：安全监理实施细则在相对应的分部(项)工程及施工工序施工前下发相关监理人员、施工单位，并报送建设单位 |

## (二)责任落实

监理单位在责任落实方面达标标准细化见表 8-3-7。

**责任落实达标标准细化表** 表 8-3-7

| 类别 | 序号 | 考核内容 | 达标标准细化及工作要求 |
|---|---|---|---|
| 责任落实 | 19 | 建立安全组织机构;明确总监、副总监及专业监理工程师、安全监理责任人的岗位职责 | (1)组建安全生产监理领导小组;配置规定数量专职安全监理人员;建立安全生产监理网络。<br>(2)岗位职责制定原则:现场监理机构应当制订各部门及各级监理人员岗位职责,岗位职责中必须包含安全监理职责条款。监理机构负责人及安全监理责任人还必须专门制订岗位安全职责。<br>(3)职责对象:必须专门制订安全职责的岗位主要包括:总监、副总监、总监代表、安全专业监理工程师、道路专业监理工程师、桥梁专业监理工程师、隧道专业监理工程师及安全监理员。<br>(4)制定的岗位:制定主要安全监理人员以外的其他监理人员岗位安全职责,这些岗位包括:试验监理工程师、测量监理工程师、合同计量监理工程师、环保监理工程师、综合办公室主任、道路现场监理员、桥梁现场监理员、隧道现场监理员、试验监理员、测量监理员、旁站监理、驾驶后勤等其他监理机构工作人员 |
| | 20 | 建立会议、检查、方案审查、专项经费审批、隐患督促整改等工作制度 | 一、安全会议制度<br>(一)编制时间、编制人<br>监理单位在监理机构进场后一个月内编制安全监理计划,安全监理计划必须包括安全会议制度。由总监理工程师主持,安全专业监理工程师参加编写。<br>(二)编制内容<br>安全会议包括:安全监理例会、安全监理现场会、安全方案措施评审会及传达部署安全工作的其他会议。其主要内容包括:会议时间、主持人、参加会议人员、会议准备、会议议程及会议内容、会议纪要及会议纪要的签发。<br>1. 安全监理例会<br>(1)时间及主持:由总监理工程师在每月 25 日前后主持召开。<br>(2)参加人员:<br>监理部:总监理工程师、安全监理工程师及相关专业监理工程师;<br>项目部:各标段项目经理、技术负责人、专职安全员及相关人员等;<br>指挥部:安全管理部、工程管理部负责人。<br>(3)会议准备:<br>在会议召开 3 日前,监理部发出书面会议通知。通知包括会议的时间、地点、出席人员和要求。<br>(4)会议议程及主要内容:①施工单位汇报当月工程建设中有关安全生产、文明施工的情况;②上次会议决议的执行情况,主要存在的问题和原因分析以及解决措施和计划;③监理工程师通报当月安全方面存在的问题,对施工现场安全生产工作进行分析,要求施工单位及有关方予以改进,并根据施工进度计划布置下月安全生产工作。<br>2. 安全监理专题会<br>(1)时间及主持:在实施监理工作中,在安全生产、文明施工的管理中,就某一专项问题进行布置、研究,召开安全监理专题会,安全监理专题会一般由总监理工程师主持召开。 |

续上表

| 类别 | 序号 | 考核内容 | 达标标准细化及工作要求 |
|---|---|---|---|
| 责任落实 | 20 | 建立会议、检查、方案审查、专项经费审批、隐患督促整改等工作制度 | (2)参加人员：<br>监理部：总监理工程师或安全监理工程师、相关专业监理工程师及监理员；<br>项目部：各标段项目经理、技术负责人、专职安全员及相关人员等；<br>指挥部：必要时邀请安全管理部、工程管理部负责人参加。<br>(3)会议准备：在会议召开前，监理部发出会议电话通知。通知包括会议的时间、地点、出席人员和要求。<br>(4)会议议程及主要内容：①召开专题会的相关情况通报。②在安全生产、文明施工的管理及相关措施落实等方面的典型情况或者某一专项问题专门进行分析、评述。③针对带有普遍教育意义的情况，提出相关要求。<br>3.安全方案(措施)评审会<br>(1)时间及主持：由施工单位组织，针对施工单位申报的施工组织设计中的安全技术措施、施工现场临时用电方案、危险性较大工程安全专项方案，在监理部或相关项目部召开的安全方案(措施)评审会。<br>(2)参加人员：<br>监理部：总监理工程师、相关专业监理工程师、监理员；<br>项目部：相关标段项目经理、技术负责人、专职安全员及相关人员等，安全专项方案评审会还包括施工单位技术负责人；<br>指挥部：安全管理部、工程管理部负责人；<br>其他：危险性较大工程还应包括施工单位和建设单位邀请的专家代表。<br>(3)会议准备：在会议召开前，项目部发出会议书面邀请。通知包括会议的时间、地点、出席人员和要求。总监理准备监理审查意见。<br>(4)会议议程及主要内容：①施工单位介绍危险性较大工程的安全专项方案及其编制情况；②监理工程师、业主代表、专家代表及施工单位技术负责人对安全专项方案的程序性、符合性、针对性和方案的可操作性进行评析；③提出方案审查论证意见。<br>4.其他安全会议<br>根据安全工作需要召开的其他安全会议包括：上级部门安全工作通知要求的传达、安全工作部署等安全相关会议，会议参加人员、会议议程及内容等根据会议内容确定。<br>5.会议纪要<br>各类会议都应形成如下材料：①会议通知；②会议签到；③会议记录；④会议纪要。会议纪要主要记录会议中达成一致意见和要求，作为今后监理工作执行的依据的内容。会议纪要应及时发放到各参加单位，并加以贯彻执行。<br>(三)编审要求<br>安全会议制度的编审应符合监理计划编审的有关规定。安全检查制度经总监理工程师批准后实施，用以指导安全会议工作。<br>(四)文件签发与报送<br>安全会议制度以监理部文件形式下发相关监理人员、施工单位，并报送建设单位一份。<br>二、安全检查制度<br>(一)编制时间、编制人<br>监理单位在监理机构进场后一个月内编制安全监理计划，安全监理计划必须包括安全检查制度。由总监理工程师主持，安全专业监理工程师参加编写。<br>(二)编制内容<br>安全检查制度包括检查内容、检查方式、检查方法、检查要求、结果处理等 |

续上表

| 类别 | 序号 | 考核内容 | 达标标准细化及工作要求 |
|---|---|---|---|
| 责任落实 | 20 | 建立会议、检查、方案审查、专项经费审批、隐患督促整改等工作制度 | (1)施工安全监理检查包括:基础管理监理(内业资料检查)和现场巡视检查(施工现场检查)两个方面,是监理工程师开展安全监理工作的主要方法。其具体内容详见表8-2-2“4 安全检查 23 小项:内业资料检查”和“4 安全检查 24 小项:施工现场检查”。<br>(2)应明确安全检查的形式(日常检查、定期检查、专项检查)、内容、方法(实地观察、调查汇报、查阅记录)、标准、程序及检查记录等。<br>(3)应规定各种检查的频率,包括安全监理人员的日常检查频率、组织综合检查的定期检查频率、组织对各内业资料、危险性较大工程、高风险作业等的专项检查频率等。同时应明确组织安全检查的组织形式。<br>(4)安全检查制度应明确发现问题的处理原则[三定(定整改措施、定完成时间、定整改负责人)]、程序、方法、措施。<br>(5)安全检查制度应明确重大隐患、安全事故的汇报的时间、方式、对象、记录等要求。<br>(6)安全检查制度应明确总监理工程师对安全监理人员的日常检查工作、台账、记录等进行检查和评价考核的方法、标准。<br>(三)编审要求<br>安全检查制度的编审应符合监理计划编审的有关规定。安全会议制度经总监理工程师批准后实施,用以指导安全检查工作。<br>(四)文件签发与报送<br>安全检查制度以监理部文件形式下发相关监理人员、施工单位,并报送建设单位一份。<br>三、安全方案审查制度<br>(一)编制时间、编制人<br>监理单位在监理机构进场后一个月内编制安全监理计划,安全监理计划必须包括安全方案审查制度。由总监理工程师主持,安全专业监理工程师参加编写。<br>(二)编制内容<br>安全方案审查制度包含:安全技术措施审查、施工临时用电方案审查、专项安全方案审查等。<br>1. 安全技术措施审查<br>施工单位在各项工程开工前上报开工报告,其施工组织设计中必须包含安全技术措施,施工单位应将施工组织设计中有关安全技术措施的内容摘录复印装订成册提交监理审查备案。对于专业性较强的工程项目,必须单独编制安全技术措施。<br>(1)施工组织设计中的安全措施必须包括:安全施工组织方案、安全管理方案、施工用电安全技术措施、安全技术方案、安全技术措施、安全防护措施、安全防范措施、安全操作规程及其他安全措施(各种存在安全风险的施工作业、施工机具等的安全操作规程、其他安全技术措施、安全教育方案等)。<br>(2)安全技术措施要有针对性,要根据工程特点、施工方法、劳动组织和作业环境等情况提出,防止一般化。<br>(3)项目部编制的安全技术措施须报送技术负责人审核批准,报总工程师审查备案。无审核、审批的安全技术措施严禁实施。经审核、审批后的安全技术措施,必须严格执行。当须变更时,也应同样按规定办理审核、审批手续。<br>(4)监理工程师对安全技术措施审查仅从安全角度,从程序性、符合性、针对性、合理性、安全性、可操作性等几个方面进行审查。安全技术措施的编制、审查、批准必须符合强制性条文的要求,并应满足安全生产的需要。对缺少安全技术措施或不符合强制性条文要求的应提出监理审查意见,要求重新编制或补充完善。 |

续上表

| 类别 | 序号 | 考 核 内 容 | 达标标准细化及工作要求 |
| --- | --- | --- | --- |
| 责任落实 | 20 | 建立会议、检查、方案审查、专项经费审批、隐患督促整改等工作制度 | (5)安全技术措施经监理工程师审查后报备指挥部。<br>2.施工临时用电方案审查<br>项目经理部应制定安全用电管理制度，明确用电管理人员、电气工程技术人员和各分包单位的电气负责人。<br>项目经理部应编制临时用电工程施工组织设计(用电设备5台以上或设备总容量50kW以上)或安全用电技术措施和电气防火措施(用电设备5台以下或设备总容量50kW以下)。电工作业应持有效证件，电工等级应与工程的难易程度和技术复杂性相适应。用电设备和电工作业应悬挂醒目的警告标识牌。项目经理部每周、监理部每月应对临时用电工程至少进行一次安全检查，对检查中发现的问题及时要求整改。详见表8-2-2“3审查审批21小项：审查安全专项方案和施工临时用电方案”。<br>3.专项施工方案审查制度<br>施工单位应当在施工组织设计中编制安全技术措施和施工现场临时用电方案，对项目工程涉及的下列达到一定规模的危险性较大的分部分项工程编制专项施工方案，并附安全验算结果，经施工单位技术负责人审查批准，填报《专项安全施工方案报审表》报监理工程师审查同意签字后实施，由施工单位专职安全生产管理人员进行现场监督，安全专业监理工程师现场督查。<br>对于工程中涉及深基坑、地下暗挖工程、高大模板工程的专项施工方案，施工单位还应当组织专家进行论证、审查。<br>对于专项安全方案的审查，监理工程师主要进行程序性审查、符合性审查、针对性审查。程序性审查，即：专项安全施工方案按规定须经专家论证、审查的，是否执行；专项安全施工方案是否经施工单位技术负责人签认，不符合程序的应退回。符合性审查，即：专项安全施工方案必须符合强制性标准的规定，并附有安全验算的结果，须经专家论证、审查的项目应附有专家审查的书面报告，专项安全施工方案应有紧急救护措施等应急救援预案。针对性审查，即：专项安全施工技术方案应针对工程特点以及所处环境、管理模式，具有可操作性。详见表8-2-2“审查审批”类别中“审查安全专项方案和施工临时用电方案”。<br>(三)编审要求<br>安全方案审查制度的编审应符合监理计划编审的有关规定。安全方案审查制度经总监理工程师批准后实施，用以指导安全检查工作。<br>(四)文件签发与报送<br>安全方案审查制度以监理部文件形式下发相关监理人员、施工单位，并报送建设单位一份。<br>四、专项经费审批制度<br>(一)编制时间、编制人<br>监理单位在监理机构进场后一个月内编制安全监理计划，安全监理计划必须包括安全专项经费审批制度。由总监理工程师主持，安全专业监理工程师参加编写。<br>(二)编制内容<br>安全专项经费审批制度包含：审批条件、审批程序及要求等。<br>1.安全生产专项费用<br>《公路水运工程安全生产监督管理办法》(交通部2007年第1号令)第二十二条规定：施工单位在工程报价中应当包含安全生产费用，一般不得低于投标价的1%，且不得作为竞争性报价。安全生产专项经费是项目部开展正常安全生产、文明施工的专项费用，应当用于施工安全防护用具及设施的采购和更新、安全施工措施的落实、安全生产条件的改善，严禁挪作他用。不得用于各项罚款、捐款、赞助、还贷、发放劳务酬金、接待等非安全生产支出。 |

续上表

| 类别 | 序号 | 考 核 内 容 | 达标标准细化及工作要求 |
|---|---|---|---|
| 责任落实 | 20 | 建立会议、检查、方案审查、专项经费审批、隐患督促整改等工作制度 | 2.安全生产专项费用审批条件<br>安全生产专项经费使用必须符合财政部、国家安全生产监督管理总局联合颁发的《高危行业企业安全生产费用财务管理暂行办法》(财企[2006]478号)第三章安全生产费用的使用和管理第十三条列支的安全费用6方面内容。<br>3.安全生产专项费用审批程序<br>安全生产专项经费费用发生后,由施工单位提出书面申请,报监理工程师审查。监理工程师收到承包人安全生产费用申请后,专业监理工程师首先审查其费用是否符合上述条件;审查各项费用的票据等有效证明材料是否齐全、审核费用统计计算是否准确、审核申报费用是否超出合同规定。经驻地监理工程师审查、总监理工程师审批后,报业主核备进入计量支付程序。<br>(三)编审要求<br>安全生产专项经费审批制度的编审应符合监理计划编审和《高危行业企业安全生产费用财务管理暂行办法》的有关规定。安全生产专项经费审批制度经总监理工程师批准后实施,用以指导安全检查工作。<br>(四)文件签发与报送<br>安全生产专项经费审批制度以监理部文件形式下发相关监理人员、施工单位,并报送建设单位一份。<br>五、安全隐患督促整改制度<br>(一)编制时间、编制人<br>监理单位在监理机构进场后一个月内编制安全监理计划,安全监理计划必须包括安全隐患督促整改制度。由总监理工程师主持,安全专业监理工程师参加编写。<br>(二)编制内容<br>安全隐患督促整改制度包含:在安全检查中发现存在安全隐患的监理处理原则、程序、方法、措施等。是对安全检查制度的完善和补充。<br>(1)在安全检查中发现存在安全隐患,其处理应符合《建设工程安全生产管理条例》、《公路水运工程安全生产监督管理办法》和《公路工程施工监理规范》的有关规定。<br>(2)明确针对发现安全隐患的监理指令、通知、文件等(口头指令、安全隐患整改通知、安全监理工程师通知、工程暂时停工指令)的签发条件、整改过程要求、终止条件等;明确重大隐患、安全事故的汇报的时间、方式、对象、记录等要求。<br>(3)明确发现安全隐患,下发安全隐患整改通知书,应明确安全隐患整改责任部门、整改责任人、整改内容及要求、限定整改时间,并指定专人跟踪督促检查整改情况。<br>(4)明确重大安全隐患停工整改的复工条件(重大安全隐患必须停工进行整改;必须进行彻底整改并通过检查验收后,方可复工;没有进行整改、整改不彻底、整改没有通过检查验收,不能复工),明确对无视安全隐患整改工作、拒不进行整改、整改不彻底、整改没有通过检查验收的责任部门及有关人员的处理规定。<br>(5)明确安全事故隐患消除后,监理单位针对检查整改结果,签署复查或复工意见的要求。<br>(三)编审要求<br>安全隐患督促整改制度的编审应符合监理计划编审和《公路水运工程安全生产监督管理办法》的有关规定。 |

续上表

| 类别 | 序号 | 考 核 内 容 | 达标标准细化及工作要求 |
| --- | --- | --- | --- |
| 责任落实 | 20 | 建立会议、检查、方案审查、专项经费审批、隐患督促整改等工作制度 | (四)文件签发与报送<br>安全隐患督促整改制度以监理部文件形式下发相关监理人员、施工单位，并报送建设单位一份。<br>六、其他安全监理制度<br>除前述5项工作制度外，现场监理机构还应建立如下制度：(1)安全教育培训制度；(2)施工企业资质核查制度；(3)安全生产许可证核查制度；(4)从业人员资格管理制度；(5)安全技术交底制度；(6)生产安全事故报告制度(7)施工单位安全资料(如机械设备进退场及验收记录等)报备审查制度；(8)意外伤害保险制度；(9)监理机构内部安全保卫制度；(10)监理机构内部安全管理制度；(11)安全监理日记制度；(12)安全监理月报制度等 |

## (三)审查审批

监理单位在审查审批方面达标标准细化见表8-3-8。

**审查审批达标标准细化表** 表8-3-8

| 类别 | 序号 | 考 核 内 容 | 达标标准细化及工作要求 |
| --- | --- | --- | --- |
| 审查审批 | 21 | 审查或组织审查施工单位危险性较大的分部分项工程安全专项方案和施工临时用电方案 | (一)审查程序<br>施工单位编制的施工现场临时用电方案及危险性较大的分部分项工程编制专项施工方案，经施工单位技术负责人审查批准，填报《安全专项施工方案报审表》报监理工程师审查同意签字后实施，由施工单位专职安全生产管理人员进行现场监督，安全专业监理工程师现场督查。对于工程中涉及深基坑、地下暗挖工程、高大模板工程的专项施工方案，施工单位还应当组织专家进行论证、审查。<br>安全专项方案和施工临时用电方案审查程序：<br>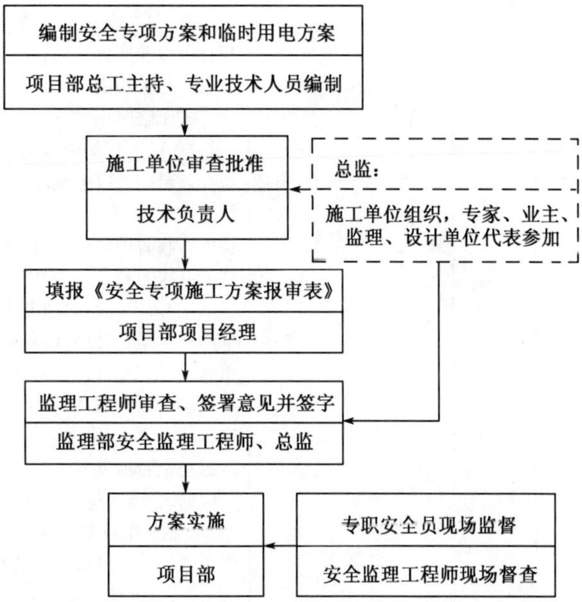<br> |

续上表

| 类别 | 序号 | 考核内容 | 达标标准细化及工作要求 |
| --- | --- | --- | --- |
| 审查审批 | 21 | 审查或组织审查施工单位危险性较大的分部分项工程安全专项方案和施工临时用电方案 | (二)审查方法<br>对于专项安全方案和施工临时用电方案的审查,监理工程师主要进行程序性审查、符合性审查、针对性审查。对于工程中涉及深基坑、地下暗挖工程、高大模板工程的专项施工方案,监理工程师还应参加施工单位组织的专家论证、审查。<br>(1)程序性审查。专项安全施工方案和施工临时用电方案是否经专业技术人员编制、施工单位技术负责人签认,不符合程序的应退回。专项安全施工方案按规定须经专家论证、审查的,是否执行。<br>(2)符合性审查。专项安全施工方案和临时用电方案必须符合强制性标准的规定,并附有安全验算的结果,须经专家论证、审查的项目应附有专家审查的书面报告,专项安全施工方案应有紧急救护措施等应急救援预案。<br>专项安全施工方案的主要内容通常包括:①编制说明:编制依据、编制目的、适用范围等;②工程概况:工程简介、水文地质条件、施工平面布置、技术保证条件、施工准备情况等;③施工工艺:主要施工技术方案、技术参数、工艺流程、施工要求、施工方法、检查验收等;④施工计划:施工进度计划、材料与设备计划、劳动力计划等;⑤危险因素分析:危险源辨识、危险因素评估等;⑥施工安全保障措施:组织保障、技术措施、监测监控措施、安全应急措施等;⑦安全检查和验收:检查方法、内容、程序验收等;⑧安全验算及相关图纸;⑨应急预案;⑩其他需要说明的内容。<br>施工临时用电方案的主要内容通常包括:①工程概况与现场勘探描述;②确定电源进线、变电所或配电室、配电装置、用电设备位置及线路走向;③现场施工用电(动力+照明)和生活用电负荷统计表;④根据统计结果选择变压器;⑤根据统计结果设计配电系统(配电线路、配电装置、接地装置),选择配电箱、开关等电器容量、规格,选择导线(电缆)截面,绘制临时用电工程图纸(用电工程总平面图、配电装置布置图、配电系统接线图、接地装置设计图);⑥设计防雷装置;⑦确定防护措施;⑧制定安全用电技术措施和电气防火措施等。<br>(3)针对性审查。专项安全施工技术方案和施工临时用电方案应针对本工程特点以及所处环境、管理模式,具有可操作性。<br>(三)相关规定<br>1.施工临时用电方案<br>根据《施工现场临时用电安全技术规范》(JGJ 46—2005)规定,临时用电设备在5台(含)以上或总容量在50kW(含)以上者,应单独编制临时用电施工组织设计(方案)。不足上述规定者,则应制定安全用电技术措施和电气防火措施。临时用电施工组织设计的编制必须符合《施工现场临时用电安全技术规范》(JGJ 46—2005)中的有关规定及满足《工程建设强制性标准》(施工安全篇)的要求。临时用电施工组织设计的审核主要看其负荷计算是否准确,平面布置是否合理,设备材料选择是否正确,安全用电技术措施和电气防火措施是否完善可行。另外临时用电工程电气平面布置图必须单独绘制,不得与现场平面布置图等绘制在一起。如不满足要求则退回重新编制或补充完善。<br>2.安全专项方案<br>根据《公路水运工程安全生产监督管理办法》(交通部2007年第1号令)第23条,施工单位对项目工程涉及的92页项目:①不良地质条件下有潜在危险的土方、石方开挖;②滑坡和高边坡处理;③桩基础、挡墙基础、深水基础及围堰工程;④桥梁工程中的梁、拱、柱等构件施工等;⑤隧道工程中不良地质隧道、 |

续上表

| 类别 | 序号 | 考核内容 | 达标标准细化及工作要求 |
|---|---|---|---|
| 审查审批 | 21 | 审查或组织审查施工单位危险性较大的分部分项工程安全专项方案和施工临时用电方案 | 高瓦斯隧道、水底海底隧道等；⑥水上工程中的打桩船作业、施工船作业、边通航边施工作业等；⑦爆破工程；⑧大型临时工程中的大型支架、模板、便桥的架设与拆除，桥梁、码头的加固与拆除工程；⑨其他危险性较大的工程（预应力结构张拉、特种设备施工、“三新”工程，以及能影响建设工程质量、安全，已经行政许可但尚无技术标准的施工）。且达到一定规模的危险性较大的分部分项工程编制专项施工方案。对于不属于分部分项的工程或工程划分小于分部分项工程时，以该工程归属的分部分项工程为对象编制安全专项施工方案；对于规模较小并且危险性较大分部分项工程集中的单位工程或工程划分大于分部分项工程时，以该单位工程为对象编制安全专项施工方案。<br>对于上述工程中涉及深基坑、地下暗挖工程、高大模板工程的专项施工方案，施工单位还应当组织专家进行论证、审查。安全专项施工方案的编制、审查还应遵循《南京市交通建设工程危险性较大的分部分项工程安全管理办法》（宁交质监[2009]××号）规定。<br>公路工程中通常需编制安全专项施工方案的危险性较大工程及等级划分见下表： |

| 序号 | 危险性较大工程 | | 危险等级 |
|---|---|---|---|
| 1 | 基础工程 | 基坑爆破，人工挖孔桩 | 1 |
| | | 地下水位在坑底以上基坑支护与降水工程 | 2 |
| | | 明开挖基础深度超过5m(含5m) | 1 |
| | | 深度未超过5m，但地质条件不良或周围环境及地下管线复杂 | 2 |
| | | 桩基础、挡墙基础、地下连续墙、沉井基础、深水基础及水深3m以上围堰工程 | 2 |
| | | 挖深2～5m土质基坑 | 3 |
| 2 | 土石方开挖 | 土石方爆破 | 1 |
| | | 不良地质条件下有潜在危险性的土方、石方开挖 | 2 |
| | | 6m以上的边坡施工 | 2 |
| | | 大型滑坡体处理 | 2 |
| | | 边通车边施工作业工程 | 2 |
| 3 | 模板工程 | 工具式模板工程（滑模、爬模、大模板等） | 2 |
| | | 高度超过8m、跨度超过18m、施工总荷载大于10kN/m²、集中线荷载大于15kN/m的水平混凝土构件模板支撑系统 | 1 |
| | | 特殊结构模板工程 | 2 |
| 4 | 起重吊装 | 普通构件的正常吊装 | 3 |
| | | 特殊环境下的吊装工程 | 2 |
| | | 大型设备、大型结构、特殊物件的吊装 | 2 |

续上表

<table>
<tr><th>类别</th><th>序号</th><th>考 核 内 容</th><th>达标标准细化及工作要求</th></tr>
<tr><td>审查审批</td><td>21</td><td>审查或组织审查施工单位危险性较大的分部分项工程安全专项方案和施工临时用电方案</td><td>
公路工程中通常需编制安全专项施工方案的危险性较大工程及等级划分见下表：
<table>
<tr><th>序号</th><th colspan="2">危险性较大工程</th><th>危险等级</th></tr>
<tr><td rowspan="5">5</td><td rowspan="5">水上水下工程</td><td>打桩船作业、施工船作业、水上平台作业，外海孤岛作业等</td><td>2</td></tr>
<tr><td>边通航边施工作业</td><td>2</td></tr>
<tr><td>水下爆破工程</td><td>1</td></tr>
<tr><td>水下混凝土浇筑</td><td>2</td></tr>
<tr><td>水下打捞、拆除、焊接、设置设施等作业</td><td>2</td></tr>
<tr><td rowspan="5">6</td><td rowspan="5">架设拆除工程</td><td>爆破拆除工程</td><td>1</td></tr>
<tr><td>拆除拱、梁等较易坠落、坍塌的工程</td><td>2</td></tr>
<tr><td>拆除高 3m 以上墙、立柱等易倒塌的工程</td><td>2</td></tr>
<tr><td>大型支架、模板、便桥、设备的架设与拆除</td><td>2</td></tr>
<tr><td>30m 以上高空作业</td><td>1</td></tr>
<tr><td rowspan="12">7</td><td rowspan="12">桥涵工程</td><td>跨径 15m 以上圬工拱桥拱圈施工及支架拆除</td><td>1</td></tr>
<tr><td>跨径 30m 以上钢筋混凝土拱桥拱圈施工及支架拆除</td><td>1</td></tr>
<tr><td>跨径＞40m 梁、高＞10m 柱、墩等构件施工</td><td>2</td></tr>
<tr><td>预应力结构张拉施工</td><td>2</td></tr>
<tr><td>跨径 20m 以上行车便桥架设与拆除</td><td>2</td></tr>
<tr><td>桥梁的加固与拆除工程</td><td>2</td></tr>
<tr><td>20m 跨径以上现浇桥梁支架</td><td>2</td></tr>
<tr><td>桥梁悬浇、悬拼施工</td><td>1</td></tr>
<tr><td>桥梁转体、顶推施工</td><td>1</td></tr>
<tr><td>斜拉桥、悬索桥塔、索施工</td><td>1</td></tr>
<tr><td>跨线桥梁的施工</td><td>1</td></tr>
</table>
公路工程中通常需编制安全专项施工方案的危险性较大工程及等级划分见下表：
<table>
<tr><th>序号</th><th colspan="2">危险性较大工程</th><th>危险等级</th></tr>
<tr><td rowspan="4">8</td><td rowspan="4">隧道工程</td><td>隧道爆破</td><td>1</td></tr>
<tr><td>溶洞、暗河、瓦斯、岩爆、涌水突泥、断层等不良地质隧道，浅埋段、偏压严重段隧道掘进施工</td><td>1</td></tr>
<tr><td>隧道出渣、运输</td><td>2</td></tr>
<tr><td>隧道初期支护</td><td>2</td></tr>
</table>
</td></tr>
</table>

续上表

<table>
<tr><th>类别</th><th>序号</th><th>考 核 内 容</th><th>达标标准细化及工作要求</th></tr>
<tr><td>审查审批</td><td>21</td><td>审查或组织审查施工单位危险性较大的分部分项工程安全专项方案和施工临时用电方案</td><td>
<table>
<tr><th>序号</th><th colspan="2">危险性较大工程</th><th>危险等级</th></tr>
<tr><td rowspan="6">8</td><td rowspan="6">隧道工程</td><td>竖井、斜井、辅助坑道施工</td><td>1</td></tr>
<tr><td>预应力锚杆施工</td><td>3</td></tr>
<tr><td>隧道围岩突变区段的掘进施工</td><td>2</td></tr>
<tr><td>隧道洞口、明洞施工</td><td>2</td></tr>
<tr><td>沉管隧道施工中沉管浮运、就位、对接等水上、水下作业</td><td>1</td></tr>
<tr><td>盾构隧道深基坑施工，盾构设备安装、拆卸，盾构进出洞施工，特殊地质、环境区域盾构隧道掘进施工，盾构隧道掘进常见问题处理等</td><td>1</td></tr>
<tr><td rowspan="4">9</td><td rowspan="4">大型机械装拆</td><td>沥青混凝土、水泥混凝土拌和设备</td><td>3</td></tr>
<tr><td>自制或自行组装的设备施工</td><td>3</td></tr>
<tr><td>塔吊（移动式、附着式）、大型门吊、架桥机</td><td>2</td></tr>
<tr><td>打桩机械</td><td>3</td></tr>
<tr><td rowspan="3">10</td><td rowspan="3">其他工程</td><td>采用新技术、新工艺、新设备、新材料时，可能影响建设工程质量安全，已经行政许可，尚无技术标准的施工</td><td>2</td></tr>
<tr><td>施工临时用电</td><td>2</td></tr>
<tr><td>其他危险性较大的工程视具体情况而定</td><td>—</td></tr>
</table>
注：<br>
危险等级 1 的交通建设危险性较大工程，应当编制专项方案，并组织专家论证。<br>
危险等级 2 的交通建设危险性较大工程，应当编制专项方案，是否组织论证应根据工程规模、施工条件、施工管理水平等因素综合考虑。<br>
危险等级 3 的交通建设危险性较大工程，应当编制专项方案。<br>
3. 专家论证<br>
(1)超过一定规模的危险性较大的分部分项工程专项方案，应当由施工单位组织召开专家论证会。实行施工总承包的，由施工总承包单位组织召开专家论证会。<br>
(2)下列人员应当参加专家论证会：专家组成员；建设单位项目负责人或技术负责人；监理单位项目总监理工程师及相关人员；施工单位分管安全的负责人、技术负责人、项目负责人、项目技术负责人、专项方案编制人员、项目专职安全生产管理人员；勘察、设计单位项目技术负责人及相关人员。<br>
(3)专家组成员应当由 5 名及以上符合相关专业要求的专家组成。本项目参建各方的人员不得以专家身份参加专家论证会。<br>
施工单位可根据工程实际情况自行选取邀请专家和相关人员参加论证，也可以申请从“南京市交通建设工程安全专家库”中抽取。<br>
(4)专家论证的主要内容包括：专项方案内容是否完整、可行；专项方案计算书和验算依据是否符合有关标准规范；安全施工的基本条件是否满足现场实际情况。
</td></tr>
</table>

续上表

| 类别 | 序号 | 考核内容 | 达标标准细化及工作要求 |
| --- | --- | --- | --- |
| 审查审批 | 21 | 审查或组织审查施工单位危险性较大的分部分项工程安全专项方案和施工临时用电方案 | 专项方案经论证后，专家组应当提交论证报告，对论证的内容提出明确的意见，并在论证报告上签字。该报告作为专项方案修改完善的指导意见。<br>(5)施工单位应当根据论证报告修改完善专项方案，并经施工单位技术负责人、项目总监理工程师、建设单位项目负责人签字后，方可组织实施。实行施工总承包的，应当由施工总承包单位、相关专业承包单位技术负责人签字。<br>(6)专项方案经论证后需做重大修改的，施工单位应当按照论证报告修改，并重新组织专家进行论证。<br>4.其他要求<br>(1)施工单位应当严格按照专项方案组织施工，不得擅自修改、调整专项方案。如因设计、结构、外部环境等因素发生变化确需修改的，修改后的专项方案应当重新审核。对于超过一定规模的危险性较大工程的专项方案，施工单位应当重新组织专家进行论证。<br>(2)专项方案实施前，编制人员或项目技术负责人应当向现场管理人员和作业人员进行安全技术交底。施工单位应当指定专人对专项方案实施情况，进行现场监督和按规定进行监测。发现不按照专项方案施工的，应当要求其立即整改；发现有危及人身安全紧急情况的，应当立即组织作业人员撤离危险区域。施工单位技术负责人应当定期巡查专项方案实施情况。<br>(3)对于按规定需要验收的危险性较大的分部分项工程，施工单位、监理单位应当组织有关人员进行验收。验收合格的，经施工单位项目技术负责人及项目总监理工程师签字后，方可进入下一道工序。<br>(4)监理单位应当将危险性较大的分部分项工程列入监理规划和监理实施细则，应当针对工程特点、周边环境和施工工艺等，制定安全监理工作流程、方法和措施。<br>(5)监理单位应当对专项方案实施情况进行现场监理；对不按专项方案实施的，应当责令整改，施工单位拒不整改的，应当及时向建设单位报告；建设单位接到监理单位报告后，应当立即责令施工单位停工整改；施工单位仍不停工整改的，建设单位应当及时向交通建设主管部门报告。<br>(6)建设单位应按规定提供危险性较大的分部分项工程清单和安全管理措施，责令施工单位停工整改的，应向主管部门报告 |
|  | 22 | 对施工单位申报的安全专项经费及时审批 | 一、安全生产专项费用<br>安全生产专项经费是项目部开展正常安全生产、文明施工的专项费用，应当用于施工安全防护用具及设施的采购和更新、安全施工措施的落实、安全生产条件的改善，严禁挪作他用。不得用于各项罚款、捐款、赞助、还贷、发放劳务酬金、接待等非安全生产支出。《公路水运工程安全生产监督管理办法》(交通部2007年第1号令)第二十二条规定：施工单位在工程报价中应当包含安全生产费用，一般不得低于投标价的1%，且不得作为竞争性报价。<br>二、安全生产专项费用审批条件<br>(1)安全施工方案、措施、预案、计划等经过审批；<br>(2)安全生产费用使用计划经过审批；<br>(3)安全生产费用使用符合规定。<br>安全生产专项经费使用必须符合财政部、国家安全生产监督管理总局联合颁发的《高危行业企业安全生产费用财务管理暂行办法》(财企[2006]478号)第三章安全生产费用的使用和管理第十三条列支的安全费用6方面内容： |

续上表

| 类别 | 序号 | 考 核 内 容 | 达标标准细化及工作要求 |
| --- | --- | --- | --- |
| 审查审批 | 22 | 对施工单位申报的安全专项经费及时审批 | (一)完善、改造和维护安全防护设备、设施支出<br>该项费用是安全生产的基础保障设施经费,依据不同功能划分为3方面内容:<br>(1)措施费:指为提高施工安全的各种基本管理措施,是最基本的安全保障。根据内容不同分为:安全警示标志牌:主要指生活区、办公区、作业区及相应影响区域的各种安全警示标志牌。现场围挡与防护:主要是为了满足封闭管理、临边、洞口、道口、交叉作业、高空作业等场所与作业的需要而采取的防护措施。其他安全、文明措施:如材料堆放、社区服务、各类图表、企业标志、场容场貌、现场防火、垃圾清运等。<br>(2)设备检验费:设备的本质安全至为重要,保证设备在正常的、安全的状态下投入生产是最基本的安全保障措施,以不同用途可划分为:施工设备安全检测验收:指用于设备专项安全验收的经费。机械安全装置检测维护:指保险卡(闭锁装置)、安全锁、制动器、停靠装置、断绳保护装置、缓冲器、超载限制器、架体稳定器、缆风绳、钢丝绳、临边防护、坠落限速器、门连装置、上、下限位装置等安全装置的检测维护费。安全监视装置:指专项安全监控装置的购置与维护费用。<br>(3)其他:主要是为了文明施工,防治职业病而采取的粉尘控制、噪声控制、有毒有害气体控制等保障措施。<br>(二)配备必要的应急救援器材、设备和现场作业人员安全防护物品支出<br>该项内容主要是为了施工人员直接人身安全防护,根据其不同的应用场所及对象分为4方面内容:<br>(1)施工现场共用安全防护用品:包括安全网、救生圈、消防器材、应急灯、通风设备、避雷针等公共设施或非指定个人专用的物品;<br>(2)职工个人劳动防护用品:包括工作服、保险带、雨衣、雨靴、口罩、安全帽及用于提高工作安全性的鞋、手套等个人专用的用品;<br>(3)职工安全保健费:包括夏季药品、冬季护肤品、职工定期体检、职业病预防体检等;<br>(4)安全生产应急救援专用设施费:指专门为应急救援所需而准备的物资、专用设备、工具等。<br>(三)安全生产检查与评价支出<br>安全生产检查与评价的目的是查找、分析和预测工程、系统存在的危险、有害因素及可能导致的危险、危害后果和程度,提出合理可靠的安全对策措施,指导危险源监控和事故预防,以达到最低事故率、最少损失和最优的安全投资效益。安全生产检查与评价支出指为用于安全生产检查与评价的差旅费、会务费、专家费、现场工作费。此项费用需施工单位、监理、业主3方共同确认。<br>(四)重大危险源、重大事故隐患的评估、整改、监控支出<br>重大危险源,是指长期地或者临时地生产、搬运、使用或者储存危险物品,且危险物品的数量等于或者超过临界量的单元。重大事故隐患,是指生产经营作业场所、设备、设施的不安全状态,人的不安全行为和管理上的缺陷,可以导致重大事故发生或者重大经济损失的隐患。公路工程建设项目的重大危险源很少,重大事故隐患主要存在于基坑支护与降水工程、土方开挖、模板工程、起重吊装工程、脚手架工程、拆除与爆破工程、大型机械装拆工程,桥梁工程中关键节点,隧道工程中关键节点等分部分项工程。<br>这些危险性较大的分部分项工程,需编制专项施工方案,并附具安全验算结果,经施工单位技术负责人、总监理工程师签字后实施,必要时需开展专家论证。期间开支的差旅费、会务费、专家费、现场工作费等应列入本条费用。 |

续上表

| 类别 | 序号 | 考 核 内 容 | 达标标准细化及工作要求 |
|---|---|---|---|
| 审查审批 | 22 | 对施工单位申报的安全专项经费及时审批 | （五）安全技能培训及进行应急救援演练支出<br>该项费用主要用于提高工程工作人员的安全素质，增强安全意识，可分为2方面内容：<br>（1）安全教育、培训费：指因工程项目而发生的安全教育、培训开支，因企业而发生的经费不计入这部分内容。如三级教育、三工教育（工前教育、工中指导、工后讲评）而发生的费用可计入，而因三类人员（企业主要负责人、项目负责人和专职安全生产管理人员）教育而发生的费用不能计入；<br>（2）应急预案演练支出：对施工区域可能发生的自然灾害和其他灾害，施工过程中危险性较大的分部分项工程、工艺、工序进行认真的分析，编制有针对性的应急救援方案并根据实际情况进行救援演练，为此发生的费用可列入。<br>（六）其他与安全生产直接相关的支出<br>其他与安全生产直接相关的支出可归纳为5方面内容：<br>（1）安全宣传费：指购买安全宣传教育资料、开展安全月、安康杯等活动的宣传画、横幅等支出；<br>（2）安全生产活动费：外出观摩安全经验交流差旅费、进行安全生产知识竞赛、技能比赛等以安全为主题的活动所开支费用；<br>（3）安全员工资：指发给专职安全员的工资；<br>（4）安全生产奖励费：发给专职安全员工资总额以外的安全目标考核奖励，安全生产工作先进个人、集体的奖励；<br>（5）其他职业危害及工程施工事故的预防开支。<br>注意：《高危行业企业安全生产费用财务管理暂行办法》（财企[2006]478号）第十八条规定："企业应当为从事高危作业的人员办理团体人身意外伤害保险或个人意外伤害保险。所需保险费用直接列入成本（费用），不在安全费用中列支。企业为职工提供的职业病防治、工伤保险、医疗保险所需费用，不在安全费用中列支。"<br>三、安全生产专项费用审批程序<br>施工单位在按批准安全生产方案、措施等实施后，按批准的安全生产经费使用计划，执行所发生的安全生产专项经费的费用，由施工单位提出书面申请，报监理工程师审查。<br>监理工程师收到承包人安全生产费用申请后，专业监理工程师首先审核无误后，经驻地监理工程师审查、总监理工程师审批后，报业主核备进入计量支付程序。<br>四、安全生产专项费用审批方法<br>（1）审批条件的审查：①安全施工方案、措施、预案、计划等经过审批；②安全生产费用使用计划经过审批；③安全生产费用使用符合规定。<br>（2）费用凭证的审核：费用使用记录是否及时、真实、准确，是否有监理人员签证；费用票据等有效证明材料是否齐全；费用统计计算是否准确。<br>（3）现场投入的核查：对照安全费用使用明细表，现场核对各项设施是否使用到施工现场并符合要求。<br>（4）费用计算的复核：审核费用统计计算是否准确。<br>（5）合同规定的核查：审核申报费用是否超出合同规定 |

## （四）安全检查

监理单位在安全检查方面达标标准细化见表8-3-9。

**安全检查达标标准细化表** 表 8-3-9

| 类别 | 序号 | 考 核 内 容 | 达标标准细化及工作要求 |
|---|---|---|---|
| 安全检查 | 23 | 对施工单位内业资料检查 | 一、查安保体系<br>1.组织体系<br>检查施工单位是否签订安全生产合同；是否设立安全生产管理机构，建立项目安全生产组织体系，并用框图表示并上墙；框图是否涵盖领导层、各部门、作业层3个层次，是否包含分包单位；项目主要管理人员是否有任命文件。<br>2.责任落实<br>检查施工单位是否制定安全生产岗位职责；安全生产职责是否全面涵盖到项目负责人(项目经理、项目副经理、项目总工)、各部门(含分包单位)、各个作业层；安全生产职责是否有针对性。<br>3.管理制度<br>检查施工单位是否根据国家、行业及上级要求开展的安全工作建立相应的管理制度；制订的管理制度是否涵盖本项目工程相关安全生产管理工作；制订的管理制度是否有针对性、可操作性和时效性。<br>施工单位安全生产管理制度通常应包括：<br>①安全生产管理制度；②安全生产责任制度；③安全生产保障制度；④安全生产会议制度；⑤专项方案编审制度；⑥措施计划执行制度；⑦安全技术交底制度；⑧现场安全检查制度；⑨事故隐患整改制度；⑩安全用电管理制度及消防管理制度；⑪安全经费管理制度及工程保险制度；⑫劳动防护及职业健康管理制度；⑬危险源安全管理制度；⑭安全风险告知制度；⑮安全应急救援预案；⑯安全教育培训及考核制度；⑰安全生产考核和奖罚制度；⑱安全事故报告和调查处理制度；⑲特种作业人员管理制度；⑳外来民工管理规定；㉑机械设备安全管理制度；㉒特种设备管理办法；㉓安全设施及安全防护管理制度；㉔文明施工管理制度；㉕环境保护管理制度；㉖施工现场安全管理规定；㉗办公区、生活区安全管理规定；㉘工程分包安全管理制度；㉙主要工种安全操作规程及主要设备安全操作规程；㉚其他管理制度(班组安全活动、车辆管理、值班保卫等)。<br>4.计划目标<br>检查施工单位是否制订本标段安全生产工作计划；是否进行安全目标分解；安全生产责任是否分解到人、各部门。<br>5.安全策划<br>检查施工单位是否制定本标段“平安工地”建设工作方案；是否编制本项目工程安全策划；制订的方案、策划是否具有针对性和可操作性。<br>二、查安全活动<br>1.安全会议<br>检查施工单位是否按规定(每月至少组织一次)召开安全生产工作例会；临时性的重要工作是否有专门会议部署；会议内容是否与当前安全生产工作相关；安全会议是否形成会议记录，与会人员是否签字。<br>2.安全教育<br>检查施工单位是否按规定开展安全生产“三级教育”：对新工人进行安全生产的入厂(公司)教育、车间(项目部)教育、班组(岗位、工段)教育；对调换新工种，采取新技术、新工艺、新设备、新材料的工人，是否进行新岗位、新操作方法的安全卫生教育；受教育者是否经考试合格后上岗操作。<br>3.安全交底<br>安全交底是否包括：各分部(项)工程开工前项目安全负责人(项目经理、项目总工、专职安全员等)对各施工班组(含班组负责人的全体施工人员)进行 |

续上表

| 类别 | 序号 | 考 核 内 容 | 达标标准细化及工作要求 |
|---|---|---|---|
| 安全检查 | 23 | 对施工单位内业资料检查 | 的针对该分部(项)工程安全技术措施、安全专项方案中一系列安全工作要求进行的交底;各工序开工前班组安全负责人(专职安全员、班组长、班组兼职安全员)对生产工人进行的针对该施工工序中存在的安全风险及其防范措施、注意事项进行的交底。安全交底是否留有交底记录,并经交底人和被交底人双方签字。<br>三、查专项方案<br>检查是否进行项目工程安全风险分析;是否针对经分析存在较大危险的分部(项)工程编制了安全专项施工方案;已编制的安全专项方案是否按规定编制、审查、批准并签字。详见表8-2-2"3审查审批21小项:审查或组织审查施工单位危险性较大的工程安全专项方案和施工临时用电方案"<br>四、查人员持证<br>检查项目部是否建立全体施工人员基本状况(姓名、年龄、工种、健康状况、用工合同、安全教育、保险、进退场时间等)登记表。主要项目管理人员(项目负责人、专职安全员、工地试验室主任等)是否是合同约定人员,有更换的是否履行人员变更手续,同时:<br>(1)项目负责人(项目经理、项目副经理、项目总工)均应持有效B证;<br>(2)专职安全生产管理人员配备应符合施工现场应当按照每5000万元施工合同额配备一名的比例,配备持有效C证的专职安全生产管理人员,不足5000万元的至少配备一名。<br>(3)特种作业人员应按照凡直接从事《特种作业人员安全技术培训考核管理规定》(安监总局2010年第30号令)规定的特种作业的从业人员,必须经专门的安全技术培训并考核合格,取得相应的《中华人民共和国特种作业操作证》。<br>五、查机械设备<br>检查承包人是否建立施工机械、安全设施基本状况登记表,对施工机型实行"一机一档"管理,即对每一台(套)进场的施工机械设备都建立一套档案,其档案必须包括:机械设备名称、规格型号、出厂合格证书或检验合格证书、进退场时间、使用维修保养记录、操作人员及证书等。<br>(1)特种设备。特种设备除按上述规定外,是否还满足《南京市公路水运工程特种设备使用登记管理暂行办法》(宁交质监[2007]17号)有关规定。<br>(2)安全设施。为防止生产活动中可能发生的人员误操作、人身伤害或外因引发的设备(施)损坏,而设置的安全标志、设备标识、安全警示线和安全防护等,是否建立购置、保管、设置、维修、检验、检查等相关信息的档案资料。<br>六、查检查整改台账<br>检查施工单位是否建立施工安全检查整改制度,制度是否明确检查时间、检查内容、工作计划等,是否制定各类安全检查记录用表,详细记录检查情况及发现问题的整改期限、内容、责任人和整改结果等。检查施工单位是否对危险性较大工程、重大危险源还应组织专项安全检查。检查施工单位主要负责人是否定期组织和参加安全检查<br>七、查应急预案及演练记录<br>(一)查应急预案的编制<br>施工单位进场后,应根据《生产经营单位安全生产事故应急预案编制导则》(AQ/T 9002—2006),组建应急预案编制队伍、开展危险与应急能力分析,制订项目工程的应急预案。监理工程师应根据安全风险分析检查应急预案的编制情况。 |

续上表

| 类别 | 序号 | 考 核 内 容 | 达标标准细化及工作要求 |
|---|---|---|---|
| 安全检查 | 23 | 对施工单位内业资料检查 | (1)应急预案体系。应急预案应形成体系,施工单位应根据项目工程的特点,编制综合应急预案,根据风险分析针对各级各类可能发生的事故和所有危险源制定专项应急预案和现场处置方案作为综合应急预案的组成部分,并明确事前、事发、事中、事后的各个过程中相关部门和有关人员的职责。生产规模小、危险因素少的单位,综合应急预案和专项应急预案可以合并编写。<br>①综合应急预案。综合应急预案是从总体上阐述事故的应急方针、政策,应急组织结构及相关应急职责,应急行动、措施和保障等基本要求和程序,是应对各类事故的综合性文件。<br>②专项应急预案。专项应急预案是针对具体的事故类别、危险源和应急保障而制定的计划或方案,是综合应急预案的组成部分,应按照应急预案的程序和要求组织制定,并作为综合应急预案的附件。专项应急预案应制定明确的救援程序和具体的应急救援措施。<br>③现场处置方案。现场处置方案是针对具体的装置、场所或设施、岗位所制定的应急处置措施。现场处置方案应具体、简单、针对性强。现场处置方案应根据风险评估及危险性控制措施逐一编制,做到事故相关人员应知应会,熟练掌握,并通过应急演练,做到迅速反应、正确处置。<br>(2)应急预案主要内容应包括:①总则:说明编制预案的目的、工作原则、编制依据、适用范围等。②组织指挥体系及职责:明确各组织机构的职责、权利和义务,以突发事故应急响应全过程为主线,明确事故发生、报警、响应、结束、善后处理等环节的主管部门与协作部门;以应急准备及保障机构为支线,明确各参与部门的职责。③预警和预防机制:包括信息监测与报告,预警预防行动,预警支持系统,预警级别及发布(建议分为4级预警)。④应急响应:包括分级响应程序(原则上按一般、较大、重大、特别重大4级启动相应预案),信息共享和处理,通讯,指挥和协调,紧急处置,应急人员的安全防护,群众的安全防护,社会力量动员与参与,事故调查分析、检测与后果评估,新闻报道,应急结束11个要素。⑤后期处置:包括善后处置、社会救助、保险、事故调查报告和经验教训总结及改进建议。⑥保障措施:包括通信与信息保障,应急支援与装备保障,技术储备与保障,宣传、培训和演习,监督检查等。⑦附则:包括有关术语、定义,预案管理与更新,沟通与协作,奖励与责任,制定与解释部门,预案实施或生效时间等。⑧附录:包括相关的应急预案、预案总体目录、分预案目录、各种规范化格式文本,相关机构和人员通讯录等。<br>(3)专项应急预案和现场处置方案应包括的内容:①施工工程项目的基本情况。含规模、结构类型、工程开工完工日期。②项目经理部基本情况。含项目经理、技术负责人、安全负责人、安全员等姓名、证书号码等。③应急救援预案启动涉及的事故内容及启动前提和终止条件。并包括危险源的风险评估、危险辨别体系、应急报警机制、通讯体系、应急预案实施终止后的恢复工作。④安全事故应急救援预案反应组织机构。包括应急救援指挥系统、应急救援人员分工、具体责任人的职务、联系电话等。⑤救援器材、设备的配备。⑥安全事故救护单位。包括事故发生地邻近的医疗救护中心、医院的名称、电话,行驶路线等。<br>(4)应急预案应告知现场施工作业人员。施工期间,其内容应当在施工现场显著位置予以公示。<br>(5)应急预案应报建设单位及安全生产监督部门备案。<br>(二)查应急培训及演练<br>施工单位应根据制定的应急预案,进行应急培训及演练,并详细记录培训、演练的时间、内容、评价和总结。监理工程师应检查应急培训、演练计划及记录。 |

续上表

| 类别 | 序号 | 考核内容 | 达标标准细化及工作要求 |
|---|---|---|---|
| 安全检查 | 23 | 对施工单位内业资料检查 | 1.应急培训<br>应急培训包括施工单位对不同水平应急者(初级意识、初级操作、危险物质专业、危险物质专家、事故指挥者5种)进行的针对各类事故应急救援的基础知识培训(信息监测与报告、预警预防行动、预警支持系统、预警级别及发布等预警和预防知识;信息共享和处理、通讯、指挥和协调、应急人员的安全防护,群众的安全防护,社会力量动员与参与、疏散等应急响应知识等)、专项技能培训(紧急处置、救援措施等应急响应知识,事故调查分析、检测与后果评估总结等后期处置知识等)、案例培训等的培训。<br>施工单位应根据应急预案制订应急培训计划,培训计划中包含:培训目标、培训方式、培训内容、受训对象、考核方式、考核内容,完成时间等,并对应急培训进行详细记录。<br>2.应急预案演练<br>施工单位应根据应急预案制定复杂程度和规模程度不同的各种单项演练和综合演练的应急预案演练计划,并根据演练计划,及时制定演练方案(场景、事件、任务、角色等),按照演练方案,在事先虚拟的事件(事故)条件下,应急指挥体系中各个组成部门、单位或群体的人员,针对假设的特定情况,在实际突发事件发生时执行各自的职责和任务,在进行排练演习后,应及时作出演练评估。应急演练的计划、方案、评估等文字资料、排练演习过程的影像资料均应整理归档。<br>八、查安全风险管理台账<br>施工单位应按系统的不同层次,对项目工程中安全风险(危险源、因素)进行调查分析、辨识、评估,确定各类安全风险(危险源、因素)的危险性、存在的条件和触发因素,制定各类危险源控制目标和管理措施、应急措施等,明确责任部门和责任人,并报监理工程师审查。危险区域(部位、场所)醒目位置还应设置危险源控制牌,详见表8-3-9第242页"施工现场检查"。<br>九、查专项经费台账<br>(1)安全生产专项经费是项目部开展正常安全生产、文明施工的专项费用,应当用于施工安全防护用具及设施的采购和更新、安全施工措施的落实、安全生产条件的改善,严禁挪作他用。<br>(2)施工单位必须建立安全专项经费使用(费用名称、使用部位、使用数量、金额、报审及支付等)台账。<br>十、查事故管理台账<br>(1)施工单位应建立事故管理台账,及时、详细、清晰记录事故及未遂事故发生时间、地点、上报、原因、处置方法、责任追究等。<br>(2)监理工程师应检查施工单位对工伤事故是否及时报告、认真调查、严肃处理;在检查中,如发现未按"四不放过"的要求草率处理的,要重新严肃处理,从中找出原因,采取有效措施,防止类似事故重复发生。<br>十一、查其他资料<br>(1)施工合同、安全合同(责任书);<br>(2)现行有关法律、法规、安全技术规范标准;<br>(3)上级部门、公司有关安全生产工作的政策文件;<br>(4)上级部门、安监机构下发的通知、文件;<br>(5)建设、监理、安监部门下发的整改通知单及回复单;<br>(6)建设各方往来文件(函件)、联系单;<br>(7)其他安全生产档案资料 |

续上表

| 类别 | 序号 | 考 核 内 容 | 达标标准细化及工作要求 |
|---|---|---|---|
| 安全检查 | 23 | 对施工单位内业资料检查 | 十二、监理检查工作要求<br>内业资料监理检查工作要求：<br>(1)监理工程师应制定安全检查制度，明确对施工单位各项内业资料的相适应的检查时间、频率、内容、方法等。<br>(2)监理工程师应在项目开始前制定总体的安全检查工作计划，并根据施工阶段和施工工作内容，作出详细各项内业资料检查工作的具体安排。检查工作计划中明确检查人、检查内容，根据不同内容制定各类检查记录表。<br>(3)检查结束后，就检查结果进行综合评价，向各施工单位发出书面通报。检查中发现存在的问题，应及时要求施工单位进行整改，必要时签发监理通知、指令等监理文件 |
| | 24 | 对施工现场检查，填写安全监理日志 | 1.施工现场检查监理工作程序<br>监理工程师必须每日巡视施工现场，及时发现和指出存在的安全隐患，并督促整改。对存在安全风险的施工部位、工序等还应进行定期的安全检查，对危险性较大的工程根据情况进行安全旁站检查监督，对监理过程中发现的一般安全隐患、问题，监理工程师应签发安全隐患整改通知并监督检查整改情况，发现严重安全隐患时，应立即下达暂时停工令，并报告建设单位，同时提出整改意见，监督检查整改情况。监理工程师现场检查工作程序如下图：<br>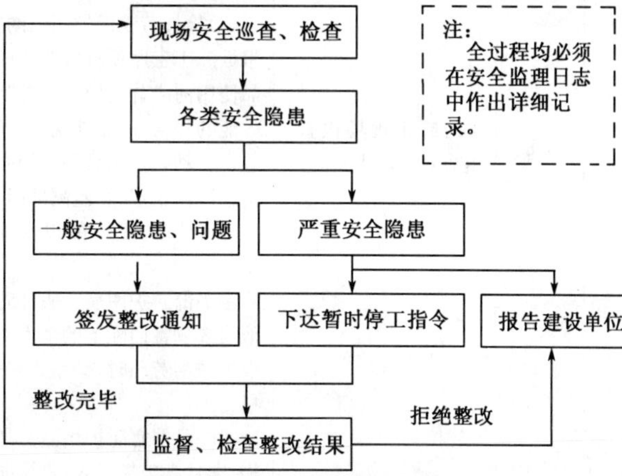<br>2.施工现场检查监理工作内容<br>安全检查主要以查现场、查隐患为主，深入生产现场工地，检查企业的劳动条件、生产设备以及相应的安全卫生设施是否符合安全要求等，主要包括10个方面的内容：<br>(1)检查现场安全工作的组织措施和安全技术措施、安全专项施工方案的落实情况。施工单位应严格按照批准的安全技术措施、安全专项施工方案组织安全生产，实际生产中确需修改措施、方案的，需编制修改(或补充)文件，并按规定审查、批准后，方可实施。专职安全生产管理人员进行现场监督执行。<br>(2)检查施工现场布设情况。施工现场布设及驻地建设是否满足安全规定，现场办公区、生活区、施工区是否分开设置，生活区、办公区所用房屋是否满足安全要求；场内交通组织是否明晰，是否按要求设置各类围挡；是否按消防要求配备消防器材；是否按夜间照明需要配备照明设施。 |

续上表

| 类别 | 序号 | 考 核 内 容 | 达标标准细化及工作要求 |
|---|---|---|---|
| 安全检查 | 24 | 对施工现场检查，填写安全监理日志 | (3)检查施工临时设施。模板、支架、脚手架现场搭设与专项方案是否一致；模板、支架、脚手架所用材料品质是否满足要求，是否现场验收；施工便桥、专用通道、施工平台、拌和楼等是否满足安全要求；高处作业脚手板宽度、厚度及固定是否满足要求，脚手板是否满铺，是否堆放杂物；钢筋加工场、电焊作业场地布设是否满足安全要求。<br>(4)检查安全标志标牌。作业区旁安全操作规程牌是否醒目、牢固；各种坑洞、危险作业区域警示标牌是否醒目、牢固；场内交通标志、安全宣传告示牌是否位置正确、布设规范、醒目。<br>(5)检查安全防护设施。施工现场各类孔洞、临边、临水防护是否到位；深基坑、大型基础施工、桥梁高处施工上下通道布设是否满足要求；挖孔桩施工周边防护及通风是否满足要求；隧道施工检测及通风是否满足要求；大型边坡开挖坡率及检测防护措施、基坑施工需要采取降水措施的是否满足要求；是否按规定对各类安全设施进行检验、维护。其他安全设施配置、检验、使用、维护情况。<br>(6)检查施工作业情况。桥梁、梁板、沉箱运输及安装是否满足要求；打桩、挖泥船作业是否满足安全要求；施工人员是否满足要求；起重吊装作业区域安全措施、信号、指挥是否满足要求；大型模板作业及垂直升降作业是否满足要求；各类施工作业是否出现“三违(违章指挥、违章操作、违反劳动纪律)”现象；危险性施工作业现场是否有专职安全员监督检查和专职监护人员监护。<br>(7)检查劳动保护用品的正确使用情况。施工生产过程中，施工人员必须根据施工工序项目可能造成的伤害，佩戴必要的劳动防护用品。劳动防护用品使用前应首先做一次外观检查。检查的目的是认定用品对有害因素防护效能的程度，用品外观有无缺陷或损坏，各部件组装是否严密，启动是否灵活等。劳动防护用品的使用必须在其性能范围内，不得超极限使用；不得使用未经国家指定、经监测部门认可(国家标准)和检测还达不到标准的产品；不能随便代替，更不能以次充好。严格按照使用说明书正确使用劳动防护用品。<br>①头部防护用品。头部防护用品是为了防御头部不受外来物体打击和其他因素危害而配备的个人防护装备，主要指安全帽。任何人进入施工现场从事生产和劳动时，必须戴安全帽。安全帽必须严格按规定检验、佩戴、维护及报废。<br>②呼吸器官防护用品。呼吸器官防护用品是为防御有害气体、蒸气、粉尘、烟、雾从呼吸道吸入，直接向使用者供氧或清洁空气，保证尘、毒污染或缺氧环境中作业人员正常呼吸的防护用品。呼吸器官防护用品主要有防尘口罩和防毒口罩(面罩)以及氧气呼吸器。从事有妨害呼吸道环境下作业的必须根据其妨害性质正确选用呼吸器官防护用品。防尘口罩和防毒口罩(面罩)以及氧气呼吸器必须按规定配置、检验、佩戴、维护及报废。<br>③眼面部防护用品。眼面部防护用品是预防烟雾、尘粒、金属火花和飞屑、热、电磁辐射、激光、化学飞溅等伤害眼睛或面部的个人防护用品。工程中主要有焊接眼镜、面罩。焊接作业必须佩戴焊接眼镜、面罩，焊接眼镜、面罩必须按规定选择、检验、维护保养、使用和更换。<br>④听觉器官防护用品 。能够防止过量的声能侵入外耳道，使人耳避免噪声的过度刺激，减少听力损失，预防由噪声对人身引起不良影响的个体防护用品，称为听觉器官防护用品。听觉器官防护用品主要有耳塞、耳罩和防噪声头盔3大类。在使用护耳器前，应用声级计定量测出工作场所的噪声，然后算出需衰减的声级，以挑选各种规格的护耳器。佩戴耳塞时应轻轻推入外 |

续上表

<table>
<tr><th>类别</th><th>序号</th><th>考 核 内 容</th><th>达标标准细化及工作要求</th></tr>
<tr><td>安全检查</td><td>24</td><td>对施工现场检查，填写安全监理日志</td><td>
耳道内与耳道贴合，不要使劲太猛或塞得太深。使用耳罩及防噪声头盔时，应先检查罩壳有无裂纹和漏气现象。佩戴时应注意罩壳标记顺着耳型戴好，务必使耳罩软垫圈与周围皮肤贴合。隔声效果不好时，应另换其他型号、规格的护耳器或同时戴上两种护耳器，如耳罩内加耳塞等。
⑤手部防护用品。具有保护手和手臂的功能，供作业者劳动时戴用的手套称为手部防护用品，通常人们称为劳动防护手套。手部防护用品按照防护功能分为 12 类，即一般防护手套、防水手套、防寒手套、防毒手套、防静电手套、防高温手套、防 X 射线手套、防酸碱手套、防油手套、防振手套、防切割手套、绝缘手套。每类手套按照材料又能分为许多种。手套大小应合适，避免手套指过长，被机械绞或卷住，使手部受伤。在使用手套前，应先检查外观，如发现表面有孔洞、裂纹等应停止使用。使用完毕后，按有关规定保存好，以防老化。使用一段时间后应复检，合格后方可使用。
(8)查危险源控制管理情况。危险源区域(部位、场所)醒目位置是否设置危险源控制牌；相关责任人是否按控制牌所拟定的控制要点、控制措施对危险源实施有效控制。危险源控制式样如下：
危险源(物、环境)控制牌
危险源名称：　　　　　　　　编号：
<table>
<tr><td>危险源位置</td><td></td><td>危险源分类</td><td></td></tr>
<tr><td>监控危险点</td><td></td><td>易发事故类型</td><td></td></tr>
<tr><td colspan="2">控制要点</td><td colspan="2"></td></tr>
<tr><td>责任部门</td><td>项目部</td><td>施工队</td><td>施工班组</td></tr>
<tr><td>责任人</td><td></td><td></td><td></td></tr>
<tr><td>检查周期</td><td></td><td></td><td></td></tr>
</table>
危险源(危险作业)控制牌
施工单位：　　　　合同号：　　　　日期：　年　月　日
<table>
<tr><td>序号</td><td>今日作业安排</td><td>涉及安全风险及事故类型</td><td>风险度</td><td>控制措施</td><td>负责部门</td><td>作业人数</td><td>现场监护</td></tr>
<tr><td></td><td></td><td></td><td></td><td></td><td></td><td></td><td></td></tr>
<tr><td></td><td></td><td></td><td></td><td></td><td></td><td></td><td></td></tr>
<tr><td></td><td></td><td></td><td></td><td></td><td></td><td></td><td></td></tr>
<tr><td></td><td></td><td></td><td></td><td></td><td></td><td></td><td></td></tr>
</table>
项目经理：　　　　安全员：
(9)检查施工现场临时用电。 临时用电是否与施工用电方案相对应；是否按做到“三级配电、两级保护”和“一机、一闸、一漏保”；主输电线路是否架空或入地埋设，架空和入地埋设是否满足要求，临时输电线路布设是否整齐，是否设置临时保护措施，是否存在私拉乱接现象；配电箱(柜)、控制箱(柜)是否固定、上锁，是否设置防雨措施；场内照明及安全电压是否符合规定；电气设备预试、校验是否如期进行。
</td></tr>
</table>

续上表

| 类别 | 序号 | 考 核 内 容 | 达标标准细化及工作要求 |
|---|---|---|---|
| 安全检查 | 24 | 对施工现场检查，填写安全监理日志 | (10)其他现场安全检查：①保温、照明、通风完好情况；②机械设备的防护罩、壳，各种气瓶、压力容器、化学用品等的使用管理情况；③安全工器具的配置、定期试验情况；④起重工器具、电气工器具、机械工器具是否存在缺陷；⑤文明施工及安全卫生设施情况。<br>3.施工现场检查监理工作方法<br>现场监督与检查，包括经常性的安全文明检查与参与有组织的定期与不定期的安全文明检查，其检查方法有：<br>(1)日常现场跟踪检查，监理人员根据工程进展情况，对各工序安全情况进行跟踪监督、现场检查、验证施工人员是否按照安全技术防范措施和操作规程操作施工，发现安全隐患，及时下达监理通知、指令，责令整改。<br>(2)经常性安全检查：是指监理人员对安全工作所进行的日查、周查和月查，其目的是辨识生产过程中的(物的不安全状态和人的不安全行为)，并通过检查加以控制和整改，以防止事故发生。<br>(3)专业性安全检查：是根据设备和工艺特点进行的专业检查。监理人员对主要结构、关键部位的安全状况，除日常跟踪检查外，视施工情况，必要时可做抽检和检测工作。<br>(4)群众性安全检查：是指监理工程师发动各施工单位安全管理人员和专业技术人员参与进行的普遍性安全检查。通过安全检查总结经验，互相学习，取长补短，进一步促进安全工作的发展。<br>4.施工现场检查监理工作要求<br>(1)现场安全检查必须有明确的目的、有组织领导、有检查计划、有具体要求。<br>(2)检查前应根据工程的情况和季节特点，结合自身的实际情况，制定出相应的安全检查表，做到每次检查的内容有所侧重，突出重点。检查时逐项认真填写。安全检查表应做到：检查项目全面有系统性、检查内容直观有广泛性、评价有据有易操作性。<br>(3)现场安全检查要深入现场与听取汇报相结合，通过察看、询问、检查、检测，综合分析，得出明确结论。<br>(4)每日安全检查、巡查，要做到：①从工程开工至交工每天进行无间断；②两手抓(一手抓“检查”、一手抓“整改”)，检查发现安全隐患，采取责令现场整改(一般隐患)、停工整改(重大隐患)等措施，敦促各种隐患整改到位。<br>(5)参加检查的人应是内行，检查要深入、细致，讲求实效，防止走过场。<br>(6)除每日安全巡查外每次安全检查完毕，要写出总结，通过进行定量、定性分析，找出问题，提出整改要求，并存档。对各项目部的安全生产、文明施工逐项进行检查评分，对于好的要表扬、奖励，对于差的要批评、惩罚。要以教育为主，树立好的典型，达到共同提高。<br>(7)对危险性较大工程、重大危险源还应组织专项安全检查。<br>5.安全监理日志<br>(1)记录内容：安全措施方案审查情况；安全经费审批情况；安全内业资料、施工现场检查情况；安全监理文件下达情况；安全隐患整改情况；安全会议、安全学习培训、安全工作考核等活动情况等。<br>(2)记录要求：记录应及时、真实、全面、清晰；记录应与其他监理文件、台账、记录相互对应 |

续上表

| 类别 | 序号 | 考 核 内 容 | 达标标准细化及工作要求 |
|---|---|---|---|
| 安全检查 | 25 | 对于短时间难以消除的安全隐患，排出督促整改计划，并对整改期施工现场的防范措施进行检查 | 1. 短时间难以消除的安全隐患的概念<br>短时间难以消除的安全隐患是指安全风险贯穿物的存在、施工作业、作业环境的全过程，不能立即消除，只能通过必要的措施进行控制，防止事故发生的安全隐患。在公路工程建设中，除人的违章行为（如：违章指挥、违章操作、违反劳动纪律）、物的短期存在（如：炸药、汽油、柴油、化学试剂等易燃易爆有毒物品）、事的短期进行（如：场地平整、路基清表、物质搬运卸车等）以外，其他存在安全风险的施工行为（起重吊装、架设拆除、开挖爆破、焊接气割、垂直运输等）、环境（如高空、立体、深基坑、隧道、水上、水下等）、物质（燃料、炸药、瓦斯、粉尘、油污等易燃易爆有毒有害物质；起重机、架桥机等特种设备；桅杆、升降梯、水塔等高大设施等）均为短时间难以消除的安全隐患。<br>2. 安全隐患监理措施<br>（1）安全检查中发现的存在问题和安全隐患，可能导致轻微事故发生，一般安全问题，可以立即处理或整改的，应立即口头指令施工现场人员立即纠正违章行为、清除危险品，及时消除隐患，防止事故发生。并在《安全监理日志》中做出记录。<br>（2）对行为过程时间较短，未按安全批准的安全技术措施进行或安全措施不到位等，可能导致一般事故发生的一般安全隐患，监理工程师应立即口头提出整改意见，指令整改，并签发《安全隐患整改通知书》，现场督促检查施工单位及时消除隐患，防止事故发生。隐患整改做不到定人、定时间、定措施，施工单位整改完毕后，应及时填写《安全隐患整改结果报告书》报监理工程师复查。<br>（3）对可能导致较大、重大、特大事故的重大安全隐患，及遇到下列7种情况，监理工程师还应立即口头指令停工，随即与建设单位汇报协调，下达《工程暂时停工指令》：①施工中出现安全异常，经提出后，施工单位未采取改进措施或改进措施不符合要求时；②对已发生的工程事故未进行有效处理而继续作业时；③安全措施未经自检而擅自使用时；④擅自变更设计图纸进行施工时；⑤使用无合格证明的材料或擅自替换、变更工程材料时；⑥未经安全资质审查的分包单位的施工人员进入施工现场施工时；⑦出现安全事故时。<br>在因安全原因出现必须停工处理（某一部位或整个工程）的情况时，施工单位经整改，停工因素消除后，填写《复工申请》，经监理工程师核查认可，方可复工。<br>（4）施工单位拒不整改或者不停止施工，监理工程师应及时向建设单位和建设行政主管部门报告。<br>（5）检查中发现的安全隐患，建立隐患数据库，严格按照“挂牌”督办和“销号”管理制度，实时对隐患整改情况监督管理。重大安全隐患及短时间难以消除的安全隐患建立专项档案，做到专项专档，分项管理，以“三铁”（铁的手腕、铁的面孔、铁的标准）整改原则，全过程跟踪督办，确保安全隐患治理不留死角、不留后患。<br>（6）对于短时间难以消除的安全隐患，及因安全原因停工期间，监理工程师排出督促整改计划，确定控制目标，制定控制措施，明确责任到人，并对整改期施工现场的防范措施进行检查 |

## （五）安全活动

监理单位在安全活动方面达标标准细化见表8-3-10。

安全活动达标标准细化表　　表 8-3-10

| 类别 | 序号 | 平安工地考核内容 | 达标标准细化及工作要求 |
| --- | --- | --- | --- |
| 安全活动 | 26 | 安全监理例会至少每月进行一次，对当前工作进行总结、点评，对下月工作进行部署 | 总监理工程师每月 25 日主持召开安全监理例会。监理部、项目部主要负责人、安全管理人员及相关人员参加，会议还邀请指挥部安全管理及工程管理部门人员参加。<br>1. 会议议程及主要内容<br>(1)施工单位汇报当月工程建设中有关安全生产、文明施工的情况；上次会议决议的执行情况，主要存在的问题和原因分析以及解决措施和计划；<br>(2)监理工程师对当前工作进行总结、点评，通报当月安全方面存在的问题，对施工现场安全生产工作进行分析，要求施工单位及有关方予以改进，并根据施工进度计划布置下月安全生产工作。<br>2. 会议纪要<br>安全监理例会应形成如下材料：①会议通知；②会议签到；③会议记录；④会议纪要。会议纪要应及时发放到各参加单位，对会议中达成的一致意见和要求，作为今后监理工作执行的依据之一，并加以贯彻执行 |
| | 27 | 及时学习上级有关政策，对相关安全监理业务知识开展培训 | (1)总监、安全监理工程师应持交通部安全环保培训合格证书。监理部存证书复印件备查。<br>(2)制定安全监理知识培训计划，针对项目工程特点，有组织有计划地进行培养和提高监理人员安全监理业务水平。监理部存培训计划、培训教程、培训记录，以便备查。<br>(3)召开临时性安全工作专门会议，及时传达上级有关安全生产政策、要求。监理部存转发、签发文件及会议记录，以便备查 |
| | 28 | 对内部安全监理工作进行考核 | (1)建立监理人员安全管理制度，制定监理人员安全工作考核管理办法，每月对全体监理人员进行考核。<br>(2)考核采取表格形式，在监理人员自评的基础上，由上而下逐级考核。<br>(3)监理部保存安全管理制度、安全工作考核管理办法、安全工作考核表(每人每月一份)，以便备查 |

## 三、施工单位达标标准细化及工作要求

### (一)责任落实

施工单位在责任落实方面达标标准细化见表 8-3-11。

责任落实达标标准细化表　　表 8-3-11

| 类别 | 序号 | 考核内容 | 达标标准细化及工作要求 |
| --- | --- | --- | --- |
| 责任落实 | 29 | 建立项目安全生产组织体系框图，框图应涵盖领导层、各部门、作业层 3 个层次 | 1. 安全生产组织体系的建立<br>项目经理部要建立由项目经理任组长、主管生产、安全副经理任副组长，各职能部门负责人和所属班组长任组员的安全领导小组，用以计划和决策本项目的安全生产工作。并专门设立专职安全管理机构或专职安全管理人员在本项目内，牵头组织落实安全生产规章制度，贯彻安全领导小组的决议，检查指导各班组兼职安全员的工作，处理日常工作。安全领导小组其他成员还要负责自己管辖范围内的部门或班组落实安全生产规章制度。班组负责人和兼职安全员要监督、指导班组的全体作业人员执行安全生产规章制度，严格按照安全技术操作规程进行作业，正确运用安全生产方面的权利，履行好从业人员的安全生产义务 |

续上表

| 类别 | 序号 | 考 核 内 容 | 达标标准细化及工作要求 |
|---|---|---|---|
| 责任落实 | 29 | 建立项目安全生产组织体系框图，框图应涵盖领导层、各部门、作业层3个层次 | (1)尽管项目部内设机构各有不同，但是，编制安全组织体系框图的原则是基本一致的，总的原则是合法、科学。合法，就是依法设定管理层次；科学，就是纵向管理层次和横向管理平级部门之间要构成一个协调统一的有机整体。<br>(2)项目经理是工程项目安全生产第一责任人，在框图中，项目经理应该放在首要位置，副经理和总工程师要协助项目经理领导安全工作，按照“谁主管、谁负责”的原则，副经理和总工程师按照职责分工，同时分管职责范围内的安全生产工作。由项目经理、副经理、总工程师形成安全组织体系的第一层。<br>(3)项目部各部门，按照各自的职责范围，监督职责范围内的安全生产工作。这些部门构成安全组织体系的第二层。<br>(4)各施工班组执行具体的生产任务，也是安全生产工作的直接执行单位，构成了安全生产组织体系的第三层。<br>(5)框图要反映出建设工程的安全生产工作是一项系统工程，框图应简单明了。<br>2.应行文下发 |
| | 30 | 明确项目负责人、各部门、作业层安全生产责任 | (一)建立安全责任制的方法<br>(1)项目主要负责人亲自组织；<br>(2)依据国家有关法律法规的要求制定；<br>(3)根据企业机构设置和岗位设置的情况制定各部门和岗位人员的安全职责；<br>(4)专门机构负责，自上而下制定。<br>(二)安全生产责任制的制定<br>一是各类人员安全责任制。包括项目经理、项目总工、专职安全员、班组长、工人。二是各职能部门责任制。包括办公室(含劳动、教育等综合部门)、生产部门、技术部门、安全部门、机务材料部门、财务部门等。<br>1.各类人员安全责任制<br>(1)项目经理：①明确如何落实项目安全生产责任制；②明确如何审定年度安全计划，确定安全生产目标；③明确如何对项目安全生产负全面责任；④明确如何拟订、修订项目安全技术规程和安全生产管理制度；⑤明确如何组织开展安全生产教育；⑥确保对安全生产投入要求(包括资金投入、人员配置等)的实现；⑦明确如何组织安全检查及对重大事故的调查处理；⑧明确对事故应急救援预案的总要求(组织、制定、演练、完善等)。<br>(2)项目总工：①明确如何制定适合本项目特点的施工组织设计；②明确如何对危险性较大的分部分项工程进行危险性分析，编制专项安全施工方案，并进行必要的安全验算；③遵守国家技术规范、规程中的相关规定，特别是其中的强制性条文规定，不得违反；④明确如何组织分部分项工程的安全技术交底；⑤明确对安全技术措施、专项技术方案的落实情况进行监督检查；⑥明确对安全生产为项目经理提供技术支持。<br>(3)专职安全员：①确定如何协助项目经理做好项目安全管理；②确定如何协助项目经理制定安全活动计划，并组织实施；③确定如何深入现场进行安全检查，制止违章作业；④确定如何协助项目经理消除事故隐患；⑤掌握一旦发生事故的救援办法。<br>(4)班组长：①确定如何组织职工学习，贯彻执行和项目有关的安全生产规章制度及要求；②确定如何组织班组安全教育和安全活动；③确定如何负责 |

续上表

| 类别 | 序号 | 考 核 内 容 | 达标标准细化及工作要求 |
|---|---|---|---|
| 责任落实 | 30 | 明确项目负责人、各部门、作业层安全生产责任 | 本岗位防护器具,安全装置和设施的维护和管理;④确定一旦发生事故隐患,如何防范;出现事故如何处理,如何组织抢救。<br>(5)工人:①明确如何执行操作规程,如何确保本岗位的设备和安全设施齐全良好;②明确如何按时巡回检查,准确分析,判断和处理生产过程中的异常情况;③确定如何正确使用、保管各种劳保用品、器具和防护器材;④确定如何不违章作业,并劝阻或制止他人违章作业,对违章指挥有权拒绝执行,并及时向领导汇报。<br>2.各职能部门安全生产责任制<br>(1)办公室(含劳动、教育等综合部门)。①明确协助单位领导贯彻上级有关安全生产指示,及时转发上级和有关部门的安全生产文件、资料,做好安全会议记录;②明确如何组织从业人员的安全教育、培训;③明确如何组织检查落实值班制度;④明确如何负责对对进厂新员工的安全教育;⑤明确如何负责安全工作记录和安全文件管理工作;⑥明确与从业人员签订劳动合同并为其上工伤保险的责任。<br>(2)生产部门:①明确如何编制年度生产计划,以及安全技术和改善劳动条件的措施项目;②明确如何传达、贯彻上级有关安全生产的指示,坚持生产与安全的"五同时";③明确如何在保证安全的前提下组织生产,发现违反安全生产制度、规定和安全技术规程的做法及时制止,严禁违章指挥、违章作业;④明确如何发现生产过程中出现的不安全因素、险情及事故时,果断处理,防止事态扩大;⑤明确如何组织安全检查,随时掌握安全生产动态;⑥明确如何贯彻操作纪律管理的规定;⑦明确如何负责生产事故的调查、处理、统计上报等工作。<br>(3)技术部门:①确定如何编制和修订工艺技术规程,工艺技术规程必须符合安全生产的要求,并对工艺技术规程执行情况进行检查、监督、考核;②确认如何负责生产工艺事故的调查处理和统计上报工作;③确定如何对生产操作工人的技术培训考核;④确定如何负责组织工艺技术安全检查,并及时改进安全技术上存在的问题;⑤确定如何采用先进的安全生产技术和安全装备。<br>(4)安全部门:①确认如何在项目经理的领导下开展安全生产管理工作;②确认如何组织制定项目安全管理制度和安全技术规程;③编制安全技术措施计划,并监督检查执行情况;④确认如何组织安全大检查,对查出的安全隐患制定防范措施和整改计划,并检查隐患整改工作的完成情况;⑤确认如何对特种设备进行安全检查;⑥检查各部门安全管理制度执行情况;纠正违章并督促协调解决有关安全生产的重大问题;⑦确认如何制定应急救援预案并组织演练;补充、修订、完善预案;⑧明确如何做好各类重大事故的现场保卫工作。<br>(5)财务部门:①明确如何保证落实安全技术措施费用计划,保证资金到位,并监督安全生产资金专款专用;②明确如何保证事故隐患治理费用,安全教育费用等资金到位;③明确如何负责审核各类事故处理费用支出;④明确如何保证劳动防护用品,保健食品的开支费用。<br>(6)机务材料部门:①明确建立外购原辅料、设备、防护用品、器材的验收制度,对其质量和安全负责;②明确如何严格执行有关危险物品管理规定,搞好防火、防盗 和危险物品的管理;③明确如何对机械设备进场验收工作和对机械设备进行进出场登记工作;④明确如何督促设备操作人员进行设备日常保养,并做好保养记录,如何对机械设备进行保养大修工作。<br>3.行文下发 |

续上表

| 类别 | 序号 | 考 核 内 容 | 达标标准细化及工作要求 |
| --- | --- | --- | --- |
| 责任落实 | 31 | 国家法律、行业及上级要求施工单位开展的安全工作均应建立相应的管理制度。制度建立应当具有针对性、可操作性和时效性 | 1. 安全教育、培训、考核制度<br>(1)明确适用于生产单位形成劳动关系的全体职工。<br>(2)明确主管领导、主管部门及具体主管人员的职责。<br>(3)安全教育、培训应涉及的内容:①明确安全教育培训的对象(如负责人、管理人员、一般员工、新员工、外来人员、临时工作人员等)。②明确各类人员接受安全教育内容,包括项目负责人、部门负责人、特种作业人员,新入厂人员三级安全教育、其他人员及外来人员的安全教育培训。内容主要覆盖国家、地方有关安全生产的方针、政策、法律、法规及有关规章制度;工伤保险法律、法规;安全生产管理职责;管理知识及安全基本技能,有关事故案例及事故应急处理措施等。明确培训应达到的目的及要求。③明确安全教育培训方式(日常教育、特殊教育等)。日常教育包括:利用各种形式定期开展职业安全教育培训、定期开展安全活动,以及重大危险性作业前的安全教育等。特殊教育包括:特种作业人员、安全操作规程教育、发生重大事故和恶性事故后,现场教育等。④明确教育、培训时间、培训方式。⑤明确哪些人员必须持证上岗。⑥明确安全教育、培训组织管理(包括年度计划、所需人员、资金和物质的保证)。⑦明确安全教育档案管理及奖励表彰制度。⑧明确未按规定进行教育培训的处罚制度。<br>2. 安全生产会议制度<br>(1)明确安全例会召开的时间。<br>(2)明确安全例会的会议准备(由办公室发出会议通知和会务准备,并做好会议记录)和参加人员。<br>(3)安全例会应包括以下内容:了解前阶段的安全生产情况以及存在的问题;对前阶段安全生产工作进行总结和对安全生产大检查情况进行通报;制定安全隐患整改措施;对今后安全工作进行布置。<br>(4)紧急会议视情况由领导决定召开;各专业性安全会议根据需要召集有关人员召开。<br>3. 安全技术交底制度<br>(1)明确安全技术交底要逐级进行。<br>(2)明确安全技术交底的各级交底人。<br>(3)安全技术交底应包含 6 项内容(但不局限于这 6 项内容):<br>①工程项目的施工作业特点和危险点;②针对危险点的具体预防措施;③应注意的安全事项;④相应的安全操作规程和标准;⑤发生事故后应该采取避难和紧急救援措施;⑥当出现安全隐患、事故时,必须分析原因、分清责任进行整改。<br>(4)安全技术交底时,交底要有双方签字确认。<br>4. 劳动防护用品(具)配备管理制度<br>(1)根据国家有关法规要求和行业标准规范,明确劳动者在生产过程中,为免遭或减轻事故伤害和职业危险而穿(佩)戴的个人防护用品(如防尘、毒、噪声、高温、静电、电击、坠落等),属劳动防护用品(具)范围,保障劳动者健康安全而发放的物品属保健品的范围。<br>(2)明确主管领导、主管部门、具体主管负责人的职责范围。<br>(3)劳动保护用品管理应涉及的内容:①确定劳动保护用品发放标准(发放对象及发放周期)。②明确劳动保护用品选用原则和要求,劳动保护用品种类应与作业性质和现场条件相符合。③明确劳动保护用品使用检查及保管的要求(包括定点存放、专人保管、定期检验和维护,主管人员定期检查等)。④明确建立劳动防护用品领用记录。⑤明确劳动保护用品失效、报废的要求。 |

续上表

| 类别 | 序号 | 考核内容 | 达标标准细化及工作要求 |
| --- | --- | --- | --- |
| 责任落实 | 31 | 国家法律、行业及上级要求施工单位开展的安全工作均应建立相应的管理制度。制度建立应当具有针对性、可操作性和时效性 | 5.安全防护设施管理制度<br>明确配置在生产设备、设施上起保障人员安全的所有附属装置(防护罩、防尘装置、安全护栏等)、设备安全的所有附属装置(安全阀、防雷装置)及有毒有害气体防护器材救生器、特种防护服等,总称为安全防护设施的范围。<br>(1)明确主管领导、主管部门、具体主管负责人的职责范围。<br>(2)安全防护设施管理应涉及的内容:①明确安全防护设施的维护管理(包括经常检查和维护保养,定期检验等)。②明确安全防护设施的管理分工(机械、设备、电气、工艺、火灾报警、个人安全防护用品,由不同主管部门分别负责管理)。③明确对安全防护设施进行使用培训的要求。④明确建立安全防护设施档案管理要求。<br>6.设备管理制度<br>(1)明确适用于企业生产过程的设备管理。<br>(2)明确主管领导、主管部门及具体主管负责人的职责范围。<br>(3)设备管理及涉及的内容:①明确应建立设备台账及档案;②明确设备操作人员操作培训的要求;③明确设备的定期检查要求;④明确设备维护应达到的要求;⑤明确设备问题的处理原则和程序;⑥明确设备检修的基本要求;⑦明确验收中应注意的问题。<br>7.安全检查管理制度<br>(1)明确安全检查是发现和查明各种危险和隐患、督促整改、监督各项安全规章制度的实施,制止违章行为的过程。<br>(2)明确主管领导、主管部门及具体主管人员的职责。<br>(3)安全检查应涉及的内容:①明确安全检查方式(如日常、定期、专业、不定期4种检查方式)及检查周期。日常:(重点危险点的监控、日常岗位巡检等)。定期(季节性检查、节日前检查)。专业(电气设备、安全装置、消防设施、危险物品等)。不定期(危险性较大的分部分项工程开工前、重要安全设施使用前)。②明确安全检查内容:包括安全管理和现场安全两部分,安全管理(安全管理工作落实及执行情况)。现场管理(包括工艺、设备、用电、消防等方面)。③明确检查内容及记录保存时限。④明确对检查中发现问题的整改原则(做到"三定"原则,定措施,定负责人,定完成期限)。对暂时不能整改的项目,如何采取防范措施。⑤明确对事故隐患下发限期整改要求及复查要求。<br>8.隐患整改管理制度<br>(1)明确事故隐患的范围(包括危及安全生产的不安全因素;导致事故发生或扩大的生产设施;安全设施隐患;可能造成职业病的劳动环境等)。<br>(2)明确主管领导、主管部门、具体主管负责人的职责范围。<br>(3)明确事故隐患整改应涉及的内容:①明确判定隐患的依据(包括国家法律、法规、标准及安全评价)。②明确制定事故隐患治理程序。③明确事故隐患治理的管理(隐患整改做到"三定",对一时不能整改的事故隐患采取可靠的安全措施,加以监护)。④明确事故隐患整改的资金落实。⑤明确事故隐患整改的责任与考核。<br>9.生产安全事故报告和处理制度<br>(1)明确生产安全事故报告和处理的适用范围(包括生产事故、设备事故、交通事故、火灾事故、爆炸事故、伤亡事故、环境污染事故等)。<br>(2)明确生产安全事故报告和处理各级、各类人员的职责。<br>(3)明确生产安全事故报告和处理涉及的内容: |

续上表

| 类别 | 序号 | 考核内容 | 达标标准细化及工作要求 |
| --- | --- | --- | --- |
| 责任落实 | 31 | 国家法律、行业及上级要求施工单位开展的安全工作均应建立相应的管理制度。制度建立应当具有针对性、可操作性和时效性 | ①明确事故的抢救与救护(包括启动应急救援预案、组织现场指挥部、联系救援、封闭现场、抢救人员的防护及对受伤人员的现场急救等)。②对正在发生的事故明确事故报告程序及时限要求(如当事人直接或逐级上报主管负责人,对发生火灾或人身事故应先报火警或医疗救护)。对正在发生的事故,明确处理原则。③明确上报内容(事故发生的时间、地点、单位;事故的简要经过、伤亡人数、直接经济损失的初步统计;事故发生原因的初步判断;事故发生后采取的措施及事故控制情况;事故报告单位等)。④明确事故的调查和处理,对事故直接责任者、管理者等的处理原则(“四不放过”)原则,对一般事故或重大未遂事故、重大事故处理按国家有关规定分别处理的办法,对安全生产管理及处理事故中作出贡献的进行表彰和奖励的办法。⑤明确对发生过的事故进行登记的内容(时间、地点、事故经过、伤亡情况或经济损失、原因分析、防范措施、处理意见等)。<br>10. 特种作业管理办法<br>(1)明确适用劳动过程中容易发生伤亡事故,对操作者本人、他人及周围设施的安全有重大危害的特种作业工种及人员。<br>(2)特种作业工种及人员要符合国家安全生产监督管理局《关于特种作业人员安全技术培训考核工作的意见》等有关规定。<br>(3)明确特种作业人员上岗必须符合国家对特种作业人员培训管理规定的要求。特种作业操作证复审工作如何按照国家安全生产监督管理局《关于特种作业人员安全技术培训考核工作的意见》进行复审。<br>(4)特种操作人员操作设备要与证件相符。<br>11. 安全生产奖惩管理制度<br>(1)明确适用安全生产全过程。<br>(2)明确主管领导、主管(考核部门)的职责范围。<br>(3)安全奖惩应涉及的内容:①明确制定与安全责任制及经济利益挂钩的奖惩办法。②明确应当受到奖励或处罚的人员及行为(如对安全生产、事故处理工作作出贡献的部门和个人,违反各项规章制度的部门和个人等)。③明确考核办法(如平时的安全检查、抽查、培训考核等)。④明确做好安全奖惩记录及档案的要求。<br>12. 除上述制度外还应建立的制度<br>①安全专项方案审批制度;②施工现场安全管理一般规定;③安全用电制度;④危险物品管理制度;⑤消防管理制度;⑥危险性告知制度;⑦外来务工人员管理制度;⑧安全费用投入和管理制度;⑨班组安全生产活动制度;⑩生活区、办公区安全管理一般规定;⑪文明施工管理制度;⑫环境保护管理制度 |

## (二)工作策划

施工单位在工作策划方面达标标准细化见表 8-3-12。

**工作策划达标标准细化表** 表 8-3-12

| 类别 | 序号 | 考核内容 | 达标标准细化及工作要求 |
| --- | --- | --- | --- |
| 工作策划 | 32 | 制定本标段“平安工地”建设工作方案 | 施工单位的“平安工地建设方案”要根据上级单位的建设方案指导思想和目标为依据,结合工程项目特点编制有针对性的平安工地建设方案。方案编制一般包含的内容:①指导思想;②编制依据;③组织机构;④主要目标;⑤实施步骤;⑥开展的工作;⑦活动安排;⑧具体措施 |

续上表

| 类别 | 序号 | 考核内容 | 达标标准细化及工作要求 |
|---|---|---|---|
| 工作策划 | 33 | 制定本标段安全工作计划并进行安全目标分解 | 1.项目安全目标的制定<br>(1)安全目标应由项目经理组织制定、形成文件、批准发布和实施跟踪。<br>(2)安全目标应可测量考核。项目经理部建立的安全目标不是泛泛的空谈,而是针对具体问题制定,并体现在各种措施上。为了确保项目经理部安全目标的实施和完成,目标应具体、明确,并尽可能量化。如消除或降低安全事故的频次等。<br>(3)安全目标应合理。项目经理部在建立目标时,需特别充分考虑那些来自内部和外部的最可能影响到安全目标的信息和资料。包括:上级机构的整体方针和目标;危险源识别、评价和控制策划的结果;适用于法律法规、标准规范和其他要求;可以选择的施工技术方案;员工和相关方意见;安全评估的结果。<br>(4)将安全目标分解到班组、分部分项工程中去。<br>2.工作计划的制定<br>(1)项目部应当对全年的安全工作进行安排,根据安全目标,制定项目年度安全工作计划;<br>(2)根据工程项目的进展情况及年度安全工作安排,有针对性地制定月度工作计划;<br>(3)每月项目部要上报月度安全工作月报 |

## (三)安全活动

施工单位在安全活动方面达标标准细化见表8-3-13。

**安全活动达标标准细化表** 表8-3-13

| 类别 | 序号 | 考核内容 | 达标标准细化及工作要求 |
|---|---|---|---|
| 安全活动 | 34 | 标段至少每月组织一次安全生产工作例会,临时性的重要工作有专门会议部署 | (1)项目部每月至少召开一次安全生产例会;<br>(2)安全专题会议不定期召开,部署临时性的重要工作;<br>(3)安全生产例会应包括的主要内容:①安全生产管理总结、评述;②重大危险源的监控、安全隐患排查整改情况;③存在的安全问题分析,改进措施;④下一步安全工作打算 |
| | 35 | 对所有进场人员实行实名登记,对新进场、转岗、复工工人开展安全培训教育 | (1)对所有进场人员进行实名登记,注明年龄、文化程度、专业特长,进退场时间等,留有身份证复印件;<br>(2)对新进场的人员均应进行三级安全教育以及安全培训、并进行安全考核,考核合格后方能上岗。项目部建立三级教育登记卡,发上岗证;<br>(3)对转岗工人应根据工程及工种的特点,有针对性地进行安全培训;<br>(4)对停工超过3个月的工人,复工后应重新进行安全教育培训;<br>(5)所有的安全教育、培训均应记录在案;<br>(6)现场比对施工人员教育、培训情况 |
| | 36 | 对于相关作业人员开展安全技术交底,项目经理部资料应包括全体作业人员 | 1.安全技术交底的类别<br>①施工操作技术安全技术交底;②各工种操作人员安全技术交底;③施工机械安全技术交底;④针对作业对象的安全技术交底。<br>2.应编制安全技术交底文件<br>3.交底基本要求<br>(1)逐级交底制度,由项目技术负责人向技术人员和施工负责人、班组长,技术人员、班组长向作业人员分别进行交底; |

续上表

| 类别 | 序号 | 考核内容 | 达标标准细化及工作要求 |
| --- | --- | --- | --- |
| 安全活动 | 36 | 对于相关作业人员开展安全技术交底，项目经理部资料应包括全体作业人员 | (2)交底必须具体、针对性强；<br>(3)技术交底的内容应针对分部分项工程施工作业人员的潜在危险因素和存在的问题；<br>(4)应优先采用新的安全技术措施；<br>(5)每天作业前，各施工班组长应针对当天的工作任务、作业条件和作业环境，就作业要求和施工中应注意的安全事项向作业人员进行交底，并将参加交底的人员和交底内容记录于班组安全活动中。<br>(6)各工种的安全技术交底一般与分部分项安全技术交底同行。对施工工艺复杂、施工难度较大或作业条件危险的，应当进行各工种的安全技术交底。<br>(7)交底双方在书面安全技术交底上签字确认，确定各自责任。<br>4. 具体措施<br>(1)各施工单位必须制定安全技术分级交底职责管理要求，职责权限和工作程序以及分解落实、监督检查的规定。<br>(2)各分部分项工程，关键工序，专项方案实施前，项目技术负责人将安全技术措施向参加施工管理人员进行交底。<br>(3)安全员及各分部分项工程管理员应对新进场的工人实施作业人员工种交底。<br>(4)作业班组应对作业人员进行班前交底。<br>(5)交底要具有针对性、可行性、完整性、预见性、预防性、指导性与强制性。<br>针对性是指必须针对具体所担负的施工任务和特点进行交底。<br>可行性是指交底的内容、提出的要求不笼统、不教条，切实可性，具有可操作性。<br>完整性是指交底的内容应全面、具体、重点突出。<br>预见性是指要对可能存在的安全隐患、可能存在的安全问题进行科学的预测。<br>预防性是指在安全技术交底中，要对安全隐患、安全问题提出切实可行的预防措施。<br>指导性与强制性是指安全技术交底中有的内容，是施工作业的安全技术指导；有的要求作业班组、作业人员必须遵守、不得违反。<br>5. 书面交底<br>所有交底，必须有书面交底记录，交底双方应履行签字手续，交底双方各有一套书面交底，记录文件。<br>6. 安全技术交底的基本内容<br>(1)工程项目和分部工程的概况；<br>(2)工程项目和分部分项工程的危险部位；<br>(3)危险部位采取的具体预防措施；<br>(4)作业中应注意的安全事项；<br>(5)作业人员应遵守的安全操作规程和规范；<br>(6)作业人员发现事故隐患应采取的措施和发生事故后应及时采取的躲避和急救措施。<br>7. 现场比对施工人员交底情况 |

## (四)专项方案

施工单位在专项方案方面的达标标准细化见表 8-3-14。

专项方案达标标准细化表　　表 8-3-14

| 类别 | 序号 | 考核内容 | 达标标准细化及工作要求 |
|---|---|---|---|
| 专项方案 | 37 | 对标段分部分项工程进行危险性分析，列出需编制安全专项方案的分部分项工程名称 | (1)危险性较大的工程范围：①不良地质条件下有潜在危险性的土方、石方开挖；②滑坡和高边坡处理；③桩基础、挡墙基础、深水基础及围堰工程；④桥梁工程中的梁、拱、柱等构件施工等；⑤隧道工程中的不良地质隧道、高瓦斯隧道、水底海底隧道等；⑥水上工程中的打桩船作业、施工船作业、外海孤岛作业、边通航边施工作业等；⑦水下工程中的水下焊接、混凝土浇筑、爆破工程等；⑧爆破工程；⑨大型临时工程中的大型支架、模板、便桥的架设与拆除；桥梁、码头的加固与拆除；⑩其他危险性较大的工程。<br>(2)列出需编制安全专项方案的分部分项工程名称，建立安全专项方案审批台账 |
| | 38 | 按照要求开展危险性较大的分部分项工程编制及报审 | (1)安全专项施工方案编制的主要内容：①编制依据，分部分项工程概况；②施工组织设计；③影响质量、安全的危险源分析及相关措施；④临时构筑物设计计算书和设计施工图等设计文件；⑤施工准备和部署，质量检测和相关观测预警措施，现场平面布置图；⑥应急预案；⑦安全检查和评比方法。<br>(2)要求危险性较大的分部分项工程安全专项方案，一般由专职安全员编写，技术负责人批准，报监理审批 |
| | 39 | 方案经监理审查通过后在现场予以实施，相应的分部分项工程方可开工 | 安全专项施工方案要符合规范要求、具体、指导性好，通过施工单位技术负责人审核，监理工程师审批，必要时组织专家论证，通过后在现场予以实施，相应的分部分项工程方可开工。并应对工作人员进行技术交底 |
| | 40 | 按照要求编制应急预案并根据实际情况组织演练 | 1.应急救援的任务<br>(1)立即营救受害人员，组织撤离或采取其他保护措施保护危害区域内其他人员。抢救受害人员是应急救援的首要任务。<br>(2)迅速控制事态，及时控制住造成事故的危险源是应急救援工作的重要任务。<br>(3)消除危害后果，做好现场恢复。<br>(4)查清事故原因。<br>2.应急救援的特点<br>事故具有突发性的特点，为尽可能降低重大事故的后果及影响，减少重大事故所导致的损失，应急救援行动必须做到迅速、准确、有效。<br>3.应急救援预案的编制<br>(1)总则：编制预案的目的、工作原则、编制依据、适用范围；<br>(2)应急救援组织机构、分工及职责；<br>(3)应急救援队伍、应急装备、救援物资保障(附名单、清单)；<br>(4)事故报告和现场保护；<br>(5)事故应急分级响应；<br>(6)事故现场应急处置的具体措施；<br>(7)安全保证措施；<br>(8)应急培训和预案演练。<br>4.应急演练的组织与实施<br>应急预案编写完成后，应组织演练，演练活动要包括计划、准备、实施、评估总结和改进5个阶段。<br>(1)计划阶段：明确演练需求，提出演练的基本构想和初步安排。<br>(2)准备阶段：完成演练策划，编制演练总体方案及其附件，进行必要的培训预演，做好各项保障工作安排。 |

续上表

| 类别 | 序号 | 考核内容 | 达标标准细化及工作要求 |
| --- | --- | --- | --- |
| 专项方案 | 40 | 按照要求编制应急预案并根据实际情况组织演练 | (3)实施阶段：按照演练总体方案完成各项演练活动，为演练评估总结收集信息。<br>(4)评估总结阶段：评估总结演练参与单位在应急准备方面的问题和不足，明确改进的重点，提出改进计划。<br>(5)改进阶段：按照改进计划由相关单位实施落实，并对改进效果进行监督检查。<br>5.现场方案与现场应一致 |

## (五)人员持证

施工单位在人员持证方面的达标标准细化见表8-3-15。

**人员持证达标标准细化表** 表8-3-15

| 类别 | 序号 | 考核内容 | 达标标准细化及工作要求 |
| --- | --- | --- | --- |
| 人员持证 | 41 | 项目负责人持有效B证；每5000万元配备一名持有C证的专职安全员。证书内单位名称应当与中标单位相符且在有效期之内 | (1)项目负责人均持有效B证；施工现场应当按照5000万元合同额配备一名的比例配备专职安全员，不足5000万元的至少配备一名。<br>(2)证件必须在有效期内。<br>(3)投标人员必须与项目部实际在场人员要一致，不一致时应有变更审批手续。 |
| | 42 | 特殊工种均应持有效证书；证书应当按照要求进行年审，类别应当与标段内使用的机械设备、作业对应，有进出场时间 | 1.特殊工种持证管理<br>根据《建设工程安全生产管理条例》及《公路水运工程安全生产监督管理办法》等法律法规的规定，施工单位的垂直运输作业人员、施工船舶作业人员、爆破作业人员、安装拆卸工、起重信号工、电工、焊工等国家规定的特种作业人员，必须按照国家规定经过专门的安全作业培训，并取得特种作业操作资格证书后，方可上岗作业。<br>(1)特殊工种所持有的“特殊作业人员”操作资格证，由安全生产监督管理部门下发，并必须在有效期内。<br>(2)对应的证件应与现场从事此项工作的人员要一致。<br>(3)证件应要求及时进行年审。<br>(4)进场特殊人员应经项目部培训考试，考试通过后，方可录用。<br>(5)特殊工种所对应的人员身体素质、健康指标必须要达到要求。<br>(6)对进出场的特殊工种人员要及时登记管理和建档工作。<br>2.特殊工作作业人员管理<br>(1)特种作业人员进场要进行审批，查验“特殊工种上岗证”；<br>(2)建立特种作业人员登记制度，记录特种作业人员的各种信息及进退场时间；<br>(3)未取得“特殊工种上岗证”的人员，不得违规上岗作业。<br>(4)特殊工种人员必须熟悉本工种的操作规程，遵守相关安全生产规章制度；<br>(5)特种作业人员应视情况定期进行培训，并建立培训台账 |

## (六)机械设备

施工单位在机械设备方面的达标标准细化见表8-3-16。

机械设备达标标准细化表　表 8-3-16

| 类别 | 序号 | 考核内容 | 达标标准细化及工作要求 |
| --- | --- | --- | --- |
| 机械设备 | 43 | 标段施工机具建立分类管理台账，大型设备及模板、架设系统，建立“一机一档”，有进出场登记时间 | (1)机械管理的内容应包括：①机械设备本身受到不正常的损坏的单纯机械事故；②由于机械设备事故而引发的人身伤亡事故；③由于机械设备发生事故而引起的其他性质的灾害，如火灾、停电、停产等；④由于机械设备的原因(机械设备本身不一定发生事故)而引起的有关人员职业病，以及对环境的污染等。<br>(2)项目部应建立机械设备管理制度：包括：机械设备安全管理责任制、施工机械设备进场准入制、施工机械设备日常保养和定期维护规定、各类机械设备安全操作规程、机械设备安全检查制度、机械伤害突发事故处置预案等内容。<br>(3)应分类建立机械设备台账(一般可分为小型机具、大型机械设备、特种设备 3 类)并有进出场时间。<br>(4)大型设备及模板、架设系统，建立“一机一档”，应内容包括：<br>①购销合同、发票或相应有效凭证(租赁合同)、特种设备制造许可证、产品合格证、制造监督检验证明、产品使用说明书、产权证、备案证明等原始资料(复印件必须加盖产权单位公章)。检测合格证、大型设备使用登记证(原件)；②安装单位与使用单位签订的安装、拆卸合同及安装单位与施工总承包单位签订的安全协议书，安装单位的资质证书、安全生产许可证副本、营业执照、信用管理手册；③特种作业人员名单、上岗操作证；④安装、拆卸、加节、附墙、顶升、降节工程专项施工方案，现场操作人员与方案内人员一致；⑤安全施工技术交底的有关资料，安装单位的应急救援预案；⑥安装单位自验合格的验收资料，由检测单位检测合格后，安装单位移交使用，单位使用的交接单及安全操作使用说明书；⑦每日、每周、每月应有检查、维护、保养记录；⑧定期检验报告、定期自行检查记录、定期维护保养记录、更换零配件(原厂)的合格证、维护和技术改造记录、运行故障和安全事故记录、累计运转记录等运行资料(包括顶升交接证明记录等)；⑨其他相关资料 |
| | 44 | 起重机械、大型提升及架设设施经法定检测或专项检测 | 特种设备(起重设备、大型提升及架设设施)需经法定检测或专项检测。取得检验合格证书后方可投入使用 |
| | 45 | 具有齐全的操作规程，按照要求进行设备维护 | (1)各类机械设备均应有操作规程；<br>(2)按照要求进行定期检验、检查、维护保养，并有相应的记录、运行等资料 |
| | 46 | 编制临时用电方案，在现场有效实施 | 1.施工临时方案应包括的内容<br>(1)工程简述；<br>(2)确定电源进线、变电所或配电室、配电装置、用电设备位置及线路走向；<br>(3)进行负荷计算；<br>(4)选择变压器；<br>(5)设计配电系统；<br>(6)设计防雷装置；<br>(7)确定防护措施；<br>(8)制定安全用电措施和电气防火措施。<br>2.施工临时用电方案计算内容<br>(1)用电量的计算：根据用电设备、照明的功率计算出用电量。<br>(2)电源选择：根据用电设备、照明的要求选择电源的种类。<br>(3)配电导线的选择：根据用电设备、照明的用电量计算配电导线截面。 |

续上表

| 类别 | 序号 | 考核内容 | 达标标准细化及工作要求 |
| --- | --- | --- | --- |
| 机械设备 | 46 | 编制临时用电方案，在现场有效实施 | (4)架空配电线路：根据用电设备、照明设备的用电距离、位置设计架空配电线路的路径。<br>(5)电杆的选择及埋设：根据用电设备、照明设备电缆的截面、距离、位置及路径，设计架空配电线路电杆的埋设方式。<br>3. 施工临时用电方案的有关要求<br>(1)编制及审核、批准要求：①临时用电组织设计及变更时，必须履行“编制、审核、批准”程序，由电气工程技术人员组织编制，经相关部门审核、批准后实施；②临时用电工程必须经编制、审核、批准部门和使用单位共同验收，合格后方可投入使用。<br>(2)电工及用电人员：①电工必须经过按国家现行标准考核合格后，持证上岗工作；其他用电人员必须通过相关安全教育培训和技术交底，考核合格后方可上岗工作。②安装、巡检、维修或拆除临时用电设备和线路，必须由电工完成，并应有人监护。电工等级应与工程难易程度和技术复杂性相适应。③各类用电人员应掌握安全用电基本知识和所用设备的性能，并应符合有关规定。<br>(3)安全技术档案。施工现场临时用电必须建立安全技术档案，并应包括：①用电组织设计的全部资料；②修改用电组织设计的资料；③用电技术交底资料；④用电工程验收表、定期检(复)查表；⑤电气设备的试、检验凭单和调试记录；⑥接地电阻、绝缘电阻和漏电保护器漏电动作参数测定记录；⑦电工安装、巡检、维修、拆除工作记录。<br>(4)配电箱及开关箱设备：①配电系统应设置配电柜或总配电箱、分配电箱、开关箱，实行三级配电。②配电系统使三相负载平衡。220V 或 380V 单相用电设备宜接入 220/380V 三相四线系统；当单相照明线路电流大于 30A 时，宜采用 220/380V 三相四线制供电。③总配电箱以下可设若干分配电箱；分配电箱下可设若干开关箱。<br>总配电箱应设在靠近电源的区域，分配电箱应设在用电设备或负荷相对集中的区域，分配电箱与开关箱的距离不得超过 30m，开关箱与其控制的固定式用电设备的水平距离不宜超过 3m。每台用电设备必须有各自专用的开关箱，严禁公用同一个开关箱。<br>(5)接地与防雷：<br>①接地。在施工现场专用变压器的 TN-S 接零保护系统中，电气设备的金属外壳必须与保护零线连接。保护零线应由工作接地线、配电室(总电间)电源侧零线或总漏电保护器电源侧零线处引出。<br>当施工现场与外电线路共用同一供电系统时，电气设备的接地、接零保护应与原系统保持一致。不得 部分设备作保护接零，另一部分设备做保护接地。<br>采用 TN 系统做保护接零时，工作零线(N 线)必须通过总漏电保护器，保护零线(PE 线)必须由电源进行零线重复接地处或总漏电保护器电源侧零线处，引出形成局部 TN-S 接零保护系统。<br>②防雷。在土壤电阻率低于 200Ω·m 区域的电杆可不设防雷接地装置，但在配电室的架空进线或出线处应将绝缘子铁脚与配电室的接地装置相连接。<br>施工现场内的起重机、井字架、龙门架等机械设备，以及钢脚手架和正在施工的在建工程等金属结构，当在相邻建筑物、构筑物等设施的防雷装置接闪器的保护范围以外时，应按规定安装防雷装置。 |

续上表

| 类别 | 序号 | 考核内容 | 达标标准细化及工作要求 |
| --- | --- | --- | --- |
| 机械设备 | 46 | 编制临时用电方案,在现场有效实施 | (6)确定外电线路防护措施:在建工程不得在外电架空线路正下方施工、搭设作业棚,建造生活设施或堆放构件、架具、材料及其他杂物等。在建工程(含脚手架)的周边与外电架空线路的边线之间最小安全操作距离应符合规定。施工现场机动车道与外电架空线路交叉时,架空线路的最低点与路面的最小垂直距离应符合规定。起重机严禁超过无防护设施的外电架空线路作业在外电线路附近吊装时,起重机的任何部位或被吊物边缘在最大偏斜时与架空线路的最小安全距离应符合有关规定。施工现场开挖沟槽边缘与外电埋地电缆沟槽边缘之间的距离不得小于0.5m。当达不到的规定时必须采取绝缘隔离防护措施,并应悬挂醒目的警告标志。架设防护措施时,必须经有关部门批准,采用线路暂时停电或其他可靠的安全技术措施,并应有电气工程技术人员和专职安全人员监护。在外电架空线路附近开挖沟槽时,必须会同有关部门采取加固措施,防止外电架空线路电杆倾斜,悬倒。<br>(7)电气设备防护:①电气设备现场周围不得存放易燃易爆物和腐蚀介质,否则应予清除或做防护处置,其防护等级必须与环境条件相适应。②设备设置场所应能避免物体打击和机械损伤,否则应做防护处置。<br>(8)制定安全用电措施和电气防火措施 |

## (七)专项经费

施工单位在专项经费方面的达标标准细化见表8-3-17。

**专项经费达标标准细化表** 表8-3-17

| 类别 | 序号 | 考核内容 | 达标标准细化及工作要求 |
| --- | --- | --- | --- |
| 专项经费 | 47 | 根据安全工作计划、专项方案和规范要求开展现场安全防护、落实安全保障措施的要求,编制安全经费使用计划 | (一)安全经费使用范围<br>1.完善、改造和维护安全防护设备、设施支出<br>该项费用是安全生产的基础保障设施经费,依据不同功能划分为3个方面:<br>(1)措施费:指为提高施工安全的各种基本管理措施,是最基本的安全保障。根据内容不同分为:①安全警示标志牌:主要指生活区、办公区、作业区及相应施工区域的各种安全警示标志牌;②现场围挡与防护:主要是为了满足封闭管理、临边、洞口、道口、交叉作业、高空作业等场所与作业的需要而采取的防护措施;③其他安全、文明措施:如材料堆放、社区服务、各类图表、企业标志、场容场貌、现场防火、垃圾清运等。<br>(2)设备检验费:设备的本质安全至为重要,保证设备在正常的、安全的状态下投入生产是最基本的安全保障措施,以不同用途可划分为:①施工设备安全检测验收:指用于设备专项安全验收的经费;②机械安全装置检测维护:指保险卡(闭锁装置)、安全锁、制动器、停靠装置、断绳保护装置、缓冲器、超载限制器、架体稳定器、缆风绳、钢丝绳、临边防护、坠落限速器、门连锁装置、上、下限位装置等安全装置的检测维护费;③安全监视装置:指专项安全监控装置的购置与维护费用。<br>(3)其他:主要是为了文明施工,防治职业病而采取的粉尘控制、噪声控制、有毒有害气体控制等保障措施。<br>2.配备必要的应急救援器材、设备和现场作业人员安全防护物品支出<br>该项内容主要是为了施工人员直接人身安全防护,根据其不同的应用场所及对象分为4个方面: |

续上表

| 类别 | 序号 | 考核内容 | 达标标准细化及工作要求 |
|---|---|---|---|
| 专项经费 | 47 | 根据安全工作计划、专项方案和规范要求开展现场安全防护、落实安全保障措施的要求，编制安全经费使用计划 | (1)施工现场共用安全防护用品：包括安全网、救生圈、消防器材、应急灯、通风设备、避雷针等公共设施或非指定个人专用的物品；<br>(2)职工个人劳动防护用品：包括工作服、保险带、雨衣、雨靴、口罩、安全帽及用于提高工作安全性的鞋、手套等个人专用的用品；<br>(3)职工安全保健费：包括夏令药品、冬季护肤品、职工定期体检、职业病预防体检等；<br>(4)安全生产应急救援专用设施费：指专门为应急救援所需而准备的物资、专用设备、工具等。<br>3.安全生产检查与评价支出<br>安全生产检查与评价的目的是查找、分析和预测工程、系统存在的危险、有害因素及可能导致的危险、危害后果和程度，提出合理可靠的安全对策措施，指导危险源监控和事故预防，以达到最低事故率、最少损失和最优的安全投资效益。安全生产检查与评价支出指为用于安全生产检查与评价的差旅费、会务费、专家费、现场工作费。此项费用需施工单位、监理、业主 3 方共同确认。<br>4.重大危险源、重大事故隐患的评估、整改、监控支出<br>重大危险源，是指长期地或者临时地生产、搬运、使用或者储存危险物品，且危险物品的数量等于或者超过临界量的单元。重大事故隐患，是指生产经营作业场所、设备、设施的不安全状态，人的不安全行为和管理上的缺陷，可以导致重大事故发生或者重大经济损失的隐患。公路工程建设项目的重大危险源很少，重大事故隐患主要存在于基坑支护与降水工程、土方开挖、模板工程、起重吊装工程、脚手架工程、拆除与爆破工程、大型机械装拆工程，桥梁工程中关键节点等分部分项工程。<br>这些危险性较大的分部分项工程，需编制专项施工方案，并附具安全验算结果，经施工单位技术负责人、总监理工程师签字后实施，必要时需开展专家论证。期间开支的差旅费、会务费、专家费、现场工作费等应列入本条费用。<br>5.安全技能培训及进行应急救援演练支出<br>该项费用主要用于提高工程工作人员的安全素质，增强安全意识，可分为 2 个方面：<br>(1)安全教育、培训费：指因本工程项目而发生的安全教育、培训开支，因企业而发生的经费不计入这部分内容。如三级教育而发生的费用可计入，而因三类人员教育而发生的费用不能计入；<br>(2)应急预案演练支出：对施工区域可能发生的自然灾害和其他灾害，施工过程中危险性较大的分部分项工程、工艺、工序进行认真的分析，编制有针对性的应急救援方案并根据实际情况进行救援演练，为此发生的费用可列入。<br>6.其他与安全生产直接相关的支出<br>经归纳，其他与安全生产直接相关的支出可归纳为 5 个方面：<br>(1)安全宣传费：指购买安全宣传教育资料、开展安全生产月、安康杯等活动的宣传画、横幅等支出；<br>(2)安全生产活动费：外出观摩安全经验交流差旅费、进行安全生产知识竞赛、技能比赛等以安全为主题的活动所开支费用；<br>(3)安全员工资：指发给专职安全员的工资；<br>(4)安全生产奖励费：发给专职安全员工资总额以外的安全目标考核奖励，安全生产工作先进个人、集体的奖励；<br>(5)其他职业危害及工程施工事故的预防开支。<br>(二)安全经费的使用<br>施工单位安全经费的使用必须按照安全工作计划、工程进展情况及专项方案和规范要求开展现场安全防护、落实安全保障措施的要求，来编制安全经费使用的年度计划和月度计划，并报监理审批 |

续上表

| 类别 | 序号 | 考核内容 | 达标标准细化及工作要求 |
|---|---|---|---|
| 专项经费 | 48 | 建立安全经费使用台账，为现场作业人员办理人身意外险 | (1)安全经费必须在规定范围内开支，不得挪用；<br>(2)安全经费使用应按月建立使用台账，并附有单据凭证；<br>(3)安全生产经费的支付应依据工程进展情况、月度安全经费使用情况、现场的安全状况等综合考虑后，按合同约定支付。<br>(4)人身意外伤害保险：根据《公路水运工程安全生产监督管理办法》(交通部令2007第1号)第三十一条规定，施工单位应当为施工现场的人员办理意外伤害保险，意外伤害保险费应由施工单位支付 |

## (八)现场布设

施工单位在现场布设方面的达标标准细化见表8-3-18。

**现场布设达标标准细化表** 表8-3-18

| 类别 | 序号 | 考核内容 | 达标标准细化及工作要求 |
|---|---|---|---|
| 现场布设 | 49 | 施工现场布设、施工驻地建设满足安全规定 | 1.施工场地布设<br>(1)施工单位应按照施工现场平面图设置各项临时设施，并随施工不同阶段进行调整，合理布置。<br>(2)项目经理部驻地生活办公区地面必须进行硬化处理，做到平整、无积水、无散落物，生产区可根据工程需要适当硬化。<br>(3)工地应严格按防汛要求，设置连续、通畅的排水设施；应防止泥浆、污水、废水未处理前四处横溢，或堵塞下水道，或排入河道。<br>(4)进出工地的运输车辆应采取措施，防止建筑材料、垃圾和工程渣土飞扬、洒落，污染环境。<br>(5)工地道路要平坦、畅通；现场应整洁，不乱堆乱放；建筑物四周排水应畅通。<br>(6)项目经理部所在地应有安全生产宣传栏；施工现场主要施工部位、危险区域、公路平交道口等应设置醒目的安全宣传标语或各类安全标识牌。<br>(7)遵守国家和地方政府有关环境保护的法律、法规规定，有效控制现场各种粉尘、废气、废水、固体废弃物以及噪声、振动对环境的污染和危害。<br>2.围挡的设置<br>施工现场四周应根据工程安全和文明施工的需要，设置连续、密闭的围挡。围挡可按照工程进度分段设置，或按规定使用统一的连续行护栏设施。围挡应始终保持连续、美观、牢固和整洁。<br>3.工地大门(主要出入口)<br>(1)大门设置：在项目经理部出入口应设置大门，大门宜采用伸缩移动门，宽度大于6m。大门一侧设置一块4～6m宽、1.5～1.8m高的项目部名称牌，牌上应设置企业标志，标明企业项目经理部名称。名称牌为砖混结构、面板铺枣红色地砖，采用大理石金色雕刻字。其他位置(如施工处办公生活区、拌和站、钢筋加工场等)可根据需要在其主要出入口适当设置。<br>(2)门卫设置：门卫要求设置标准岗亭，24h值班，在岗亭内张贴门卫值班制度，应急处置电话。<br>4.五牌一图<br>(1)在施工现场主要进出口醒目位置设置五牌一图。五牌为：工程概况牌、管理人员名单及监督电话牌、消防保卫牌、安全生产牌、文明施工牌；一图为：施工现场平面图。 |

续上表

| 类别 | 序号 | 考核内容 | 达标标准细化及工作要求 |
|---|---|---|---|
| 现场布设 | 49 | 施工现场布设、施工驻地建设满足安全规定 | (2)制作设置要求：每块图牌尺寸不小于1.5m×0.9m，图牌应设置稳固、规格统一、位置合理、字迹端正、线条清晰、表示明确。<br>5.生活设施要求<br>(1)工地驻地除了要有便利的交通及完善的通电、通水设施外，还必须具备信息化联网办公条件。<br>(2)工地驻地应为院落式，采用封闭式管理，四周采用砂浆粉刷的砖围墙配铁花栏杆，设置自动式收缩大门，办公生活用房和砖围墙的色调为灰白色；项目经理部庭院应适当绿化，绿化以灌木和花草为主且绿化面积不少于25%；项目经理部应设有升旗台。<br>(3)工地驻地自建房屋应采用彩钢板活动板房(阻燃材料)，住房之间必须满足消防要求规定的净距且不小于7m，住房高度搭建不应超过两层，屋顶采用“人字形”双面坡，屋顶排水畅通且房屋四周应有排水沟。<br>(4)工地驻地办公区及生活区住房应坚固、美观，房间净空高度应不低于2.6m；门窗齐全，同时应设置可开启窗户，保证通风；房顶必须选用阻燃、防水材料，地面应硬化防潮湿且办公区用房其地面必须铺设地砖；室内均应设置空调，保证职工在高温或低温季节正常办公或休息。<br>(5)具备条件的工地驻地宜设置医务室，配备合格医务人员，无医务室的应配置急救医药箱。<br>(6)工地驻地生活区应给职工设置必要的学习、娱乐场所。<br>(7)工地驻地办公区和生活区内应按要求配备相应的消防安全器具，同时要建立安全、卫生管理制度，落实专人维护和保洁。<br>(8)工地驻地食堂应设置隔离池，并及时清理，同时应有独立的排水(污)系统，确保排水(污)畅通、不积水，防止污水影响周围环境。<br>6.现场防火<br>(1)施工现场应建立、健全防火制度。<br>(2)消防器材的配备：临时搭设的工棚、材料库、办公室等建筑物区域内，每100m$^2$应至少配备2只4kg灭火器；大型临时设施总面积超过1200m$^2$，应备有专供消防用的太平桶、积水桶(池)、黄砂池等设施，上述设施周围不得堆放物品；临时木工间、油漆间和机具间等每25m$^2$至少配备一只合适的灭火器，油库、危险品仓库应配备合适的、足够数量的灭火器；桥梁工程施工现场，应设置具有足够射程的高压水泵或其他防火设备或设施。<br>(3)施工现场的防火要求：①各单位在编制施工组织设计时，施工平面图、施工方法和施工技术措施均要符合消防安全要求。②施工现场应明确划分用火作业、易燃可燃材料堆场、仓库、易燃废品集中站和生活区等区域。③施工现场夜间应有照明设备；保持消防通道畅通无阻，并要加强值班巡逻。④施工作业期间需搭设临时性建筑物，必须经项目负责人批准，施工结束应及时拆除。但不得在高压架空线下方搭设临时性建筑物或堆放可燃物品。⑤施工现场应配备足够的消防器材，指定专人维护、管理，失效即应更新，保证其完好、有效。⑥必要时，应先将消防器材和设施配备好，有条件的，应敷设好室外消防水管和消火栓。⑦焊、割作业点与氧气瓶和乙炔发生器等危险物品的距离不得小于10m，与易燃易爆物品的距离不得小于30m；如达不到上述要求的，应执行动火审批制度，并采取有效的安全隔离措施。⑧乙炔发生器和氧气瓶的存放之间的距离不得小于10m；使用时两者的距离不得小于10m。⑨氧气瓶、乙炔发生器等焊割设备上的安全附件应完整有效，否则不准使用。⑩施工现场的焊、割作业，必须符合防火要求，严格执行“十不烧”(焊工必须持证上岗，无特种安全操作证的人员，不准进行焊、割作业；凡属一、二、三级动火范围的焊、割作业，未经办理动火审批手续，不准进行焊、割； |

续上表

| 类别 | 序号 | 考核内容 | 达标标准细化及工作要求 |
|---|---|---|---|
| 现场布设 | 49 | 施工现场布设、施工驻地建设满足安全规定 | 焊工不了解焊、割现场周围情况，不得进行焊、割；焊工不了解焊件内部是否安全时，不得进行焊、割；各种装过可燃气体，易燃液体和有毒物质的容器，未经彻底清洗，排除危险性之前，不准进行焊、割；用可燃材料作保温层、冷却层、隔热设备的部位，或火星能飞溅到的地方，在未采取切实可行的安全措施之前，不准焊、割；有压力或密闭的管道、容器，不准焊、割；焊、割部位附近有易燃易爆物品，在未作清理或未采取有效的安全措施之前，不准焊、割；附近有与明火作业相抵触的工种在作业时，不准焊、割；与外单位相连的部位，在没有弄清有无险情，或明知存在危险而未采取有效的措施之前，不准焊、割）规定。⑪冬季施工采用保温、加热措施时，应符合的要求：a. 采用电热器加温应设电压调整器控制电压，导线应绝缘良好，连接牢固，并在现场设置多处测量点。b. 采用锯末生石灰蓄热，应选择安全配方比，并经工程技术人员同意后方可使用。c. 采用保温或加热措施前，应进行安全教育，施工过程中应安排专人巡逻检查，发现隐患问题及时处理。⑫施工现场的动火作业，必须执行审批制度 |
| | 50 | 临时便桥、临时房屋搭设满足要求 | 1. 施工便桥应符合 5 项要求<br>(1)除特大桥、通航河道施工便桥一般不作直接贯通要求外，其余施工便桥均须强制性贯通。便桥结构应按实际情况专门设计，承载能力必须满足施工需要，一般情况下应满足 35t 以上重载车辆的安全通行。便桥宜采用钢桁架作为其承重结构，桥面纵坡不得大于 3%；长度超过 20m 的便桥可采用单向通行，便桥宽度不小于 4.5m。<br>(2)便桥起始墩砌筑长 6m、宽 3m 的基础，台帽浇筑 0.5m 厚 C30 混凝土，在浇筑混凝土前注意埋设便桥预埋件。便桥桥墩宜采用群桩基础，推荐使用钢管桩搭设，桩的入土深度应满足承载力要求。<br>(3)桥面板平整牢固无空洞，并设置防滑条。桥面高度不低于上年最高洪水位，桥头设置超限标牌，桥面设高不小于 1.2m 的栏杆扶手，栏杆颜色标准统一。<br>(4)通航河道上的便桥桥下净空必须满足通航要求，应设置防撞墩或采取其他防撞设施。<br>(5)承包人应组织专门的便桥养护队伍，配备必要的机械、工具和材料，定期对施工便桥进行检查、养护，专职安全员监督便桥养护队伍检查、维护工作。<br>2. 现场模板与钢筋加工场<br>(1)现场模板与钢筋加工场应采用封闭式管理，四周设置通透性围墙，非施工人员严禁进入。<br>(2)现场模板与钢筋加工场的场地面积及加工能力应满足施工需要，材料堆放区、成品区、加工区应分开或隔离。<br>(3)加工厂不得设在电力架空线路下方。<br>(4)加工厂必须配置有效的消防器材，不得存放油、脂和棉丝等易燃品。<br>(5)进场机械设备必须性能良好；安装调试简便，容易操作，维修方便，可靠性能高、安全性能好，且防护装置应齐全有效，电气接线应符合相关规定。<br>(6)机械操作人员必须持证上岗，能熟悉所操作机械的构造、性能及保养规程，能熟练机械设备的操作规程。<br>(7)机械操作人员作业前应按设备的规程进行检查，作业中应严格遵守劳动纪律，严格执行相应操作规程和有关的安全规章制度，并做好设备使用、维护、保养记录。<br>(8)设备安装应牢固、稳定，防止受力时设备发生位移和倾斜，引发设备事故。<br>(9)钢筋加工工作台应牢固、稳定，防止因其不稳造成人身安全事故 |

续上表

| 类别 | 序号 | 考核内容 | 达标标准细化及工作要求 |
| --- | --- | --- | --- |
| 现场布设 | 50 | 临时便桥、临时房屋搭设满足要求 | (10)钢筋焊接时，应有可靠的接地装置，导线绝缘良好，电焊工应持证上岗，且焊接操作时防护用品佩戴齐全。<br>(11)现场模板与钢筋加工场内醒目位置应设置工程公示牌、施工平面布置图、安全生产牌、消防牌、文明施工牌等标识标志。消防器材放置场所应设置提示标志。<br>3.现场混凝土搅拌站<br>(1)施工前，应对搅拌站进行施工设计，内容包括位置、占地面积、功能区划分、场内道路布置、排水设施布置、水电设施及施工设备的型号、数量以及储存罐、集料仓基础稳定性验算等，并上报监理单位审批及指挥部备案。<br>(2)搅拌站宜采用封闭式管理，搅拌站站界应用砖砌围墙封闭，材料堆放区、搅拌生产区、办公生活区应分开。<br>(3)较高(6m以上)储存罐应加设抗风缆绳，以增强储存罐的稳定性。<br>(4)集料仓及操作室的基础应根据现场地质条件通过计算确定。<br>(5)集料仓的装料坡道需特别处理，其混凝土面层厚度不少于20cm；搅拌设备出料口位置场地混凝土面层应加厚，不得低于30cm，且在保证足够净高的情况下，尽可能将该位置抬高，防止积水。搅拌楼四周应有完善的排水设施。<br>(6)包括储物料斗在内的所有粗细集料堆放场必须加设轻型钢结构顶棚，钢结构顶棚高度不低于7m，满足施工需要。<br>(7)搅拌机性能应保持良好，防护装置应齐全、有效，电气接线应符合相关规定。<br>(8)搅拌站大门位置必须布置绘制详细的工程告示牌、搅拌站平面布置图。<br>(9)搅拌站站内醒目位置布置安全生产牌、消防警卫牌、管理人员名单及监督电话牌、文明施工牌等明示标志。<br>(10)站内各功能区必须在明显位置设有防火设施，每个功能区至少设置一个消防池并配备相应的灭火器材，灭火器不能少于10个。<br>(11)水泥或粉煤灰罐必须安装避雷设施。<br>(12)现场混凝土搅拌站建设完成后，施工单位填写建设验收表并报监理单位进行验收。不符合要求的搅拌站不允许进行生产，待整改并验收合格后才能开始生产 |
|  | 51 | 各种警示警告标志、宣传告示牌、操作规程醒目、牢固且安放位置正确 | 安全标志的图形、尺寸、颜色、文字说明和制作材料等，均应符合国家标准的规定。根据国家有关规定，施工现场入口处、施工起重机械、临时用电设施、脚手架、出入通道口、楼梯口、电梯井口、孔洞口、桥梁口、隧道口、基坑边沿、爆破物及有害危险气体和液体存放处等属于危险部位，应当设置明显的安全标志。安全标志的类型、数量应当根据危险部位的性质，设置不同的安全警示标志。<br>(1)作业区旁操作规程牌醒目、牢固；<br>(2)各种坑洞、危险作业区域警示标牌醒目、牢固；<br>(3)场内交通标志、安全宣传标牌醒目 |

## (九)安全防护

施工单位在安全防护方面的达标标准细化见表8-3-19。

安全防护达标标准细化表 表 8-3-19

| 类别 | 序号 | 考核内容 | 达标标准细化及工作要求 |
| --- | --- | --- | --- |
| 安全防护 | 52 | 现场各种空洞、高空临边防护到位，上下通道搭设满足要求 | 1. 现场各种孔洞、临边、临水防护到位<br>(1)1.5m×1.5m 以下的孔洞，应用坚实盖板盖住，有防止挪动、位移的措施；1.5m×1.5m 以上的孔洞，四周设 2 道防护栏杆，中间支挂水平安全网；结构施工中伸缩缝和后浇带处加固定盖板防护。<br>(2)电梯井口必须设高度不低于 1.2m 的金属防护门。<br>(3)电梯井内首层和首层以上每隔 4 层设一道水平安全网，安全网应封闭严密。<br>(4)管道井和烟道必须采取有效防护措施，防止人员、物体坠落。墙面等处的竖向洞口必须设置固定式防护门或设置 2 道防护栏杆。<br>(5)结构施工中电梯井和管道竖井不得作为垂直运输通道和垃圾通道。<br>(6)高空邻边四周，未砌筑、未安装维护结构时，必须设 2 道防护栏杆，立挂安全网。<br>(7)出入口必须搭设宽于出入通道两侧的防护棚，棚顶应铺满不小于 5cm 厚的脚手板。通道 2 侧用密目安全网封闭。<br>2. 深基坑、大型基础施工、桥梁高处施工上、下通道布设满足要求<br>人行通道宽度不小于 1m，斜道的坡度不大于 1∶3；运料通道宽度不小于 1.5m，斜道的坡度不大于 1∶6。拐弯处应设平台，按临边防护要求设置防护栏杆及挡脚板，防滑条间距不大于 30cm。<br>3. 挖孔桩施工周边防护及通风满足要求<br>(1)井孔周边第一护壁高出地面 20cm 及以上，井孔周边有防护栏并符合要求，夜间施工有指示灯，成孔后有盖孔板。<br>(2)井内有半圆平板(网)防护，井内有上下梯，上下联络信号明确。<br>(3)送风管、设备数量满足并性能完好，风管材料符合要求不破损，孔深超过 5m 有持续送风装置。<br>4. 隧道施工监测及通风满足要求<br>(1)监测开挖面围岩自稳性；<br>(2)监测岩质破碎带，褶皱节理等情况；<br>(3)核对围岩类别及风化变质情况；<br>(4)监测地下水情况；<br>(5)监测支护开裂变形情况；<br>(6)监测洞口浅埋地表下沉情况；<br>(7)通风满足给隧道内作业人员提供足够新鲜空气；<br>(8)通风满足稀释并排除各种有害气体及粉尘；<br>(9)通风满足调节隧道内湿度及温度。<br>5. 大型边坡开挖坡率及监测防护措施、基坑施工需要采取降水措施的满足要求 |
| | 53 | 各种作业按照规程进行、作业人员按照要求佩戴防护用品 | 1. 桥梁、梁板、沉箱运输及安装满足要求<br>2. 打桩、挖泥船作业满足安全要求<br>3. 施工人员满足要求<br>(1)掌握安全技术操作规程；<br>(2)掌握防止常见事故的一般技术措施；<br>(3)掌握常见事故的现场应急处理方法；<br>(4)掌握安全用具的正确使用方法；<br>(5)掌握工具和设备的正确使用方法；<br>(6)掌握常用灭火器材设备的使用方法；<br>(7)掌握安全劳动用品的穿戴方法； |

续上表

| 类别 | 序号 | 考核内容 | 达标标准细化及工作要求 |
| --- | --- | --- | --- |
| 安全防护 | 53 | 各种作业按照规程进行、作业人员按照要求佩戴防护用品 | (8)具备较好的劳动保护意识；<br>4.起重吊装作业区域安全措施、信号指挥满足要求<br>(1)起重机设置应保证安全距离；<br>(2)起重机与临近的设施达不到安全距离时，应搭设防护架，并且限制旋转的角度，防止事故；<br>(3)在同一现场同时布设多台起重机时，应有相应防碰撞措施，保持两机之间的最小安全距离，保证交叉作业安全；<br>(4)起重机基础必须符合技术要求，基础应设置排水措施，防止积水；<br>(5)起重机布置时应考虑安装与拆除所需要的场地；<br>(6)施工现场应留出起重机进出场道路；<br>(7)按照《起重吊运指挥语言》和《起重吊运指挥信号》进行信号指挥；<br>5.大型模板作业及垂直升降设备作业满足要求 |

## (十)检查整改

施工单位在检查整改方面的达标标准细化见表8-3-20。

**检查整改达标标准细化表** 表8-3-20

| 类别 | 序号 | 考核内容 | 达标标准细化及工作要求 |
| --- | --- | --- | --- |
| 检查整改 | 54 | 建立阶段性、操作性强的日常安全巡查制度和安全生产大检查制度，并有文书表达形式和奖惩办法 | (1)建立健全并行文下发日常安全巡查制度、安全生产大检查制度以及安全生产奖惩办法；<br>(2)按照制度要求开展安全生产检查工作，对存在的问题及好的方面应行文通报进行惩罚或奖励 |
| | 55 | 专职安全员每日组织安全巡查，至少每月由项目部领导带队组织标段安全生产大检查，并根据工作需要加密安全生产大检查频率 | (1)安全生产检查以日常检查、季节性(或节日)检查、专业检查和定期检查为主，由项目部统一组织实施。安全检查将根据施工生产内容，把定期与不定期检查结合起来，把项目部集中检查与各工段、班组检查结合起来，并纳入施工现场管理考评的重要内容，实现经常化、制度化。<br>(2)安全检查的范围：施工现场人员的按章穿戴、现场的安全防护、用电安全管理、施工脚手架平台的搭设、氧气乙炔安全距离、危险品和危险部位的标识、特殊工种人员的持证上岗、安全标志设置、消防灭火器材的准备等情况；后方生活区的安全用电、宿舍区有无乱拉乱接现象、消防设备按规定配备等；<br>(3)检查方式：一听，二看，三讲，五边(边走、边看、边检查、边教育、边处理)；<br>(4)检查时间：专职安全员每日组织安全巡查，由项目部领导带队每月至少组织一次标段安全生产大检查，并根据工作需要加密安全生产大检查频率；<br>(5)安全生产检查情况的通报：建立安全检查情况通报制度，安全保卫部用安全检查记录表的形式通报所检查出的安全隐患，有针对性地提出整改意见，并指出下阶段工作中的危险因素 |
| | 56 | 具有安全巡查记录，安全生产大检查应有通报并附有整改回单 | (1)每日的安全巡查应填写安全生产工作日志；<br>(2)各种形式的安全生产检查应填写安全生产检查登记表；<br>(3)安全生产大检查应对检查情况行文通报，被通报单位应进行整改并附有整改回单。<br>(4)对上级有关单位组织的安全生产检查或工作指令，应进行认真整改，并及时回复 |

续上表

| 类别 | 序号 | 考核内容 | 达标标准细化及工作要求 |
|---|---|---|---|
| 检查整改 | 57 | 建立隐患排查登记和防控制度，对现场各种安全隐患进行有效防控直至消除 | (1)建立事故隐患排查登记和防控制度，逐级建立并落实从主要负责人到每个从业人员的隐患排查治理和监控责任制。<br>(2)定期组织安全生产管理人员、工程技术人员和其他相关人员排查本单位的事故隐患。对排查出的事故隐患，应当按照事故隐患的等级进行登记，建立事故隐患信息档案，并按照职责分工实施监控治理。<br>(3)应当建立事故隐患报告和举报奖励制度，鼓励、发动职工发现和排除事故隐患，鼓励社会公众举报。对发现、排除和举报事故隐患的有功人员，应当给予物质奖励和表彰。<br>(4)将生产经营项目、场所、设备发包、出租的，应当与承包、承租单位签订安全生产管理协议，并在协议中明确各方对事故隐患排查、治理和防控的管理职责。生产经营单位对承包、承租单位的事故隐患排查治理负有统一协调和监督管理的职责。<br>(5)每季、每年对本单位事故隐患排查治理情况进行统计分析。<br>(6)对于一般事故隐患，由施工单位负责人或者有关人员立即组织整改。<br>(7)对于重大事故隐患，由项目部主要负责人组织制定并实施事故隐患治理方案。方案内容：治理的目标和任务；采取的方法和措施；经费和物资的落实；负责治理的机构和人员；治理的时限和要求；安全措施和应急预案。<br>(8)在事故隐患治理过程中，应当采取相应的安全防范措施，防止事故发生。事故隐患排除前或者排除过程中无法保证安全的，应当从危险区域内撤出作业人员，并疏散可能危及的其他人员，设置警戒标志，暂时停产停业或者停止使用；对暂时难以停产或者停止使用的相关生产储存装置、设施、设备，应当加强维护和保养，防止事故发生。<br>(9)应当加强对自然灾害的预防。对于因自然灾害可能导致事故灾难的隐患，应当按照有关法律、法规、标准和《安全生产事故隐患排查治理暂行规定》的要求排查治理，采取可靠的预防措施，制定应急预案。在接到有关自然灾害预报时，应当及时向下属单位发出预警通知；发生自然灾害可能危及生产经营单位和人员安全的情况时。应当采取撤离人员、停止作业、加强监测等安全措施，并及时向当地人民政府投其有关部门报告。<br>(10)建立安全隐患排查责任制。项目部应依据本标段的工程特点以及人员情况，对安全危险源及安全隐患进行分析，逐级建立并落实从主要负责人到每个从业人员的隐患排查治理和监控责任制 |
| | 58 | 每月根据检查情况奖优罚劣 | (1)项目部在对项目进行日常安全检查中，发现问题及时纠正，对执行不力者应及时进行处罚；<br>(2)项目部每月根据检查情况奖优罚劣，并应行文通报 |

## 第四节 “平安工地”创建活动

2011年6月21日交通运输部冯正霖副部长在全国“公路水运平安工地建设推进会”上的主题讲话中明确要求要进一步强化“本质安全”，即加强管理、落实措施保障工程建设过程中人、物、系统的安全可靠性。要求安全工作处处按照标准、规范作业，把事故降到最低，从而实现操作人员安全意识和操作技能的不断提升；设备、设施标准化、工具化管理的日益加强；管理体系和系统工作的逐渐完善。围绕“本质安全”要求，省交通运输厅质监局在全省“平安工地”

建设活动中制定了《江苏省公路水运工程“平安工地”建设达标标准》(以下简称“标准”)用以统一安全管理思路和规范安全工作方法。南京四桥把握上述“标准”精髓，立足基层、班组，夯实基础，通过安全设施的标准化建设和对危险性较大的分部分项工程实行动态监控，消除工程实施过程各种不安全状态。以一线工人的培训、教育和现场操作管理；现场防护、大型设备和临时设施的规范管理；安全生产责任制的落实和隐患检查整改等方面的工作为重点，扎实有效地开展“平安工程”建设，保障了工程建设期间的结构安全和管理安全。

2010～2011 年度江苏省“平安工地”建设活动的最大特点是给活动注入了标准的力量，为安全生产管理工作的长效开展，奠定了体系和规范的基础。省交通运输厅质监局“标准”理清了建设、监理、施工单位的安全生产工作范围、职责、工作深度和要求，提出了各单位之间的工作联系关系和各项工作的内在逻辑性，赋予“平安工地”建设活动本质安全要求和工作标准，使之成为促进全省安全管理的载体。该标准是针对交通建设工程安全管理实际的、操作性极强的安全生产工作指南。标准依据现行法律、法规，针对交通建设工程安全生产工作实际，从宏观到具体，明确了各参建单位的安全生产工作要求。标准对安全生产管理的内、外业工作按建设、监理、施工单位职责要求，从 58 个方面明确并罗列了工作内容和要求，第一次全面提出了安全生产工作的体系、规章、技术等方面的工作要求和行为准则。

南京四桥“平安工地”建设活动以本质安全为主线，以标准为依托，以人员规范操作、现场防护、设备、设施控制、安全体系建设为重点，对四桥关键建设过程的生产安全起到了非常积极的促进作用。南京四桥安全、优质、高效的建设成果充分证明：本质安全理念的贯彻和以该理念为核心的“平安工地”标准体系的执行，可以保障高危行业的安全工作有效可控；生产安全平安可期。

## 一、建设单位

标准赋予建设单位执行政策、责任落实、招标管理、检查考核、专项工作 5 个方面共 16 个小项的工作，总的思路是落实安全生产的总体监督管理责任。工作中责任落实、招标管理、检查考核 3 个方面的工作是建设单位的全局工作，体现了本质安全关于“系统安全可靠性”的核心理念。该工作由建设单位发起，由宏观向微观延伸，分级向监理、施工单位展开，工作由总而分形成体系，责任落实是基础；招标管理是前提；检查考核是检验，又是整改提高，形成了工作的流程和循环提高。执行政策则要求安全工作的体系和系统符合国家和行业法律、法规的要求，使工作合法合规不走弯路、不出偏差。专项工作既规定了当前条件下安全工作的标准要求，又为不同项目结合自身特点开展相关活动提供了发挥的空间，这是一个开放的系统，既有规定动作、又有发挥项目。

南京四桥依据标准并结合工程特点进行标准研究和细化，分析标准的关键要求和相互关系并在安全管理实践中身体力行。活动开展以来，各单位的体系建设不断完善、岗位职责落实有效；推广并改进了“安全生产风险抵押金制度”，并长年开展“百日生产安全无事故”活动；监理、施工单位安全管理人员的素质、数量和能力大为增强，对安全风险等级较高的分部、分项工程实施了过程控制和重点作业的旁站监控，保障了跨线作业、支架施工、重大起重作业、主塔和锚锭施工、猫道架设、索股安装和钢箱梁安装的生产安全；劳动用工登记、安全培训教育及安全技术交底制度落实到位，杜绝了一线工人的习惯性违规操作；严格执行机械设备分类管理制度,保障了设备的规范使用;坚持危险源管理并注重安全专项方案编制、审查、交底和执行工作,提高方案的针对性和可操作性,内业指导外业的思路和方法得到应用。

(1)注重标准程序,落实安全责任。指挥部组织开展调研,全面掌握各单位现有资料和现场操作基本情况。和省交通运输厅质量监督局、南京工业大学、省交通工程总公司联合开展了“公路工程施工安全生产规范化管理”研究工作,并已取得阶段性成果。按照省厅质监局标准要求,对南京四桥内、外业工作进行梳理,于2011年6月制定了《南京长江第四大桥建设项目安全生产指导手册》用于规范和指导全线的安全工作。作为创新安全生产管理手段的一项重要举措,还投入了专项资金,激励主桥上部等相关单位学习上海安全生产和文明施工先进工作经验,努力在安全生产施工设施“工具化、定型化、标准化”方面进行大胆尝试,创造条件提升南京四桥安全防护和安全操作的环境水平。这些举措有力地促进了现场防护、安全操作和文明施工工作。

通过这些举措,一是落实指挥部内部各处室和现场标段负责人的安全管理责任。指挥部标段负责人对所在标段的安全生产负有监督、检查的责任,要像对待质量、进度一样,认真抓好总监办、项目部安全生产工作。二是落实监理单位的安全责任。通过推广实施“安全风险抵押金”制度增加对监理单位的投入,要求监理单位配备满足工程需要的安全监理工程师,成立安全监理小组,编制安全监理细则,明确安全监理职责。三是落实施工单位安全生产主体责任。明确施工单位及其主要负责人的安全责任。通过实施“安全风险抵押金”制度加强对施工单位的安全奖惩力度,提高其安全管理人员的收入、责任心和积极性,在此基础上,狠抓劳务协作队伍的安全管理,要求项目部与劳务协作队伍签订安全生产合同,将劳务协作队伍纳入项目部安全管理中来。

(2)用好计量手段,坚持一票否决。指挥部规定安全生产费用只能使用在完善、改造和维护安全防护设备、设施,配备必要的应急救援器材、设备和现场作业人员安全防护物品,安全生产检查与评价,危险源、安全隐患的评估、整改、监控,安全技能培训,应急救援演练等方面。要求施工单位结合施工计划编制安全经费计划,并要求监理单位加强对该费用申报和使用情况的审核,确保安全生产费用规范使用。工程计量须在安全费用审查通过的前提下才能审查支付,如此,1%的小费用不仅提高了安全装备水平,还起到杠杆作用发挥了计量支付的否决权。此外,指挥部对安全违规和安全事故零容忍,坚持各项建设工作表彰评比安全生产一票否决制。

(3)创新管理手段,增加安全投入。指挥部充分认识当前安全生产工作的形势和安全生产管理工作的专业性、科学性、人文性、复杂性和综合性要求,亟须把有专业、懂工程、善沟通、能管理的高素质人员充实到专职安全生产管理队伍中,并创造条件提高其收入、地位和影响,让其有认同感、荣誉感和成就感,进而充分发挥施工单位专职安全管理人员在现场管理工作中的作用。在保证1%安全经费和标准化建设专项资金投入的同时,指挥部还拿出1660万元(到工程全部完成将超过2000万元)作为配盘资金在南京四桥实施“安全风险抵押金”制度,要求项目部领导和安全管理人员按合同金额的一定比例上缴风险抵押金,每季度进行考评,考核结果与单位、个人效益直接挂钩,每半年结合“百日生产无事故”活动考评结果进行奖惩(目前指挥部已累计奖励近1500万元),有效地调动了各施工单位及其安全管理人员的积极性。实施风险抵押金制度以来,各施工单位安全专职管理人员的素质和工作成效明显提高。

## 二、监理单位

标准赋予监理单位工作策划、责任落实、审查审批、安全检查、安全活动5个方面共12个小项的安全工作，总的思路是落实监理单位的安全生产监管责任，体现了本质安全管理的理念，该责任在实施社会监理担任总监职务后，从建设单位中承担了更大范围的工作量。审查审批、安全检查是其工作的出发点和着力面，这是监理单位开展安全生产管理工作的主要抓手。标准强调对安全计划、费用审查、方案审查等工作的深度，并以此为起点和依据，通过检查、对照、整改不断完善现场监管，这为安全工作的计划性和实施的依据性提供了逻辑上的支持，对工作的考核提供了成文的依据和手段。工作策划、责任落实、安全活动3方面的工作则是对建设单位工作的展开和必要补充。

社会监理担任总监后，安全监理工程师比施工单位专职安全员有更高的层次和更大的空间进行标准程序和现场安全监管工作，但由于安全监理人员缺少和安全监理工作薄弱，严重影响到上述安全监理职能的发挥。为此，指挥部推广实施了“安全风险抵押金制度”，对监理单位实行以奖代补的倾斜政策，划拨专款让其增加高素质的专职安全监理工程师，确保南京四桥每个小标段都配备一名专职安全监理并由一名专职副总监牵头成立安全监理组，做到对每个重点工序、危险性较大工序的全程旁站。该举措实施以来，安全监理职能得到了空前发挥，各监理单位已经能像质量控制一样开展安全监理工作。

南接线总监办配备4名安全监理工程师，分别来自结构、电气等专业，由一名副总监牵头成立安全监理组，和其他专业监理分工负责，重点做好大型支架安拆、设备管理工作。在跨线施工和安全培训等工作上下大力气，按标准要求努力提高审批工作的力度和深度并严格按方案落实安全计划、经费、人员、现场防护、过程检查，牢牢把握了安全生产工作的监管主线，工作的主动性和技术性得到了很大提高。

北接线监理重视安全生产内业管理工作，研究标准的工作指向和内在的关系，将安全工作作为一个有机的系统，用足审批和检查职能，在一般高速公路项目上实现了标准要求的预期目标。

主桥总监办成立了由8名专业安全监理工程师构成的安全监理组，按标准要求扎实作好安全专项方案的审查、审批；大型临时设施的安装拆卸监控；各种设备的过程监控。对隐患问责、分类整改工作建立工作表，督促项目部落实工序安全责任，安全监管深度和广度符合标准的全面要求。

## 三、施工单位

标准赋予施工单位责任落实、工作策划、安全活动、专项方案、人员持证、机械设备、现场布设、安全防护、检查整改10个方面共30个小项的安全工作要求，将施工单位的安全生产工作的主体责任和基本工作展开，总的思路是抓意识、抓计划、抓预防、抓标准、抓机制、抓重点、抓技能、抓长效，这是本质安全工作的出发点和落脚点。责任落实要求健全项目部安全生产组织体系、建立覆盖各部门、岗位的人员职责、制定“符合性、针对性、可操作性”的安全生产制度体系，这既是抓机制的体现又是本质安全对系统工作的要求；工作策划要求针对项目部安全生产现状和标准，要求制定“平安工地”建设计划、分解目标、落实措施，这是抓计划的表现；安全活动要求项目部落实会议制度，按人员实名登记要求开展三级安全教育培训，落实安全技能培训等工作，这是抓意识、抓技能、抓长效的体现，是本质安全对“人的安全可靠性”要求；专项方案要求项目部分析并列举危险源并制定需编制专项方案的分项、分部工程、编制专项安全方案并履行内部和监理报审程序、按审批方案组织施工并开展应急防范和演练，体现了重视内业工作和落实安全工作计划的思路，避免了事故和事件引导式的安全管理，将安全生产管理工作在建设、监理、施工单位之间进行流转、形成层级管理，这是抓长效的体现，是“安全缆绳牢不可破”的必然要求；人员持证要求项目部管理人员和特种作业人员按准入要求配备并落实培训教育制度，并将此和责任落实、机械设备、安全活动等方面的工作相互应证，这是抓机制、抓技能的体现；机械设备要求项目部建立设备分类管理机制，大型设备要一机一档、特种设备要人机对应、小型机具要登记管理，并将此工作和人员持证、专项方案、安全活动等工作相互应证，临时用电方案也在此提出了三级配电要求，并提出了现场检查要求，体现了抓重点的工作思路；专项经费要求项目部按专项方案等工作要求，制定经费使用计划并监理程序报批支付使用，并和安全活动、专项方案、现场布设等方面工作相互应证，这是抓机制的体现；现场布设、安全防护等工作则是上述工作的现场比对，这是外业安全工作的综合要求，也是现场文明施工和标准化施工水平的综合表现，体现了本质安全关于“物的安全可靠性”要求；检查整改方面的工作是在建设单位、监理单位工作基础上的细化和展开，这是施工单位自治的要求，标准的规定，项目部要制定阶段性、可操作性强的日常和阶段检查制度和考核奖惩制度，并根据工作情况落实奖惩，专职安全员要每日巡查、项目部领导要每月带队检查，并根据工程实际加密检查，检查记录、通报和整改复查记录要按标准整理，对隐患要分类整改，可立即整改的要定人、定时间、定措施落实整改；对无法立即消除的隐患因素要建立监控机制，跟踪落实防范措施直至隐患排除，这是安全生产周而复始的日常管理工作的要求和体现，也是标准赋予安全管理人员最直接和最普通的工作，体现了安全工作的复杂性、反复性，是本质安全“系统安全可靠性”要重点解决的问题。

### (一)四位一体注重过程控制

践行“本质安全”理念，从过程上控制安全事故，始终保持安全生产工作的高压态势，稳步推进“平安工程”建设活动。

(1)管理与执行统一，促进“人的安全可靠性”。要做好各项安全管理工作，保证各项安全管理要求在现场执行不走样，一线工人的安全意识和操作技能培训是关键。我们坚持劳动用工登记和安全培训教育、班前教育及安全技术交底制度，坚决杜绝一线工人的习惯性违规操作，做到“我会安全”。在做好三级安全生产教育工作的同时，我们立足基层、面向班组，坚持执行“班前安全交底会和交接班会”制度，努力营造“我要安全”的安全生产氛围，并切实做好施工现场安全防护工作。监理和施工单位安全管理人员坚持面向一线，及时发现和不断纠正违规操作，坚持缩小习惯和规范的差距，努力让习惯符合规范、使规范成为习惯。

(2)质量与安全统一，实现“物的安全可靠性”。安全和质量相辅相成、相互依存、相互提高，具有共性和相关性，两者都是第一，好比是两条铁轨，同时承载着品牌和效益。打造南京四桥精品工程，质量铸就尊严，建设南京四桥“平安工程”，安全奠定基础。南京四桥始终把安全放在和工程质量同等重要的地位，所有工程都必须围绕安全去组织，必须在有安全保证的前提下方可施工。

(3)内业与外业统一,保障“系统安全可靠性”。针对跨长江大桥施工重点、难点、特点,多次组织专家进行研究论证,分期实施风险评估与分析,寻找和确定工程主要风险源,积极研究风险控制和应对措施,为安全风险管理奠定扎实基础。安全专项方案是分部、分项工程施工安全的重要保证,有关项目部组织其公司和项目部专业人员编写了相关分部、分项工程的安全专项施工方案,并邀请专家对方案进行反复论证,形成了安全专项施工方案编制范例并在全桥推广。主桥液压爬模施工、引桥架梁施工、接线跨线作业、缆载吊机钢箱梁安装等危险性较大的重点作业环节,指挥部、总监办和项目部从设计、制造、检验、安装和拆除方案的全过程入手,进行检查和控制,并组织召开方案审查会议,邀请权威专家论证把关。事中要求施工单位强化内部管理,严格按照方案执行,同时做好安全技术交底工作。要求监理单位全程旁站把关,检查督促方案落实,及时发现并整改安全隐患。指挥部工程处、安全处确定专人、加强巡查、对存在的问题和隐患及时做好协调、督促整改等过程管理工作,确保了重点施工项目的生产安全。

(4)日常与应急统一,提升本质安全的层次。我们在对施工过程进行严控的同时,加强应急管理,实现有机联控。一是加强危险源管理。指挥部要求施工单位在施工组织设计时,就对项目危险源进行辨识、分析和风险评价、分级和落实安全隐患整改责任部门和责任人,并针对重大危险源实施定人、定措施、定岗位跟踪监控;二是加强应急预案管理。指挥部制定了《南京四桥生产安全事故综合应急预案》,规范南京四桥应急管理。各参建单位根据危险源辨识结果和指挥部应急预案,建立本单位应急预案,并每年进行修改完善。目前,南京四桥已形成了指挥部、海事、施工、监理四位一体的应急预案体系;三是落实应急保障资源。指挥部要求施工单位加强应急队伍建设,落实应急保障物资,并多次开展专项检查,确保资源落实到位。2010 年特大洪水引起相邻船闸江堤决口,我桥的抗洪人员、物资和设备第一时间驰援,并在最短时间控制了险情;四是适时开展应急演练。指挥部要求施工单位制定年度应急演练计划,并分级定期组织演练。截至目前,指挥部共组织水上搜救等大型演练 5 次;各施工单位每年都举行了 2 到 3 次一定规模、不同主题的安全演练,起到了良好效果。

### (二)五举并出保障结构安全

从技术上保证结构安全,加强对大型临时设施和关键设备的过程监控,保障设备、设施的使用安全,提升对物的本质安全的掌控能力。

(1)落实措施,保障栈桥安全。栈桥及水上平台形成后,我们及时设置了安全警示标志,与航道部门联系对桥区的上下水航道进行了大规模调整,在施工江面上下游设置了警示灯塔,在平台四周设置了反光贴、警示灯,布设防护栏杆和救生圈、灭火器等安全设施;委托海事部门,在施工平台上下游设置了防撞趸船,并成立了南京四桥现场交通组织指挥办公室,维护水上通行安全;大型施工船舶(包括大型起重船、打桩船、水上混凝土搅拌船等)均要求自行抛锚,无特殊情况不能在平台上带缆,施工船舶与钢平台之间保持必要的安全距离,防止船舶在风浪的作用下撞击平台,通过连接爬梯与平台相连,作为人员上下平台的施工通道,在平台两侧的辅助桩上挂设防撞护舷作为船舶挤靠时的消能装置,将上游起始平台靠江侧修成一个大的倒角,对违章船舶起到一个导向作用,避免船舶与平台发生碰撞。定期进行平台处以及周边一定范围内河底泥面标高的动态监测，当冲刷深度接近 6.0m 时，使用袋装砂进行填充防护，全过程保障了栈桥及水上平台自身安全和使用安全。这是本质安全关于物的安全可靠性要求的典型落实。

(2)检查监测，保障桥机安全。两台引桥节段箱梁架桥机采用一体化设计，并由中交武汉港湾工程设计研究院有限公司、武汉交科港口机械工程研究院进行了第三方复核。请武汉港湾工程质量检测有限公司对架桥机的主要受力部件吊杆和主梁进行了应力检测，由中交武汉港湾工程设计研究院有限公司全程进行应力监测，保证了架桥机的使用安全。

(3)坚持工法，保障爬模安全。主桥索塔施工所采用的液压爬模系统已在多座大跨径桥梁超高索塔施工中得到了成功应用，其工艺和操作流程获得了国家的工法认可。指挥部、施工单位结合南京四桥实际，制定了《南京长江第四大桥索塔液压爬模系统施工安全实施办法》和液压爬模系统的设计、选型、构件制作、进场验收、预埋件验收、安装检查验收、爬升阶段检查、设备检查、专业检查、日常检查等方面的要求和标准等实施办法，对指导和规范南京四桥索塔液压爬模系统的安全施工控制工作起到了重要作用。请中国船级社南京分公司对爬模主要受力部件进行了周期性的无损探伤和磁粉监测，并对承重销、高强螺栓等重要受力件定期更换。保证了南京四桥南北主塔液压爬模 200 余次的爬升过程的安全。第(2)、(3)点中的事例是本质安全关于系统安全可靠性要求的典型落实。

(4)创新工艺，确保南锚安全。受四桥桥位地质、水文和地表建筑物等综合因素的影响，南锚基础工程采用了“∞”字形的连墙新型结构。很好地解决了南锚碇场地有限，油管、厂房等构筑物众多等问题。指挥部变中衬墙的先挖后衬为先衬后挖，并投入资金对成型后的地连墙进行帷幕灌浆，基坑开挖过程中，墙体径向最大变形 12mm，槽段及地连墙底无渗漏，实现了基坑干开挖并保证了结构安全。通过物理反演分析与安全性评估，每次开挖作业均在分析、通过、并制定作业指导书的前提下方可进行，实现了特大型深基础的干开挖施工，保障了施工人员安全及现场文明施工良好状态。

(5)工艺组合，确保结构安全。南京四桥北岸沉井距长江大堤只有 70m，受水头限制，排水下沉最多只能进行 4 次，通过半排水下沉工艺，既充分发挥了排水作业的安全优势，又有效地防止了过大水头差对江堤的不利影响，保障了江堤安全。我们按江堤监控方案对长江大堤和周围构造物进行连续测控，控制施工节奏并采取组合工艺，通过加强钢刃脚结构、设置消力槽、增加结构自重和空气幕助沉等措施，有力地保证了沉井结构和施工安全。第(4)、(5)点中的事例是本质安全理念在南京四桥的典型诠释。

在历时 2 年的创建活动中，南京四桥的安全工作以“平安工地”的创建活动为主线，以科学发展观和构建和谐社会为统领，以“科学管理、安全生产、文明施工”为主要内容，以“建标准、强基础、抓关键、严管理”为主要抓手，着力推进交通建设工程的安全管理标准化、工程建设精细化、施工现场文明化建设。2010 年南京四桥全线 4 个标段获得部级“平安工地”示范单位，占全省总量的 50%，2011 年又有 11 个标段获得省级“平安工地”示范单位，南京四桥建设项目获得部级“平安工程”示范单位，取得了良好的安全生产形势，以及一系列的建设成果，实现了安全生产目标。

# 第九章 安全活动

## 第一节 “安全生产月”活动

“安全生产月”是经国务院批准，由国家多个部委联合发出通知，于每年6月在全国开展的一项全国性安全活动。全国“安全生产月”活动包括全国性和区域性活动两部分，通过推动安全文化建设，普及安全法律、法规和安全知识，强化各单位、各级领导和部门管理人员的安全责任意识，提高施工人员的安全素质，有效遏制施工现场各类事故的发生，推动工程建设项目安全生产工作顺利进行。

各单位按照开展全国“安全生产月”活动的部署和具体要求，把开展“安全生产月”活动作为安全生产工作的重要内容，纳入年度工作考核。大力宣传安全生产对于保障人民群众生命财产安全和维护社会稳定和谐的重大意义，营造有利于加强安全生产的社会氛围。集中贯彻安全发展理念、安全生产法律法规、安全知识、安全文化、先进人物和典型事迹等。开展好安全生产事故警示教育周活动，组织好安全生产检查周活动，举办好应急预案演练周活动，组织开展好总结提高推进活动，通过一系列的活动，切实将“安全第一、预防为主、综合治理”的方针落到实处。

### 一、“安全生产月”的发展历程

**1. 第一阶段：1980—1985年**

安全生产月始于1980年，当时随着我国改革开放的初步成效显现和生产效率的不断提高，企业单位长期以来安全生产状况不好、伤亡事故逞加速增长趋势、职业病患病率提高等问题也随之凸现，如何解决这些问题成为当时高层领导急需解决的一个严峻的课题。在这样的历史背景下，当时经国务院批准，由国家经委、国家建委、国防工办、国务院财贸小组、国家农委、公安部、卫生部、国家劳动总局、全国总工会和中央广播事业局10个部门共同作出决定，于1980年5月在全国开展安全月活动，并确定今后每年5月都开展安全月活动，使之经常化、制度化。

至此，我国开始了每年一度的“安全生产月”活动，中国安全生产活动也由此翻开了新的一页。而“全国安全月”从1980年一直持续到1984年。在历经5次“全国安全月”活动期间，我国着重加强安全生产的宣传教育工作,使安全意识深入人心,取得了很好的成效。

**2. 第二阶段:1985—1991 年**

1985 年 4 月 26 日,全国安全生产委员会发出《关于开展安全活动的通知》。通知指出,今后取消"全国安全月"活动,由各地区、各部门针对实际情况认真组织开展相关的安全生产活动。至此历时 5 年的安全生产月活动暂告一个段落。

**3. 第三阶段:1991—2001 年**

从 1991 年开始,全国安全委员会开始在全国组织开展"安全生产周"活动。但由于安全生产工作尚不能适应当时经济迅猛发展的新特点和新形势,全国各地各行业的各类事故还是继续呈上升趋势,至后几年才有所好转。为了更好更坚决的执行安全生产管理,强化安全生产意识,从 2002 年起,中共中央宣传部、国家安全生产监督管理局等部委结合当时的安全生产工作的形势,在总结经验的基础上,确定自 2002 年 6 月份起,开展首次安全生产月活动,对原"安全生产周"的形式和内容予以进一步的延伸。

为什么要将原安全生产周活动改为安全生产月?国家安全生产监督管理局有关司局负责人指出,往年的安全生产周,除双休日以外,只有 5 天时间,很难安排覆盖全国的、有影响的一些重大宣传活动,很难使党和国家关于安全生产的基本要求,得到充分有效的宣传并产生应有的效果,因此,经过各部门慎重考虑,将"周"改为"月"。

11 年来,"安全生产周"活动较好地促进了企业安全生产,积累和创造了许多安全宣传教育成功的经验。

**4. 第四阶段:2002 年—至今**

自 2002 年起每年 6 月份开展进行的"安全生产月"活动是党中央、国务院为宣传安全生产一系列方针政策和普及安全生产法律法规知识、增强全民安全意识的一项重要举措,时间也由原来的 5 月改到了现行的 6 月,细节的变化显现了国家对安全管理工作的细化,也体现了安全管理的与时俱进。

如上所述,"安全生产月"的活动发展也经历了极不平凡的 4 个阶段,各个阶段的发展都有着明显的时代特征,应该说这项活动在经过了近 30 年的发展后,已经有了自身的活动特点和强点,已较为成熟。

## 二、安全生产的重要性

(1)保护劳动者的生命安全和职业健康是安全生产最根本、最深刻的内涵,是安全生产本质的核心。它充分揭示了安全生产以人为本的导向性和目的性,它是我们党和政府以人为本的执政本质、以人为本的科学发展观的本质、以人为本构建和谐社会的本质在安全生产领域的鲜明体现。正如胡锦涛总书记在中共中央政治局第 30 次集体学习时所强调的"人的生命是最宝贵的。我国是社会主义国家,我们的发展不能以牺牲精神文明为代价,不能以牺牲生态环境为代价,更不能以牺牲人的生命为代价。"

(2)突出强调了最大限度的保护。所谓最大限度的保护,是指在现实经济社会所能提供的客观条件的基础上，尽最大的努力，采取加强安全生产的一切措施，保护劳动者的生命安全和职业健康。根据目前我国安全生产的现状，需要从三个层面上对劳动者的生命安全和职业健康实施最大限度的保护：一是在安全生产监管主体，即政府层面，把加强安全生产、实现安全发展，保护劳动者的生命安全和职业健康，纳入经济社会管理的重要内容，纳入社会主义现代化建设的总体战略，最大限度地给予法律保障、体制保障和政策支持。二是在安全生产责任主体，即企业层面，把安全生产、保护劳动者的生命安全和职业健康作为企业生存和发展的根本，最大限度地做到责任到位、培训到位、管理到位、技术到位、投入到位。三是在劳动者自身层面，把安全生产和保护自身的生命安全和职业健康，作为自我发展、自我价值实现的根本基础，最大限度地实现自主保安。

(3)突出了在生产过程中的保护。生产过程是劳动者进行劳动生产的主要时空，因而也是保护其生命安全和职业健康的主要时空，安全生产的以人为本，最集中地体现在生产过程中的以人为本。同时，它还从深层次揭示了安全与生产的关系。在劳动者的生命和职业健康面前，生产过程应该是安全地进行生产的过程，安全是生产的前提，安全又贯穿于生产过程的始终。二者发生矛盾，当然是生产服从于安全，当然是安全第一。这种服从，是一种铁律，是对劳动者生命和健康的尊重，是对生产力最主要最活跃因素的尊重。如果从不尊重，生产也将被迫中断，这就是人们不愿见到的事故发生的强迫性力量。

(4)突出了一定历史条件下的保护。这个一定的历史条件，主要是指特定历史时期的社会生产力发展水平和社会文明程度。强调一定历史条件的现实意义在于：一是有助于加强安全生产工作的现实紧迫性。我国是一个正在工业化的发展中大国，经济持续快速发展与安全生产基础薄弱形成了比较突出的矛盾，处在事故的“易发期”，搞不好，就会发生事故甚至重特大事故，对劳动者的生命安全和职业健康威胁很大。做好这一历史阶段的安全生产工作，任务艰巨，时不我待，责任重大。二是有助于明确安全生产的重点行业取向。由于社会生产力发展不平衡、科学技术应用的不平衡、行业自身特点的特殊性，在一定的历史发展阶段必然形成重点的安全生产产业、行业、企业，如煤矿、非交通、建筑施工等行业、企业。这是现阶段的高危行业，工作在这些行业的劳动者，其生命安全和职业健康更应受到重点保护，更应加大这些行业安全生产工作的力度，遏制重特大事故的发生。三是有助于处理好一定历史条件下的保护与最大限度保护的关系。最大限度保护应该是一定历史条件下的最大限度，受一定历史发展阶段的文化、体制、法制、政策、科技、经济实力、劳动者素质等条件的制约，搞好安全生产离不开这些条件。

因此，立足现实条件，充分利用和发挥现实条件，通过“安全生产月”活动强化安全生产意识，加强安全生产工作，是我们的当务之急。同时，最大限度保护是引力、是需求、是目的，它能够催生、推动现实条件向更高层次、更为先进的历史条件形态转化，从而为不断满足最大限度保护劳动者的生命安全和职业健康这一根本需求提供新的条件、新的手段、新的动力。

## 三、南京长江第四大桥2011年“安全生产月”活动方案

### 1. 指导思想

进一步宣传安全生产方针、政策、法律法规和安全知识，树立传播“安全第一，预防为主，关

爱生命，安全发展”的安全理念，着重强化南京四桥全体参建人员的安全意识，全面提高一线施工人员的安全素质；同时，组织开展好“安全生产月”活动，注重实效和实际，进一步强化参建人员预知风险的意识，提高预知危险的能力，最终实现南京四桥零事故及争创“平安工地”活动省级示范工程的工作目标。

**2. 活动主题**

（1）安全责任，重在落实。

（2）加强安全意识、规范作业安全。

**3. 活动时间**

安全生产月活动时间自 2011 年 6 月 1 日至 6 月 30 日。

**4. 组织机构**

（1）指挥部成立“安全生产月”活动以总指挥为核心的领导小组，安全处负责组织宣传，实施相关安全活动。

（2）各总监办、项目经理部成立相应的活动领导小组，落实具体承办部门。

**5. 活动形式**

第一周为安全宣传周；第二周为安全生产知识竞赛周；第三周为安全意识提高、安全隐患排查周；第四周为安全生产应急预案演练、专题教育周。

**6. 活动要求**

（1）各参建单位要充分认识开展“安全生产月”活动的重要意义，把开展“安全生产月”活动作为安全生产工作的重要内容，切实加强组织领导，在活动的安排部署、宣传发动、组织开展、督促检查等各个环节上抓好落实，保障各项活动有效进行。

（2）各参建单位要紧密围绕南京四桥“安全生产月”两个活动主题，围绕南京四桥安全生产工作目标，按照通知要求，结合各单位实际情况制定详细活动方案，安排好各项活动的落实时间和负责人等。活动方案应由各总监办报送于指挥部安全处。

（3）各参建单位要精心组织、扎实开展本次活动，通过活动达到落实安全责任、进一步规范现场施工人员作业安全的活动目的，并于活动结束后做好总结工作，形成书面材料，由各总监办汇总报送于指挥部安全处。

（4）指挥部将全过程参与各参建单位对本次活动组织、落实、总结的监督管理，并将本次活动纳入南京四桥 2011 年第三季度安全生产大检查与南京四桥第三次“百日生产安全无事故”考核环节，将根据各参建单位对本次活动组织、落实、总结情况进行考核，实施奖惩。

## 四、南京长江第四大桥“安全生产月”活动的特点

按照国家、省市关于进一步开展安全生产月活动通知要求，以及南京长江四桥指挥部的工作部署，结合四桥工程建设的特点，各参建单位在坚持以“安全第一、预防为重、综合治理”为指导思想的

基础上,切实落实各项安全责任制,强化安全意识,狠抓现场事故隐患和整改落实工作。同时,结合南京四桥"百日安全生产无事故"和"平安工地"创建活动,将"安全生产月"活动分为 4 个阶段展开,使全线的"安全生产月"活动,有计划、有步骤的全面展开,主要做了 6 个方面的工作。

**1. 强化领导,深入宣传,广泛动员,理顺工作思路**

领导机构在企业安全生产管理中是一项最基本的也是最重要的职能部门。各单位按照指挥部要求,在"安全生产月"均成立了安全活动领导小组,以项目经理为组长,各项目部部门负责人、安全部全体人员为成员的"安全生产月"活动组织机构。指挥部及时召开全体参建单位项目经理、管理人员、专职安全员现场观摩会及"安全生产月"动员大会,传达上级主管部门会议精神和布置"安全生产月"活动方案,明确了各级人员的职责和任务,围绕"安全生产月"的主题思想扎扎实实开展各项活动,将国家有关安全生产的法律、法规知识,贯穿到基层中去。各项目部分头进行了宣传动员,并制定了活动方案,有计划、有步骤的全面展开。大张旗鼓的宣传开展"安全生产月"活动的重要性、迫切性。同时结合"平安工地"的创建活动,组织了"平安工地"建设标准的宣传贯彻活动,加深对平安工地标准的理解,进一步提高了全员的安全意识,加强了企业的安全管理工作,为最终实现杜绝或减少事故发生,为企业的安全生产发展奠定良好的基础。参见图 9-1-1。

图 9-1-1　安全生产月及平安工地建设标准宣传贯彻

**2. 加强安全教育与宣传、增强安全意识、营造安全文化的良好氛围**

在安全生产月活动中,强化政策到位,班子到位,措施到位。安全教育与宣传工作是施工企业职工的一堂必修课,而且是具有计划性,长期性和系统性。目的在于通过教育和宣传提高职工的安全意识,增长安全生产知识,加强对自我行为的约束,有效地防止人的不安全行为,减少人为失误。安全教育、宣传适时、适地内容合理,形式多样,形成制度,做到严肃、严格、严密、严谨,讲求实效。充分运用标语、黑板报宣传、誓师大会等活动大力营造"安全生产月""关爱生命、安全发展"的安全文化氛围。参见图 9-1-2。

图 9-1-2　施工单位 N3 标召开创建省级"平安工地"示范单位誓师大会

**3. 加强安全生产检查,及时排除安全隐患,落实奖罚制度**

有计划、有布置、有检查是工作的一般程序。安全月指挥部组织了多样形式的安全检查,常规检查,特殊性检查,定期和不定期抽查。对全线的各个标段在自查自纠的基础上组织了为期5天的综合大检查,对查出的不安全因素和不符合文明工地的要求定人、定措施、定时间整改到位。对那些检查发现管理混乱、无视安全生产、违章指挥、违章操作、有禁不止、有令不行的单位和个人,按制度和规定给予处罚。同时对那些认真贯彻执行国家有关安全方针、政策、法规规定,在改善劳动条件及防止工伤事故做出显著成绩,消防隐患、避免重大事故发生,提出合理化建议的单位个人给予奖励。

**4. 坚持标准化施工、搞好现场安全控制是做好安全管理工作的前沿阵地**

通过"安全生产月"一系列活动,项目部把强化现场安全管理作为主攻方向,坚持科学管理、标准化作业,尤其是搞好非正常情况下作业的安全控制。项目管理层及班组操作层都要坚持标准化管理,认真落实标准规范和安全法规,搞好班前预想,班中联控,班后总结,形成全过程标准化作业控制体系。根据项目部安全管理存在的问题,应努力实现"三个转变":一是加强科学管理,使安全管理由传统经验管理向现代科学管理转变;二是:实行超前控制,由事故后处理向事故前预防转变;三是强化现场管理,由静态管理向动态管理转变。

**5. 完善事故应急预案,严密组织实施演练**

各项目部在评比总结阶段都能结合自己工程的特点,认真细致的将事故应急预案进行分析、研究、推敲、演练、完善、适用。并利用安全例会和安全教育会对管理人员和一线工人进行事故应急方法和措施教育,在施工现场对安全事故应急救援体系机构公示,并将《应急预案》作成小册,发放到每一名员工手上,确保一旦有事故能够正确迅速处理。同时,各项目部完善、修订事故应急预案的基础上,为检查应急预案的可操作性,以及提高全员的安全意识,组织了一场高空坠落应急演练,演练效果良好,达到预期的目的。参见图9-1-3。

图9-1-3　施工单位N4标组织应急救援演练

**6. 在检查、评比、总结中找差距,在持续整改、完善中求发展**

通过"安全生产月"发动、整改、提高,力求在检查、评比中找差距,不断提高、完善自己。找出抓好安全生产工作的新方法、新思路。一是领导重视是关键,解决好组织工作中的不安全行为；二是深化全员参与，人人都是安全员，人人都是安全监督者；三是完善持续改进、提高制度，对事故隐患，形成排查、评估、确认、整改、效果评价持续改进的管理；四是抓住重点，以点带面；五是创新升华，不断的丰富和完善抓安全工作的新理念。

通过“安全生产月”的一系列活动，各标在安全生产方面都有很大的提高，全员在安全意识、安全理念上都有前所未有的加强，特别是宣传教育、内业资料、安全措施、预防能力都有长足的进步。安全管理又是施工企业管理的重要组成部分，是一门综合性系统科学，安全管理的对象是生产中的一切人、物、环境的状态管理与控制。因此，是一种动态、长久的管理，要认真研究、积极探索、开拓创新、完善机制、加强管理、强化意识、更新观念的思想，深入持久把“安全生产月”活动开展下去，最终实现企业安全发展。

## 第二节　“百日生产安全无事故”活动

### 一、“百日生产安全无事故”活动的意义

安全在生产活动中占首要位置，当安全与生产发生矛盾时应该服从安全。少数项目负责人生产意识淡薄，法律、法规规定的安全生产义务履行不到位。建筑市场的不规范竞争，投标承诺规定的事后失管，最低价中标工程的普遍泛滥，都使企业产生急功近利的心态，产生侥幸逃避的心理，现场混乱在所难免。最低中标工程安全投入资金不足，项目部对专项安全费用的使用并没有得到有效的监管使用。对安全生产文明施工所产生的效益理解不够，认为安全没有效益，安全就是花钱，片面追求经济利益最大化，专项安全防护措施投入落实不到位。对安全生产的要求与国家规范差距较大，对检查发现的安全隐患，及时整改措施的力度不够积极。

当前，在全面开展创建和谐社会的环境下，搞好企业的安全生产是尤为重要。除了要改变施工现场存在物的不安全状态外，规范人的不安全行为是一项必不可少的工作。目前的工程建设用工主体为农民工，大部分农民工文化素质较低，而且年龄偏高，工作上有较明显的盲目性，大部人缺乏自我保护意识。他们往往忽视了建筑业是高危作业，初进施工现场，很多情况不熟悉，匆忙上岗，极容易发生事故。我们必须结合日常的安全检查，及时纠正现场的不安全行为，对他们进行即时安全教育，指出违章行为造成的严重后果，给予批评，以达到教育全体职工的目的。

因此，安全生产是施工企业在进行生产经营活动中的一项不可少的重要工作内容，安全工作的成败决定企业的前途和命运，良好的工作环境，可以给企业创造良好的经济效益和社会信誉，使国家和集体财产免遭损失，职工生命安全得到保障，否则就会给企业带来巨大的损失。从临边、洞口、高空坠落到物体打击，从塔机的倒塌到脚手架失稳，触电、火灾等，一件一件触目惊心的事故已给人们敲响警钟。我们有责任、有义务做好安全工作，再不能让生命付出代价，再不能让财产遭受损失。只有企业领导和全体员工高度重视安全工作，认真贯彻执行《中华人民共和国安全生产法》和行业安全生产管理规定，加强管理提高安全意识，扎实工作才能避免和减少事故的发生，确保施工安全。

为此，南京长江第四大桥常年开展“百日生产安全无事故”活动，每半年组织一次，每百日

进行表彰总结，考核结果与单位、个人效益直接挂钩。活动以贯彻落实《安全生产法》和《安全生产许可证条例》为主线，坚持“安全第一、预防为主、综合治理”的安全生产工作方针，结合安全生产风险抵押金制度，进一步强化措施，落实责任，消除隐患，夯实基础，努力营造“遵章守法，关爱生命”的安全生产氛围，确保南京四桥实现生产安全“零事故”和“平安工地”创建达标率100%的安全生产工作目标。

## 二、活动的安排

从2010年1月至2012年12月共3年，每半年分3个阶段：

(1)总结动员阶段(1～2月、7～8月)。对上一次“百日生产安全无事故”活动进行总结，对本次“百日生产安全无事故”活动安排进行宣传动员。

(2)活动实施阶段(3月1日～6月10日、9月1日～12月10日)。各参建单位根据自身施工进展情况对本标段内施工危险源进行重新梳理，确定重点监控环节和项目，制定切实有效的监控措施，活动中坚持边查边改的原则，对排查确定的各类事故隐患和不安全因素，制定整改方案，明确整改时间、措施、责任人。对存在的安全隐患，必须立即整改或明确整改时限，落实整改责任，限期进行整改，确保生产安全。

(3)评比总结阶段(6月20日～6月31日、12月20日～12月31日)。指挥部组织有关人员对各参建单位本次活动开展情况进行检查考评总结，并按照指挥部与各参建单位签订的《南京四桥安全生产风险防范责任状》等相关文件规定、办法兑现奖惩。

## 三、活动工作重点

不同阶段有不同的重点。以2010年下半年为例，活动以“五控”(即控制高空作业安全、支架平台安全、爬模安全、架桥机等大型设备安全、用电安全)和规范生产秩序以及消除安全生产隐患(薄弱环节)为重点。

所有参建单位要严格按照有关规定建立健全安全管理机构和安全管理制度，按照“南京四桥安全生产风险防范责任状”要求，配备足额、高素质的安全人员充实到安全管理岗位。严格落实“三级安全教育”和指挥部要求的班前教育制度，各类安全管理台账做到齐全、规范，对所有进出工地现场的相关生产协作单位进行统一安全管理，各类安全标志配置到位，现场文明生产不留死角。

## 四、活 动 办 法

“百日生产安全无事故”活动，结合安全生产风险抵押金制度，按照“指挥部统一领导、按各监理单位范围分段考核”的原则。各监理单位负责督促本辖区内的各项目部开展好本次“百日生产安全无事故”活动。

### (一)风险抵押金

为了更好地保障参建单位和参加人员的人身和财产安全，促进安全生产工作，设置安全生产风险抵押金制度。安全风险抵押金根据具体施工标段的施工条件和作业难度分标段设置(工程建安费的0.3%～0.6%)，由各参建的施工项目部和有关人员出资。风险抵押金中的

30%由项目部领导班子、安全生产关键岗位个人承担(项目经理出资金额不少于5%,出资个人名单及出资金额须报南京四桥指挥部),70%由标段项目部承担。各施工项目部出资的安全生产风险抵押金须一次付清,在合同签订后28日内,由各中标单位施工项目部交指挥部。制度实施前进场的项目部,在制度实施后一月内,在其计量中扣除。

### (二)安全生产的奖惩

安全生产奖惩与每季度安全生产检查考核结果挂钩,安全生产考评根据《南京长江第四大桥安全生产检查考核、考评细则》按季度进行,季度内施工不足一个月的,本季度不考核。每半年"百日生产安全无事故"活动评比总结阶段兑现奖金。各项目部安全风险抵押金中个人出资部分,实行按比例奖惩,并由各项目部落实到个人。

#### 1. 未发生安全事故的

(1)当年度考核均分≥95分的,指挥部将给予该标段与当年安全生产风险金同等额度的奖励。

(2)当年度95分>考核均分≥90分的,指挥部将给予该标段当年安全生产风险金80%的奖励额。

(3)当年度90分>考核均分≥85分的,指挥部将给予该标段当年安全生产风险金60%的奖励额。

(4)当年度85分>考核均分≥80分的,指挥部将给予该标段当年安全生产风险金40%的奖励额。

(5)当年度80分>考核均分≥75分的,指挥部将给予该标段当年安全生产风险金20%的奖励额。

(6)当年度75分>考核均分≥70分的,指挥部将不给予奖励。

(7)当年度70分>考核均分≥60分的,指挥部将扣留该标段当年安全生产风险金的50%。

(8)当年度考核均分在60分以下的,指挥部将扣留该标段当年安全生产风险金的100%。

当年安全生产风险抵押金=标段安全风险抵押金*当年计量工程量清单量/合同清单价。

#### 2. 发生安全事故的

(1)在施工期内若发生2人或2人以下死亡安全生产责任事故的,指挥部将扣回已发奖金,同时,每发生一起2人或2人以下死亡事故的,指挥部将扣留安全风险抵押金总额的50%,扣留金额将用于配合事故的应急救援、调查处理。

(2)在施工期内若发生3人或3人以上死亡安全生产责任事故的,指挥部将扣回已发奖金,同时,每发生一起3人或3人以上死亡事故的,指挥部将扣留安全风险抵押金总额的100%,扣留金额将用于配合事故的应急救援、调查处理。

(3)死亡安全生产责任事故的,指挥部将取消项目部在剩余工期内获得安全生产奖励的资格。

### (三)安全风险抵押金返还

安全风险抵押金在各标段工程结束后一次性返还。若项目部安全风险抵押金被部分或全部扣留,项目部须在扣留通知下发之日起28天内足额补交被扣留金额。

## 五、活动的主要特点

南京长江第四大桥指挥部创新安全管理手段,长年开展"百日生产安全无事故"活动,每季度进行考评,每百日进行表彰总结,与单位、个人效益直接挂钩,实现安全预控,取得了良好的活动效果,做到了"六个到位",处理好"一个关系",使安全生产管理进入了一个良性循环的轨道,有效地调动各单位和安全管理人员的积极性,其主要做法是:

### (一)思想认识到位

意识决定行为,提高思想认识是做好安全生产工作的首要环节和先决条件。各单位参建人员尤其是项目负责人员,从讲政治的高度进一步提高对安全生产工作极端重要性的认识,充分认清南京四桥安全生产工作面临的形势和任务,切实强化和落实企业安全生产主体责任,以敬畏之心来对待安全生产工作,敬畏生命、尊重规律。

敬畏生命,就是要把每一位职工的生命,看得与项目负责人自己的生命同样珍贵,把安全责任看得比泰山还重,把职工的安全权益和安全生产工作时刻铭记在心,以不安之心对待安全工作,任何时候都要自觉坚持安全第一,坚决做到生产必须安全,不安全不生产。

安全生产是有规律的,规律是不能违背的。尊重规律,就是发展必须要以安全生产为基础、前提和保障。正确处理安全、质量、进度三者之间的关系,任何时候都不能头脑发热,盲目超越安全保障能力和客观现实条件,片面追求工程进度和经济效益;尊重规律,就是严格执行安全生产规章规程和标准,坚决杜绝违规违章以及各种违背安全生产客观规律和客观要求的现象,把安全生产纳入规范化、制度化和科学化的轨道。

敬畏生命、尊重规律是坚持以人为本、落实科学发展观、建设和谐社会的时代要求,更是当前安全生产工作思想是否认识到位的具体体现。

### (二)责任落实到位

没有安全就没有质量,同样没有进度也谈不上质量,安全的作业环境与工程精细化管理相辅相成。南京四桥建设要实现质量与安全双轨驱动,从而实现工程精细化管理的建设目标,就要严格执行法律、法规赋予建设各方的安全生产管理职责,就必须加强考核奖惩兑现,建立有效的约束、激励机制,形成了责、权、利相结合,人、机、物相对应,齐抓共管的安全生产格局。指挥部实施的"安全风险抵押金"制度,配盘1660万元作为奖励基金,就是强化奖罚机制,调动全体建设者积极投身安全生产管理工作,该举措取得了良好的激励效果。各监理单位按每重点作业点面一人的标准,增加了专业安全监理工程师,并对重点和关键施工环节实行了全过程旁站监控,保障了工程的安全顺利实施。各施工单位也通过层层落实安全风险防范责任,保障了安全生产责任制的有效实施。几年来,全员安全生产意识不断提高、安全管理工作得到了前所未有的重视和人、财、物的充分投入,安全管理人员的数量、素质和地位明显提高,工作的积极性、主动性和成效性大为加强。全线安全管理工作氛围浓烈、态势良好，基本保持了“质量安全双轨并重、精细管理常抓不懈”的工程建设和管理局面。

强调项目经理是现场安全第一责任人，是落实国家关于企业承担安全生产主体责任等相关规定的具体体现。各项目部分阶段细化安全生产管理目标，并结合工程进展变化，进一步完善安全生产管理体系，做到任务明确、责任到人。将在既有隐患排查治理工作得到良好开展的基础上，选择关键工程开展“安全生产隐患整改责任制”工作。按照工作思路，将此作为落实责任制要求的一项重要内容加以贯彻。

监理单位是四桥建设安全生产管理的重要一环，本身就肩负着法律、法规赋予的安全生产监管责任。监理单位是所在标段安全生产工作的总牵头单位，承担起合同约定的安全管理责任，重视领导和把握安全生产系统和体系的全局工作，加强对安全专项方案、施工程序的审查力度，加强现场安全监管。总监是监理单位安全第一责任人，必须当好安全生产的家、管好安全工作的事。监理单位内部进一步落实好安全责任分工，明确各专业工程师的安全工作职责，坚决杜绝安全生产监理工作和其他监理工作相脱钩的两套人、两张皮的片面监理现象。

指挥部作为安全生产工作的总责单位，由安全处牵头，各职能处室配合，要按工程精细化管理的要求，对待安全监督工作，要继续保持齐抓共管、人人关心的优良做法。

### (三)方案编制管理和应急管理到位

“预则立，不预则废”，安全生产工作重在预防，重在主动性、前瞻性和实效性管理。现场安全生产管理要以安全专项方案管理为抓手，以隐患排查治理、重大危险源监控、安全生产风险分析为突破口，以应急管理为保障，完善应急预案并有效开展预案演练，切实抓好安全专项整治工作。

全线要抓住高空作业、跨线施工保护、管道保护、临边保护、起吊作业、大型机具、关键部件、大临设施、安全用电、交通组织等重点环节和工序转换快的特点，提前认真编制相应安全专项方案，真正做到人、机、料事先有安排有谋划，工、序、环过程有控制有检查，未雨绸缪，防患于未然。

### (四)资金、人员投入到位

在 2011 年 1 月 12 日全国安全生产电视电话会议上，张德江副总理强调：各地区、各部门、各单位要深入贯彻落实科学发展观，牢固树立安全发展的理念，坚持以人为本，继续深入开展“安全生产年”活动，加强基础建设，强化责任落实，严格安全监管，狠抓企业安全生产主体责任落实，有效防范和坚决遏制重特大事故发生，促进安全生产形势进一步稳定好转，为经济长期平稳较快发展创造良好条件。

为此，各单位进一步加大了对安全生产资金、人员的投入，为安全生产工作创造良好的条件。各施工单位 1%的安全生产经费在安全培训、宣传、防护、方案编制审查等方面用好、用足。各监理单位加强对上述工作的审查管理。

进一步加强了项目现场安全生产标准化、规范化建设，以安全技术改造、安全基础设施建设、先进适用技术装备、先进施工技术为保障，淘汰落后或安全可靠性不高设备，进一步改善施工工艺，合理组织现场施工，加强对安全生产计划实施情况的动态检查，做到安全生产与工程建设各项工作同时部署、同步推进。指挥部通过安全风险抵押金方式，通过增加投入鼓励条件成熟的施工单位开展文明施工和安全生产工具化工作，通过这一举措体现好一流国家队的施工管理的新形象。

### (五)培训教育到位

落实指挥部的相关要求，继续坚持班前技术与安全双交底制度，落实用工实名登记和职工“三级教育”制度，进一步加强了对新进场和转岗工人的安全教育与技术培训工作力度，保证特殊工种必须持有效证件上岗。各单位结合工程特点编制岗位操作技能和安全生产应知应会作业指导手册，举办形式多样的教育培训活动，努力提高一线操作人员的安全生产意识和施工操作技能。同时，要保证操作人员招得来、培训好、用得稳、留得住，坚决防止人员过于流动对安全技能培训和掌握应用的不利影响。

### (六)事故查处和责任追究到位

进一步加强安全生产内业档案资料管理工作，继续坚持“安全一票否决制”，凡发生事故的项目部，取消所有评优资格，其项目经理一律作清退处理。对发生事故的单位，将根据事故的社会影响与责任性质，依据指挥部相关文件与要求给予严肃处理。

### (七)正确处理好安全与质量的关系

安全、质量、工期、环保、效益，是工程项目 5 项重要指标，这是大型工程随着社会进步、经济发展、百姓需求，按照坚持科学发展需要的和坚持精品工程的要求。而安全和质量是其中 2 项最重要的指标，是一个项目的核心，是工程的主旋律。通过多年的工程实践，认识到工程安全和工程质量相辅相成、相互依存、相互提高，具有共性和相关性。

#### 1. 重视工程质量与安全要求，是管理大型工程的必然选择

安全和质量都直接关系到“以人为本”和“科学发展”的社会主义核心价值观，安全关系到人民生产，质量影响到能否给人民和社会提供优质的产品，关系到经济社会的发展。“安全第一，预防为主”强调安全相对于生产是第一的；“百年大计，质量第一”强调质量相对于进度和投资是第一的。安全和质量之间，不存在谁是第一的问题，两者都是第一，好比是两条铁轨，同时承载着品牌和效益。打造南京四桥精品工程，质量铸造尊严；打造南京四桥“平安工地”，安全奠定基础。安全的管理和质量的控制都是一门管理科学，其理论体系是相同的，核心是提高人的意识，管理到位和预防为主。20 世纪 80 年代，质量、进度、投资是三大主题；20 世纪 90 年代开始加入了安全，现在又加入了环保，所以社会进步以后，更重要的是体现在安全上。在这个过程中，在 2000 年实施了《建设工程质量管理条例》第 279 号令和 2004 年实施的《建设工程安全生产条例》第 393 号令，在明确参建各方的安全和质量责任方面的主要条款都是一致的。例如，在教育培训制度、资质要求，执行工程建设的强制性的标准、不得转包和违法分包工程的条款等内容上，两个条例完全一致。中华人民共和国建筑法中，虽然把安全和质量放在两个独立的章节，但是，无论从各项管理制度、还是具体的技术标准来看，对它们的要求都是一样的。ISO 质量管理体系和 HSE 健康安全与环境管理体系也运用了相应的理论和方法。安全和质

量的监管体系和机构设置也随着社会的发展建机立制。随着政府监督、法人管理、监理抽检、企业自检的四级质量保证体系日益成熟，政府安全监督、建设单位安全监管、监理单位安全监理、施工单位安全自查的四级安全保证体系已在2007年《公路水运工程安全生产监督办法》中正式颁布实施。目前，各级工程监督部门均增加了安全监督人事，既填补了政府安全监督的盲区，也锻炼培养了一支工程安全监督的队伍，使得安全质量监督部门更加有为有威，更好地为交通工程建设保驾护航。在南京四桥，施工单位、监理单位均设立了专职业安全员的体制，四桥指挥部也设立了安全处，就是最好的在各方面完善安全监管体系，保障安全监管到位。

**2. 要处理好工程质量与安全的关系，是防范工程风险的最好保障**

质量是安全的基础，安全规程中，很多不是对质量方面的要求，但是很多安全事故的根源，就是质量出了问题。施工中常见的机械设备，安全事故，有时就是设备质量问题造成的。如某建筑公司塔吊事故，就是连接的螺母与螺栓质量不合格；支架倒塌，是因为结构失稳。其次施工阶段工程质量不合格，也可造成安全事故。另外工程在使用阶段，因质量问题也可造成安全事故。如彩虹桥等都是因质量问题，在使用过程中，路面损坏、桥梁倒塌，造成车毁人亡的惨剧。这些教训发人深省，令人深思，所以安全质量的重要性显而易见。安全是质量本质的要求，安全也服从于质量，反过来推动质量工作的提高。在各项质量规范中，安全性永远放在舒适性和耐久性等使用功能之前。在安全的施工环境中，施工人员能以较轻松的心态工作，各项技术要求就可以发挥得好，反之，在不安全的环境中，施工人员必然心情紧张，动作走样，造成质量问题。可以想象，一个从事高空作业的人员，如果安全网搭设不好，脚手架也不牢固，他怎么能全神贯注地按标准施工呢？那么在这种情况下，质量怎么能保证呢？可以这么说，质量受影响是不言而喻的。因次，ISO900质量体系将安全生产的环境作为质量管理体系的重要因素，可见一斑。

**3. 把握工程质量与安全的规定，是提升工程水平的内在要求**

安全和质量，是工程项目管理的重点和难点。同样也是相辅相成、不可分割的系统工程。很难想象，一个杂乱无章、野蛮施工、环境恶劣的工地能创造出一个优良的工程。实践证明，质量工作走在前面的，安全工作也不可能落后，安全质量和进度效益也不是矛盾的。往往是安全质量存在问题的单位，其工期也存在问题，效益肯定比较差。所以这种情况下，质量工作和安全工作关系密切，两者完全可以相互借鉴，联合开展工作，尤其应对某些双方都要管的工作，进行统一部署和安排。同时要求质量管理人员要掌握安全监督的必要知识和技能，安全监督人员，也应有必要的质量管理能力。因此，现在大型工程管理人员，一定要懂得安全、懂得必备的结构安全知识。安全管理和质量控制，是一门管理科学，有其内在的客观规律性，不存在偶然性和应急的问题。从安全质量监督部门的角度看，关键是3个关键人，对施工单位而言就是项目经理、对监理单位而言就是总监、对建设单位而言就是项目指挥长。从3个关键人的安全质量意识、安全质量行为和安全质量结果3方面构成。首先是提高3个带头人的安全质量意识，因为意识决定了行为，行为决定了结果。施工单位作为安全生产责任主体和质量控制第一责任人，一定要牢固树立，生产必须安全，百年大计，质量第一的方针，充分认识到强化安全质量文化建设，是企业发展的一个榜样要求。只要参建各方严格遵守国家有关安全质量法律法规，建立健全各项规章制度，落实安全质量终身责任制，按照教育防范、识别排查、改进提升、标准化这样的要求，就一定会将南京四桥的安全质量工作推向一个新的高度。

## 第三节　安全文化的建设活动

安全生产是构建南京长江第四大桥和谐社会的重要组成部分，是一切工作的基础。搞好安全生产工作是落实“三个代表”重要思想的具体实践。其宗旨就是要保护国家和人民的生命财产，促进经济发展，维护社会稳定。项目部是社会的细胞，更是安全监管的重点部位，如何保证安全管理措施到位，如何完善安全生产管理制度并有效实行，如何将安全生产的重点放在第一线，将安全生产关口前移，切实落实企业安全生产工作主体责任，是我们在安全生产管理中亟待认真研究和解决的问题。通过调查不难发现，安全事故不断发生的主要原因是习惯性违章和企业对安全生产的习惯性漠视，所以规范和控制企业领导及从业人员的行为是安全生产工作的关键。加强企业生产过程监督，下大力规范现场安全措施，加强对违章人员处理，不断规范现场作业行为，是企业安全生产管理必须的手段。但是要使所有从业人员增强安全意识，使遵章守规成为一种自觉行为，就必须加强企业安全文化建设。通过安全文化建设，强化职工安全意识，激发职工安全生产的主动性和自觉性，规范企业行为，形成人人讲安全，时时讲遵章，处处有提醒，层层有关怀的企业安全文化氛围。

### 一、南京长江第四大桥安全文化建设主要特点

南京四桥的安全文化常年开展，就是将安全意识、安全目标、安全责任、安全素养、安全习惯、安全科技、安全设施、安全监管和各种安全规章制度有机的结合在一起，其核心是坚持以人为本，保护人的健康，珍惜人的生命，实现人的价值的文化，并在企业的安全管理中发挥着重要的导向、激励、凝聚和规范作用。一句话，南京四桥安全文化是全体参建员工安全素质和良好习惯的体现。

安全文化又是安全价值和安全行为准则的总和。体现为每一个群体对安全的态度、思维程度及采取的行为方式。人的不安全行为是事故发生的最大隐患，据对企业历年发生的事故分析显示：98%的事故是人为失误造成的，而人员安全素质和能力主要源于有效的教育培训和文化氛围影响。南京四桥安全文化建设就是要在企业内部营造一种安全气氛，将全体员工的安全需要转化为具体的奋斗目标、信条和行为准则，形成员工的安全生产精神动力，并为企业的安全生产目标而努力。南京四桥安全文化建设主要包括 4 个方面的内容。

#### (一)构建安全文化理念体系，提高职工安全文化素质

安全文化理念是人们关于企业安全以及安全管理的思想、认识、观念、意识，是企业安全文化的核心和灵魂，是建设企业安全文化的基础。它主要包括安全的价值观、经营观、管理观、责任观、标准观、投入观、分配观、环境观、方法观等内容。

一是要打造“安全奠定基础，质量赢得尊严”安全文化理念。该理念富有特色、内涵深刻、易于记忆、便于理解，为全体员工所认同的安全文化理念并形成体系；二是要宣传贯彻好安全

文化理念。开展多种形式的安全文化活动，通过企业板报、电视、刊物、网络等多种传媒以及举办培训班、研讨会等多种方法，将企业安全文化理念灌输并根植于全体员工；三是要固化好安全文化理念。要将安全文化理念让职工处处能看见，时时有提醒，外化于形，固化于心，寓于各项工作之中，成为企业职工的自觉行动。

### (二)构建安全文化制度体系，把安全文化融入四桥管理全过程

安全文化制度是企业安全生产的运作保障机制重要组成部分，是企业安全理念文化的物化体现。它是企业为了安全生产及其经营活动，长期执行较为完善的保障人和物的安全而形成的各种安全规章制度、操作规程、防范措施、安全教育培训制度、安全管理责任制以及遵章守纪的自律安全的规章制度等，也包括安全生产法律、法规、条例及有关的安全卫生技术标准等。建设好安全制度文化，要重点抓好五个方面的工作。一是各项目部要按照“一岗双责”的要求，制定岗位安全职责，做到全员、全过程、全方位安全责任化，建立和完善横向到边、纵向到底的安全责任体系，各司其职、合力监管的安全监管体系，反应及时、保障有力的安全预防体系，以人为本、保障安全和健康的管理体系。二是抓好国家劳动安全法规的贯彻、执行；三是各项目部要根据法律法规的要求，结合本单位实际，制定好各类安全制度；四是要抓好安全标准化体系的建设，按照行业标准化要求，开展标准化达标活动；五是抓好制度的贯彻执行，不断强化制度的执行力。

### (三)构建安全文化行为体系，培养良好的安全行为规范

安全行为文化指在安全观念文化指导下，人们在生产过程中的安全行为准则、思维方式、行为模式的表现。安全行为体系包括决策层、管理层和执行层的安全行为建设。企业决策层要制定安全行为规范和准则，形成强有力的安全文化的约束机制。管理层要按照决策层制定的安全行为规范和准则，进行管理和监督，形成了管理层的安全文化；操作层自觉遵章守纪，自律安全的行为和规范，形成班组员工的安全文化。

各项目部从实际出发，从提高教育效果入手，不断探索喜闻乐见的安全教育新模式，使安全教育工作落实到全员。通过决策层和管理层的行为教育，引导全体员工树立“安全问题人人有责”的思想。不断提高他们在生产过程中的安全文化素质和技术素质，增强对隐患的判断技能和分析能力。

### (四)构建安全文化物质体系，创造良好的工作环境

企业安全物质文化是指整个生产经营活动中所使用的保护员工身心安全与健康的安全器物和员工在生产过程中的良好环境氛围，是加强安全文化建设的物质基础。

各项目部一方面要加大安全投入，坚持科技兴安，解决安全技术难题，加强现场管理，积极改善工作环境和条件，建立科学的预警和救援体系，努力追求人、机、环境的和谐统一，实现系统无缺陷、管理无漏洞、设备无障碍；另一方面要依托企业文化建设系统，建立安全文化的理念识别系统、视觉识别系统和行为识别系统，营造良好的工作环境和氛围，为安全生产工作提供有力支撑。

## 二、安全文化建设的主要措施

### 1. 坚持以科学发展观为指导，以先进文化为准绳

安全文化作为人类文化和施工企业文化的有机组成部分，随着社会历史的发展而发展，其发生和发展的条件是科学技术的进步和人们对安全生产规律的认识。早先各个时期所形成的安全价值观、安全行为模式等，必然会对以后的安全文化产生影响。在我们建设小康社会的今天，应该总结、宣传现代安全文化与安全素养。摈弃陈旧错误的安全文化。从被动型、经验型的安全观转向效益型、系统型的安全观，在经济全球化的趋势下，更应该借鉴其他国家先进的安全文化理论和方法，不断完善自我。

### 2. 注重以人为本，努力构建施工企业安全文化

构建和谐社会的核心就是以人为本，而施工企业安全文化，应始终坚持以人为本这一主线不动摇。要形成“安全就是企业效益，安全就是企业生命”的企业安全文化理念。通过有效的科学的手段和方法来加强企业安全文化建设，一方面在企业职工中采取培训、讲座等形式。努力灌输安全文化知识；另一方面可以采取发放安全文化手册，宣传资料等方式，使职工自觉学习安全知识，时时刻刻牢记安全的重要性、必要性；再一方面要因人而异，主次分清，对文化层次较高的职工，通过发动他们的带头示范作用，促进企业职工相互促进和提高；对安全意识较低的职工，尤其是农民工，可以重点引导和深化教育。真正达到安全规章人人都懂、个个遵守的良好局面。

### 3. 以良好的安全技术、安全管理措施为基础，创造提高安全素养的氛围和环境

安全文化的推行，必须建立在完善的安全技术措施和良好的安全管理基础之上。施工企业职工个人安全素养的提高，除了自身的努力外，还要依靠群体效应的引导。施工企业的领导应该为职工创造一种“谁遵守安全行为规范谁有利。谁违反安全行为规范谁受罚”的管理环境，持之以恒，使职工将遵守安全行为规范变成自觉自愿的行为。提高安全修养工作应该以班组建设为基础。

### 4. 将安全文化建设融合于施工企业总体文化和各项工作之中

施工企业开展安全文化建设。不能把安全文化看做是独立的事务。而要在施工企业的总体理念、形象识别、工作目标与规划、岗位责任制度制定、生产过程控制及监督反馈等各个方面融合进安全文化的内容。要紧扣施工企业的生产目标与管理体制，配合施工企业内部改革的步伐，采取动态的管理方法。设计安全文化的具体内容和有效的宣传方式以及具体的实施计划。从宏观出发，自微观入手，及时研究社会与施工企业的状况，搜集安全文化的信息。不断地调整、完善安全文化的内容；同时注意评价实施安全文化的绩效，防止走过场、搞形式。

### 5. 加强对安全文化建设工作的领导，充分发挥各部门的作用

由施工单位主要负责人挂帅。并由企业各职能部门负责人组成领导小组，该领导小组负

责施工企业安全文化建设工作的统筹规划，制定本企业安全方针和安全目标，明确各职能部门在安全文化建设中的具体职责。把安全文化建设与思想政治工作紧密结合起来。在企业全体职工中开展思想与道德教育。提高全体职工的思想境界、安全意识与安全素养。

**6. 加强各类宣传、教育、培训工作，提高职工综合知识与技能**

施工企业安全文化建设的土壤是全体职工，职工受教育的程度、知识水平的高低、业务能力的强弱等基础文化素养。与安全文化工作的实施密切相关。因此。进行安全文化的宣传教育，要结合职工基础教育和其他教育。做到形式多样、内容丰富、活动经常。

**7. 施工企业安全文化建设是长期的任务，要准备打持久战**

要善于总结，不断地积累经验，经过长期的培育、反复的强化，以形成系统的、独具特色的安全文化氛围，以此形成强大的感染力。由于安全文化对人的影响是多层次的，因此不可能在短期内产生明显的效果，只有长期坚持，厚积薄发，才会发挥巨大的作用。

# 第十章 安全生产事故的调查处理

国务院2007年4月9日颁布了《生产安全事故报告和调查处理条例》，它的目的是规范生产安全事故的报告和调查处理、落实生产安全事故责任追究制度、防止和减少生产安全事故。《条例》适用于生产经营活动中发生的造成人身伤亡或者直接经济损失的生产安全事故的报告和调查处理，规定事故报告应当及时、准确、完整，任何单位和个人对事故不得迟报、漏报、谎报或者瞒报。事故调查处理应当坚持实事求是、尊重科学的原则，及时、准确地查清事故经过、事故原因和事故损失，查明事故性质，认定事故责任，总结事故教训，提出整改措施，并对事故责任者依法追究责任。事故调查处理遵循“四不放过”的原则，即：事故原因不查清不放过，防范措施不落实不放过，职工群众未受到教育不放过，事故责任者未受到处理不放过。

## 第一节　安全生产事故的报告

### 一、事故上报的一般要求

生产安全事故发生后，事故现场有关人员应当立即向本单位负责人报告；单位负责人接到报告后，应当在1h内向事故发生地县级以上人民政府安全生产监督管理部门和负有安全生产监督管理职责的有关部门报告。情况紧急时，事故现场有关人员可以直接向事故发生地县级以上人民政府安全生产监督管理部门和负有安全生产监督管理职责的有关部门报告。如果事故现场条件特别复杂，难以准确判定事故等级，情况十分危急，上一级部门没有足够能力开展应急救援工作，或者事故性质特殊、社会影响特别重大时，就应当允许越级上报事故。

发生事故后及时向单位负责人和有关主管部门报告，对于及时采取应急救援措施，防止事故扩大，减少人员伤亡和财产损失起着至关重要的作用。安全生产监督管理部门和负有安全生产监督管理职责的有关部门接到事故报告后，应当依据相关规定上报事故情况，并通知公安机关、劳动保障行政部门、工会和人民检察院。上报事故规定包括：

(1)特别重大事故、重大事故逐级上报至国务院安全生产监督管理部门和负有安全生产监督管理职责的有关部门。

(2)较大事故逐级上报至省、自治区、直辖市人民政府安全生产监督管理部门和负有安全生产监督管理职责的有关部门。

(3)一般事故上报至设区的市级人民政府安全生产监督管理部门和负有安全生产监督管理职责的有关部门。

安全生产监督管理部门和负有安全生产监督管理职责的有关部门逐级上报事故情况，每级上报的时间不得超过 2h。事故报告后出现新情况的，应当及时补报。自事故发生之日起 30 日内，事故造成的伤亡人数发生变化的，应当及时补报。道路交通事故、火灾事故自发生之日起 7 日内，事故造成的伤亡人数发生变化的，应当及时补报。

上报事故的首要原则是及时。所谓“2h”起点是指接到下级部门报告的时间，以特别重大事故的报告为例，按照报告时限要求的最大值计算，从单位负责人报告县级管理部门，再由县级管理部门报告市级管理部门、市级管理部门报告省级管理部门、省级管理部门报告国务院管理部门，直至最后报告国务院，总共所需时间为 9h。之所以对上报事故作出这样限制性的时间规定，主要是基于以下原因：

快速上报事故，有利于上级部门及时掌握情况，迅速开展应急救援工作。上级安全管理部门可以及时调集应急救援力量，发挥更多的人力、物力等资源优势，协调各方面的关系，尽快组织实施有效救援。

## 二、事故报告的内容

报告事故应当包括事故发生单位概要、事故发生的时间、地点以及事故现场情况、事故的简要经过、事故以及造成或者可能造成的伤亡人数(包括下落不明的人数)初步估计的直接经济损失、已经采取的措施和其他应当报告的情况。事故报告应当遵照完整性的原则，尽量能够全面地反映事故情况。

### 1. 事故发生单位概况

事故发生单位概况应当包括单位的全称、所处地理位置、所有制形式和隶属关系、生产经营范围和规模、持有各类证照的情况、单位负责人的基本情况以及近期的生产经营状况等。

### 2. 事故发生的时间、地点以及事故现场情况

报告事故发生的时间应当具体，并尽量精确到分钟。报告事故发生的地点要准确，除事故发生的中心地点外，还应当报告事故所波及的区域。报告事故现场总体情况、现场的人员伤亡情况、设备设施的毁损情况以及事故发生前的现场情况。

### 3. 事故的简要经过

事故的简要经过是对事故全过程的简要描述。描述要前后衔接、脉络清晰、因果相连。

### 4. 人员伤亡和经济损失情况

对于人员伤亡情况的报告，应当遵循实事求是的原则，不作无根据的猜测，更不能隐瞒实际的伤亡人数。对直接经济损失的初步估算，主要指事故所导致的建筑物的毁损、生产设备设施和仪器仪表的损坏等。由于人员伤亡情况和经济损失情况直接影响事故等级的划分，并因此决定事故的调查处理等后续重大问题，在报告这方面情况时应当谨慎细致，力求准确。

**5. 已经采取的措施**

已经采取的措施主要是指事故现场有关人员、事故单位负责人、已经接到事故报告的安全生产管理部门为减少损失、防止事故扩大和便于事故调查所采取的应急救援和现场保护等具体措施。

## 三、事故的应急处置

事故发生单位负责人接到事故报告后，应当立即启动事故应急预案，或者采取有效的措施，组织抢救，防止事故扩大，减少人员伤亡和财产损失。

事故发生地有关地方人民政府、安全生产监督管理部门和负有安全生产监督管理职责的有关部门接到事故报告后，其负责人应当立即赶赴事故现场，组织事故救援。

事故发生后，有关单位和人员应当妥善保护事故现场以及相关证据，任何单位和个人不得破坏事故现场、毁灭相关证据。

因抢救人员、防止事故扩大以及疏通交通等原因，需要移动事故现场物件的，应当作出标志，绘制现场简图并作出书面记录，妥善保存现场重要痕迹、物证。

事故发生地公安机关根据事故的情况，对涉嫌犯罪的，应当依法立案，采取强制措施和侦察措施。犯罪嫌疑人逃匿的，公安机关应当迅速追捕归案。

## 四、南京长江第四大桥的事故报告

南京长江第四大桥的事故报告遵循上述原则，具体做法是：

(1)发生轻伤事故，由监理单位和项目部组成事故调查组进行调查、处理，并及时、准确地填写“安全生产月报表”，按报表程序报南京四桥建设协调指挥部。

(2)对一次伤亡(失踪)1～2 人，或者重伤 10(不含 10 人)以下的一般事故，施工单位应在事故发生后 1h 内向四桥指挥部和南京市交通局安全处快报，24h 内进行第一次续报。四桥指挥部应在接报后 1h 内向南京市安全生产监督局和省交通运输厅质量监督站报告，48h 内第一次续报。

(3)对一次伤亡(失踪)3 人以上，或者重伤 10(含 10 人)以上的较大、重大、特别重大事故，施工单位应在事故发生后 30min 内向四桥指挥部和南京市交通局安全处快报、12h 内进行第一次续报。四桥指挥部应在接报后 30min 内向南京市安全生产监督局和省交通运输厅质量监督站报告，24h 内第一次续报。

(4)事故报告应采用统一格式，报告需包含以下内容：事故发生的时间、地点、事故现场情况、项目工程概况；事故的简要经过；事故所在标段的监理、施工单位名称和联系方式；事故已经造成或者可能造成的伤亡人数(包括失踪)以及初步估计的直接经济损失；已经采取的措施和处置情况。

(5)事故续报内容为：事故发生单位及其主要负责人情况；事故发生的简要经过；事故伤亡人数和直接经济损失的初步估计情况；事故原因的初步分析；事故发生后应急救援措施和相应处理情况。

(6)在第一次续报后事故出现新的情况的，应继续报告，在事故发生后 30 日内，伤亡人数有变化的要及时补报。

(7)事故报告的同时，相关单位应第一时间启动应急预案。

(8)相关事故单位和个人不得瞒报、谎报或故意拖延不报。

# 第二节　安全生产事故的调查

事故调查处理应当坚持实事求是、尊重科学的原则，及时、准确的查清事故经过、事故原因和事故损失，查明事故性质，认定事故责任，总结事故教训，提出整改措施，并对事故责任者依法追究责任。

## 一、事故调查的组织

特别重大事故由国务院或者国务院授权有关部门组织事故调查组进行调查。重大事故、较大事故、一般事故分别由事故发生地省级人民政府、设区的市级人民政府、县级人民政府负责调查。省级人民政府、设区的市级人民政府、县级人民政府可以直接组织事故调查组进行调查，也可以授权或者委托有关部门组织事故调查组进行调查。未造成人员伤亡的一般事故，县级人民政府也可以委托事故发生单位组织事故调查组进行调查。

对于事故性质恶劣、社会影响较大的；同一地区连续频繁发生同类事故的；事故发生地不重视安全生产工作、不能真正吸取事故教训的；社会和群众对县级政府调查的事故反响十分强烈的；事故调查难以做到客观、公正的等事故调查工作，上级人民政府可以调查由下级人民政府负责调查的事故。

事故调查工作实行“政府领导、分级负责”的原则，不管哪级事故，其事故调查工作都是由政府负责的；不管是政府直接组织事故调查还是授权或者委托有关部门组织事故调查，都是在政府的领导下，都是以政府的名义进行的，都是政府的调查行为，不是部门的调查行为。

自事故发生之日起 30 日内(道路交通事故、火灾事故自发生之日起 7 日内)，因事故伤亡人数变化导致事故等级发生变化的，应当由上级人民政府负责调查的，上级人民政府可以另行组织事故调查组进行调查。

特别重大事故以下等级事故，事故发生地与事故发生单位不在同一个县级以上行政区域的，由事故发生地人民政府负责调查，事故发生单位所在地人民政府应当派人参加。

## 二、事故调查组的组成和成员

事故调查组的组成应当遵循精简、效能的原则。根据事故的具体情况，事故调查组由有关人民政府、安全生产监督管理部门、负有安全生产监督管理职责的有关部门、监察机关、公安机关以及工会派人组成，并应当邀请人民检察院派人参加。

事故调查组可以聘请有关专家参与调查。

事故调查组的成员履行事故调查的行为是职务行为，代表其所属部门、单位进行事故调查工作；事故调查组成员都要接受事故调查组的领导；事故调查组聘请的专家参与事故调查，也是事故调查组的成员。事故调查组成员应当具有事故调查所需要的知识和专长，并与所调查的事故没有直接利害关系。

事故调查组组长可以由有关人民政府指定，也可以由授权组织事故调查组的有关部门指定。

事故调查组履行的职责包括：查明事故发生的经过、原因、人员伤亡情况及直接经济损失；

认定事故的性质和事故责任；提出对事故责任者的处理建议；总结事故教训，提出防范和整改措施；提交事故调查报告。

(1)查明事故发生的经过。事故发生前，事故发生单位生产作业状况；事故发生的具体时间、地点；事故现场状况及事故现场保护情况；事故发生后采取的应急处置措施情况；事故报告经过；事故抢救及事故救援情况；事故的善后处理情况；其他与事故发生经过有关的情况。

(2)查明事故发生的原因。事故发生的直接原因；事故发生的间接原因；事故发生的其他原因。

(3)人员伤亡情况。事故发生前，事故发生单位生产作业人员分布情况；事故发生时人员涉险情况；事故当场人员伤亡情况及人员失踪情况；事故抢救过程中人员伤亡情况；最终伤亡情况；其他与事故发生有关的人员伤亡情况。

(4)事故的直接经济损失。人员伤亡后所支出的费用，如医疗费用、丧葬及抚恤费用、补助及救济费用、歇工工资等；事故善后处理费用，如处理事故的事务性费用、现场抢救费用、现场清理费用、事故罚款和赔偿费用等；事故造成的财产损失费用，如固定资产损失价值、流动资产损失价值等。

(5)认定事故性质和事故责任分析。通过事故调查分析，对事故的性质要有明确结论。其中对认定为自然事故(非责任事故或者不可抗拒的事故)的可不再认定或者追究事故责任人；对认定为责任事故的，要按照责任大小和承担责任的不同分别认定直接责任者、主要责任者、领导责任者。

(6)对事故责任者的处理建议。通过事故调查分析，在认定事故的性质和事故责任的基础上，对责任事故者提出行政处分、纪律处分、行政处罚、追究刑事责任、追究民事责任的建议。

(7)总结事故教训。通过事故调查分析，在认定事故的性质和事故责任的基础上，要认真总结事故的教训，主要是在安全生产管理、安全生产投入，安全生产条件等方面存在哪些薄弱环节、漏洞和隐患，要认真对照问题查找根源、吸取教训。

(8)提出防范和整改措施。防范和整改措施是在事故调查分析的基础上，针对事故发生单位在安全生产方面的薄弱环节、漏洞、隐患等提出的，要具备针对性、可操作性、普遍适用性和时效性。

(9)提交事故调查报告。事故调查报告在事故调查组全面履行职责的前提下由事故调查组完成，是事故调查工作成果的集中体现。事故调查报告在事故调查组组长的主持下完成；事故调查报告的内容应当符合《条例》的规定，并在规定的提交事故调查报告的时限内提出。事故调查报告应当附有关证明材料，事故调查组成员应当在事故调查报告上签名。事故调查报告应当包括事故发生单位概况、事故发生经过和事故救援情况、事故造成的人员伤亡和直接经济损失、事故发生的原因和事故性质、事故责任的认定以及对事故责任者的处理建议、事故防范和整改措施。事故调查报告报送负责事故调查的人民政府后，事故调查工作即告结束。事故调查的有关资料应当归档保存。

## 三、事故调查组的职权和事故发生单位的义务

事故调查组有权向有关单位和个人了解与事故有关的情况，并要求其提供相关文件、资

料,有关单位和个人不得拒绝。事故发生单位的负责人和有关人员在事故调查期间不得擅离职守,并应当随时接受事故调查组的询问,如实提供有关情况。事故调查中发现涉嫌犯罪的,事故调查组应当及时将有关资料或者其复印件移交司法机关处理。

事故调查中需要进行技术鉴定的,事故调查组应当委托具有国家规定资质的单位进行技术鉴定。必要时,事故调查组可以直接组织专家进行技术鉴定。技术鉴定所需时间不计入事故调查时限。

## 四、事故调查的纪律和期限

事故调查组成员在事故调查工作中应当诚信公正、恪守职责、遵守事故调查组的纪律,保守事故调查的秘密。未经事故调查组长允许,事故调查组成员不得擅自发布有关事故的信息。

事故调查组应当自事故发生之日起60日内提交事故调查报告;特殊情况下,经负责事故调查的人们政府批准,提交事故调查报告的期限可以适当延长,但延长的期限最长不得超过60日。需要技术鉴定的,技术鉴定所需时间不计入该时限,其提交事故调查报告的时限可以顺延。

## 五、南京长江第四大桥的事故调查

南京长江第四大桥的安全事故调按照《条例》规定和要求,根据工程项目的实际,制定了事故调查的要求、程序和办法,具体内容包括:

(1)未发生伤亡事故,可由事故所在项目部会同南京四桥指挥部、监理单位,组织生产、技术、安全等部门相关人员以及工会成员成立事故调查组,按照有关规定进行调查。

(2)特别重大事故由国务院或者国务院授权部门组织事故调查组进行事故调查。重大、较大、一般事故分别由省、市、县政府组成调查组或者授权相关部门组成调查组进行调查。

(3)事故调查组由相关政府、安全生产监督管理部门、监察机关、公安机关以及工会派人组成,并请检察院派员参加。事故调查组可以聘请有关专家参与调查。

事故调查组的职责为:

①查明事故发生的原因、人员伤亡情况和财产损失情况;

②查明事故的性质和责任;

③提出事故处理及防止类似事故再次发生应采取措施的建议;

④提出对事故责任者的处理建议;

⑤提交事故调查报告。

(4)安全事故调查处理程序如图10-2-1。

(5)事故调查组有权向发生事故的项目部和有关单位和个人了解情况和索取相关资料,相关单位和个人不得拒绝。

(6)相关单位和个人不得阻碍、干涉事故调查组的正常工作。

(7)安全事故单位需要提交的安全资料如表10-2-1和表10-2-2所示。

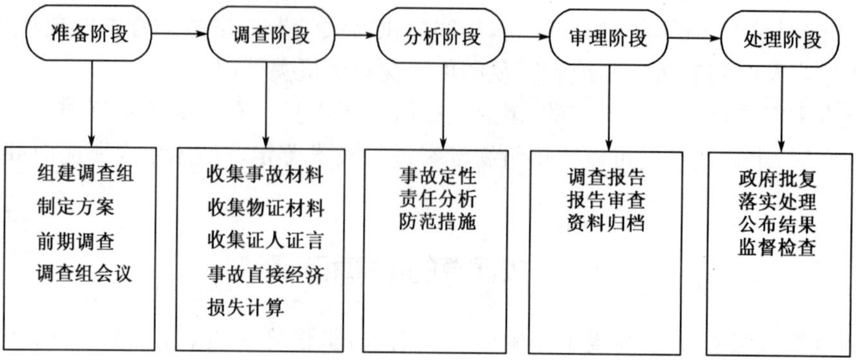


图 10-2-1　安全事故调查处理程序

**发生安全事故需要提交的系统性安全资料一览表**

表 10-2-1

| 序号 | 材料内容 | 责任单位 |
|---|---|---|
| 1 | 事故单位四证(营业执照、组织机构代码证、施工资质证、安全生产许可证) | 施工单位 |
| 2 | 事故单位法人代表证、项目经理、安全员(资质证书和安全证) | |
| 3 | 事故单位的工程承包合同 | |
| 4 | 施工单位安全组织机构建设、安全责任制落实情况、安全生产管理制度 | |
| 5 | 施工技术方案、专项安全技术方案、安全应急预案、安全应急演练方案 | |
| 6 | 安全技术交底、安全会议记录、安全检查记录、安全培训教育记录 | |
| 7 | 员工劳动合同和安全合同(或安全责任书)、人身保险 | |
| 8 | 调查设备资料(包括设备租赁和使用合同、大小修记录等)情况以及规划、设计、制造、施工安装、调试、运行、检修等质量方面存在的问题 | |
| 9 | 事故发生前设备进场报验(出厂合格证、设备制造许可证、安装单位许可证、安装人员资格证、设备检验检测合格证) | |
| 10 | 日常维修检查记录和各种台账 | |

**发生事故需要提交的受害者或肇事者的资料一览表**

表 10-2-2

| 序号 | 材料内容 | 责任单位 |
|---|---|---|
| 1 | 事故发生时的设备有关的仪表、自动装置、保护器件、调整装置等关键部件和动作情况 | 施工单位 |
| 2 | 人身事故应查明受害人和肇事人的姓名、性别、年龄、文化程度、工种、技术等级、工龄及从事本工种的时间等。(如涉及人身死亡,还需提供死者身份证或户口、死亡证明、赔偿协议) | |
| 3 | 受害者及肇事者接受安全教育培训记录(如三级教育),受害者及肇事者过去的事故记录、违章违纪情况。受害者及肇事者的《劳动合同》、《安全责任书》、《安全技术交底》,如涉及特殊工种,必须有特种作业操作证、上岗证 | |
| 4 | 事故当天受害者及肇事者的开始工作时间、工作内容、许可情况、工作量、作业程序、作业时的行为及位置以及作业时的情绪和精神状态,以及事故发生的经过、现场救护情况 | |
| 5 | 人身事故应查明事故场所周围的环境情况(包括照明、湿度、温度、通风、噪声、道路、工作面状况以及工作环境中有毒、有害物质和易燃易爆物取样分析记录)、安全防护设施和个人防护用品的使用情况(了解其有效性、质量及使用时是否符合规定) | |
| 6 | 安全事故报告、安全整改措施及整改结果报告 | |
| 7 | 必要时需要监理单位资质证书、监理人员资格证书、安全资格证书、监理合同 | 监理单位 |

(8)安全事故调查阶段的工作内容及程序见图 10-2-2：

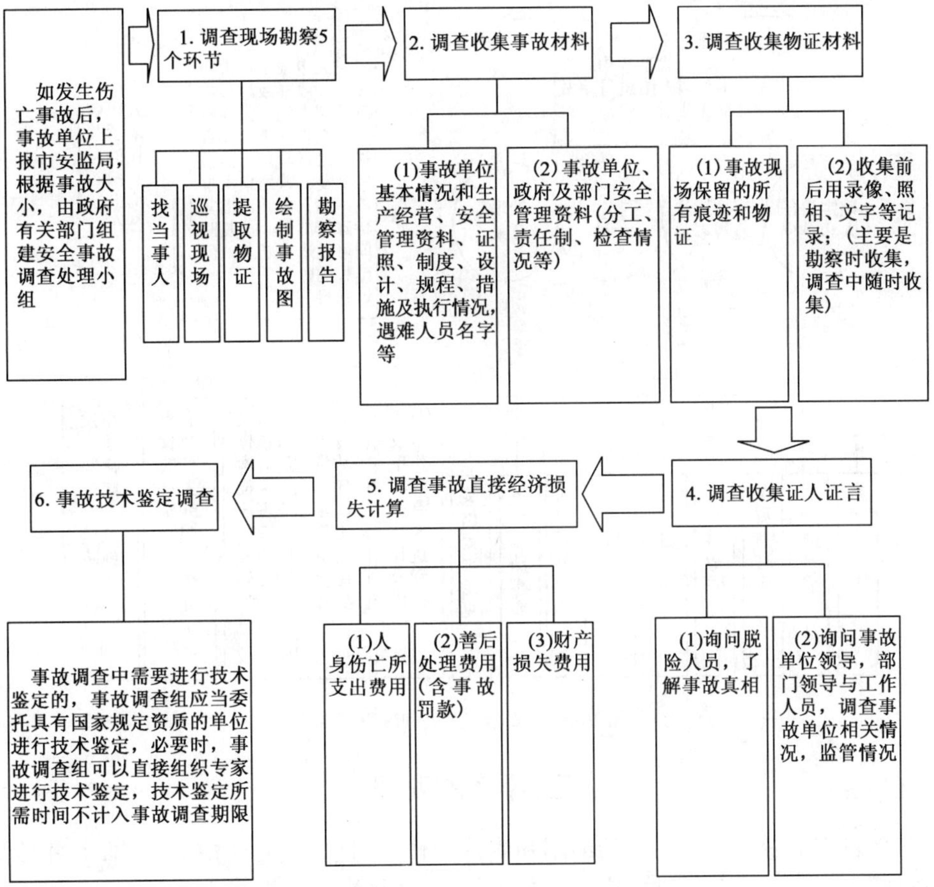


图 10-2-2　安全事故调查阶段程序

# 第三节　安全生产事故的处理

事故调查组向负责组织事故调查的政府机构提出事故调查报告后，事故调查工作即告结束。按照《生产安全事故报告和达成处理条例》规定的期限，及时做出批复，并督促有关机关、单位落实批复，包括对生产经营单位的行政处罚，对事故责任人行政责任的追究以及整改措施的落实。

## 一、事故处理阶段程序

南京长江第四大桥的事故处理阶段程序如图 10-3-1 所示。

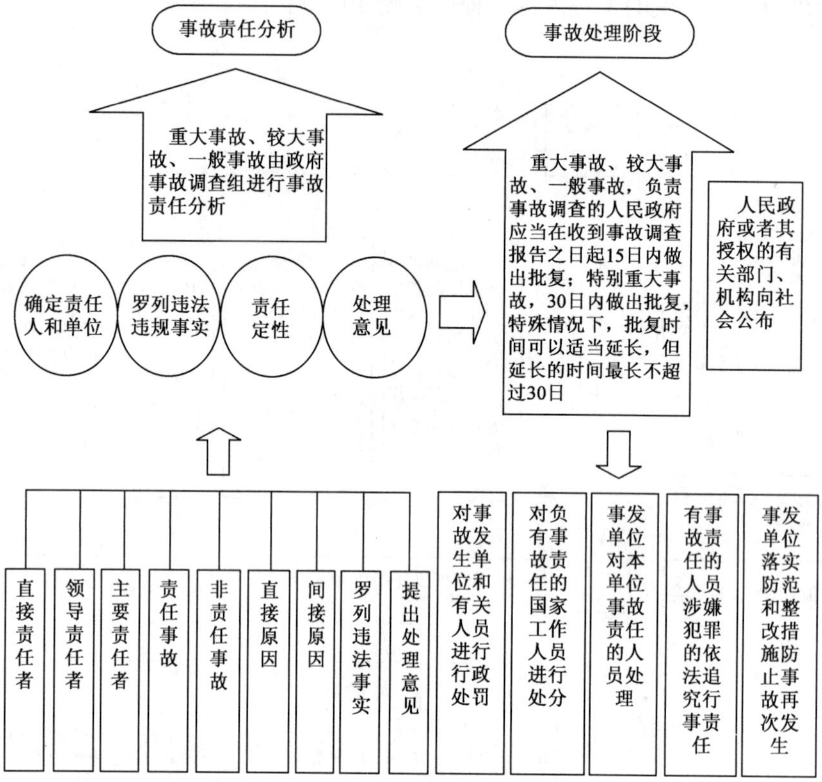


图 10-3-1　安全事故处理阶段程序

## 二、事故的处理

（1）各项目部应做好应急预案的编制和演练工作，一旦事故发生应立即启动，并按规定保护好事故现场。如发生伤亡事故，应立即救护伤员，并尽快送往医院救治。

（2）施工单位有下列行为的，由有关部门按照国家有关规定，对相关责任人进行处罚：

①因忽视安全生产、违章指挥、违章作业、玩忽职守或者对事故隐患、危害情况未采取有效措施而造成伤亡事故的；

②在伤亡事故发生后隐瞒不报、谎报、故意拖延不报、故意破坏事故现场，或者无正当理由，拒绝接受调查以及拒绝提供有关情况和资料的；

③在调查、处理伤亡事故中玩忽职守、徇私舞弊或者打击报复的。

（3）监理单位对事故发生负有责任的，由有关部门按照相关规定追究其相关责任。

## 三、事故调查报告中防范和整改措施的落实及其监督

事故调查处理的最终目的是预防和减少事故。事故调查组在调查事故中要查清事故经过、查明事故原因和事故性质，总结事故教训，并在事故调查报告中提出防范和整改措施。事故发生单位应当认真吸取事故教训，落实防范和整改措施，防止事故再次发生。防范和整改措施的落实情况应当接受工会和职工的监督。安全生产监督管理部门和负有安全生产监督管理职责的有关部门，对事故发生单位负责落实防范和整改措施的情况进行监督检查。

# 参考文献


[1] 中华人民共和国行业标准.建设工程安全生产管理条例.北京:中国建筑出版社,2003.

[2] 中华人民共和国行业标准.JTJ 076—95.公路工程施工安全技术规程.北京:人民交通出版社,2005.

[3] 工程建设标准强制性条文 公路工程部分.北京:人民交通出版社,2002.

[4] 中华人民共和国行业标准.JTS205-1—2008.水运工程施工安全防护技术规范.北京:人民交通出版社,2008.

[5] 中华人民共和国行业标准.JGJ59—99.建筑施工安全检查标准.北京:中国建筑出版社,2003.

[6] 中华人民共和国行业标准.建筑施工安全技术操作操作规程.北京:中国建筑出版社,2004.

[7] 江苏省地方标准.江苏省交通建设工程施工安全技术标准.南京:江苏省质量技术监督局,2008.

[8] 中华人民共和国交通部.守护平安-交通建设工程安全生产要点集.北京:人民交通出版社,2006.

[9] 沈其明等主编.公路工程施工安全管理手册.北京:人民交通出版社,2008.

[10] 梅钰主编.建设工程监理安全责任与工作指南.北京:中国建筑出版社,2008.

[11] 石少华主编.安全生产法及相关法律知识.北京:中国大百科全书出版社,2011.

[12] 王炜主编.公路工程施工安全生产指南.北京:人民交通出版社,2005.

[13] 吴宗之主编.安全生产技术.北京:中国大百科全书出版社,2011.

[14] 李克荣主编.安全生产管理知识.北京:中国大百科全书出版社,2011.